Ayuntamiento
de Cáceres

Temario y Test. Volumen 2

Auxiliares Administrativos

Ayuntamiento de Cáceres

Rodio ediciones

Primera edición, noviembre 2015 (474 páginas)
Diseño de portada: Ediciones Rodio, S. Coop. And
Edita: Ediciones Rodio, S. Coop. And
Alameda de Hércules, 32-33. 1.ª planta. 41002-Sevilla
Teléfono: 955 28 74 84
Fax: 955 09 38 48
www.edicionesrodio.com
info@edicionesrodio.com
ISBN: 978-84-16506-33-0
ISBN (obra completa): 978-84-16506-43-9

Índice

Temario

Test

Presentación

El equipo editorial de Ediciones Rodio, con más de 20 años de experiencia en el sector de libros para la preparación de oposiciones, pone a tu disposición un eficaz y completo manual para la preparación de las pruebas selectivas para la constitución de una lista de espera de personal Auxiliar Administrativo, categoría encuadrada en el Subgrupo C2, del Ayuntamiento de Cáceres.

El presente volumen desarrolla los temas 9 a 16, juntos con sus correspondientes test, que compone el programa, según las bases publicadas en el BOP n.º 204, de 22 de octubre de 2015.

Son temas y test totalmente actualizados mediante la incorporación de las novedades legislativas que les afectan hasta la fecha de edición.

Ediciones Rodio te ofrece, para la preparación de esta convocatoria, dos volúmenes:

- Temario y Test. Volumen 1.
- El presente Temario y Test. Volumen 2.

Tienes el material idóneo: completo, organizado y actualizado, redactado y madurado durante muchos años de experiencia. Si a ello, le unes tu ilusión y ganas, estamos seguros que alcanzarás tu meta.

Te deseamos el mayor de los éxitos.

Tu triunfo es nuestro triunfo

Temario

Rodio
ediciones

Tema 9

Haciendas Locales: clasificación de los ingresos. Ordenación de gastos y ordenación de pagos. Los presupuestos locales

eRodio ediciones

Índice esquemático

1. HACIENDAS LOCALES

1.1. Concepto

Definimos las Haciendas Locales como las facultades que tienen atribuidas las Administraciones Públicas en orden al establecimiento, gestión y recaudación de tributos orientados a disponer de medios económicos para hacer frente a las necesidades públicas locales.

Por tanto, en las Haciendas Locales distinguimos dos aspectos:

- Por una parte la obtención de ingresos.
- Por otra, la satisfacción de las necesidades.

La primera Ley sobre Haciendas Locales es la de 1823 y se denominó "Gobierno económico-político de las provincias". La Ley actual es la Ley 39/88, de 28 de diciembre, denominada Ley Reguladora de las Haciendas Locales (en adelante LRHL), que sufrió una importante reforma con la Ley 51/2002, de 27 de diciembre, lo cual motivó su refundición mediante el Real Decreto Legislativo 2/2004, de 5 de marzo, por el que se aprueba el **Texto Refundido de la Ley Reguladora de las Haciendas Locales** (TRLRHL).

1.2. Potestad Tributaria Local

Es la facultad de imponer tributos, así como de exigirlos, lo cual da lugar a dos opiniones contradictorias:

- Una que defiende que los entes locales tienen soberanía fiscal para establecer los tributos que quieran.
- Y otra que sostiene que sólo pueden imponer aquellos tributos que hayan sido autorizados por Ley.

La Ley General Tributaria puso fin a estas opiniones contradictorias, y establece:

- Que corresponde al Estado la potestad tributaria, y dentro de él a las Cortes (Poder Legislativo): "La potestad originaria para establecer tributos corresponde exclusivamente al Estado, mediante ley.
- Las Comunidades Autónomas y las entidades locales podrán establecer y exigir tributos, de acuerdo con la Constitución y las leyes.
- Las demás entidades de derecho público podrán exigir tributos cuando una Ley así lo determine (artículo 4.° de la nueva LGT aprobada por Ley 58/2003, de 17 de diciembre).

- (De ahí que se diga que el Estado tiene potestad tributaria originaria, y las Entidades Locales tienen sin embargo potestad tributaria derivada).

La LRBRL establece a tal efecto, en su artículo 106:

> "1. Las Entidades locales tendrán autonomía para establecer y exigir tributos de acuerdo con lo previsto en la legislación del Estado reguladora de las Haciendas Locales y en las leyes que dicten las Comunidades Autónomas en los supuestos expresamente previstos en aquélla.
>
> 2. La potestad reglamentaria de las Entidades locales en materia tributaria se ejercerá a través de Ordenanzas fiscales reguladoras de sus tributos propios y de Ordenanzas generales de gestión, recaudación e inspección. Las Corporaciones locales podrán emanar disposiciones interpretativas y aclaratorias de las mismas.
>
> 3. Es competencia de las Entidades locales la gestión, recaudación e inspección de sus tributos propios, sin perjuicio de las delegaciones que puedan otorgar a favor de las Entidades locales de ámbito superior o de las respectivas Comunidades Autónomas, y de las fórmulas de colaboración con otras Entidades locales, con las Comunidades Autónomas o con el Estado de acuerdo con lo que establezca la legislación del Estado."

1.3. Fases de la Potestad Tributaria

- Establecimiento de tributos autorizados por las Leyes.
- Ordenanza Fiscal, que es la regulación de tributos cuya imposición haya sido acordada.
- Y por último, está la posibilidad de exigir los tributos impuestos.

A su vez la gestión tributaria presenta las siguientes operaciones:

a) Liquidación del Tributo (determinación de la cuantía que adeuda el contribuyente).

b) Recaudación de la deuda Tributaria (en plazo voluntario y período ejecutivo).

c) Inspección (investigación y comprobación).

1.4. Principio Constitucional de la Hacienda Local

El artículo 142 de la Constitución Española establece el principio de suficiencia financiera, como consecuencia del principio de autonomía municipal, al establecer que las Haciendas Locales deberán disponer de los medios suficientes para el desempeño de las funciones que la Ley atribuye a las Corporaciones respectivas y se nutrirán fundamentalmente de tributos propios y de participación en los del Estado y de las Comunidades Autónomas.

Sin embargo el camino del sector público local, hacia la tan añorada "suficiencia financiera" (correlato imprescindible de la autonomía local proclamada enfáticamente en los artículos 137 y 140), ha sido un largo proceso de retrasos y decepciones.

En primer lugar, la Ley Reguladora de las Haciendas Locales, no vio la luz hasta 1988, 10 años en los que las Corporaciones Locales malvivieron, de los retoques de los sistemas fiscales anteriores, procedentes del régimen anterior, en el que, con independencia de las valoraciones políticas, las Corporaciones Locales tenían una presencia insignificante en la economía nacional (8-9% del PIB 1974-75).

Cuando se publica, por fin la tan anhelada Ley 38/1988 se inicia el largo camino hacia la modernización de las Haciendas Locales, tanto desde aspectos sustantivos como materiales (tributarios y financieros).

Sin embargo la transformación tan rápida de las sociedades actuales, y el papel creciente de las entidades locales, en el entorno social, hace que desde los Ayuntamientos se perciba su financiación como insuficiente, y se producen sucesivas reformas de la Ley, muy numerosas, pero siendo las de más calado las producidas en la Ley 50/1998 y la Ley 51/2002, circunstancia que aconsejó redondear la reforma, con un texto refundido que se produjo mediante el **Real Decreto Legislativo 2/2004 de 5 de Marzo, por el que se aprueba el Texto Refundido de la Ley Reguladora de las Haciendas Locales**, al que me referiré en el presente libro como TRLRHL, ya que es la norma jurídica que en la actualidad contiene el marco financiero de las entidades locales.

1.5. Marco Legal

Cuatro son los textos principales que regulan las Haciendas Locales:

- La Constitución Española (artículos 137 y 142).
- La Ley de Bases de Régimen Local (7/1985, de 2 de abril, artículos 105 a 116).
- La Ley Reguladora de las Haciendas Locales (Ley 39/88, de 28 de diciembre), modificada parcialmente por la Ley 53/97, de 27 de noviembre, por la Ley 25/98, de 13 de julio, por la Ley 50/98, de 30 de diciembre, de Medidas Fiscales Administrativas y del Orden Social, y por la Ley 51/2002, de 27 de diciembre, de Reforma de las Haciendas Locales, y finalmente

refundidas todas estas disposiciones, mediante **el Real Decreto Legislativo 2/2004 de 5 de marzo, por el que se aprueba el Texto Refundido de la Ley Reguladora de las Haciendas Locales.**

- Real Decreto 500/1990, de 20 de abril, que desarrolla la Ley de Haciendas Locales en materia de presupuestos.

1.6. Doctrina del Tribunal Constitucional sobre la dimensión financiera de la Autonomía Local

Dentro de la distribución de competencias entre el Estado y las CC.AA., la C.E, encomienda la vertiente financiera del régimen local, al Estado (149.1.18° y 149.1.14°), con los siguientes matices y limitaciones, siguiendo a tal efecto lo establecido en el Libro Blanco del Gobierno Local.

1.6.1. La garantía constitucional de la suficiencia financiera

La suficiencia de ingresos constituye, obviamente, el presupuesto material inexcusable de la autonomía financiera –de la autonomía, sin más–; razón por la cual el constituyente quiso garantizarla expresamente en el artículo 142 CE. Dado el reparto competencial existente en materia de Hacienda local, se hace evidente que este mandato de suficiencia financiera se dirige en primer término y sobre todo al Estado (así, por ejemplo, STC 233/1999), aunque el aludido precepto constitucional, al establecer en términos imperativos que las Haciendas Locales, entre otros recursos, "se nutrirán" de una participación en los tributos de las comunidades autónomas, está con toda evidencia imponiendo la necesaria participación de éstas en la dotación de los recursos precisos para el mantenimiento de las competencias locales. No obstante, sea cual fuere la vía a través de la cual dicho compromiso se articule, lo que sí resulta constitucionalmente obligado es que el reparto de los fondos entre las diferentes entidades locales habrá de efectuarse "conforme a criterios objetivos y razonables, pues en caso contrario podrían resultar vulnerados los principios constitucionales de igualdad e interdicción de la arbitrariedad de los poderes públicos" (STC 150/1990).

1.6.2. La autonomía financiera local en la vertiente de los ingresos

El artículo 142 CE menciona a los tributos propios entre las fuentes de financiación necesarias de la Hacienda Local, aunque no se detiene a precisar el alcance del concepto y, por tanto, a determinar si los entes locales han de disponer obligatoriamente de cierto poder normativo en la configuración de los mismos. Sin embargo, la preceptiva lectura de la norma, a la luz del principio de autonomía, no puede sino conducir a la conclusión de que, en efecto, la atribución de un cierto margen de maniobra local al respecto resulta constitucionalmente obligada. Y así ha venido a reconocerlo el Tribunal Constitucional, que reiteradamente ha señalado que la autonomía local "posee también una proyección en el terreno tributario", debiendo, en consecuencia, el legislador no sólo asignar a las entidades locales determinados tributos propios, sino también "reconocerles una intervención en su establecimiento o exigencia, según previenen los artículos 140 y 133.2 de la Norma fundamental" (STC 221/1992 y, STC 19/1987). Así pues, "en virtud de la autonomía de los entes locales constitucionalmente garantizada y del carácter representativo del Pleno de la Corporación municipal, es preciso que la Ley estatal atribuya a los Acuerdos adoptados por éste un cierto ámbito de decisión acerca de los tributos propios del Municipio" (STC 233/1999).

Más allá de esas concretas acotaciones del alcance de la autonomía tributaria local, ha de tenerse presente que el margen de maniobra que puede reconocerse a las entidades locales en esta esfera se halla sustancialmente condicionado por las exigencias derivadas del principio de reserva de Ley en materia tributaria. Y es que, ciertamente, no puede "el legislador abdicar de toda la regulación directa en el ámbito parcial que así le reserva la Constitución (art. 133.1 y 133.2)"; como tampoco queda a su disposición renunciar al "establecimiento de toda limitación en el ejercicio de la potestad tributaria de las Corporaciones Locales" (STC 19/1987). De ahí que, en aplicación de estos criterios, se considerase inconstitucional la fijación libre por parte de las entidades locales de un recargo sobre el IRPF y de los tipos de las contribuciones territoriales (SSTC 179/1985 y 19/1987). Ahora bien, dicho lo anterior, no debe soslayarse que la más reciente jurisprudencia constitucional ha efectuado una lectura de dicha reserva más atenta al principio de autonomía local, suavizando consecuentemente su alcance en pro del reconocimiento de una mayor libertad de configuración local al respecto. Así, no ha dudado en reconocer expresamente que la reserva de Ley en materia tributaria se proyecta en términos menos rigurosos sobre las entidades locales que sobre la administración del Estado, admitiendo que su ámbito de libre decisión es, "desde luego, mayor que el que pudiera relegarse a la normativa reglamentaria estatal" (STC 233/1999). Y, en este sentido, se ha considerado que la facultad de determinar la cuota o el tipo impositivo, dentro de los márgenes fijados por la Ley, constituye un mínimo que cabe inferir directamente del propio texto constitucional, al tratarse de "uno de los elementos indiscutiblemente definidores de la autonomía local" (STC 233/1999), y más recientemente por último la concesión o no de beneficios fiscales sobre los impuestos, y que potestativamente puede incluir un ayuntamiento, al regular el tributo en su ordenanza fiscal.

1.6.3. La autonomía financiera local en la vertiente del gasto

El Tribunal Constitucional ha derivado del artículo 142 CE, en conexión con el artículo 137 CE, la existencia de la autonomía de gasto de los entes locales, "entendiendo por tal la capacidad genérica de determinar y ordenar, bajo la propia responsabilidad, los gastos necesarios para el ejercicio de las competencias conferidas" (STC 109/1998). Y la ha concebido, ciertamente, en términos muy generosos, como lo acredita el hecho de que haya considerado aplicable en lo fundamental la doctrina inicialmente acuñada en relación con las comunidades autónomas. Pues, al igual que sucede con éstas, se ha entendido que también para las entidades locales esta garantía "entraña, en línea de principio, la plena disponibilidad de sus ingresos, sin condicionamientos indebidos y en toda su extensión, para poder ejercer las competencias propias" (SSTC 237/1992, y 109/1998). Y si bien es verdad que "el ámbito sobre el que se proyecta la autonomía de gasto providencial no ha de concebirse como una esfera total y absolutamente resistente a cualquier mínima incidencia o afectación proveniente de otros niveles de gobierno", no es menos cierto que la misma sólo puede ser restringida por el Estado o las comunidades autónomas "dentro de los límites establecidos en el bloque de la constitucionalidad" (STC 109/1998).

La principal consecuencia que cabe extraer de esta línea jurisprudencial es que las fuentes ordinarias y permanentes de financiación de las competencias propias han de suministrar necesariamente ingresos que resulten de libre disposición para los entes locales, limitándose, pues, las subvenciones condicionadas a actuar como mecanismos de financiación meramente complementarios, que sólo pueden entrar en juego una vez que aquéllas han satisfecho el mandato de suficiencia financiera. Y por último, y no por ello menos importante, la autonomía de gasto se opone frontalmente a que pueda imponerse a las entidades locales la obligación de financiar con sus propios recursos las competencias cuya titularidad corresponda a otros niveles de gobierno (STC 48/2004).

2. CLASIFICACIÓN DE LOS INGRESOS

El artículo 2 del TRLRHL, establece que **la hacienda de las entidades locales estará constituida por los siguientes recursos:**

a) Los ingresos procedentes de su patrimonio y demás de Derecho privado.

b) Los tributos propios clasificados en tasas, contribuciones especiales e impuestos y los recargos exigibles sobre los impuestos de las Comunidades Autónomas o de otras Entidades locales.

c) Las participaciones en los tributos del Estado y de las Comunidades Autónomas.

d) Las subvenciones.

e) Los percibidos en concepto de precios públicos.

f) El producto de las operaciones de crédito.

g) El producto de las multas y sanciones en el ámbito de sus competencias.

h) Las demás prestaciones de Derecho público.

Para la cobranza de los tributos y de las cantidades que como ingresos de Derecho público, tales como prestaciones patrimoniales e carácter público no tributarias, precios públicos y multas y sanciones pecuniarias, debe percibir la Hacienda de las Entidades locales de conformidad con lo previsto en el apartado anterior, dicha Hacienda ostentará las prerrogativas establecidas legalmente para la Hacienda del Estado, y actuará, en su caso, conforme a los procedimientos administrativos correspondientes.

2.1. Idea general de las principales figuras para los Ayuntamientos

2.1.1. *Impuestos*

En el artículo 2.°,2 c) 26 de la Ley General Tributaria se establece que: "son los tributos exigidos sin contraprestación, cuyo hecho imponible está constituido por negocios, actos o hechos que ponen de manifiesto la capacidad económica del contribuyente".

El TRLRHL establece los siguientes impuestos:

- **Obligatorios** para todos los Ayuntamiento por imperativo legal:
  - ▹ Impuesto sobre Bienes Inmuebles (IBI).
  - ▹ Impuesto sobre Actividades Económicas (IAE).
  - ▹ Impuesto sobre Vehículos de Tracción Mecánica (IVTM).
- **Voluntarios**:
  - ▹ Impuesto sobre Construcciones, Instalaciones y Obras (ICIO).
  - ▹ Impuesto sobre el Incremento de Valor de los Terrenos de Naturaleza Urbana (PLUSVALÍAS).

A) Impuesto sobre Bienes Inmuebles (IBI)

Como señala el TRLRHL, en su artículo 61, se trata de un tributo directo de carácter real que grava el valor de los bienes inmuebles en los términos establecidos en la propia Ley, constituyendo el hecho imponible del impuesto la titularidad de los siguientes derechos sobre los bienes inmuebles rústicos y urbanos y sobre los inmuebles de características especiales: a) de una concesión administrativa sobre los propios inmuebles o sobre los servicios públicos a que se hallen afectos; b) de un derecho real de superficie; c) de un derecho real de usufructo; y, d) del derecho de propiedad.

Considerado un recurso de gran relevancia en el ámbito municipal, se configura como el origen de los principales ingresos tributarios a favor de los ayuntamientos, asignándosele de esta manera gran parte de la responsabilidad inherente a la efectividad del principio de suficiencia financiera.

B) Impuesto sobre Actividades Económicas (IAE)

El TRLRHL, en su artículo 78, define este impuesto como "un tributo directo de carácter real, cuyo hecho imponible está constituido por el mero ejercicio en territorio nacional, de actividades empresariales, profesionales o artísticas, se ejerzan o no en local determinado y se hallen o no especificadas en las tarifas del impuesto".

Este impuesto ha sido la figura tributaria que mayor modificación ha sufrido, consecuencia de la aprobación de la Ley 51/2002, de 27 de diciembre. A este respecto, una de las principales novedades que éste presenta en relación a lo establecido desde su nacimiento, en 1992, es que se exime de su pago a todas las personas físicas y, también, a otros sujetos pasivos del mismo que hayan tenido una cifra de negocios inferior a un millón de euros. Además, también se exime de su pago a aquellos sujetos pasivos que inicien su actividad durante los dos primeros períodos impositivos; ahora bien, no se considerará que se ha producido dicho inicio cuando se haya desarrollado la misma anteriormente bajo otra titularidad.

C) Impuesto sobre Vehículos de Tracción Mecánica (IVTM)

El artículo 92 del TRLRHL lo define como "un tributo directo que grava la titularidad de los vehículos de esta naturaleza, aptos para circular por las vías públicas, cualesquiera que sean su clase y categoría". Este impuesto, respecto al IAE y al IBI, ocupa una posición secundaria en el sistema tributario local.

D) Impuesto sobre Construcciones, Instalaciones y Obras (ICIO)

El TRLRHL, concretamente su artículo 100, lo define como aquel impuesto indirecto "cuyo hecho imponible está constituido por la realización, dentro del término municipal, de cualquier construcción, instalación u obra para la que se exija obtención de la correspondiente licencia de obras o urbanística, se hayan obtenido o no dicha licencia, siempre que su expedición corresponda al Ayuntamiento de la imposición".

E) Impuesto sobre el Incremento de Valor de los Terrenos de Naturaleza Urbana (IIVTNU)

Se trata también de un impuesto de carácter directo que grava, como indica el artículo 104 del Texto Refundido, "el incremento de valor que experimenten dichos terrenos y se ponga de manifiesto a consecuencia de la transmisión de la propiedad de los mismos por cualquier título o de la constitución o transmisión de cualquier derecho real de goce, limitativo del dominio, sobre los referidos terrenos".

2.1.2. Tasas

El artículo 20 del TRLRHL, establece:

> Las Entidades Locales, en los términos previstos en esta Ley, podrán establecer tasas, por la utilización privativa o el aprovechamiento especial del dominio público local, así como por la prestación de servicios públicos o la realización de actividades administrativas de competencia local que se refieran, afecten o beneficien de modo particular a los sujetos pasivos.
>
> En todo caso, tendrán la consideración de tasas las prestaciones patrimoniales que establezcan las Entidades Locales por:
>
> A) La utilización privativa o aprovechamiento especial del dominio público local.
>
> B) La prestación de un servicio o la realización de una actividad administrativa en régimen de derecho público de competencia local que se refiera, afecte o beneficie de modo particular al sujeto pasivo, cuando se produzca cualquiera de las circunstancias siguientes:
>
> a) Que no sean de solicitud o recepción voluntaria para los administrados. A estos efectos no se considerará voluntaria la solicitud o la recepción por parte de los administrados:
>
> ° Cuando venga impuesta por disposiciones legales o reglamentarias.
>
> ° Cuando los bienes, servicios o actividades requeridos sean imprescindibles para la vida privada o social del solicitante.

b) Que no se presten o realicen por el sector privado, esté o no establecida su reserva a favor del sector público conforme a la normativa vigente.

Por otra parte, los puntos 3 y 4 del artículo 20 citado anteriormente contiene una exhaustiva lista de las tasas que pueden establecer los Ayuntamiento, y entre otras las siguientes:

- Tasas por utilización del dominio público local (art. 20.3.), entre otras:
  - ▹ Sacas de arena y material de construcción en el dominio público:
    - ° Ocupación del subsuelo y suelo de los terrenos de uso público.
    - ° Apertura de zanjas y calicatas.
    - ° Instalaciones de quioscos, puestos o barracas.
    - ° Tránsito de ganado.
    - ° Rodaje y arrastre de vehículos no incluidos en el IVTM.
    - ° Estacionamiento de vehículos en zonas o vías municipales.
- Tasas por prestación de servicios o realización de actividades administrativas (artículo 20.4.):
  - ▹ Expedición de documentos.
  - ▹ Guardería rural o voz pública.
  - ▹ Licencias urbanísticas.
  - ▹ Licencias de apertura.
  - ▹ Extinción de incendios.
  - ▹ Servicios sanitarios, hospitalarios y asistenciales.
  - ▹ Cementerios.
  - ▹ Agua y alcantarillado.
  - ▹ Instalaciones deportivas.
  - ▹ Recogida de basuras.
  - ▹ Matadero y mercado.
  - ▹ Actividades de control del tráfico urbano.

El artículo 21 de la misma Ley establece que: las Entidades Locales no podrán exigir tasas por los siguientes servicios:

- Abastecimiento de aguas en fuentes públicas.
- Alumbrado en vías públicas.
- Protección civil.

- Vigilancia pública en general.
- Limpieza de la vía pública.
- Enseñanza en los niveles obligatorios.

2.1.3. Contribuciones Especiales

Según el artículo 28 del TRLRHL, constituye el hecho imponible de las Contribuciones Especiales la obtención por el sujeto pasivo de un beneficio o de un aumento de valor de sus bienes, como consecuencia de la realización de obras públicas o del establecimiento o ampliación de servicios públicos, de carácter local, por las Entidades locales.

La base imponible de las contribuciones especiales está constituida, como máximo, por el 90% del coste que la entidad local soporte por la realización de las obras o por el establecimiento o ampliación de los servicios, repartiéndose dicha cantidad entre aquellas personas, físicas o jurídicas, que hayan obtenido beneficio de la actuación de la Corporación, de forma proporcional al mismo.

Se trata de un tributo de carácter finalista destinado a costear los gastos de inversión en la mejora o ampliación de los servicios públicos, o bien los gastos de establecimiento de un servicio nuevo, siempre que se den las circunstancias generadoras del hecho imponible (Art. 29.3, TRLRHL).

2.1.4. Cesión de Recaudación de impuestos del Estado y Participación en tributos del Estado y Comunidades Autónomas

El artículo 39 del TRLRHL establece:

> 1. Las Entidades locales participarán en los tributos del Estado en la cuantía y según los criterios que se establecen en la presente Ley.
>
> 2. Asimismo, las Entidades locales participarán en los tributos propios de las Comunidades Autónomas en la forma y cuantía que se determine por las leyes de sus respectivos Parlamentos.

La Ley 51/2002, de 27 de diciembre, de reforma de la Ley 39/1988, de 28 de diciembre, reguladora de las Haciendas Locales, incorporó esta fuente de ingresos como integrante del nuevo sistema de financiación de las entidades locales consecuencia de su Participación en los Tributos del Estado, adquiriendo la misma la condición de ingreso de naturaleza tributaria.

A este respecto, en lo concerniente al ámbito municipal, como establece el Texto Refundido, en su artículo 112, "se cede en la proporción establecida en el artículo 112 bis el rendimiento obtenido por el Estado en los impuestos relacionados en el mismo, en favor de los municipios en los que concurra alguna de las siguientes condiciones:

a) Que sean capitales de provincia, o de Comunidad Autónoma.

b) Que tengan población de derecho igual o superior a 75 mil habitantes. A estos efectos, se considerará la población resultante de la actualización del Padrón municipal de habitantes vigente a la entrada en vigor del modelo regulado en la presente sección".

El artículo 112 bis señala que "a cada uno de los municipios incluidos en el ámbito subjetivo antes fijado se le cederán los siguientes porcentajes de los rendimientos que no hayan sido objeto de cesión a las Comunidades Autónomas, obtenidos en los impuestos estatales que se citan:

a) El 1,6875 por 100 de la cuota líquida del Impuesto sobre la Renta de las Personas Físicas.

b) El 1,7897 por 100 de la recaudación líquida por el Impuesto sobre el Valor Añadido imputable a cada municipio.

c) El 2,0454 por 100 de la recaudación líquida imputable a cada municipio por los Impuestos Especiales sobre la Cerveza, sobre el Vino y Bebidas Fermentadas, sobre Productos Intermedios, sobre Alcohol y Bebidas Derivadas, sobre Hidrocarburos y sobre Labores de Tabaco".

Estos ingresos estatales no finalistas formarán una 'cesta de impuestos' a favor de las **entidades locales, sin adquirir por ello la condición de transferencia incondicional, aspecto, éste** último, que sí se aplicará a la otra figura presente en este sistema de participaciones, el denominado fondo complementario de financiación, recurso que será descrito en el siguiente epígrafe. Esta cesta de impuestos se constituye en previsión de que parte de la recaudación de los citados tributos sea cedida a determinadas entidades locales, consecuencia del nuevo sistema de financiación dual presente en las futuras participaciones de la Administración Local en los tributos del Estado.

En cuanto a la **Participación en los tributos del Estado y en los de las comunidades autónomas,** el TRLRHL, en su artículo 39, apartado 1, señala que "las Entidades locales participarán en los tributos del Estado en la cuantía y según los criterios que se establecen en la presente Ley", constituyéndose como fuente de financiación no afectada, y, por lo tanto, que la Entidad local puede emplear de forma discrecional para financiar cualquier tipo de gasto.

Asimismo, "participarán en los tributos propios de las Comunidades Autónomas en la forma y cuantía que se determine por las leyes de sus respectivos Parlamentos", como indica el citado artículo, en su apartado 2.

Como recurso de naturaleza tributaria, que junto a los tributos propios, refuerzan la materialización del principio de suficiencia financiera de las entidades locales establecido en el artículo 142 de la Constitución Española, el modelo de Participación en los Tributos del Estado (PTE) también es objeto de reforma, consecuencia de la aprobación de la Ley 51/2002, de 27 de diciembre.

A este respecto, hay que destacar que el nuevo sistema de financiación reconfigura como una estructura dual donde:

a) Al conjunto de municipios y provincias que se le cede una parte de la recaudación de los impuestos del Estado (en forma de 'cesta de impuestos', como se expuso con anterioridad), se le añade además una cantidad adicional en concepto de transferencia denominada "Fondo complementario de Financiación".

b) Por otro lado, para el resto de entidades locales que no participan en los impuestos del Estado mediante la cesión de su recaudación, se establece un modelo específico de Participación en los Tributos del Estado definido por variables, alcanzando la reforma al conjunto de criterios que emplea el modelo a la hora de distribuir la financiación total entre los entes afectados, y en los que se tienen en cuenta fundamentalmente la población de derecho de cada municipio, su esfuerzo fiscal, y el número de unidades escolares.

2.1.5. Subvenciones

El artículo 40 del TRLRHL establece que: las subvenciones de toda índole que obtengan las Entidades locales, con destino a sus obras y servicios, no podrán aplicarlas a atenciones distintas de aquellas para las que fueron otorgadas, salvo, en su caso, los sobrantes no reintegrables cuya utilización no estuviese prevista en la concesión.

A este respecto y, al objeto de garantizar el cumplimiento de lo contenido en el párrafo anterior, "las entidades públicas otorgantes de las subvenciones podrán verificar el destino dado a las mismas. Si tras las actuaciones de verificación resultase que las subvenciones no fueron destinadas a los fines para los que se hubieran concedido, la entidad pública otorgante exigirá el reintegro de su importe o podrá compensarlo con otras subvenciones o transferencias a que tuviere derecho la entidad afectada, con independencia de las responsabilidades a que haya lugar" (Art. 40.2, TRLRHL).

2.1.6. Precios públicos

El artículo 41 del TRLRHL, en su nueva redacción, establece que:

> Las Entidades locales podrán establecer precios públicos por la prestación de servicios o la realización de actividades de la competen-

cia de la Entidad local, siempre que no concurra ninguna de las circunstancias especificadas en la letra B), del artículo 20.1 de esta Ley (que hemos visto en el concepto de Tasas).

Artículo 42

No podrán exigirse precios públicos por los servicios y actividades enumeradas en el artículo 21 de la presente Ley.

Artículo 44

Estarán obligados al pago de los precios públicos quienes se beneficien de los servicios o actividades por los que deban satisfacerse aquellos.

Artículo 45

El importe de los precios públicos deberá cubrir como mínimo el coste del servicio prestado o de la actividad realizada.

De todo lo enunciado podemos concluir que los precios públicos son ingresos de derecho público de naturaleza no tributaria, percibidos por las entidades locales como contraprestación de los servicios prestados o por la realización de actividades de competencia local, siempre que los servicios y actividades cumplan simultáneamente dos requisitos: a) que no sean de solicitud o recepción obligatoria para los administrados; y, b) que sean susceptibles de ser prestados o realizados por el sector privado.

Por lo tanto, en caso contrario se estaría ante una situación de prestación de servicio público o realización de actividades de competencia local en la que se aplicará una tasa. Sin embargo, si bien el artículo 20.4 recoge los supuestos en los que las corporaciones locales pueden exigir tasas por la prestación de servicios o realización de actividades administrativas de competencia local, el TRLRHL no efectúa una enumeración de situaciones en las que puedan imponerse precios públicos, similar a la establecida para las tasas. La enorme casuística existente en el ámbito local obliga a determinar en cada caso si estamos ante una tasa o un precio público. Cada Municipio deberá realizar un análisis de los servicios y actividades que presta, de su naturaleza jurídica, de la existencia o no de empresas privadas que presten o realicen aquellos y de cuantos extremos nos lleven a determinar si estamos ante una tasa o un precio público, con el resultado aparentemente contradictorio de que lo que es tasa en un municipio, puede ser en el vecino precio público.

Los precios públicos son recursos de naturaleza no finalista; de esta manera, aunque se trata de ingresos derivados de la prestación de un servicio o la realización de una actividad, por cuya recepción se exige su respectivo pago, esto no implica que estén afectos al global de créditos para gastos necesarios para su prestación, de ahí su carácter no finalista.

En ningún caso, como ocurre con las tasas, se podrán exigir precios públicos por los servicios y actividades señalados por el artículo 21 del TRLRHL.

2.1.7. Ingresos de Derecho Privado

El artículo 3 del TRLRHL establece que:

> 1. Constituyen ingresos de derecho privado de las Entidades Locales, los rendimientos o productos de cualquier naturaleza derivados de su patrimonio, así como las adquisiciones a título de herencia, legado o donación.
>
> 2. A estos efectos, se considerará patrimonio de las Entidades Locales, el constituido por los bienes de su propiedad, así como por los derechos reales o personales de que sean titulares, susceptibles de valoración económica siempre que unos y otros no se hallen afectos al uso o servicio público.

2.1.8. El Producto de las Operaciones de Crédito

En los términos previstos en el TRLRHL, concretamente en su artículo 48, las entidades locales, sus organismos autónomos y sociedades mercantiles de capital íntegramente local podrán concertar operaciones de crédito en todas sus modalidades, tanto a corto como a largo plazo, con toda clase de entidades de crédito, además de operaciones financieras de cobertura y gestión del riesgo del tipo de interés y del tipo de cambio.

Como establece el artículo 49.1, "para la financiación de sus inversiones, así como para la sustitución total o parcial de operaciones preexistentes, las Entidades locales, sus organismos autónomos y las sociedades mercantiles de capital íntegramente local, podrán acudir al crédito público y privado, a largo plazo, en cualquiera de sus formas", lo que convierte a la deuda financiera a largo plazo en una fuente de financiación de carácter finalista. A este respecto, según destaca este artículo en su apartado dos, el crédito podrá instrumentarse mediante emisión de deuda pública, contratación de préstamos o créditos, cualquier otra apelación al crédito público o privado, así como, conversión y sustitución total o parcial de operaciones preexistentes.

Por otro lado, el artículo 51 del TRLRHL establece que para atender necesidades transitorias de tesorería, las entidades Locales podrán concertar operaciones de crédito a corto plazo, que no exceda de un año, siempre que en su conjunto no superen el 30% de sus ingresos liquidados por operaciones corrientes en el ejercicio anterior, salvo que la operación haya de realizarse en el primer semestre del año sin que se hayan producido la liquidación del presupuesto de tal ejercicio, en cuyo caso se tomará en consideración la liquidación del ejercicio anterior a este último. A estos efectos tendrán la consideración de operaciones de crédito a corto plazo (naturaleza no finalista, ya que son operaciones NO PRESUPUESTARIAS), entre otras, las siguientes: los anticipos que se perciban de entidades financieras, los préstamos y créditos concedidos por entidades financieras para cubrir desfases transitorios de Tesorería, así como las emisiones de deuda por plazo no superior a un año.

Los artículos 50, 51, 52 y 53 del TRLRHL contienen la descripción del régimen de autorizaciones en el endeudamiento local. A este respecto, hay que resaltar la modificación experimentada en el artículo 53.7 de la citada Ley, consecuencia de la aprobación de la Ley 18/2001, de 12 de diciembre, General de Estabilidad Presupuestaria y, posteriormente, de la Ley 47/2003, de 26 de noviembre, General Presupuestaria, ya que "para el otorgamiento de la autorización de las operaciones a que se refieren los apartados anteriores el órgano autorizante tendrá en cuenta, con carácter preferente, el cumplimiento del principio de estabilidad presupuestaria...".

La Ley General de Estabilidad Presupuestaria no sólo varía el contenido de algunos artículos de la extinta LRHL, sino que va más allá, ya que también marca el inicio de una nueva etapa en la gestión presupuestaria de las administraciones públicas españolas, entre ellas, la Administración Local, dado que su entrada en vigor supone restricciones a la utilización del endeudamiento como fuente de financiación de proyectos de inversión, como respuesta a la necesidad de cumplir con los criterios europeos de convergencia enunciados en Maastrich, imponiendo a las entidades locales la obligación de alcanzar la estabilidad presupuestaria, para lo cual han de ajustar su presupuesto a la generación de capacidad de financiación en los términos previstos en el Sistema Europeo de Cuentas Nacionales y Regionales (SEC95).

2.2. Idea general de las principales figuras para otras entidades locales

Una vez vistas las principales figuras de las que se nutren los ingresos de los Ayuntamientos, debemos hacer una somera referencia, a los ingresos que con carácter especifico el TRLRHL establece para otros entes locales, y que se recogen en el Título IV de dicho texto legal, bajo el epígrafe "Recursos de otras entidades Locales".

2.2.1. Recursos de las entidades supramunicipales

Constituyen recursos de las entidades supramunicipales los previstos en sus respectivas normas de creación y los establecidos en esta Ley y en las disposiciones que la desarrollen, siendo de aplicación a las entidades supramunicipales lo dispuesto en esta Ley respecto de los recursos de los ayuntamientos, con las especialidades que procedan en cada caso.

En los supuestos de establecimiento de contribuciones especiales por las entidades supramunicipales con motivo de la realización de obras o del establecimiento o ampliación de servicios que afecten a uno o varios términos municipales, el órgano superior de gobierno de aquéllas, al determinar las zonas afectadas por la obra o concretar el beneficio especial que representa para cada una de dichas zonas, podrá distinguir entre el interés directo de los contribuyentes y el que sea común en un término municipal o en varios.

En este caso, los ayuntamientos afectados que estén integrados en dichas entidades tendrán el carácter de contribuyente, al objeto del pago de las cuotas individuales correspondientes, que serán recaudadas por aquellos, de acuerdo con las normas reguladoras de este tributo municipal.

Las cuotas señaladas a los ayuntamientos, en calidad de contribuyentes, serán compatibles con las que los propios ayuntamientos puedan imponer con motivo de los gastos ocasionados por las subvenciones, auxilios o cualquier otra forma de cooperación que hayan prestado a las obras públicas, instalaciones o servicios de las entidades a que pertenezcan.

Por último, las comarcas, áreas metropolitanas, entidades municipales asociativas y demás entidades supramunicipales podrán establecer y exigir tasas, contribuciones especiales y precios públicos, de conformidad con lo previsto en sus respectivas normas de creación y en los términos establecidos en esta Ley y disposiciones que la desarrollen. El régimen financiero de las entidades supramunicipales no alterará el propio de los ayuntamientos que las integren.

2.2.2. Recursos de las Áreas Metropolitanas

Las áreas metropolitanas podrán contar con los siguientes recursos:

a) Las áreas metropolitanas podrán establecer un recargo sobre el Impuesto sobre Bienes Inmuebles sitos en el territorio de la entidad. Dicho recargo se exigirá a los mismos sujetos pasivos y en los mismos casos contemplados en la normativa reguladora de este impuesto, y consistirá en un porcentaje único que recaerá sobre la base imponible de este, y su tipo no podrá ser superior al 0,2 por 100.

b) Las subvenciones de carácter finalista que se podrán fijar en los Presupuestos Generales del Estado para la financiación de aquellos servicios específicos que constituyan el objeto de las áreas metropolitanas y cuya cuantía, perceptor y forma de distribución se determina anualmente.

2.2.3. Recursos de Mancomunidades, y otras entidades Asociativas

Las mancomunidades y demás entidades municipales asociativas dispondrán, además de los recursos citados en el artículo 151, de las aportaciones de los municipios que integren o formen parte de aquéllas, determinadas de acuerdo con lo establecido en los estatutos de creación respectivos.

En cuanto a las comarcas no podrán exigir ninguno de los impuestos y recargos regulados en esta Ley ni percibir participación en los tributos del Estado. Las leyes de las Comunidades Autónomas que, de acuerdo con lo dispuesto en sus estatutos, creen en su territorio comarcas u otras entidades que agrupen varios municipios determinarán los recursos económicos que se les asignen.

2.2.4. Recursos de las Entidades de ámbito territorial inferior al municipio (EATIM)

Las entidades locales de ámbito territorial inferior al municipio no podrán tener impuestos propios ni participación en los tributos del Estado, pero sí en los del municipio a que pertenezcan.

Las leyes de las Comunidades Autónomas sobre régimen local que regulen las entidades de ámbito territorial inferior al municipio determinarán los recursos integrantes de sus respectivas haciendas, de entre los previstos en esta Ley para los municipios, incluso la prestación personal y de transporte, salvo cuando la tuviera acordada el ayuntamiento con carácter de generalidad.

Serán aplicables a los recursos citados en los apartados anteriores las disposiciones de esta Ley correspondientes a la hacienda municipal, con las adaptaciones derivadas del carácter de ingresos propios de sus entidades titulares.

2.2.5. Recursos de las Diputaciones Provinciales

Con independencia de la especificidad de su participación en los ingresos del Estado, y los derivados de la financiación de la asistencia sanitaria, debemos destacar que el artículo 131 del TRLRHL establece que la Hacienda de las provincias estará constituida por los recursos expresados en el artículo 2 de esta

Ley (Que vimos al principio del tema) en los términos y con las especialidades que se recogen en la Ley.

Así las Diputaciones Provinciales podrán establecer y exigir tasas por la prestación de servicios o la realización de actividades de su competencia, y por la utilización privativa o el aprovechamiento especial de bienes del dominio público provincial. Las Diputaciones Provinciales seguirán editando y publicando el «Boletín Oficial» de la provincia, pudiendo a tal efecto establecer y exigir tasas y precios por la inserción de anuncios y edictos, y la suscripción y venta de ejemplares.

Las Diputaciones Provinciales podrán establecer y exigir contribuciones especiales por la realización de obras o por el establecimiento o ampliación de servicios.

Aunque sin ninguna duda el ingreso de naturaleza tributaria de las Diputaciones Provinciales, en el diseño inicial de la Ley era el **Recargo de las Provincias sobre el Impuesto sobre Actividades Económicas,** dicho recargo se exigirá a los mismos sujetos pasivos y en los mismos casos contemplados en la normativa reguladora del impuesto y consistirá en un porcentaje único que recaerá sobre las cuotas municipales modificadas por la aplicación del coeficiente de ponderación previsto en el artículo 86 de esta Ley y su tipo no podrá ser superior al **40 por 100.**

La gestión del recargo se llevará a cabo, juntamente con el impuesto sobre el que recae, por la entidad que tenga atribuida la gestión de éste.

3. ORDENANZAS FISCALES

La imposición y ordenación de tributos locales se plasma en una ordenanza de tipo o naturaleza fiscal, es decir, que deberá contener los datos esenciales (hecho imponible, sujeto pasivo, base imponible y liquidable, tipos, etc.), y su tramitación y elaboración se atendrá a lo establecido en los artículos del 15 al 19 del TRLRHL, que establecen:

Artículo 15

1. Salvo en los supuestos previstos en el artículo 60.1 de la presente Ley (este artículo enumera los impuesto obligatorios, que hemos especificado antes), las Entidades locales deberán acordar la imposición y supresión de sus tributos propios, y aprobar las correspondientes Ordenanzas fiscales reguladoras de los mismos.

2. Respecto de los impuestos previstos en el artículo 60.1, los Ayuntamientos que decidan hacer uso de las facultades que les confiere la presente Ley en orden a la fijación de los elementos necesarios para la determinación de las respectivas cuotas tributarias, deberán acordar el ejercicio de tales facultades, y aprobar las oportunas Ordenanzas fiscales.

3. Asimismo, las Entidades locales ejercerán la potestad reglamentaria a que se refiere el apartado 2 del artículo 12 de esta Ley, bien en las Ordenanzas fiscales reguladoras de los distintos tributos locales, bien mediante la aprobación de Ordenanzas fiscales específicamente reguladoras de la gestión, liquidación, inspección y recaudación de los tributos locales.

Artículo 16

1. Las Ordenanzas fiscales a que se refiere el apartado 1 del artículo 15 contendrá, al menos:

a) La determinación del hecho imponible, sujeto pasivo, responsables, exenciones, reducciones y bonificaciones, base imponible y liquidable, tipo de gravamen o cuota tributaria, período impositivo y devengo.

b) Los regímenes de declaración y de ingresos.

c) Las fechas de su aprobación y del comienzo de su aplicación.

Asimismo, estas ordenanzas fiscales podrán contener en su caso, las normas a que se refiere el apartado 3 del artículo 15.

Los acuerdos de aprobación de estas ordenanzas fiscales deberán adoptarse simultáneamente a los de imposición de los respectivos tributos.

Los acuerdos de modificación de dichas ordenanzas deberán contener la nueva redacción de las normas afectadas y las fechas de su aprobación y del comienzo de su aplicación.

2. Las ordenanzas fiscales a que se refiere el apartado 2 del artículo anterior contendrán, además de los elementos necesarios para la determinación de las cuotas tributarias de los respectivos impuestos, las fechas de su aprobación y el comienzo de su aplicación.

Artículo 17

1. Los acuerdos provisionales adoptados por las Corporaciones locales para el establecimiento, supresión y ordenación de tributos y para la fijación de los elementos necesarios en orden a la determinación de las respectivas cuotas tributarias, así como las aprobaciones y modificaciones de las correspondientes Ordenanzas fiscales, se expondrán en el tablón de anuncios de la Entidad durante treinta días, como mínimo, dentro de los cuales los interesados podrán examinar el expediente y presentar las reclamaciones que estimen oportunas.

2. Las Entidades locales publicarán, en todo caso, los anuncios de exposición en el "Boletín Oficial" de la provincia, o, en su caso, en el de la Comunidad Autónoma uniprovincial. Las Diputaciones Provinciales,

los órganos de gobierno de las Entidades supramunicipales y los Ayuntamientos de población superior a 10.000 habitantes deberán publicarlos, además, en un diario de los de mayor difusión de la provincia, o de la Comunidad Autónoma uniprovincial.

3. Finalizado el período de exposición pública, las Corporaciones locales adoptarán los acuerdos definitivos que procedan, resolviendo las reclamaciones que se hubieran presentado y aprobando la redacción definitiva de la Ordenanza, su derogación o las modificaciones a que se refiera el acuerdo provisional. En el caso de que no se hubieran presentado reclamaciones, se entenderá definitivamente aprobado el acuerdo, hasta entonces provisional, sin necesidad de acuerdo plenario.

4. En todo caso, los acuerdos definitivos a que se refiere el apartado anterior, incluyendo los provisionales elevados automáticamente a tal categoría, y el texto íntegro de las Ordenanzas o de sus modificaciones, habrán de ser publicados en el "Boletín Oficial" de la Provincia o, en su caso, de la Comunidad Autónoma uniprovincial, sin que entren en vigor hasta que se haya llevado a cabo dicha publicación.

5. Las Diputaciones Provinciales, Consejos, Cabildos Insulares y, en todo caso, las demás Entidades locales cuando su población sea superior a 20.000 habitantes, editarán el texto íntegro de las Ordenanzas fiscales reguladoras de sus tributos dentro del primer cuatrimestre del ejercicio económico correspondiente.

En todo caso, las Entidades locales habrán de expedir copias de las Ordenanzas fiscales a quienes las demanden.

Artículo 18

A los efectos de lo dispuesto en el apartado 1 del artículo 17, tendrán la consideración de interesados:

a) Los que tuvieran un interés directo o resulten afectados por tales acuerdos.

b) Los Colegios Oficiales, Cámaras Oficiales, Asociaciones y demás Entidades legalmente constituidas para velar por los intereses profesionales, económicos o vecinales, cuando actúen en defensa de los que les son propios.

Artículo 19

1. Las Ordenanzas fiscales de las Entidades locales a que se refiere el artículo 17.3 de la presente Ley, regirán durante el plazo determinado o indefinido previsto en las mismas, sin que quepa contra ellas otro recurso que el contencioso-administrativo, que se podrá interponer a partir de su publicación en el "Boletín Oficial" de la provincia o, en su

caso, de la Comunidad Autónoma uniprovincial, en la forma y plazos que establecen las normas reguladoras de dicha jurisdicción.

2. Si por resolución judicial firme resultaran anulados o modificados los acuerdos locales o el texto de las Ordenanzas fiscales, la Entidad local vendrá obligada a adecuar a los términos de la sentencia todas las actuaciones que lleve a cabo con posterioridad a la fecha en que aquélla le sea notificada. Salvo que expresamente lo prohibiera la sentencia, se mantendrán los actos firmes o consentidos dictados al amparo de la Ordenanza que posteriormente resulte anulada o modificada.

Terminar señalando que, en cuanto al quórum de votación para la aprobación de las Ordenanzas Fiscales, para las que anteriormente se exigía la mayoría absoluta, en la actualidad, a causa de la nueva redacción dada al artículo 47 de la LRBRL, en la Ley de medidas de modernización del Gobierno Local, sólo se requerirá la **mayoría simple.**

4. MARCO NORMATIVO Y CARACTERÍSTICAS GENERALES

Con la publicación de la Ley 7/85, de 2 de abril Reguladora de Bases de Régimen Local, se abre el período para una nueva normativa presupuestaria y contable en el ámbito de las Entidades Locales, que culmina con la aparición del **Texto Refundido de la Ley Reguladora de las Haciendas Locales, aprobado por Real Decreto Legislativo 2/2004, de 5 de marzo**, y con el desarrollo normativo de la misma, mediante la **Orden EHA/2565/2008 de 3 de diciembre, por la que se aprueba la estructura de los presupuestos** de las entidades locales, modificada en la clasificación por programas por la **Orden HAP/419/2014 de 14 de marzo** y el **Real Decreto 500/90, de 20 de abril**, por el que se desarrolla el Texto Refundido de la Ley Reguladora de las Haciendas Locales en materia presupuestaria y por último las Ordenes Ministeriales que aprobaron la **Instrucción de Contabilidad** para las Entidades Locales.

5. CONCEPTO Y PRINCIPIOS PRESUPUESTARIOS

5.1. Concepto

El artículo 162 del TRLRHL, establece que "los presupuestos generales de las Entidades Locales **constituyen la expresión cifrada conjunta y sistemática de las obligaciones que, como máximo, puede reconocer la**

entidad, y sus Organismos Autónomos, y de los derechos que prevean liquidar durante el correspondiente ejercicio, así como de las previsiones de ingresos y gastos de las Sociedades Mercantiles cuyo capital social pertenezca íntegramente a la Entidad Local correspondiente".

En cuanto al ámbito temporal de los mismos el artículo 163 TRLRHL establece que, el ejercicio presupuestario coincidirá con el año natural y a él se imputarán:

a) Los derechos liquidados en el ejercicio, cualquiera que sea el período de que deriven.

b) Las obligaciones reconocidas durante el ejercicio.

5.2. Principios

De esta enunciación deducimos la existencia de unos principios que rigen la actividad presupuestaria, desde su formación, gestión y liquidación de las Entidades Locales. Tales principios podríamos enunciarlos así:

- **Anualidad:** que significa que el presupuesto coincide con el año natural, del 1 de enero al 31 de diciembre.
- **Universalidad:** que significa que el Presupuesto General de la Entidad incluye la totalidad de los gastos e ingresos de la misma (artículo 162 TRLRHL).
- **Unidad**: las Entidades Locales aprobarán anualmente un Presupuesto General Único en el que se integrarán; el de la propia Entidad, los de los Organismos Autónomos y los estados de previsión de las Sociedades Mercantiles participadas al 100%, artículo 164 TRLRHL.
- **Presupuesto bruto:** que indica que los derechos liquidados y las obligaciones reconocidas se aplicarán a los presupuestos por su importe integro, quedando prohibido atender obligaciones mediante minoración de los derechos a liquidar o ya ingresados, salvo que la Ley los autorice de modo expreso.
- **Desafectación de los recursos:** Supone que los recursos de la Entidad Local y de cada uno de los Organismos Autónomos o Sociedades Mercantiles se destinarán a satisfacer el conjunto de sus respectivas obligaciones, salvo en el caso de ingresos específicos afectados a fines determinados, artículo 165. (Ejemplo Subvenciones).
- **Equilibrio presupuestario:** Cada uno de los Presupuestos que se integran en el Presupuesto General de la Entidad deberá aprobarse sin déficit, (artículo 165.4. del TRLRHL).

6. CONTENIDO DE LOS PRESUPUESTOS

Las entidades locales elaborarán y aprobarán anualmente un presupuesto general en el que se integrarán:

a) El presupuesto de la propia entidad.

b) Los de los organismos autónomos dependientes de esta.

c) Los estados de previsión de gastos e ingresos de las sociedades mercantiles cuyo capital social pertenezca íntegramente a la entidad local.

Los organismos autónomos de las entidades locales se clasifican, a efectos de su régimen presupuestario y contable, en la forma siguiente:

a) Organismos autónomos de carácter administrativo.

b) Organismos autónomos de carácter comercial, industrial, financiero o análogo.

Las normas de creación de cada organismo autónomo deberán indicar expresamente su carácter.

Los documentos que integran un Presupuesto General pueden agruparse en 3 tipos:

A) Estados.

B) Anexos.

C) Bases de ejecución.

Los **Estados** integran los de gastos e ingresos del Presupuesto de la propia Entidad, los de cada uno de los Organismos Autónomos, tanto administrativos como comerciales, industriales o financieros.

Así el artículo 165 TRLRHL establece que.

> 1. El presupuesto general atenderá al cumplimiento del principio de estabilidad en los términos previstos en la Ley 18/2001, General de Estabilidad Presupuestaria, y contendrá para cada uno de los presupuestos que en él se integren:
>
> a) Los estados de gastos, en los que se incluirán, con la debida especificación, los créditos necesarios para atender al cumplimiento de las obligaciones.
>
> b) Los estados de ingresos, en los que figurarán las estimaciones de los distintos recursos económicos a liquidar durante el ejercicio.
>
> Asimismo, incluirá las bases de ejecución, que contendrán la adaptación de las disposiciones generales en materia presupuestaria a la or-

ganización y circunstancias de la propia entidad, así como aquellas otras necesarias para su acertada gestión, estableciendo cuantas prevenciones se consideren oportunas o convenientes para la mejor realización de los gastos y recaudación de los recursos, sin que puedan modificar lo legislado para la administración económica ni comprender preceptos de orden administrativo que requieran legalmente procedimiento y solemnidades específicas distintas de lo previsto para el presupuesto.

2. Los recursos de la entidad local y de cada uno de sus organismos autónomos y sociedades mercantiles se destinarán a satisfacer el conjunto de sus respectivas obligaciones, salvo en el caso de ingresos específicos afectados a fines determinados.

3. Los derechos liquidados y las obligaciones reconocidas se aplicarán a los presupuestos por su importe íntegro, quedando prohibido atender obligaciones mediante minoración de los derechos a liquidar o ya ingresados, salvo que la Ley lo autorice de modo expreso.

Se exceptúan de lo anterior las devoluciones de ingresos que se declaren indebidos por tribunal o autoridad competentes.

4. Cada uno de los presupuestos que se integran en el presupuesto general deberá aprobarse sin déficit inicial.

Los **Anexos** pueden distribuirse en dos grandes grupos; los que se adjuntarán al Presupuesto General y los que habrán de unirse a cada uno de los Presupuestos que lo integran.

Al Presupuesto General se acompañará:

- El Plan de inversiones y su programa de financiación para un plazo de 4 años.
- Los programas anuales de actuación inversiones y financiación de las Sociedades Mercantiles.
- El Estado de consolidación del Presupuesto de la propia Entidad y el de todos los presupuestos y estados de previsión de los Organismos Autónomos y Sociedades Mercantiles (artículo 166.1 TRLRHL), suma de los Presupuestos.

A cada uno de los Presupuestos integrados en el Presupuesto General, habrá de unirse la siguiente documentación:

1º Memoria explicativa del contenido y modificaciones más importantes en relación con el presupuesto del ejercicio anterior (Alcalde)

2º Liquidación del ejercicio anterior y un avance del presente a la fecha en que se presente el anteproyecto de la Entidad Local.

3º Anexo de personal de la Entidad Local.

4º Anexo de inversiones a realizar en el ejercicio.

5º Un informe económico financiero en el que se expongan las bases utilizadas para la evaluación de los ingresos y de las operaciones de crédito previstas; la suficiencia de los créditos para atender el cumplimiento de las obligaciones exigibles y los gastos de funcionamiento de los servicios y, en consecuencia, la efectiva nivelación del presupuesto, artículo 168.1 del Texto Refundido de la Ley Reguladora de Haciendas Locales.

En cuanto a los anexos el artículo 166 TRLRHL establece.

1. Al presupuesto general se unirán como anexos:

a) Los planes y programas de inversión y financiación que, para un plazo de cuatro años, podrán formular los municipios y demás entidades locales de ámbito supramunicipal.

b) Los programas anuales de actuación, inversiones y financiación de las sociedades mercantiles de cuyo capital social sea titular único o partícipe mayoritario la entidad local.

c) El estado de consolidación del presupuesto de la propia entidad con el de todos los presupuestos y estados de previsión de sus organismos autónomos y sociedades mercantiles.

d) El estado de previsión de movimientos y situación de la deuda comprensiva del detalle de operaciones de crédito o de endeudamiento pendientes de reembolso al principio del ejercicio, de las nuevas operaciones previstas a realizar a lo largo del ejercicio y del volumen de endeudamiento al cierre del ejercicio económico, con distinción de operaciones a corto plazo, operaciones a largo plazo, de recurrencia al mercado de capitales y realizadas en divisas o similares, así como de las amortizaciones que se prevén realizar durante el mismo ejercicio.

2. El plan de inversiones que deberá coordinarse, en su caso, con el programa de actuación y planes de etapas de planeamiento urbanístico, se completará con el programa financiero, que contendrá:

a) La inversión prevista a realizar en cada uno de los cuatro ejercicios.

b) Los ingresos por subvenciones, contribuciones especiales, cargas de urbanización, recursos patrimoniales y otros ingresos de capital que se prevean obtener en dichos ejercicios, así como una proyección del resto de los ingresos previstos en el citado período.

c) Las operaciones de crédito que resulten necesarias para completar la financiación, con indicación de los costes que vayan a generar.

3. De los planes y programas de inversión y financiación se dará cuenta, en su caso, al Pleno de la Corporación coincidiendo con la aprobación del presupuesto, debiendo ser objeto de revisión anual, añadiendo un nuevo ejercicio a sus previsiones.

Además el RD 500/1990 que desarrolla la Ley en materia de presupuestos establece que:

Artículo 12

Se unirán como anexos al presupuesto general:

a) Los programas anuales de actuación, inversiones y financiación de las sociedades mercantiles de cuyo capital social sea titular único o partícipe mayoritario la entidad local.

b) El estado de consolidación del presupuesto de la propia entidad con el de todos los presupuestos y estados de previsión de sus organismos autónomos y sociedades mercantiles.

c) Los planes de inversión y sus programas de financiación que, en su caso y para un plazo de cuatro años, puedan formular los municipios y demás Entidades Locales de ámbito supramunicipal.

Artículo 13

1. Los anexos a que se refieren los apartados a) y b) del artículo anterior se confeccionaran teniendo en cuenta lo que se dispone en los artículos 114 a 118 del presente Real Decreto.

2. El anexo a que se refiere el apartado c) del artículo anterior, que deberá coordinarse, en su caso, con el programa de actuación y planes de etapas de planeamiento urbanístico, recogerá la totalidad de los proyectos de inversión que se prevean realizar.

3. Los proyectos incluidos en el plan de inversiones se identificaran mediante el código que en aquel se les asigne y que no podrá ser alterado hasta su finalización.

4. Por cada proyecto deberá especificarse, como mínimo:

a) Código de identificación.

b) Denominación del proyecto.

c) Año de inicio y año de finalización previstos.

d) Importe total previsto.

e) Anualidad prevista para cada uno de los cuatro ejercicios.

f) Tipo de financiación, determinando si se financia con recursos generales o con ingresos afectados.

g) Previsible vinculación de los créditos asignados.

h) Órgano encargado de su gestión.

Artículo 14

Los programas de financiación, que completaran los planes de inversión a que se refiere el artículo 12, c), anterior, contendrán:

a) La inversión prevista a realizar en cada uno de los cuatro ejercicios.

b) Los ingresos por subvenciones, contribuciones especiales, cargas de urbanización, recursos patrimoniales y otros ingresos de capital que se prevean obtener en dichos ejercicios, así como una proyección del resto de los ingresos previstos en el citado periodo.

c) Las operaciones de crédito que resulten necesarias para completar la financiación, con indicación de los costes que vayan a generar.

Artículo 15

De los planes de inversión y sus programas de financiación se dará cuenta, en su caso, al pleno de la corporación, coincidiendo con la aprobación del presupuesto, debiendo ser objeto de revisión anual, añadiendo un nuevo ejercicio a sus previsiones.

Artículo 16

1. Cada uno de los presupuestos que se integran en el presupuesto general deberá aprobarse sin déficit inicial.

2. Asimismo, ninguno de los presupuestos podrá presentar déficit a lo largo del ejercicio; en consecuencia todo incremento en los créditos presupuestarios o decremento en las previsiones de ingresos deberá ser compensado en el mismo acto en que se acuerde.

Las **Bases de Ejecución** del presupuesto se configuran como una "Ley anual del Presupuesto" y, en general, contendrán la adaptación de las disposiciones generales en materia presupuestaria a la organización y circunstancias de la propia Entidad, así como aquellas otras necesarias para su acertada gestión, estableciendo cuantas prevenciones se consideren oportunas o convenientes para la mejor realización de los gastos y recaudación de los recursos, sin que puedan modificar lo legislado para la administración económica ni comprender preceptos de orden administrativo que requieran normalmente procedimientos y solemnidades específicas distintas de lo previsto para el Presupuesto, artículo 165.1 TRLRHL.

De acuerdo con lo que establece el artículo 9.2 del Real Decreto 500/90, que desarrolla el Texto Refundido de la Ley Reguladora de las Haciendas Locales en materia presupuestaria, las Entidades Locales regularán, entre otras materias en las Bases de Ejecución, como ejemplo lo siguiente:

a) Niveles de vinculación jurídica.
b) Relación expresa y taxativa de los créditos que se declaren ampliables con detalle de los recursos afectados.
c) Regulación de las transferencias de crédito, estableciendo en cada caso, el órgano competente para autorizarlos.
d) Tramitación de los expedientes de ampliación y generación de crédito, así como la incorporación de remanentes.
e) Normas que regulan el procedimiento de ejecución del presupuesto.

Por su parte el RD 500/1990 añade en su artículo 9.

Artículo 9

1. El presupuesto general incluirá las bases de ejecución del mismo que contendrán, para cada ejercicio, la adaptación de las disposiciones generales en materia presupuestaria a la organización y circunstancias de la propia entidad y de sus organismos autónomos, así como aquellas otras necesarias para su acertada gestión, estableciendo cuantas prevenciones se consideren oportunas o convenientes para la mejor realización de los gastos y recaudación de los recursos, sin que se pueda modificar lo legislado para la administración económica ni comprender preceptos de orden administrativo que requieran legalmente de procedimientos y solemnizadas específicas distintas de lo preceptuado para el presupuesto.

2. Las Entidades Locales regularan, entre otras materias, en las bases de ejecución del presupuesto lo siguiente:

a) Niveles de vinculación jurídica de los créditos.
b) Relación expresa y taxativa de los créditos que se declaren ampliables, con detalle de los recursos afectados.
c) Regulación de las transferencias de créditos, estableciendo, en cada caso, el órgano competente para autorizarlas.
d) Tramitación de los expedientes de ampliación y generación de créditos, así como de incorporación de remanentes de créditos.
e) Normas que regulen el procedimiento de ejecución del presupuesto.
f) Desconcentraciones o delegaciones en materia de autorización y disposición de gastos, así como de reconocimiento y liquidación de obligaciones.
g) Documentos y requisitos que, de acuerdo con el tipo de gastos, justifiquen el reconocimiento de la obligación.

h) Forma en que los perceptores de subvenciones deban acreditar el encontrarse al corriente de sus obligaciones fiscales con la entidad y justificar la aplicación de fondos recibidos.

i) Supuestos en los que puedan acumularse varias fases de ejecución del presupuesto de gastos en un solo acto administrativo.

j) Normas que regulen la expedición de órdenes de pago a justificar y anticipos de caja fija.

k) Regulación de los compromisos de gastos plurianuales.

3. Las bases de ejecución del presupuesto de cada ejercicio podrán remitirse a los reglamentos o normas de carácter general dictadas por el pleno.

7. ELABORACIÓN Y APROBACIÓN

1. El artículo 168 del TRLRHL establece que el Presupuesto de la Entidad Local será formado por su Presidente, y por lo que se refiere a los Organismos Autónomos y Sociedades Mercantiles, esta competencia recaerá en los órganos que en sus propios Estatutos se establezcan, ya que como establece el apartado 1° de dicho artículo:

El presupuesto de la entidad local será formado por su presidente y a él habrá de unirse la siguiente documentación:

a) Memoria explicativa de su contenido y de las principales modificaciones que presente en relación con el vigente.

b) Liquidación del presupuesto del ejercicio anterior y avance de la del corriente, referida, al menos, a seis meses del ejercicio corriente.

c) Anexo de personal de la entidad local.

d) Anexo de las inversiones a realizar en el ejercicio.

e) Un informe económico-financiero, en el que se expongan las bases utilizadas para la evaluación de los ingresos y de las operaciones de crédito previstas, la suficiencia de los créditos para atender el cumplimiento de las obligaciones exigibles y los gastos de funcionamiento de los servicios y, en consecuencia, la efectiva nivelación del presupuesto.

2. El Presupuesto de cada uno de los Organismos Autónomos integrantes del General, propuesto inicialmente por el órgano competente de los mismos será remitido a la Entidad Local de la que dependan antes del 15 de septiembre de cada año, acompañado de la documentación detallada en el apartado anterior.

3. Las Sociedades Mercantiles, incluso de aquellas en cuyo capital sea mayoritaria la participación de la Entidad Local, remitirán a ésta antes del 15 de septiembre de cada año, sus previsiones de gastos e ingresos, así como los programas anuales de actuación, inversiones y financiación para el ejercicio siguiente.

4. Sobre la base de los presupuestos y estados de previsión a que se refieren los apartados 1 y 2 anteriores, el Presidente de la Entidad formará el Presupuesto General y lo remitirá, informado por la Intervención y con los anexos y documentación complementaria detalladas en el apartado 1 del artículo 166 y el presente artículo al Pleno de la Corporación antes del 15 de octubre para su aprobación, enmienda o devolución.

5. El acuerdo de aprobación, que será único, habrá de detallar los presupuestos que integran el Presupuesto General, no pudiendo aprobarse ninguno de ellos separadamente. La aprobación deberá efectuarse por la mayoría simple del Pleno.

El artículo 169 del TRLRHL establece:

1. Aprobado inicialmente el Presupuesto General, (por mayoría simple), se expondrá al público, previo anuncio en el Boletín Oficial de la Provincia, o en su caso, de la Comunidad Autónoma Uniprovincial, por plazo de 15 días hábiles, durante los cuales los interesados podrán examinarlos y presentar reclamaciones ante el Pleno. El Presupuesto se considerará definitivamente aprobado si durante el citado plazo no se hubiesen presentado reclamaciones; en caso contrario, el Pleno dispondrá de un plazo de un mes, para resolverlas. Si no hubiera reclamaciones, se entenderá aprobado definitivamente, sin necesidad de acuerdo Plenario.

2. La aprobación definitiva del Presupuesto General por el Pleno de la Corporación habrá de realizarse antes del 31 de diciembre del año anterior al del ejercicio en que deba aplicarse.

3. El Presupuesto General, definitivamente aprobado, será insertado en el Boletín Oficial de la Corporación, si lo tuviere y, resumido por capítulos de cada uno de los presupuestos que lo integran, en el de la provincia o, en su caso, de la Comunidad Autónoma Uniprovincial. Entra en vigor al día siguiente de su publicación.

4. Del Presupuesto General definitivamente aprobado se remitirá copia a la Administración del Estado y a la correspondiente Comunidad Autónoma. La remisión se realizará simultáneamente al envío al Boletín Oficial a que se refiere el apartado anterior.

5. Si al iniciarse el ejercicio económico no hubiese entrado en vigor el Presupuesto correspondiente, se considerará automáticamente prorrogado el del anterior, con sus créditos iniciales.

6. Si al iniciarse el ejercicio económico no hubiese entrado en vigor el presupuesto correspondiente, se considerará automáticamente

prorrogado el del anterior, con sus créditos iniciales, sin perjuicio de las modificaciones que se realicen conforme a lo dispuesto en los artículos 177, 178 y 179 de esta Ley y hasta la entrada en vigor del nuevo presupuesto. La prórroga no afectará a los créditos para servicios o programas que deban concluir en el ejercicio anterior o que estén financiados con crédito u otros ingresos específicos o afectados.

7. La copia del presupuesto y de sus modificaciones deberá hallarse a disposición del público, a efectos informativos, desde su aprobación definitiva hasta la finalización del ejercicio.

En cuanto a la interposición de Recursos o reclamaciones contra el presupuesto los artículos 170 y 171 TRLRHL establecen:

Artículo 170. Reclamación administrativa: legitimación activa y causas

1. A los efectos de lo dispuesto en el apartado 1 del artículo anterior, tendrán la consideración de interesados:

a) Los habitantes en el territorio de la respectiva entidad local.

b) Los que resulten directamente afectados, aunque no habiten en el territorio de la entidad local.

c) Los colegios oficiales, cámaras oficiales, sindicatos, asociaciones y demás entidades legalmente constituidas para velar por intereses profesionales o económicos y vecinales, cuando actúen en defensa de los que les son propios.

2. Únicamente podrán entablarse reclamaciones contra el presupuesto:

a) Por no haberse ajustado su elaboración y aprobación a los trámites establecidos en esta Ley.

b) Por omitir el crédito necesario para el cumplimiento de obligaciones exigibles a la entidad local, en virtud de precepto legal o de cualquier otro título legítimo.

c) Por ser de manifiesta insuficiencia los ingresos con relación a los gastos presupuestados o bien de estos respecto a las necesidades para las que esté previsto.

Artículo 171. Recurso contencioso-administrativo

1. Contra la aprobación definitiva del presupuesto podrá interponerse directamente recurso contencioso-administrativo, en la forma y plazos que establecen las normas de dicha jurisdicción.

2. El Tribunal de Cuentas deberá informar previamente a la resolución del recurso cuando la impugnación afecte o se refiera a la nivelación presupuestaria.

3. La interposición de recursos no suspenderá por sí sola la aplicación del presupuesto definitivamente aprobado por la corporación.

8. ESTRUCTURA DE LOS PRESUPUESTOS

El artículo 167 del TRLRHL establece.

1. El Ministerio de Hacienda establecerá con carácter general la estructura de los presupuestos de las entidades locales teniendo en cuenta la naturaleza económica de los ingresos y de los gastos, las finalidades u objetivos que con estos últimos se propongan conseguir y de acuerdo con los criterios que se establecen en los siguientes apartados de este artículo.

A tal efecto **la Orden EHA/3565/2008, de 3 de diciembre, por la que se aprueba la estructura de los presupuestos de las entidades locales**, hoy modificada por la **Orden HAP/419/2014 de 14 de marzo** que establecen en sus artículos 2 y siguientes que:

Artículo 2. Estructura de los presupuestos

1. Las entidades locales elaborarán sus presupuestos **teniendo en cuenta la naturaleza económica de los ingresos y de los gastos, y las finalidades y objetivos que con estos últimos se pretendan conseguir**.

2. Igualmente podrán clasificar los gastos e ingresos atendiendo a su propia estructura de acuerdo con sus reglamentos o decretos de organización. (Se refiere aquí a la clasificación orgánica, que cada Entidad Local pueda establecer, y que como ves es de carácter voluntario)

Artículo 3. Criterios generales de clasificación del estado de gastos

Los estados de gastos de los presupuestos de las entidades locales se clasificarán con los siguientes criterios:

a) Por programas.

b) Por categorías económicas.

c) Opcionalmente, por unidades orgánicas.

Artículo 4. Clasificación por programas

1. Los créditos se ordenarán según su finalidad y los objetivos que con ellos se proponga conseguir, con arreglo a la clasificación por áreas de gasto, políticas de gasto, grupos de programas y programas que se detallan en el anexo I. Estos últimos podrán desarrollarse en subprogramas.

2. Con carácter general, el detalle de los créditos se presentará, como mínimo, en el nivel de grupos de programas de gasto. No obstante, este detalle se deberá presentar en el nivel de programas de gasto en los casos que se especifican en el anexo I.

3. La estructura que se especifica en el anexo I se debe considerar cerrada y obligatoria para todas las entidades locales. No obstante, será abierta a partir del nivel de programas y subprogramas, por lo que podrán crearse los programas y subprogramas que se consideren necesarios cuando no figuren en la estructura que por esta Orden se establece.

4. En los supuestos en que la Entidad local asuma competencias por delegación del Estado o de las Comunidades Autónomas, en aplicación del artículo 27 de la Ley 7/1985, de 2 de abril, reguladora de las Bases del Régimen Local, deberá realizar el necesario desarrollo de los grupos de programa, a fin de que exista una exacta correspondencia entre cada servicio asumido y un único programa o subprograma presupuestario.

Artículo 5. Clasificación económica del gasto

1. La clasificación económica del gasto agrupará los créditos por capítulos separando las operaciones corrientes, las de capital y las financieras.

2. Atendiendo a su naturaleza económica, los capítulos se desglosarán en artículos, y éstos, a su vez, en conceptos, que se podrán subdividir en subconceptos.

3. Los créditos se clasificarán de acuerdo con la estructura que, por capítulos, artículos, conceptos y subconceptos, se detalla en el anexo III de la presente Orden.

4. La estructura por conceptos y subconceptos es abierta, por lo que podrán crearse los que se consideren necesarios cuando no figuren en la estructura que esta Orden establece.

5. Los subconceptos podrán desarrollarse en partidas, cuya estructura es igualmente abierta.

Artículo 6. Aplicación presupuestaria

La aplicación presupuestaria cuya expresión cifrada constituye el crédito presupuestario vendrá definida, al menos, por la conjunción de las clasificaciones por programas y económica, en el nivel de grupo de programa o programa y concepto o subconcepto respectivamente.

En el caso de que la Entidad local opte por utilizar la clasificación orgánica, la aplicación presupuestaria vendrá definida por la conjunción de las clasificaciones orgánica, por programas y económica.

Artículo 7. Registro contable

1. El registro contable de los créditos, de sus modificaciones y de las operaciones de ejecución del gasto se realizará, como mínimo, sobre la aplicación presupuestaria definida en el artículo anterior.

2. Las entidades locales podrán efectuar el seguimiento contable a un mayor nivel de desglose.

Artículo 8. Créditos iniciales y definitivos

1. Se entenderá por crédito inicial el asignado a cada aplicación presupuestaria en el presupuesto de la entidad definitivamente aprobado.

2. El crédito definitivo vigente en cada momento vendrá determinado por el crédito inicial aumentado o disminuido como consecuencia de modificaciones presupuestarias.

Artículo 9. Clasificación económica del ingreso

1. Las previsiones incluidas en los estados de ingresos del presupuesto de la entidad local se clasificarán separando las operaciones corrientes, las de capital y las financieras, de acuerdo con la estructura que por capítulos, artículos, conceptos y subconceptos se detalla en el anexo IV de la presente Orden.

2. La estructura por conceptos y subconceptos es abierta, por lo que podrán crearse los que se consideren necesarios cuando no figuren en la estructura que esta Orden establece.

Las estructuras son las siguientes:

8.1. Clasificación económica

A) Estado de Ingresos

- Capítulo I. Impuestos Directos.
- Capítulo II. Impuestos Indirectos.
- Capítulo III. Tasas Precios Públicos y otros Ingresos.
- Capítulo IV. Transferencias Corrientes.
- Capítulo V. Ingresos Patrimoniales.
- Capítulo VI. Enajenación de Inversiones Reales.
- Capítulo VII. Transferencias de Capital.

- Capítulo VIII. Activo Financieros.
- Capítulo IX. Pasivos Financieros.

B) Estado de Gastos

- Capítulo I. Gastos de Personal.
- Capítulo II. Gastos Corrientes en Bienes y Servicios.
- Capítulo III. Gastos Financieros.
- Capítulo IV. Transferencias Corrientes.
- Capítulo V. Fondo de Contingencia
- Capítulo VI. Inversiones Reales.
- Capítulo VII. Transferencias de Capital.
- Capítulo VIII. Activos Financieros
- Capítulo IX. Pasivos Financieros.

8.2. Clasificación por programas de gasto

- Área de gasto 1. Servicios Públicos básicos.
- Área de gasto 2. Actuaciones de Protección y promoción social.
- Área de gasto 3. Producción de bienes Públicos de carácter preferente.
- Área de gasto 4. Actuaciones de carácter económico.
- Área de gasto 9. Actuaciones de carácter general.
- Área de gasto 0. Deuda Pública.

8.3. Breve explicación del contenido de las clasificaciones

8.3.1. Clasificación por programas de gasto

Se efectúa partiendo de la distinción entre Área de Gasto, Política de gasto, y Grupo de Programas.

a) **Área de gasto 1. Servicios públicos Básicos:** Que comprende las políticas de gasto de Seguridad y movilidad ciudadana, (Orden público, tráfico, protección civil), Vivienda y Urbanismo, Bienestar comunitario (donde se recogen los grupos de programas referidos a distribución de agua, basura, cementerio, alumbrado público, etc), y Medio Ambiente.

b) **Área de gasto 2. Actuaciones de Protección y Promoción social:** Que comprende las políticas de Gasto de Pensiones Servicios sociales y promoción social y fomento del empleo.

c) **Área de gasto 3. Producción de bienes públicos de carácter preferente:** Que comprende las políticas de gasto referidas a Sanidad, educación, cultura (que incluye grupos de programas para Bibliotecas Archivos, museos, artes escénicas, y Fiestas populares), y Deporte.

d) **Área de gasto 4. Actuaciones de carácter Económico.** Que comprende las políticas de gasto de Agricultura Ganadería y pesca, Industria y Energía, Comercio turismo y PYMES, transporte público, infraestructuras, Investigación desarrollo e innovación, etc.

e) **Área de gasto 9. Actuaciones de carácter general.** Que comprende las políticas de gasto para Órganos de Gobierno, Servicios de carácter general (entre los que se incluyen la administración general, Participación ciudadana, y Atención a los ciudadanos), Administración Financiera y tributaria, y transferencias a otras administraciones públicas)

f) **Área de gasto 0. Deuda Pública.** Que comprende los gastos de la deuda Pública.

8.3.2. Clasificación económica de los gastos

Se efectúa, partiendo de la distinción entre Operaciones Corrientes y Operaciones de Capital, a través de Capítulos, Artículos, Conceptos y Subconceptos (que pueden desarrollarse en partidas).

A) Operaciones Corrientes

Incluye los Capítulos de 1 a 4, en la forma siguiente:

a) **Capítulo 1**: **Gastos de Personal**, en el que se incluyen:

- Todo tipo de retribuciones e indemnizaciones, en dinero y en especie, a satisfacer por las Entidades Locales y por sus Organismos Autónomos al personal de todo orden por razón del trabajo realizado por éste.
- Cotizaciones obligatorias de las Entidades Locales y de sus Organismos Autónomos a la Mutualidad Nacional de Previsión de la Administración Local y a la Seguridad Social.
- Prestaciones sociales, que comprenden toda clase de pensiones y las remuneraciones a conceder en razón de las cargas familiares.
- Gastos de naturaleza social realizados, en cumplimientos de acuerdos y disposiciones vigentes, por las Entidades Locales y sus Organismos Autónomos para su personal.

b) **Capítulo 2**: **Gastos corrientes en bienes y servicios**, que comprende los gastos en bienes y servicios necesarios para el ejercicio de las actividades de las Entidades Locales y de sus Organismos Autónomos que no produzcan un incremento del capital o del patrimonio público, incluyéndose en él los gastos de arrendamientos, de reparaciones, mantenimiento y conservación, de material, suministros y otros, y de indemnizaciones por razón del servicio.

c) **Capítulo 3**: **Gastos financieros**, que comprende los intereses y demás gastos derivados de todo tipo de operaciones financieras contraídas por la Entidad o sus Organismos Autónomos, así como los gastos de emisión o formalización, modificación y cancelación de las mismas.

d) **Capítulo 4**: **Transferencias corrientes**, que comprende los créditos para aportaciones por parte de la Entidad Local o de sus Organismos Autónomos, sin contrapartida directa de los agentes perceptores, y con destino a financiar operaciones corrientes.

e) **Capítulo 5**: **Fondo de contingencia** para la atención de necesidades imprevistas, inaplazables y no discrecionales, para las que no exista crédito presupuestario o el previsto resulte insuficiente.

B) Operaciones de Capital

Incluye los Capítulos 6 a 9, en la forma siguiente:

a) **Capítulo 6**: **Inversiones reales**, que comprende los gastos a realizar directamente por las Entidades Locales o sus Organismos Autónomos, destinados a la creación de infraestructuras y a la creación o adquisición de bienes de naturaleza inventariable necesarios para le funcionamiento de los servicios y aquellos otros gastos que tengan carácter amortizable.

b) **Capítulo 7**: **Transferencias de capital**, que comprende los créditos para aportaciones por parte de la Entidad Local o de sus Organismos Autónomos, sin contrapartida directa de los agentes perceptores y con destino d financiar operaciones de capital.

c) **Capítulo 8**: **Activos financieros**, que recoge el gasto que realizan las entidades Locales y su Organismos Autónomos en la adquisición de activos financieros (por ejemplo, de deuda, acciones, bonos, etc.), tanto del interior como del exterior, cualquiera que sea la forma de instrucciones instrumentación, con vencimientos a corto, medio y a largo plazo. En él se incluyen, también, los anticipos de pagas y demás préstamos al personal, así como la constitución de depósitos y fianzas que les sean exigidas a las Entidades Locales.

d) **Capítulo 9**: **Pasivos financieros**, que recoge el gasto que realizan las Entidades Locales y sus Organismos Autónomos destinado a la amortización de pasivos financieros (por ejemplo, deuda interior y exterior, préstamos, etc.), tanto del interior como del exterior, cualquiera que sea la forma en que se hubieran instrumentado y con independencia de que el vencimiento sea a largo, a medio, o a corto plazo.

En él se incluyen, también, las previsiones para la devolución de los depósitos y fianzas que se hubieran constituido a favor de la Entidad Local.

8.3.3. Clasificación económica de los ingresos

Se efectúa, partiendo también de la distinción entre Operaciones de capital, a través de Capítulos, Artículos, Conceptos y Subconceptos, en la forma que sigue:

A) Operaciones corrientes

Incluye los Capítulos 1 a 5, en la forma siguiente:

a) **Capítulo 1**: **Impuestos directos**, que incluye los ingresos derivados de los impuestos sobre el capital (patrimonio, incremento del valor de los terrenos), sobre actividades económicas, recargos sobre impuestos directos pendientes de cobro.(Entre ellos el IRPF, Sociedades, Sucesiones, Patrimonio, etc para las grandes ciudades; e IBI tanto de naturaleza rústica como urbana y de características especiales, IAE, IVTM, y Plusvalías).

b) **Capítulo 2**: **Impuestos indirectos**, que recoge los ingresos derivados de recargos sobre impuestos indirectos, de impuestos indirectos (por ejemplo, del impuesto sobre construcciones, instalaciones y obras), y de impuestos indirectos extinguidos (por ejemplo, del impuesto sobres gastos suntuarios, del impuesto municipal sobre la publicidad, etc.). Además para las grandes ciudades recoge su participación en el IVA, e impuestos especiales).

c) **Capítulo 3**: **Tasas Precios Públicos y otro ingresos**, que incluye, entre otros, los ingresos derivados de tasas, precios públicos, contribuciones especiales, reintegros, etc.

d) **Capítulo 4**: **Transferencias corrientes**, en el que se integran los ingresos de naturaleza no tributaria, percibidos por las Entidades Locales sin contraprestación directa por parte de las mismas, destinados a financiar operaciones corrientes.

e) **Capítulo 5**: **Ingresos patrimoniales**, que recoge los ingresos procedentes de rentas del patrimonio de las Entidades Locales y de sus Organismos Autónomos, por ejemplo intereses de títulos valores, intereses de anticipo y préstamos concedidos, rentas de bienes inmuebles, etc.

B) Operaciones de capital

Incluye los capítulos 6 al 9, en la forma siguiente:

a) **Capítulo 6**: **Enajenación de inversiones reales**, incluyéndose los ingresos provenientes de transacciones con salida o entrega de bienes de capital propiedad de las Entidades Locales o de sus Organismos Autónomos, como, por ejemplo, de terrenos, viviendas y locales de negocio, etc.

b) **Capítulo 7**: **Transferencias de capital**, que incluye los ingresos de naturaleza no tributaria, percibidos por las Entidades Locales, sin contraprestación directa por parte de las mismas, destinados a financiar operaciones de capital.

c) **Capítulo 8**: **Activos financieros**, que recoge los ingresos procedentes de enajenación de deuda, acciones y obligaciones, así como los procedentes de reintegros de depósitos y fianzas constituidos.

d) **Capítulo 9**: **Pasivos financieros**, en el que se recoge la financiación de las Entidades Locales y de sus Organismos Autónomos procedente de la emisión de deuda pública y de préstamos recibidos cualquiera que sea la naturaleza y plazo de reembolso.

9. MODIFICACIONES PRESUPUESTARIAS

El artículo 34 del Real Decreto 500/90, de 20 de abril, por el que se desarrollan los preceptos presupuestarios del Texto Refundido de la Ley Reguladora de las Haciendas Locales establece que "las modificaciones de crédito que podrán ser realizadas en los presupuestos de gastos de la Entidad Local y de sus Organismos Autónomos son las siguientes:

a) Créditos extraordinarios.

b) Suplementos de crédito.

c) Ampliaciones de crédito.

d) Transferencias de crédito.

e) Generación de crédito por ingresos.

f) Incorporación de remanentes de crédito.

g) Bajas por anulación.

9.1. Créditos extraordinarios y suplementos de crédito

El artículo 177 del TRLRHL establece que cuando haya de realizarse algún gasto que no pueda demorarse hasta el ejercicio siguiente, urgencia que habrá de justificarse, y no exista crédito al que pueda aplicarse o el que exista sea insuficiente, el Presidente de la Entidad ordenará la incoación de un expediente de "crédito extraordinario" (inexistencia de crédito presupuestario) en el primer caso o de un suplemento de crédito (existencia de crédito insuficiente en el segundo.

Este puede realizarse con:

a) El remanente liquidado de tesorería (Superávit o beneficios positivos)

b) Nuevos ingresos no previstos en el Presupuesto (una subvención).

c) Mayores ingresos recaudados sobre los consignados.

d) Anulación o bajas en otras partidas de gastos.

e) Excepcionalmente con operaciones de crédito a corto o medio plazo, con las limitaciones que se establecen el artículo 177.4 del Texto Refundido de la Ley Reguladora de las Haciendas Locales.

Formalizado el correspondiente expediente para la concesión de crédito extraordinario de acuerdo con las prescripciones que se derivan del artículo 177 del Texto Refundido de la Ley Reguladora de Haciendas Locales, se someterá a la aprobación del Pleno de la Entidad previo dictamen de la Comisión Informativa correspondiente (si la hubiera) y con las mismas formalidades que las exigidas para la aprobación del Presupuesto.

Continúa el artículo 177 TRLRHL estableciendo que:

> 2. El expediente, que habrá de ser previamente informado por la Intervención, se someterá a la aprobación del Pleno de la corporación, con sujeción a los mismos trámites y requisitos que los presupuestos. Serán asimismo, de aplicación, las normas sobre información, reclamación y publicidad de los presupuestos a que se refiere el artículo 169 de esta Ley.
>
> 3. Si la inexistencia o insuficiencia de crédito se produjera en el presupuesto de un organismo autónomo, el expediente de crédito extraordinario o de suplemento de crédito propuesto inicialmente por el órgano competente del organismo autónomo a que aquél corresponda, será remitido a la entidad local para su tramitación conforme a lo dispuesto en el apartado anterior.
>
> 4. El expediente deberá especificar la concreta partida presupuestaria a incrementar y el medio o recurso que ha de financiar el aumento que se propone.
>
> Dicho aumento se financiará con cargo al remanente líquido de tesorería, con nuevos o mayores ingresos recaudados sobre los totales previstos en el presupuesto corriente, y mediante anulaciones o bajas de créditos de gastos de otras partidas del presupuesto vigente no comprometidos, cuyas dotaciones se estimen reducibles sin perturbación del respectivo servicio. En el expediente se acreditará que los in-

gresos previstos en el presupuesto vengan efectuándose con normalidad, salvo que aquéllos tengan carácter finalista.

5. Excepcionalmente, y por acuerdos adoptados con el quórum establecido por el artículo 47.3 de la Ley 7/1985, de 2 de abril, se considerarán recursos efectivamente disponibles para financiar nuevos o mayores gastos, por operaciones corrientes, que expresamente sean declarados necesarios y urgentes, los procedentes de operaciones de crédito en que se den conjuntamente las siguientes condiciones:

- Que su importe total anual no supere el cinco por ciento de los recursos por operaciones corrientes del presupuesto de la entidad.
- Que la carga financiera total de la entidad, incluida la derivada de las operaciones proyectadas, no supere el 25 por 100 de los expresados recursos.
- Que las operaciones queden canceladas antes de que se proceda a la renovación de la Corporación que las concierte.

6. Los acuerdos de las entidades locales que tengan por objeto la habilitación o suplemento de créditos en casos de calamidades públicas o de naturaleza análoga de excepcional interés general, serán inmediatamente ejecutivos, sin perjuicio de las reclamaciones que contra ellos se promovieran, las cuales deberán sustanciarse dentro de los ocho días siguientes a la presentación, entendiéndose desestimadas de no notificarse su resolución al recurrente dentro de dicho plazo.

Añade el RD 500/1990 en sus artículos 35 y siguientes que:

Artículo 35

Los créditos extraordinarios son aquellas modificaciones del presupuesto de gastos mediante los que se asigna crédito para la realización de un gasto específico y determinado que no puede demorarse hasta el ejercicio siguiente y para el que no existe crédito. Los suplementos de créditos son aquellas modificaciones del presupuesto de gastos en los que concurriendo las mismas circunstancias anteriores en relación con el gasto a realizar, el crédito previsto resulta insuficiente y no puede ser objeto de ampliación.

Artículo 36

1. Los créditos extraordinarios y suplementos de crédito, se podrán financiar indistintamente con alguno o algunos de los siguientes recursos:

a) Con cargo al remanente líquido de tesorería, calculado de acuerdo con lo establecido en los artículos 101 a 104.

b) Con nuevos o mayores ingresos efectivamente recaudados sobre los totales previstos en algún concepto del presupuesto corriente.

c) Mediante anulaciones o bajas de créditos de otras partidas del presupuesto vigente no comprometidas, cuyas dotaciones se estimen reducibles sin perturbación del respectivo servicio.

2. Los créditos extraordinarios y los suplementos de crédito para gastos de inversión podrán financiarse, además de con los recursos indicados en el apartado anterior, con los procedentes de operaciones de crédito.

3. Siempre que se reconozca por el pleno de la Entidad local la insuficiencia de otros medios de financiación, y con el quórum establecido por el artículo 47.3 de la Ley 7/1985, de 2 de abril, se considerarán recursos efectivamente disponibles para financiar nuevos o mayores gastos por operaciones corrientes que sean expresamente declarados necesarios y urgentes, los procedentes de operaciones de crédito en que se den conjuntamente las siguientes condiciones:

a) Que su importe total anual no supere el 5% de los recursos por operaciones corrientes del presupuesto de la entidad.

b) Que la carga financiera total de la entidad, cualquiera que sea su naturaleza, incluida la derivada de las operaciones en tramitación, no supere el 25% de los expresados recursos.

c) Que las operaciones queden canceladas antes de que se proceda a la renovación de la Corporación que las concierte.

Artículo 37

1. Los expedientes de concesión de créditos extraordinarios y suplementos de crédito serán incoados, por orden del presidente de la Corporación, y, en su caso, de los órganos competentes de los organismos autónomos dependientes de la misma, en las unidades que tengan a su cargo la gestión de los créditos o sean responsables de los correspondientes programas.

2. A la propuesta se habrá de acompañar una memoria justificativa de la necesidad de la medida que deberá precisar la clase de modificación a realizar, las partidas presupuestarias a las que afecta y los medios o recursos que han de financiarla, debiendo acreditarse:

a) El carácter específico y determinado del gasto a realizar y la imposibilidad de demorarlo a ejercicios posteriores.

b) La inexistencia en el Estado de gastos del presupuesto de crédito destinado a esa finalidad específica, en el caso de crédito extraordinario, o la insuficiencia del saldo de crédito no comprometido en la partida correspondiente, en caso de suplemento de crédito.

Dicha inexistencia o insuficiencia de crédito deberá verificarse en el nivel en que este establecida la vinculación jurídica.

c) Si el medio de financiación se corresponde con nuevos o mayores ingresos sobre los previstos, que el resto de los ingresos vienen efectuándose con normalidad, salvo que aquellos tengan carácter finalista.

d) La insuficiencia de los medios de financiación previstos en el artículo 36.1 en el caso de que se pretenda acudir a la financiación excepcional establecida por el artículo 158.5 de la Ley 39/1988, de 28 de diciembre.

3. La propuesta de modificación, previo informe de la intervención, será sometida por el presidente a la aprobación del Pleno de la Corporación.

Artículo 38

1. La aprobación de los expedientes por el pleno se realizará con sujeción a los mismos trámites y requisitos que los presupuestos, debiendo ser ejecutivos dentro del mismo ejercicio en que se autoricen.

2. En la tramitación de los expedientes de concesión de créditos extraordinarios y de los suplementos de crédito serán de aplicación las normas sobre información, reclamaciones y publicidad aplicables a la aprobación de los presupuestos de la entidad a que se refieren los artículos 20 y 22.

3. Igualmente serán aplicables las normas referentes a los recursos contencioso-administrativos contra los presupuestos de la entidad a que se refiere el artículo 23.

4. Los acuerdos de las Entidades locales que tengan por objeto la concesión de créditos extraordinarios o suplementos de crédito, en casos de calamidad pública o de naturaleza análoga, de excepcional interés general serán inmediatamente ejecutivos sin perjuicio de las reclamaciones que contra los mismos se promuevan. Dichas reclamaciones deberán substanciarse dentro de los ocho días siguientes a su presentación, entendiéndose denegadas de no notificarse su resolución al interesado dentro de dicho plazo.

9.2. Ampliación de crédito o créditos ampliables

El artículo 178 del Texto Refundido de la Ley Reguladora de las Haciendas Locales que establece que tendrán la consideración de ampliables aquellos créditos que de modo taxativo y debidamente explicitados se relacionan en las Bases de Ejecución del Presupuesto y, en su virtud, podrá ser incrementada su cuantía, previo cumplimiento de los requisitos exigidos por vía reglamentaria en función de la efectividad de los recursos afectados.

El RD 500/1990 las define del siguiente modo: Ampliación de crédito es la modificación al alza del presupuesto de gastos que se concreta en el aumento de crédito presupuestario en alguna de las partidas ampliables relacionadas expresa y taxativamente en las bases de ejecución del presupuesto, previo cumplimiento de los requisitos exigidos en este artículo y en función de la efectividad de recursos afectados no procedentes de operaciones de crédito.

Únicamente pueden declararse ampliables aquellas partidas presupuestarias que correspondan a gastos financiados con recursos expresamente afectados.

En los expedientes de ampliación de crédito, cuya tramitación se regulará en las bases de ejecución del presupuesto, habrán de especificarse los medios o recursos definidos en el apartado anterior que han de financiar el mayor gasto.

Extremo que deberá acreditarse con el reconocimiento en firme de mayores derechos sobre los previstos en el presupuesto de ingresos que se encuentren afectados al crédito que se pretende ampliar.

9.3. Transferencias de crédito

Al igual que en los casos anteriores de modificaciones presupuestarias, los artículos 179 y 180 del Texto Refundido de la Ley Reguladora de las Haciendas Locales se refieren a las transferencias de crédito como una nueva modalidad de estas modificaciones, estableciendo con carácter imperativo el régimen de estas transferencias determinando también en cada caso el órgano competente para autorizarlos.

Es requisito imprescindible para esta clase de modificaciones presupuestarias que el aumento de un crédito presupuestario de gastos, quede debidamente compensado con la disminución en otro u otros del mismo Presupuesto y con el mismo importe, con lo que el Presupuesto no sufrirá alteración alguna.

Se regula en los artículos 179 y 180 TRLRHL que establecen:

Artículo 179. Transferencias de crédito: límites formales y competencia

1. Las entidades locales regularán en las bases de ejecución del presupuesto el régimen de transferencias estableciendo, en cada caso, el órgano competente para autorizarlas.

2. En todo caso, la aprobación de las transferencias de crédito entre distintos grupos de función corresponderá al Pleno de la corporación salvo cuando las bajas y las altas afecten a créditos de personal.

3. Los organismos autónomos podrán realizar operaciones de transferencias de crédito con sujeción a lo dispuesto en los apartados anteriores.

4. Las modificaciones presupuestarias a que se refiere este artículo, en cuanto sean aprobadas por el Pleno, seguirán las normas sobre información, reclamaciones, recursos y publicidad a que se refieren los artículos 169, 170 y 171 de la Ley.

Artículo 180. Transferencias de crédito: límites objetivos

1. Las transferencias de créditos de cualquier clase estarán sujetas a las siguientes limitaciones:

a) No afectarán a los créditos ampliables ni a los extraordinarios concedidos durante el ejercicio.

b) No podrán minorarse los créditos que hayan sido incrementados con suplementos o transferencias, salvo cuando afecten a créditos de personal, ni los créditos incorporados como consecuencia de remanentes no comprometidos procedentes de presupuestos cerrados.

c) No incrementarán créditos que como consecuencia de otras transferencias hayan sido objeto de minoración, salvo cuando afecten a créditos de personal.

2. Las anteriores limitaciones no afectarán a las transferencias de crédito que se refieran a los programas de imprevistos y funciones no clasificadas ni serán de aplicación cuando se trate de créditos modificados como consecuencia de reorganizaciones administrativas aprobadas por el Pleno.

Además los artículos 40 y siguientes del RD 500/1990 establecen que:

Artículo 40

1. Transferencia de crédito es aquella modificación del presupuesto de gastos mediante la que, sin alterar la cuantía total del mismo, se imputa el importe total o parcial de un crédito a otras partidas presupuestarias con diferente vinculación jurídica.

2. Las bases de ejecución del presupuesto deberán establecer el régimen de las transferencias de crédito y el órgano competente para autorizarlas en cada caso.

3. En todo caso la aprobación de las transferencias de crédito entre distintos grupos de función será competencia del pleno de la Corporación, salvo cuando afecten a créditos de personal.

Artículo 41

1. Las transferencias de crédito de cualquier clase estarán sujetas a las siguientes limitaciones:

a) No afectarán a los créditos ampliables ni a los extraordinarios concedidos durante el ejercicio.

b) No podrán minorarse los créditos que hayan sido incrementados con suplementos o transferencias, salvo cuando afecten a créditos de personal, ni los créditos incorporados como consecuencia de remanentes no comprometidos procedentes de presupuestos cerrados.

c) No incrementaran créditos que, como consecuencia de otras transferencias, hayan sido objeto de minoración, salvo cuando afecten a créditos de personal.

2. Las anteriores limitaciones no afectarán a las transferencias de crédito que se refieran a los programas de imprevistos y funciones no clasificadas ni serán de aplicación cuando se trate de transferencias motivadas por reorganizaciones administrativas aprobadas por el Pleno.

Artículo 42

1. En la tramitación de los expedientes de transferencia de crédito, en cuanto sean aprobados por el Pleno, serán de aplicación las normas sobre información, reclamaciones y publicidad aplicables a la aprobación de los presupuestos de la entidad a que se refieren los artículos 20 y 22.

2. Igualmente, en tales casos, serán aplicables las normas sobre régimen de recursos contencioso-administrativos contra los presupuestos de la entidad a que se refiere el artículo 23.

9.4. Generaciones de crédito

El Texto Refundido de la Ley Reguladora de las Haciendas Locales establece un nuevo supuesto en el artículo 181 de modificación presupuestaria, y del contenido del precepto citado, se deduce que igualmente habrán de regularse en las Bases de Ejecución del Presupuesto. Tal es el caso de la "generación de crédito".

Así podrán generar crédito en los estados de gastos de los presupuestos, en la forma que reglamentariamente se establezca, los ingresos de naturaleza no tributaria derivados de las siguientes operaciones:

a) Aportaciones o compromisos firmes de aportación de personas físicas o jurídicas para financiar, juntamente con la entidad local o con alguno de sus organismos autónomos, gastos que por su naturaleza están comprendidos en sus fines u objetivos.
b) Enajenaciones de bienes de la entidad local o de sus organismos autónomos.
c) Prestación de servicios.
d) Reembolso de préstamos.
e) Reintegros de pagos indebidos con cargo al presupuesto corriente, en cuanto a reposición del crédito en la correspondiente cuantía.

El RD 500/1990 establece:

Artículo 43

1. Podrán generar crédito en los estados de gastos de los presupuestos los ingresos de naturaleza no tributaria derivados de las siguientes operaciones:

a) Aportaciones o compromisos firmes de aportación, de personas físicas o jurídicas para financiar, juntamente con la Entidad local o con alguno de sus organismos autónomos, gastos que por su naturaleza estén comprendidos en los fines u objetivos de los mismos.

b) Enajenaciones de bienes de la Entidad local o de sus organismos autónomos.

c) Prestación de servicios.

d) Reembolsos de préstamos.

e) Los importes procedentes de reintegros de pagos indebidos con cargo al presupuesto corriente, en cuanto a la reposición de crédito en la correlativa partida presupuestaria.

2. En las bases de ejecución del presupuesto se regulará la tramitación de los expedientes de generación de créditos.

Artículo 44

Para proceder a la generación de crédito será requisito indispensable:

a) En los supuestos establecidos en los apartados a) y b) del artículo anterior, el reconocimiento del derecho o la existencia formal del compromiso firme de aportación.

b) En los supuestos establecidos en los apartados c) y d), el reconocimiento del derecho; si bien la disponibilidad de dichos créditos estará condicionada a la efectiva recaudación de los derechos.

c) En el supuesto de reintegros de presupuesto corriente, la efectividad del cobro del reintegro.

Artículo 45

1. El compromiso firme de ingreso a que se refieren los artículos anteriores es el acto por el que cualesquiera entes o personas, públicas o privadas, se obligan, mediante un acuerdo o concierto con la Entidad local, a financiar total o parcialmente un gasto determinado de forma

pura o condicionada. Cumplidas por la Entidad local o el organismo autónomo correspondiente las obligaciones que, en su caso, hubiese asumido en el acuerdo, el compromiso de ingreso dará lugar a un derecho de cobro exigible por la Entidad local o el organismo correspondiente.

2. Las Entidades locales y sus organismos autónomos podrán generar crédito en sus presupuestos de gastos hasta la cuantía del compromiso firme de ingreso o aportación, en la forma prevista en el artículo anterior.

9.5. Incorporación de remanentes de crédito

El artículo 175 dispone que al finalizar el ejercicio los créditos no utilizados serán anulados a todos los efectos; sin embargo, el artículo 182 permite la incorporación de determinados créditos, con una condición; que existan para ello los suficientes recursos financieros, o sea, que puedan financiarse debidamente a fin de seguir manteniendo, como siempre, el equilibrio presupuestario.

Los créditos que pueden incorporarse en estas condiciones son los siguientes:

1º Los créditos extraordinarios, suplementos de crédito y transferencias que hayan sido concedidos o autorizados en el último trimestre del ejercicio.

2º Los créditos que amparen compromisos de gasto efectuado.

3º Los créditos por operaciones de capital.

4º Los créditos autorizados en función de la efectiva recaudación de derechos afectados.

Efectivamente el artículo 182 del TRLRHL establece que:

1. No obstante lo dispuesto en el artículo 175 de esta Ley, podrán incorporarse a los correspondientes créditos de los presupuestos de gastos del ejercicio inmediato siguiente, siempre que existan para ello los suficientes recursos financieros:

a) Los créditos extraordinarios y los suplementos de créditos, así como las transferencias de crédito, que hayan sido concedidos o autorizados, respectivamente, en el último trimestre del ejercicio.

b) Los créditos que amparen los compromisos de gasto a que hace referencia el apartado 2.b) del artículo 176 de esta Ley.

c) Los créditos por operaciones de capital.

d) Los créditos autorizados en función de la efectiva recaudación de derechos afectados.

2. Los remanentes incorporados según lo prevenido en el apartado anterior podrán ser aplicados tan sólo dentro del ejercicio presupuestario al que la incorporación se acuerde y, en el supuesto del párrafo a) de dicho apartado, para los mismos gastos que motivaron, en cada caso, su concesión y autorización.

3. Los créditos que amparen proyectos financiados con ingresos afectados deberán incorporarse obligatoriamente, salvo que se desista total o parcialmente de iniciar o continuar la ejecución del gasto.

A lo establecido en la ley, añade el RD 500/1990 que:

Artículo 47

1. No obstante lo dispuesto en el artículo 99 podrán ser incorporados a los correspondientes créditos de los presupuestos de gastos del ejercicio inmediato siguiente, los remanentes de crédito no utilizados definidos en el artículo 98 procedentes de:

a) Los créditos extraordinarios y los suplementos de crédito, así como las transferencias de crédito que hayan sido concedidos o autorizados, respectivamente, en el último trimestre del ejercicio.

b) Los créditos que amparen compromisos de gasto del ejercicio anterior a que hace referencia el artículo 26.2.b) de este Real Decreto.

c) Los créditos por operaciones de capital.

d) Los créditos autorizados en función de la efectiva recaudación de los derechos afectados.

2. No serán incorporables los créditos declarados no disponibles ni los remanentes de créditos ya incorporados en el ejercicio precedente.

3. La tramitación de los expedientes de incorporación de créditos deberá regularse en las bases de ejecución del presupuesto.

4. Los remanentes incorporados, según lo previsto en el apartado 1, podrán ser aplicados tan solo dentro del ejercicio presupuestario al que la incorporación se acuerde y, en el supuesto del punto a) de dicho apartado, para los mismos gastos que motivaron en cada caso su concesión y autorización. (Artículo 163.2, LRHL).

5. No obstante, los remanentes de crédito que amparen proyectos financiados con ingresos afectados deberán incorporarse obligatoriamente sin que les sean aplicables las reglas de limitación en el número de ejercicios, salvo que se desista total o parcialmente de iniciar o continuar la ejecución del gasto, o que se haga imposible su realización.

Artículo 48

1. La incorporación de remanentes de crédito quedará subordinada a la existencia de suficientes recursos financieros para ello.

2. A los efectos de incorporaciones de remanentes de crédito se considerarán recursos financieros:

a) El remanente líquido de tesorería.

b) Nuevos o mayores ingresos recaudados sobre los totales previstos en el presupuesto corriente.

3. En el caso de incorporación de remanentes de créditos para gastos con financiación afectada se considerarán recursos financieros suficientes:

a) Preferentemente, los excesos de financiación y los compromisos firmes de aportación afectados a los remanentes que se pretende incorporar.

b) En su defecto, los recursos genéricos recogidos en el apartado 2 de este artículo, en cuanto a la parte del gasto financiable, en su caso, con recursos no afectados.

9.6. Bajas por anulación

Supone una disminución total o parcial del crédito asignado a una partida presupuestaria, por alguno de los siguientes motivos:

a) Para financiar un remanente de tesorería negativo.

b) Para financiar un crédito extraordinario o un suplemento de crédito.

c) En ejecución de acuerdos del Pleno de la Entidad.

Finalmente sobre las Bajas el RD 500/1990 establece:

Artículo 49

Baja por anulación es la modificación del presupuesto de gastos que supone una disminución total o parcial en el crédito asignado a una partida del presupuesto. Corresponderá al Pleno de la entidad la aprobación de las bajas por anulación de créditos.

Artículo 50

Puede darse de baja por anulación cualquier crédito del presupuesto de gastos hasta la cuantía correspondiente al saldo de crédito siempre que dicha dotación se estime reducible o anulable sin perturbación del respectivo servicio.

Artículo 51

Podrán dar lugar a una baja de créditos:

a) La financiación de remanentes de tesorería negativos.

b) La financiación de créditos extraordinarios y suplementos de crédito.

c) La ejecución de otros acuerdos del Pleno de la Entidad local.

Tema 10

Los contratos administrativos locales: concepto, regulación y régimen jurídico. Elementos. Formas de selección de los contratistas. Incumplimiento de los contratos

eRodio ediciones

Índice esquemático

1. **Introducción: Legislación aplicable a los contratos locales**
2. **Clases de contratos administrativos**
   2.1. Contrato de obras
   2.2. Contrato de concesión de obras públicas
   2.3. Contrato de gestión de servicios públicos
   2.4. Contrato de suministro
   2.5. Contrato de servicios
   2.6. Contrato de colaboración entre el sector público y el sector privado
   2.7. Contratos mixtos
   2.8. Contratos sujetos a una regulación armonizada
   2.9. Contratos privados
3. **Órganos competentes para contratar en la esfera local**
4. **Clases de expedientes de contratación**
   4.1. Tramitación ordinaria: el expediente de contratación, iniciación y contenido
   4.2. Tramitación urgente del expediente
   4.3. Tramitación de emergencia
5. **Selección del contratista y criterios de adjudicación**
   5.1. Procedimiento abierto
   5.2. Procedimiento restringido
   5.3. Procedimiento negociado
   5.4. Procedimiento de diálogo competitivo
   5.5. Procedimiento en los contratos menores

1. INTRODUCCIÓN: LEGISLACIÓN APLICABLE A LOS CONTRATOS LOCALES

La reforma de la legislación estatal de contratos, ha derogado casi todos los preceptos que en la legislación local, regulaban la materia contractual, sólo se mantiene el artículo 111 del Texto Refundido de Régimen Local, aprobado por Real Decreto Legislativo 781/1986, TRRL, que establece:

> "Las Entidades locales podrán concertar los contratos, pactos o condiciones que tengan por conveniente, siempre que no sean contrarios al interés público, al ordenamiento jurídico o a los principios de buena administración, y deberán cumplirlos a tenor de los mismos, sin perjuicio de las prerrogativas establecidas, en su caso, en favor de dichas Entidades."

En consecuencia a lo anterior, le es de aplicación a las Entidades Locales, lo que preceptúa **Texto Refundido de la Ley de Contratos del Sector Público, aprobado por Real Decreto Legislativo 3/2011 de 14 de noviembre** que además es una norma Básica y en consecuencia aplicable a todas las administraciones públicas entre las que se encuentran las entidades Locales, pues tal y como preceptúa el artículo 2.3: "La aplicación de esta Ley a los contratos que celebren las Comunidades Autónomas y las entidades que integran la Administración Local, o los organismos dependientes de las mismas, así como a los contratos subvencionados por cualquiera de estas entidades, se efectuará en los términos previstos en la disposición final segunda"., disposición que establece "Los restantes artículos de la presente Ley constituyen legislación básica dictada al amparo del **artículo 149.1.18.ª de la Constitución** en materia de legislación básica sobre contratos administrativos y, en consecuencia, son de aplicación general a todas las Administraciones Públicas y organismos y entidades dependientes de ellas".

Dichos entes y organismos dependientes se concretan en el TRLCSP, que regula el ámbito subjetivo de aplicación de la Ley, que incluye una triple distinción entre:

a) Los contratos del sector público.

b) Los contratos de las administraciones públicas.

c) Los contratos que celebren los poderes adjudicadores.

Artículo 3 Ámbito subjetivo

> **1. A los efectos de esta Ley, se considera que forman parte del sector público los siguientes entes, organismos y entidades:**
>
> a) La Administración General del Estado, las Administraciones de las Comunidades Autónomas y **las Entidades que integran la Administración Local.**

b) Las entidades gestoras y los servicios comunes de la Seguridad Social.

c) Los organismos autónomos, las entidades públicas empresariales, las Universidades Públicas, las Agencias Estatales y cualesquiera entidades de derecho público con personalidad jurídica propia vinculadas a un sujeto que pertenezca al sector público o dependientes del mismo, incluyendo aquellas que, con independencia funcional o con una especial autonomía reconocida por la Ley, tengan atribuidas funciones de regulación o control de carácter externo sobre un determinado sector o actividad.

d) Las sociedades mercantiles en cuyo capital social la participación, directa o indirecta, de entidades de las mencionadas en las letras a) a f) del presente apartado sea superior al 50 por 100.

e) Los consorcios dotados de personalidad jurídica propia a los que se refieren el artículo 6.5 de la Ley 30/1992, de 26 de noviembre, de Régimen Jurídico de las Administraciones Públicas y del Procedimiento Administrativo Común, y la legislación de régimen local.

f) Las fundaciones que se constituyan con una aportación mayoritaria, directa o indirecta, de una o varias entidades integradas en el sector público, o cuyo patrimonio fundacional, con un carácter de permanencia, esté formado en más de un 50 por 100 por bienes o derechos aportados o cedidos por las referidas entidades.

g) Las Mutuas de Accidentes de Trabajo y Enfermedades Profesionales de la Seguridad Social.

h) Cualesquiera entes, organismos o entidades con personalidad jurídica propia, que hayan sido creados específicamente para satisfacer necesidades de interés general que no tengan carácter industrial o mercantil, siempre que uno o varios sujetos pertenecientes al sector público financien mayoritariamente su actividad, controlen su gestión, o nombren a más de la mitad de los miembros de su órgano de administración, dirección o vigilancia.

i) Las asociaciones constituidas por los entes, organismos y entidades mencionados en las letras anteriores.

2. Dentro del sector público, y a los efectos de esta Ley, tendrán la consideración de Administraciones Públicas los siguientes entes, organismos y entidades:

a) Los mencionados en las letras a) y b) del apartado anterior.

b) Los Organismos autónomos.

c) Las Universidades Públicas.

d) Las entidades de derecho público que, con independencia funcional o con una especial autonomía reconocida por la Ley, tengan atribuidas funciones de regulación o control de carácter externo sobre un determinado sector o actividad.

e) Las entidades de derecho público vinculadas a una o varias Administraciones Públicas o dependientes de las mismas que cumplan alguna de las características siguientes:

1.ª Que su actividad principal no consista en la producción en régimen de mercado de bienes y servicios destinados al consumo individual o colectivo, o que efectúen operaciones de redistribución de la renta y de la riqueza nacional, en todo caso sin ánimo de lucro.

2.ª Que no se financien mayoritariamente con ingresos, cualquiera que sea su naturaleza, obtenidos como contrapartida a la entrega de bienes o a la prestación de servicios.

No obstante, no tendrán la consideración de Administraciones Públicas las entidades públicas empresariales estatales y los organismos asimilados dependientes de las Comunidades Autónomas y Entidades locales.

f) Los órganos competentes del Congreso de los Diputados, del Senado, del Consejo General del Poder Judicial, del Tribunal Constitucional, del Tribunal de Cuentas, del Defensor del Pueblo, de las Asambleas Legislativas de las Comunidades Autónomas y de las instituciones autonómicas análogas al Tribunal de Cuentas y al Defensor del Pueblo, en lo que respecta a su actividad de contratación.

g) Las Diputaciones Forales y las Juntas Generales de los Territorios Históricos del País Vasco en lo que respecta a su actividad de contratación.

3. Se considerarán poderes adjudicadores, a efectos de esta Ley, los siguientes entes, organismos y entidades:

a) Las Administraciones Públicas.

b) Todos los demás entes, organismos o entidades con personalidad jurídica propia distintos de los expresados en la letra a) que hayan sido creados específicamente para satisfacer necesidades de interés general que no tengan carácter industrial o mercantil, siempre que uno o varios sujetos que deban considerarse poder adjudicador de acuerdo con los criterios de este apartado 3 financien mayoritariamente su actividad, controlen su gestión, o nombren a más de la mitad de los miembros de su órgano de administración, dirección o vigilancia.

c) Las asociaciones constituidas por los entes, organismos y entidades mencionados en las letras anteriores.

2. CLASES DE CONTRATOS ADMINISTRATIVOS

El TRLCSP, recoge una serie contratos a los que califica como contratos administrativos, entre los que se encuentran:

- Contrato de Obras.
- Contrato de Concesión de Obra Pública.
- Contrato de Gestión de Servicios Públicos.
- Contrato de Suministro.
- Contrato de Servicios.
- Contrato de Colaboración Sector Público y Sector Privado.

Y además concreta otros contratos de distinta naturaleza jurídica entre los que se encuentran:

- Contratos Mixtos.
- Contratos sujetos a regulación armonizada.
- Contratos privados.

2.1. Contrato de obras

Son contratos de obras aquéllos que tienen por objeto la realización de una obra o la ejecución de alguno de los trabajos enumerados en el Anexo I (de la Ley) o la realización por cualquier medio de una obra que responda a las necesidades especificadas por la entidad del sector público contratante. Además de estas prestaciones, el contrato podrá comprender, en su caso, la redacción del correspondiente proyecto.

Por «obra» se entenderá el resultado de un conjunto de trabajos de construcción o de ingeniería civil, destinado a cumplir por sí mismo una función económica o técnica, que tenga por objeto un bien inmueble.

2.2. Contrato de concesión de obras públicas

La concesión de obras públicas es un contrato que tiene por objeto la realización por el concesionario de algunas de las prestaciones a que se refiere la Ley, incluidas las de restauración y reparación de construcciones existentes, así como la conservación y mantenimiento de los elementos construidos, y en el que la contraprestación a favor de aquél consiste, o bien únicamente en el derecho a explotar la obra, o bien en dicho derecho acompañado del de percibir un precio.

El contrato, que se ejecutará en todo caso a riesgo y ventura del contratista, podrá comprender, además, el siguiente contenido:

a) La adecuación, reforma y modernización de la obra para adaptarla a las características técnicas y funcionales requeridas para la correcta prestación de los servicios o la realización de las actividades económicas a las que sirve de soporte material.

b) Las actuaciones de reposición y gran reparación que sean exigibles en relación con los elementos que ha de reunir cada una de las obras para mantenerse apta a fin de que los servicios y actividades a los que aquéllas sirven puedan ser desarrollados adecuadamente de acuerdo con las exigencias económicas y las demandas sociales.

El contrato de concesión de obras públicas podrá también prever que el concesionario esté obligado a proyectar, ejecutar, conservar, reponer y reparar aquellas obras que sean accesorias o estén vinculadas con la principal y que sean necesarias para que ésta cumpla la finalidad determinante de su construcción y que permitan su mejor funcionamiento y explotación, así como a efectuar las actuaciones ambientales relacionadas con las mismas que en ellos se prevean. En el supuesto de que las obras vinculadas o accesorias puedan ser objeto de explotación o aprovechamiento económico, éstos corresponderán al concesionario conjuntamente con la explotación de la obra principal, en la forma determinada por los pliegos respectivos.

2.3. Contrato de gestión de servicios públicos

El contrato de gestión de servicios públicos es aquél en cuya virtud una Administración Pública encomienda a una persona, natural o jurídica, la gestión de un servicio cuya prestación ha sido asumida como propia de su competencia por la Administración encomendante. Las Mutuas de Accidentes de Trabajo y Enfermedades Profesionales sólo podrán realizar este tipo de contrato respecto a la gestión de la prestación de asistencia sanitaria.

Las disposiciones de esta Ley referidas a este contrato no serán aplicables a los supuestos en que la gestión del servicio público se efectúe mediante la creación de entidades de derecho público destinadas a este fin, ni a aquellos en que la misma se atribuya a una sociedad de derecho privado cuyo capital sea, en su totalidad, de titularidad pública.

2.4. Contrato de suministro

Son contratos de suministro los que tienen por objeto la adquisición, el arrendamiento financiero, o el arrendamiento, con o sin opción de compra, de productos o bienes muebles.

Sin perjuicio de lo dispuesto en la letra b) del párrafo siguiente, respecto de los contratos que tengan por objeto programas de ordenador, no tendrán la consideración de contrato de suministro los contratos relativos a propiedades incorporales o valores negociables.

En todo caso, se considerarán contratos de suministro los siguientes:

a) Aquellos en los que el empresario se obligue a entregar una pluralidad de bienes de forma sucesiva y por precio unitario sin que la cuantía total se defina con exactitud al tiempo de celebrar el contrato, por estar subordinadas las entregas a las necesidades del adquirente.

b) Los que tengan por objeto la adquisición y el arrendamiento de equipos y sistemas de telecomunicaciones o para el tratamiento de la información, sus dispositivos y programas, y la cesión del derecho de uso de estos últimos, a excepción de los contratos de adquisición de programas de ordenador desarrollados a medida, que se considerarán contratos de servicios.

c) Los de fabricación, por los que la cosa o cosas que hayan de ser entregadas por el empresario deban ser elaboradas con arreglo a características peculiares fijadas previamente por la entidad contratante, aun cuando ésta se obligue a aportar, total o parcialmente, los materiales precisos.

2.5. Contrato de servicios

Son contratos de servicios aquéllos cuyo objeto son prestaciones de hacer consistentes en el desarrollo de una actividad o dirigidas a la obtención de un resultado distinto de una obra o un suministro.

2.6. Contrato de colaboración entre el sector público y el sector privado

Son contratos de colaboración entre el sector público y el sector privado aquéllos en que una Administración Pública encarga a una entidad de derecho privado, por un periodo determinado en función de la duración de la amortización de las inversiones o de las fórmulas de financiación que se prevean, la realización de una actuación global e integrada que, además de la financiación de inversiones inmateriales, de obras o de suministros necesarios para el cumplimiento de determinados objetivos de servicio público o relacionados con actuaciones de interés general, comprenda alguna de las siguientes prestaciones:

a) La construcción, instalación o transformación de obras, equipos, sistemas, y productos o bienes complejos, así como su mantenimiento, actualización o renovación, su explotación o su gestión.

b) La gestión integral del mantenimiento de instalaciones complejas.

c) La fabricación de bienes y la prestación de servicios que incorporen tecnología específicamente desarrollada con el propósito de aportar soluciones más avanzadas y económicamente más ventajosas que las existentes en el mercado.

d) Otras prestaciones de servicios ligadas al desarrollo por la Administración del servicio público o actuación de interés general que le haya sido encomendado.

2.7. Contratos mixtos

Cuando un contrato contenga prestaciones correspondientes a otro u otros de distinta clase se atenderá en todo caso, para la determinación de las normas que deban observarse en su adjudicación, al carácter de la prestación que tenga más importancia desde el punto de vista económico.

2.8. Contratos sujetos a una regulación armonizada

Son contratos sujetos a una regulación armonizada los contratos de colaboración entre el sector público y el sector privado, en todo caso, y los contratos de obras, los de concesión de obras públicas, los de suministro, y los de servicios comprendidos en las categorías 1 a 16 del Anexo II, cuyo valor estimado, sea igual o superior a las cuantías que se indican

- Obras y Concesión: .... 5.000.000 euros
- Suministros:....................... 130.000 ó 200.000 euros
- Servicios:.......................... 130.000 ó 200.000 euros
- Subvencionados:......................... Por dichas cuantías

2.9. Contratos privados

Tendrán la consideración de contratos privados los celebrados por los entes, organismos y entidades del sector público que no reúnan la condición de Administraciones Públicas.

Igualmente, son contratos privados los celebrados por una Administración Pública que tengan por objeto servicios comprendidos en la categoría 6 del Anexo II, la creación e interpretación artística y literaria o espectáculos comprendidos en la categoría 26 del mismo Anexo, y la suscripción a revistas, publicaciones periódicas y bases de datos, así como cualesquiera otros contratos distintos de los contemplados en el apartado 1 del artículo anterior.

Los contratos privados se regirán, en cuanto a su preparación y adjudicación, en defecto de normas específicas, por la presente Ley y sus disposiciones de desarrollo, aplicándose supletoriamente las restantes normas de derecho administrativo o, en su caso, las normas de derecho privado, según corresponda por razón del sujeto o entidad contratante. En cuanto a sus efectos y extinción, estos contratos se regirán por el derecho privado.

3. ÓRGANOS COMPETENTES PARA CONTRATAR EN LA ESFERA LOCAL

La **disposición adicional segunda** del TRLCSP establece: *Normas específicas de contratación en las Entidades Locales.*

> 1. Corresponden a los Alcaldes y a los Presidentes de las Entidades locales las competencias como órgano de contratación respecto de los contratos de obras, de suministro, de servicios, de gestión de servicios públicos, los contratos administrativos especiales, y los contratos privados cuando su importe no supere **el 10 por 100 de los recursos ordinarios del presupuesto ni, en cualquier caso, la cuantía de seis millones de euros**, incluidos los de carácter plurianual cuando su duración no sea superior a cuatro años, siempre que el importe acumulado de todas sus anualidades no supere ni el porcentaje indicado, referido a los recursos ordinarios del presupuesto del primer ejercicio, ni la cuantía señalada.
>
> Asimismo corresponde a los Alcaldes y a los Presidentes de las Entidades locales la adjudicación de concesiones sobre los bienes de las mismas y la adquisición de bienes inmuebles y derechos sujetos a la legislación patrimonial cuando su valor no supere el 10 por 100 de los recursos ordinarios del presupuesto ni el importe de tres millones de euros, así como la enajenación del patrimonio, cuando su valor no supere el porcentaje ni la cuantía indicados.
>
> 2. Corresponde al Pleno las competencias como órgano de contratación respecto de los contratos no mencionados en el apartado anterior que celebre la Entidad local.
>
> Asimismo corresponde al Pleno la adjudicación de concesiones sobre los bienes de la Corporación y la adquisición de bienes inmuebles y dere-

chos sujetos a la legislación patrimonial así como la enajenación del patrimonio cuando no estén atribuidas al Alcalde o al Presidente, y de los bienes declarados de valor histórico o artístico cualquiera que sea su valor.

3. En los municipios de gran población a que se refiere el **artículo 121 de la Ley 7/1985, de 2 de abril**, Reguladora de las Bases del Régimen Local, las competencias que se describen en los apartados anteriores se ejercerán por la Junta de Gobierno Local, cualquiera que sea el importe del contrato o la duración del mismo.

4. En las Entidades locales será potestativa la constitución de Juntas de Contratación que actuarán como órganos de contratación en los contratos de obras que tengan por objeto trabajos de reparación simple, de conservación y de mantenimiento, en los contratos de suministro que se refieran a bienes consumibles o de fácil deterioro por el uso, y en los contratos de servicios cuando su importe no supere el 10 por 100 de los recursos ordinarios de la Entidad, o cuando superen este importe las acciones estén previstas en el presupuesto del ejercicio a que corresponda y se realicen de acuerdo con lo dispuesto en las bases de ejecución de éste.

Corresponde al Pleno acordar la constitución de las Juntas de Contratación y determinar su composición, debiendo formar parte de las mismas necesariamente el Secretario o el titular del órgano que tenga atribuida la función de asesoramiento jurídico de la Corporación, y el Interventor de la misma. Los límites cuantitativos, que podrán ser inferiores a los señalados en el párrafo anterior, o los referentes a las características de los contratos en los que intervendrá la Junta de Contratación como órgano de contratación, se determinarán, en las entidades locales de régimen común, por el Pleno, a propuesta del Alcalde o del Presidente cuando sean, de acuerdo con el apartado 1, el órgano que tenga atribuida la competencia sobre dichos contratos, y por la Junta de Gobierno Local en los municipios de gran población.

En los casos de actuación de las Juntas de Contratación se prescindirá de la intervención de la Mesa de contratación.

5. En los municipios de población inferior a 5.000 habitantes las competencias en materia de contratación podrán ser ejercidas por los órganos que, con carácter de centrales de contratación, se constituyan en la forma prevista en el artículo 204, mediante acuerdos al efecto.

Asimismo podrán concertarse convenios de colaboración en virtud de los cuales se encomiende la gestión del procedimiento de contratación a las Diputaciones provinciales o a las Comunidades Autónomas de carácter uniprovincial.

6. En los municipios de población inferior a 5.000 habitantes la aprobación del gasto será sustituida por una certificación de existencia de crédito que se expedirá por el Secretario Interventor o, en su caso por el Interventor de la Corporación.

7. Corresponde al órgano de contratación la aprobación del expediente y la apertura del procedimiento de adjudicación en los términos que se regulan en el artículo 110.

La aprobación del pliego de cláusulas administrativas particulares irá precedida de los informes del Secretario o, en su caso, del titular del órgano que tenga atribuida la función de asesoramiento jurídico de la Corporación, y del Interventor.

8. Los informes que la Ley asigna a los servicios jurídicos se evacuarán por el Secretario o por el órgano que tenga atribuida la función de asesoramiento jurídico de la Corporación.

Los actos de fiscalización se ejercen por el Interventor de la Entidad local.

9. Cuando se aplique el procedimiento negociado en supuestos de urgencia a que hacen referencia el artículo 170, letra e), deberán incorporarse al expediente los correspondientes informes del Secretario o, en su caso, del titular del órgano que tenga atribuida la función de asesoramiento jurídico de la Corporación, y del Interventor, sobre justificación de la causa de urgencia apreciada.

10. La Mesa de contratación estará presidida por un miembro de la Corporación o un funcionario de la misma, y formarán parte de ella, como vocales, el Secretario o, en su caso, el titular del órgano que tenga atribuida la función de asesoramiento jurídico, y el Interventor, así como aquellos otros que se designen por el órgano de contratación entre el personal funcionario de carrera o personal laboral al servicio de la Corporación, o miembros electos de la misma, sin que su número, en total, sea inferior a tres. Actuará como Secretario un funcionario de la Corporación.

En las entidades locales municipales podrán integrarse en la Mesa personal al servicio de las correspondientes Diputaciones Provinciales o Comunidades Autónomas uniprovinciales.

11. En los municipios de población inferior a 5.000 habitantes, en los contratos de obras cuyo período de ejecución exceda al de un presupuesto anual, podrán redactarse proyectos independientes relativos a cada una de las partes de la obra, siempre que éstas sean susceptibles de utilización separada en el sentido del uso general o del servicio, o puedan ser sustancialmente definidas, y preceda autorización concedida por el Pleno de la Corporación, adoptada con el voto favorable de la mayoría absoluta legal de sus miembros, autorización que no podrá ser objeto de delegación.

12. Serán de aplicación a los contratos de obras las normas sobre supervisión de proyectos establecidas en el artículo 125. La supervisión podrá efectuarse por las oficinas o unidades competentes de la propia entidad contratante o, en el caso de municipios que carezcan de ellas, por las de la correspondiente Diputación provincial.

13. En los contratos que tengan por objeto la adquisición de bienes inmuebles, el importe de la adquisición podrá ser objeto de un aplazamiento de hasta cuatro años, con sujeción a los trámites previstos en la normativa reguladora de las Haciendas Locales para los compromisos de gastos futuros.

14. Para determinar el importe de los contratos regulados en esta disposición a los efectos de determinar la competencia de los diferentes órganos se incluirá en el mismo el importe del Impuesto sobre el Valor Añadido.

4. CLASES DE EXPEDIENTES DE CONTRATACIÓN

Los expedientes de contratación podrán ser de tres clases:

- De tramitación **ordinaria**.
- De tramitación **urgente**, para las obras, servicios, suministros o adquisiciones que revistan este carácter.
- De régimen excepcional, para las obras, servicios, suministros o adquisiciones **de emergencia**.

4.1. Tramitación ordinaria: el expediente de contratación, iniciación y contenido

La celebración de contratos por parte de las Administraciones Públicas requerirá la previa tramitación del correspondiente expediente, que se iniciará por el órgano de contratación motivando la necesidad del contrato en los términos previstos en esta Ley.

El expediente deberá referirse a la totalidad del objeto del contrato, sin perjuicio de lo previsto acerca de su eventual división en lotes, a efectos de la licitación y adjudicación.

Al expediente se incorporarán el pliego de cláusulas administrativas particulares y el de prescripciones técnicas que hayan de regir el contrato. En el caso de que el procedimiento elegido para adjudicar el contrato sea el de diálogo competitivo, los pliegos de cláusulas administrativas y de prescripciones técnicas serán sustituidos por el documento descriptivo regulado en la Ley.

Asimismo, deberá incorporarse el certificado de existencia de crédito o documento que legalmente le sustituya, y la fiscalización previa de la intervención, en su caso, en los términos previstos en la Ley 47/2003, de 26 de noviembre.

En el expediente se justificará adecuadamente la elección del procedimiento y la de los criterios que se tendrán en consideración para adjudicar el contrato.

Si la financiación del contrato ha de realizarse con aportaciones de distinta procedencia, aunque se trate de órganos de una misma Administración pública, se tramitará un solo expediente por el órgano de contratación al que corresponda la adjudicación del contrato, debiendo acreditarse en aquél la plena disponibilidad de todas las aportaciones y determinarse el orden de su abono, con inclusión de una garantía para su efectividad.

Completado el expediente de contratación, se dictará resolución motivada por el órgano de contratación aprobando el mismo y disponiendo la apertura del procedimiento de adjudicación. Dicha resolución implicará también la aprobación del gasto.

4.2. Tramitación urgente del expediente

Podrán ser objeto de tramitación urgente los expedientes correspondientes a los contratos cuya celebración responda a una necesidad inaplazable o cuya adjudicación sea preciso acelerar por razones de interés público. A tales efectos el expediente deberá contener la declaración de urgencia hecha por el órgano de contratación, debidamente motivada.

Los expedientes calificados de urgentes se tramitarán siguiendo el mismo procedimiento que los ordinarios, con las siguientes especialidades:

a) Los expedientes gozarán de preferencia para su despacho por los distintos órganos que intervengan en la tramitación, que dispondrán de un plazo de cinco días para emitir los respectivos informes o cumplimentar los trámites correspondientes.

b) Acordada la apertura del procedimiento de adjudicación, los plazos establecidos en esta Ley para la licitación y adjudicación del contrato se reducirán a la mitad, salvo el plazo de quince días hábiles establecido como periodo de espera antes de la elevación a definitiva de la adjudicación provisional, que quedará reducido a diez días hábiles.

c) El plazo de inicio de la ejecución del contrato no podrá ser superior a quince días hábiles, contados desde la notificación de la formalización. Si se excediese este plazo, el contrato podrá ser resuelto, salvo que el retraso se debiera a causas ajenas a la Administración contratante y al contratista y así se hiciera constar en la correspondiente resolución motivada.

4.3. Tramitación de emergencia

Cuando la Administración tenga que actuar de manera inmediata a causa de acontecimientos catastróficos, de situaciones que supongan grave peligro o de necesidades que afecten a la defensa nacional, se estará al siguiente régimen excepcional:

a) El órgano de contratación, sin obligación de tramitar expediente administrativo, podrá ordenar la ejecución de lo necesario para remediar el acontecimiento producido o satisfacer la necesidad sobrevenida, o contratar libremente su objeto, en todo o en parte, sin sujetarse a los requisitos formales establecidos en la presente Ley, incluso el de la existencia de crédito suficiente.

   El acuerdo correspondiente se acompañará de la oportuna retención de crédito o documentación que justifique la iniciación del expediente de modificación de crédito.

b) Si el contrato ha sido celebrado por la Administración General del Estado, sus Organismos autónomos, entidades gestoras y servicios comunes de la Seguridad Social o demás entidades públicas estatales, se dará cuenta de dichos acuerdos al Consejo de Ministros en el plazo máximo de sesenta días.

c) Simultáneamente, por el Ministerio de Economía y Hacienda, si se trata de la Administración General del Estado, o por los representantes legales de los organismos autónomos y entidades gestoras y servicios comunes de la Seguridad Social, se autorizará el libramiento de los fondos precisos para hacer frente a los gastos, con carácter de a justificar.

d) Ejecutadas las actuaciones objeto de este régimen excepcional, se procederá a cumplimentar los trámites necesarios para la intervención y aprobación de la cuenta justificativa, sin perjuicio de los ajustes precisos que se establezcan reglamentariamente a efectos de dar cumplimiento al artículo 49 de la Ley General Presupuestaria.

e) El plazo de inicio de la ejecución de las prestaciones no podrá ser superior a un mes, contado desde la adopción del acuerdo previsto en la letra a). Si se excediese este plazo, la contratación de dichas prestaciones requerirá la tramitación de un procedimiento ordinario.

Asimismo, transcurrido dicho plazo, se rendirá la cuenta justificativa del libramiento que, en su caso, se hubiese efectuado, con reintegro de los fondos no invertidos. En las normas de desarrollo de esta Ley se desarrollará el procedimiento de control de estas obligaciones.

5. SELECCIÓN DEL CONTRATISTA Y CRITERIOS DE ADJUDICACIÓN

El TRLCSP establece las siguientes formas de seleccionar al contratista:

5.1. Procedimiento abierto

Delimitación: En el procedimiento abierto todo empresario interesado podrá presentar una proposición, quedando excluida toda negociación de los términos del contrato con los licitadores.

Información a los licitadores: Cuando no se haya facilitado acceso por medios electrónicos, informáticos o telemáticos a los pliegos y a cualquier documentación complementaria, éstos se enviarán a los interesados en un plazo de seis días a partir de la recepción de una solicitud en tal sentido, siempre y cuando la misma se haya presentado, antes de que expire el plazo de presentación de las ofertas, con la antelación que el órgano de contratación, atendidas las circunstancias del contrato y del procedimiento, haya señalado en los pliegos.

En procedimientos de adjudicación de contratos sujetos a regulación armonizada, el plazo de presentación de proposiciones no será inferior a cincuenta y dos días, contados desde la fecha del envío del anuncio del contrato a la Comisión Europea. Este plazo podrá reducirse en cinco días cuando se ofrezca acceso por medios electrónicos a los pliegos y a la documentación complementaria.

Si se hubiese enviado el anuncio previo, el plazo de presentación de proposiciones podrá reducirse hasta treinta y seis días, como norma general, o, en casos excepcionales debidamente justificados, hasta veintidós días.

El órgano competente para la valoración de las proposiciones calificará previamente la documentación, que deberá presentarse por los licitadores en sobre distinto al que contenga la proposición, y procederá posteriormente a la apertura y examen de las proposiciones, formulando la correspondiente propuesta de adjudicación al órgano de contratación, una vez ponderados los criterios que deban aplicarse para efectuar la selección del adjudicatario.

5.2. Procedimiento restringido

En el procedimiento restringido sólo podrán presentar proposiciones aquellos empresarios que, a su solicitud y en atención a su solvencia, sean seleccionados por el órgano de contratación. En este procedimiento estará prohibida toda negociación de los términos del contrato con los solicitantes o candidatos.

Criterios para la selección de candidatos.

1. Con carácter previo al anuncio de la licitación, el órgano de contratación deberá haber establecido los criterios objetivos de solvencia, con arreglo a los cuales serán elegidos los candidatos que serán invitados a presentar proposiciones.
2. El órgano de contratación señalará el número mínimo de empresarios a los que invitará a participar en el procedimiento, que no podrá ser inferior a cinco. Si así lo estima procedente, el órgano de contratación podrá igualmente fijar el número máximo de candidatos a los que se invitará a presentar oferta. En cualquier caso, el número de candidatos invitados debe ser suficiente para garantizar una competencia efectiva.

Plazos. En los procedimientos de adjudicación de contratos sujetos a regulación armonizada, el plazo de recepción de las solicitudes de participación no podrá ser inferior a treinta y siete días, a partir de la fecha del envío del anuncio al «Diario Oficial de la Unión Europea». Si se trata de contratos de concesión de obra pública, este plazo no podrá ser inferior a cincuenta y dos días. Este plazo podrá reducirse en siete días cuando los anuncios se envíen por medios electrónicos, informáticos y telemáticos.

El órgano de contratación, una vez comprobada la personalidad y solvencia de los solicitantes, seleccionará a los que deban pasar a la siguiente fase, a los que invitará, simultáneamente y por escrito, a presentar sus proposiciones.

5.3. Procedimiento negociado

En el procedimiento negociado la adjudicación recaerá en el licitador justificadamente elegido por el órgano de contratación, tras efectuar consultas con diversos candidatos y negociar las condiciones del contrato con uno o varios de ellos.

El procedimiento negociado será objeto de publicidad previa cuando se superen las cuantías establecidas en la Ley. En los restantes supuestos, no será necesario dar publicidad al procedimiento.

Supuestos generales. En los términos que se establecen para cada tipo de contrato en los artículos siguientes, los contratos que celebren las Administraciones Públicas podrán adjudicarse mediante procedimiento negociado en los siguientes casos:

a) Cuando las proposiciones u ofertas económicas en los procedimientos abiertos, restringidos o de diálogo competitivo seguidos previamente sean irregulares o inaceptables por haberse presentado por empresarios carentes de aptitud, por incumplimiento en las ofertas de las obligaciones legales relativas a la fiscalidad, protección del medio ambiente y condiciones de trabajo, por infringir las condiciones para la presentación de variantes o mejoras, o por incluir valores anormales o desproporcionados, siempre que no se modifiquen sustancialmente las condiciones originales del contrato.

b) En casos excepcionales, cuando se trate de contratos en los que, por razón de sus características o de los riesgos que entrañen, no pueda determinarse previamente el precio global.

c) Cuando, tras haberse seguido un procedimiento abierto o restringido, no se haya presentado ninguna oferta o candidatura, o las ofertas no sean adecuadas, siempre que las condiciones iniciales del contrato no se modifiquen sustancialmente.

d) Cuando, por razones técnicas o artísticas o por motivos relacionados con la protección de derechos de exclusiva el contrato sólo pueda encomendarse a un empresario determinado.

e) Cuando una imperiosa urgencia, resultante de acontecimientos imprevisibles para el órgano de contratación y no imputables al mismo, demande una pronta ejecución del contrato que no pueda lograrse mediante la aplicación de la tramitación de urgencia.

f) Cuando el contrato haya sido declarado secreto o reservado, o cuando su ejecución deba ir acompañada de medidas de seguridad especiales.

En cuanto a las cuantías decir que el procedimiento negociado sin publicidad se puede utilizar en el contrato de obras hasta 200.000 euros, y en el resto de contratos hasta 60.000; mientras que en el procedimiento negociado con publicidad se puede llegar a 1.000.000 euros en el contrato de obras, a 500.000 euros en el de Servicio Público, y 100.000 en otros contratos.

5.4. Procedimiento de diálogo competitivo

En el diálogo competitivo, el órgano de contratación dirige un diálogo con los candidatos seleccionados, previa solicitud de los mismos, a fin de desarrollar una o varias soluciones susceptibles de satisfacer sus necesidades y que servirán de base para que los candidatos elegidos presenten una oferta.

Los órganos de contratación podrán establecer primas o compensaciones para los participantes en el diálogo.

Supuesto de aplicación: El diálogo competitivo podrá utilizarse en el caso de contratos particularmente complejos, cuando el órgano de contratación considere que el uso del procedimiento abierto o el del restringido no permite una adecuada adjudicación del contrato.

5.5. Procedimiento en los contratos menores

En los contratos menores, la tramitación del expediente sólo exigirá la aprobación del gasto y la incorporación al mismo de la factura correspondiente, que deberá reunir los requisitos que las normas de desarrollo de esta Ley establezcan.

En el contrato menor de obras, deberá añadirse, además, el presupuesto de las obras, sin perjuicio de que deba existir el correspondiente proyecto cuando normas específicas así lo requieran. Deberá igualmente solicitarse el informe de supervisión, cuando el trabajo afecte a la estabilidad, seguridad o estanqueidad de la obra.

El contrato Menor se define así por la cuantía, que serán 50.000 euros en el contrato de obras y 18.000 en el resto de contratos.

Tema 11

Ley de Prevención de Riesgos Laborales: Objeto, ámbito de aplicación y definiciones. Equipos de Protección Individual

eRodio ediciones

Índice esquemático

1. **Marco Normativo**
2. **Introducción**
3. **Conceptos y principios básicos de la LPRL**
4. **Derechos de los trabajadores en materia de seguridad y salud**
5. **Información, consulta y participación de los trabajadores**
6. **Consulta de los trabajadores**
7. **Derechos de participación y representación**
8. **Delegados de prevención**
9. **Competencias y facultades de los delegados de prevención**
10. **Garantías y sigilo profesional de los delegados de prevención**
11. **Comité de seguridad y salud**
12. **Competencias y facultades del comité de seguridad y salud**
13. **Colaboración con la Inspección de Trabajo y Seguridad Social**
14. **Formación de los trabajadores**
15. **Riesgo grave e inminente**
16. **Vigilancia de la salud**

1. MARCO NORMATIVO

La **Ley de Prevención de Riesgos Laborales**, es la **Ley 31/1995 de 8 de Noviembre de Prevención de Riesgos Laborales**.

La mencionada Ley:

- **Se aprobó**: el 08/11/1995.
- **Se publicó**: en el BOE nº 269 de 10/11/1995.
- **Entró en vigor**: a los 3 meses de su publicación (el 11 de febrero de 1996).

Transpone:

La **Directiva** 89/391/CEE del Consejo, de 12 de junio de 1989, relativa a la aplicación de medidas para promover la mejora de la seguridad y de la salud de los trabajadores en el trabajo.

Ésta Ley, ha sido modificada por:

- Ley 39/1999, de 5 de noviembre, para promover la conciliación de la vida familiar y laboral de las personas trabajadoras.
- Ley Orgánica 3/2007, de 22 de marzo, para la igualdad efectiva de mujeres y hombres.
- Ley 54/2003, de 12 de diciembre, de reforma del marco normativo de la prevención de riesgos laborales.
- RDL 5/2000, de 4 de agosto, por el que se aprueba el texto refundido de la Ley sobre Infracciones y Sanciones en el Orden Social.
- Ley 31/2006, de 18 de octubre, sobre implicación de los trabajadores en las sociedades anónimas y cooperativas europeas.
- Ley 25/2009, de 22 de diciembre, de modificación de diversas leyes para su adaptación a la Ley sobre el libre acceso a las actividades de servicios y su ejercicio. BOE nº 308 23/12/2009.
- Ley 32/2010, de 5 de agosto, por la que se establece un sistema específico de protección por cese de actividad de los trabajadores autónomos (Disposición final sexta. Se modifica el artículo 32 de la Ley 31/1995, de 8 de noviembre, de Prevención de Riesgos Laborales).
- Ley 14/2013, de 27 de septiembre, de apoyo a los emprendedores y su internacionalización.

Consta de:

- Exposición de Motivos.
- VII Capítulos (integrados por 54 artículos).

- 17 Disposiciones Adicionales **(La 17 añadida por Ley 14/2013, de 27 de septiembre)**.
- 2 Disposiciones Transitorias.
- 1 Disposición Derogatoria.
- 2 Disposiciones Finales.

2. INTRODUCCIÓN

El artículo 40.2 de la Constitución Española encomienda a los poderes públicos, como uno de los principios rectores de la política social y económica, velar por la seguridad e higiene en el trabajo.

Este precepto, obliga a establecer políticas que protejan la salud de los Trabajadores, a través de una Legislación eficaz en materia de Prevención de Riesgos Laborales.

En el apartado 6 de la Exposición de Motivos de la Ley 31/1995 de 8 de Noviembre, de Prevención de Riesgos Laborales, se expone, que el **Capítulo V** de la misma, regula, de forma detallada, los derechos de consulta y participación de los trabajadores en relación con las cuestiones que afectan a la seguridad y salud en el trabajo.

En el artículo Partiendo del sistema de representación colectiva vigente en nuestro país, la Ley atribuye a los denominados Delegados de Prevención, elegidos por y entre los representantes del personal en el ámbito de los respectivos órganos de representación, el ejercicio de las funciones especializadas en materia de prevención de riesgos en el trabajo, otorgándoles para ello las competencias, facultades y garantías necesarias.

Junto a ello, el Comité de Seguridad y Salud, continuando la experiencia de actuación de una figura arraigada y tradicional de nuestro ordenamiento laboral, se configura como el órgano de encuentro entre dichos representantes y el empresario para el desarrollo de una participación equilibrada en materia de prevención de riesgos.

Todo ello, sin perjuicio de las posibilidades que otorga la Ley 31/1995 de 8 de Noviembre, a la negociación colectiva, cuya vigencia, plenamente compatible con los objetivos de la Ley, se salvaguarda a través de la disposición transitoria de ésta, en la que se expone a título de resumen, que:

Los Convenios Colectivos, vigentes en la fecha de entrada en vigor de la Ley, pueden prever competencias, facultades y garantías de los Delegados de Prevención **(estudiadas más adelante)**, más favorables para garantizar los derechos de los trabajadores de información, consulta y participación. Igualmente, se respetarán los Órganos de Representación de los Trabajadores en materia de PRL, que contengan los contenidos mínimos recogidos en la Ley 31/1995 de 8 de noviembre. Todo esto, aplicable al ámbito de la Función Pública (Ley 7/1990, de 19 de julio, sobre negociación colectiva y participación en la determinación de las condiciones de trabajo de los empleados públicos).

3. CONCEPTOS Y PRINCIPIOS BÁSICOS DE LA LPRL

La prevención de riesgos laborales se trabaja desde cuatro disciplinas, que coordinan sus actividades para realizar una prevención de riesgos laborales integral y unificada:

- **Seguridad en el Trabajo**: relativa a los conceptos y técnicas de seguridad en lugares de trabajo, instalaciones, máquinas y equipos de trabajo, así como las posibles situaciones de emergencia que se puedan producir.
- **Higiene Industrial**: relativa a la evaluación de riesgos por exposición a determinados agentes físicos, químicos y biológicos.
- **Ergonomía y Psicosociología aplicada**: relativa a los riesgos derivados de las características del trabajo asociados a cada tipo de actividad (esfuerzos, manipulación de cargas, posturas de trabajo,...) y a la carga de trabajo, tanto física como mental. También se incluyen en esta disciplina los riesgos psicosociales derivados de la organización del trabajo.
- **Medicina del Trabajo**: trabaja sobre los riesgos y las posibles alteraciones que pueden producir sobre la salud de los trabajadores, vigilando la salud de las personas expuestas en su medio laboral.

Dicho lo anterior, y antes de comenzar a desarrollar el Capítulo V de la LPRL, dedicado a la Consulta y Participación de los Trabajadores, conviene realizar un breve resumen conceptual, de los principios de la LPRL, relacionados íntimamente con el tema en cuestión.

Definiciones (artículo 4º)

- Se entenderá por ***prevención*** el conjunto de actividades o medidas adoptadas o previstas en todas las fases de actividad de la empresa con el fin de evitar o disminuir los riesgos derivados del trabajo.
- Se entenderá como ***riesgo laboral*** la posibilidad de que un trabajador sufra un determinado daño derivado del trabajo. Para calificar un riesgo desde el punto de vista de su gravedad, se valorarán conjuntamente la probabilidad de que se produzca el daño y la severidad del mismo.
- Se considerarán como ***daños derivados del trabajo***, las enfermedades, patologías (síntomas de la enfermedad) o lesiones sufridas con motivo u ocasión del trabajo.
- Se entenderá como ***riesgo laboral grave e inminente*** aquel que resulte probable racionalmente que se materialice en un futuro inmediato y pueda

suponer un daño grave para la salud de los trabajadores. En el caso de exposición a agentes susceptibles de causar daños graves a la salud de los trabajadores, se considerará que existe un riesgo grave e inminente cuando sea probable racionalmente que se materialice en un futuro inmediato una exposición a dichos agentes de la que puedan derivarse daños graves para la salud, aun cuando éstos no se manifiesten de forma inmediata.

- Se entenderán como *procesos, actividades, operaciones, equipos o productos* ***potencialmente peligrosos***, aquellos que, en ausencia de medidas preventivas específicas, originen riesgos para la seguridad y la salud de los trabajadores que los desarrollan o utilizan.
- Se entenderá como ***equipo de trabajo***, cualquier máquina, aparato, instrumento o instalación utilizada en el trabajo.
- Se entenderá como ***condición de trabajo***, cualquier característica del mismo que pueda tener una influencia significativa en la generación de riesgos para la seguridad y la salud del trabajador. Quedan específicamente incluidas en esta definición:
    - ▹ Las características generales de los locales, instalaciones, equipos, productos y demás útiles existentes en el centro de trabajo.
    - ▹ La naturaleza de los agentes físicos, químicos y biológicos presentes en el ambiente de trabajo y sus correspondientes intensidades, concentraciones o niveles de presencia.
    - ▹ Los procedimientos para la utilización de los agentes citados anteriormente que influyan en la generación de los riesgos mencionados.
    - ▹ Todas aquellas otras características del trabajo, incluidas las relativas a su organización y ordenación, que influyan en la magnitud de los riesgos a que esté expuesto el trabajador.
- Se entenderá por ***equipo de protección individual***, cualquier equipo destinado a ser llevado o sujetado por el trabajador para que le proteja de uno o varios riesgos que puedan amenazar su seguridad o su salud en el trabajo, así como cualquier complemento o accesorio destinado a tal fin.

Los *equipos de protección individual (EPI)* nunca serán prioritarios frente a otros tipos de medidas y será necesario efectuar un análisis de necesidades para seleccionar los más idóneos y que dispongan a su vez de la certificación correspondiente, con marcado CE.

El empresario deberá proporcionar gratuitamente a los trabajadores los EPI necesarios para el desarrollo de sus actividades.

Igualmente, el artículo 12 de la misma, dedicado a la **participación de empresarios y trabajadores**, preceptúa que, la participación de empresarios y trabajadores, a través de las organizaciones empresariales y sindicales más representativas, en la planificación, programación, organización y control de la gestión relacionada con la mejora de las condiciones de trabajo y la protección de la seguridad y salud de los trabajadores en el trabajo es principio básico de la política de prevención de riesgos laborales, a desarrollar por las Administraciones públicas competentes en los distintos niveles territoriales.

4. DERECHOS DE LOS TRABAJADORES EN MATERIA DE SEGURIDAD Y SALUD

El artículo **14 de la LPRL**, expone que:

> Los trabajadores tienen derecho a una protección eficaz en materia de seguridad y salud en el trabajo.
>
> El citado derecho supone la existencia de un correlativo deber del empresario de protección de los trabajadores frente a los riesgos laborales.
>
> Este deber de protección constituye, igualmente, un deber de las Administraciones públicas respecto del personal a su servicio.

La Protección frente a los Riesgos Laborales se hace efectiva a través de los siguientes derechos:

- Información.
- Consulta y participación.
- Formación en materia preventiva.
- Paralización de la actividad en caso de riesgo grave e inminente.
- Vigilancia de su estado de salud.

5. INFORMACIÓN, CONSULTA Y PARTICIPACIÓN DE LOS TRABAJADORES

De acuerdo con lo preceptuado en el artículo **18°** de la Ley de Prevención de Riesgos Laborales (31/1995 de 8 de Noviembre):

- A fin de dar cumplimiento al deber de protección establecido en la presente Ley, el empresario adoptará las medidas adecuadas para que los trabajadores reciban todas las informaciones necesarias en relación con:
  - ▹ Los riesgos para la seguridad y la salud de los trabajadores en el trabajo, tanto aquellos que afecten a la empresa en su conjunto como a cada tipo de puesto de trabajo o función.

- ▹ Las medidas y actividades de protección y prevención aplicables a los riesgos señalados en el apartado anterior.
- ▹ Las medidas adoptadas de conformidad con lo dispuesto en el artículo 20 de la presente Ley (se refiere a Medidas de Emergencia).

- En las empresas que cuenten con representantes de los trabajadores, la información a que se refiere el presente apartado se facilitará por el empresario a los trabajadores a través de dichos representantes; no obstante, deberá informarse directamente a cada trabajador de los riesgos específicos que afecten a su puesto de trabajo o función y de las medidas de protección y prevención aplicables a dichos riesgos.
- El empresario deberá consultar a los trabajadores, y permitir su participación, en el marco de todas las cuestiones que afecten a la seguridad y a la salud en el trabajo, de conformidad con lo dispuesto en el **Capítulo V de la LPRL (estudiado más adelante)**.
- Los trabajadores tendrán derecho a efectuar propuestas al empresario, así como a los órganos de participación y representación, previstos en el **Capítulo V de la LPRL (estudiado más adelante)**, dirigidas a la mejora de los niveles de protección de la seguridad y la salud en la empresa.

6. CONSULTA DE LOS TRABAJADORES

El **artículo 33** del Capítulo V de la Ley 31/1995 de 8 de Noviembre, de Prevención de Riesgos Laborales, expone que:

El empresario deberá consultar a los trabajadores, con la debida antelación, la adopción de las decisiones relativas a:

- La planificación y la organización del trabajo en la empresa y la introducción de nuevas tecnologías, en todo lo relacionado con las consecuencias que éstas pudieran tener para la seguridad y la salud de los trabajadores, derivadas de la elección de los equipos, la determinación y la adecuación de las condiciones de trabajo y el impacto de los factores ambientales en el trabajo.
- La organización y desarrollo de las actividades de protección de la salud y prevención de los riesgos profesionales en la empresa, incluida la designación de los trabajadores encargados de dichas actividades o el recurso a un servicio de prevención externo.
- La designación de los trabajadores encargados de las medidas de emergencia.

- Los procedimientos de información y documentación.
- El proyecto y la organización de la formación en materia preventiva.
- Cualquier otra acción que pueda tener efectos substanciales sobre la seguridad y la salud de los trabajadores.
- En las empresas que cuenten con representantes de los trabajadores, las consultas a que se refiere el apartado anterior se llevarán a cabo con dichos representantes.

7. DERECHOS DE PARTICIPACIÓN Y REPRESENTACIÓN

De igual manera, continúa exponiendo el artículo **34 de la LPRL** que:

- Los trabajadores tienen derecho a participar en la empresa en las cuestiones relacionadas con la prevención de riesgos en el trabajo.
- En las empresas o centros de trabajo que cuenten con **6 o más trabajadores**, la participación de éstos se canalizará a través de sus representantes y de la representación especializada que se regula en este capítulo.
- A los Comités de empresa, a los Delegados de Personal y a los representantes sindicales les corresponde, en los términos que, respectivamente, les reconocen el *Estatuto de los trabajadores* **(RDL 1/1995 de 24 de Marzo)**, la *Ley de Órganos de Representación del Personal al Servicio de las Administraciones Públicas* **(Ley 9/1887 de 12 de Junio)** y la *Ley Orgánica de Libertad Sindical* **(LO 11/1985 de 2 de Agosto)**, la defensa de los intereses de los trabajadores en materia de prevención de riesgos en el trabajo. Para ello, los representantes del personal ejercerán las competencias que dichas normas establecen en materia de información, consulta y negociación, vigilancia y control y ejercicio de acciones ante las empresas y los órganos y tribunales competentes.
- El derecho de participación que se regula en este capítulo se ejercerá en el ámbito de las Administraciones públicas con las adaptaciones que procedan en atención a la diversidad de las actividades que desarrollan y las diferentes condiciones en que éstas se realizan, la complejidad y dispersión de su estructura organizativa y sus peculiaridades en materia de representación colectiva, en los términos previstos en la **Ley 7/1990, de 19 de julio**, *sobre negociación colectiva y participación en la determinación de las condiciones de trabajo de los empleados públicos*, pudiéndose establecer ámbitos sectoriales y descentralizados en función del número de efectivos y centros.

- Para llevar a cabo la indicada adaptación en el ámbito de la Administración General del Estado, el Gobierno tendrá en cuenta los siguientes criterios:
  a) En ningún caso dicha adaptación podrá afectar a las competencias, facultades y garantías que se reconocen en esta Ley a los Delegados de Prevención y a los Comités de Seguridad y Salud.
  b) Se deberá establecer el ámbito específico que resulte adecuado en cada caso para el ejercicio de la función de participación en materia preventiva dentro de la estructura organizativa de la Administración. Con carácter general, dicho ámbito será el de los órganos de representación del personal al servicio de las Administraciones públicas, si bien podrán establecerse otros distintos en función de las características de la actividad y frecuencia de los riesgos a que puedan encontrarse expuestos los trabajadores.
  c) Cuando en el indicado ámbito existan diferentes órganos de representación del personal, se deberá garantizar una actuación coordinada de todos ellos en materia de prevención y protección de la seguridad y la salud en el trabajo, posibilitando que la participación se realice de forma conjunta entre unos y otros, en el ámbito específico establecido al efecto.
  d) Con carácter general, se constituirá un único Comité de Seguridad y Salud en el ámbito de los órganos de representación previstos en la Ley de Órganos de Representación del Personal al Servicio de las Administraciones Públicas, que estará integrado por los Delegados de Prevención designados en dicho ámbito, tanto para el personal con relación de carácter administrativo o estatutario como para el personal laboral, y por representantes de la Administración en número no superior al de Delegados. Ello no obstante, podrán constituirse Comités de Seguridad y Salud en otros ámbitos cuando las razones de la actividad y el tipo y frecuencia de los riesgos así lo aconsejen.

8. DELEGADOS DE PREVENCIÓN

Los regula el **artículo 35** de la Ley de Prevención de Riesgos Laborales, al señalar que:

- Los Delegados de Prevención son los representantes de los trabajadores con funciones específicas en materia de prevención de riesgos en el trabajo.
- Los Delegados de Prevención serán designados por y entre los representantes del personal **(Junta de Personal (para funcionarios), Comité**

de empresa (para laborales), Delegados de Personal) con arreglo a la siguiente escala:

En la Admon. Pública se adapta la LPRL a través del RD 1488/98 10 de julio

TRABAJADORES	DELEGADOS DE PREVENCIÓN
Hasta 30 trabajadores	1 Delegado de Prevención (Será el Delegado de Personal)
De 31 a 49 trabajadores	1 Delegado de Prevención (Será elegido por y entre los Delegados de Personal)
De 50 a 100 Trabajadores	2 Delegados de Prevención
De 101 a 500 Trabajadores	3 Delegados de Prevención
De 501 a 1000 Trabajadores	4 Delegados de Prevención
De 1001 a 2000 Trabajadores	5 Delegados de Prevención
De 2001 a 3000 Trabajadores	6 Delegados de Prevención
De 3001 a 4000 Trabajadores	7 Delegados de Prevención
De 4001 en adelante	8 Delegados de Prevención

A tener en cuenta: el apartado 2 del Artículo 2º de la **Ley de Prevención de Riesgos Laborales** (31/1995 de 8 de Noviembre), otorga a la misma el **carácter de derecho necesario mínimo indisponible**, por lo que tenemos que tener en cuenta que la **escala anterior, es mínima, pudiendo ser ampliada en Convenio Colectivo**.

A efectos de determinar el número de Delegados de Prevención se tendrán en cuenta los siguientes criterios:

- Los trabajadores vinculados por contratos de duración determinada superior a un año se computarán como trabajadores fijos de plantilla.
- Los contratados por término de hasta un año se computarán según el número de días trabajados en el período de un año anterior a la designación. Cada doscientos días trabajados o fracción se computarán como un trabajador más.

A tener en cuenta: la disposición adicional cuarta. Designación de Delegados de Prevención en supuestos especiales, que preceptúa que:

> "En los centros de trabajo que carezcan de representantes de los trabajadores por no existir trabajadores con la antigüedad suficiente para ser electores o elegibles en las elecciones para representantes del personal, **los trabajadores podrán elegir por mayoría A UN TRABAJADOR que ejerza las competencias del Delegado de Prevención,** quién tendrá las facultades, garantías y obligaciones de sigilo profesional de tales Delegados. **La actuación de éstos cesará en el momento en que se reúnan los requisitos de antigüedad necesarios para poder celebrar la elección de representantes del personal**, prorrogándose por el tiempo indispensable para la efectiva celebración de la elección."

Ejemplo:

Imaginemos que una empresa tiene 30 trabajadores con un contrato de 6 meses.

A fecha de la elección, suman entre todos 400 días.

Al hacer la división de 400 entre 200 días, salen 2 trabajadores.

A 2 trabajadores, de acuerdo con la tabla del artículo 35, no le corresponde.

Es entonces, cuando se hace uso de ésta disposición.

No obstante, en los convenios colectivos podrán establecerse otros sistemas de designación de los Delegados de Prevención, siempre que se garantice que la facultad de designación corresponde a los representantes del personal o a los propios trabajadores.

Asimismo, en la negociación colectiva o mediante los acuerdos a que se refiere el artículo 83, apartado 3 del Estatuto de los Trabajadores, podrá acordarse que las competencias reconocidas en esta Ley a los Delegados de Prevención sean ejercidas por órganos específicos creados en el propio convenio o en los acuerdos citados. Dichos órganos podrán asumir, en los términos y conforme a las modalidades que se acuerden, competencias generales respecto del conjunto de los centros de trabajo incluidos en el ámbito de aplicación del convenio o del acuerdo, en orden a fomentar el mejor cumplimiento en los mismos de la normativa sobre prevención de riesgos laborales.

Igualmente, en el ámbito de las Administraciones públicas se podrán establecer, en los términos señalados en la Ley 7/1990, de 19 de julio, sobre negociación colectiva y participación en la determinación de las condiciones de trabajo de los empleados públicos, otros sistemas de designación de los Delegados de Prevención y acordarse que las competencias que esta Ley atribuye a éstos puedan ser ejercidas por órganos específicos.

9. COMPETENCIAS Y FACULTADES DE LOS DELEGADOS DE PREVENCIÓN

Reguladas en el **artículo 36 de la LPRL**:

- Son competencias de los Delegados de Prevención:
  - ▹ Colaborar con la dirección de la empresa en la mejora de la acción preventiva.
  - ▹ Promover y fomentar la cooperación de los trabajadores en la ejecución de la normativa sobre prevención de riesgos laborales.

▹ Ser consultados por el empresario, con carácter previo a su ejecución, acerca de las decisiones a que se refiere el artículo 33 de la presente Ley (Planificación y Organización de la Actividad Preventiva).

▹ Ejercer una labor de vigilancia y control sobre el cumplimiento de la normativa de prevención de riesgos laborales.

- En las empresas que no cuenten con Comité de Seguridad y Salud por no alcanzar el número mínimo de trabajadores establecido al efecto, las competencias atribuidas a aquél en la LPRL serán ejercidas por los Delegados de Prevención.

- En el ejercicio de las competencias atribuidas a los Delegados de Prevención, éstos estarán facultados para:

  ▹ Acompañar a los técnicos en las evaluaciones de carácter preventivo del medio ambiente de trabajo, así como, a los Inspectores de Trabajo y Seguridad Social en las visitas y verificaciones que realicen en los centros de trabajo para comprobar el cumplimiento de la normativa sobre prevención de riesgos laborales, pudiendo formular ante ellos las observaciones que estimen oportunas.

  ▹ Tener acceso, con las limitaciones previstas en el apartado 4 del artículo 22 de la LPRL, a la información y documentación relativa a las condiciones de trabajo que sean necesarias para el ejercicio de sus funciones. Cuando la información esté sujeta a las limitaciones reseñadas, sólo podrá ser suministrada de manera que se garantice el respeto de la confidencialidad. (No tendrán acceso, de acuerdo con el artículo 22.4 de la LPRL, a la información médica de los trabajadores).

  ▹ Ser informados por el empresario sobre los daños producidos en la salud de los trabajadores una vez que aquél hubiese tenido conocimiento de ellos, pudiendo presentarse, aún fuera de su jornada laboral, en el lugar de los hechos para conocer las circunstancias de los mismos.

  ▹ Recibir del empresario las informaciones obtenidas por éste procedentes de las personas u órganos encargados de las actividades de protección y prevención en la empresa, así como de los organismos competentes para la seguridad y la salud de los trabajadores, sin perjuicio de lo dispuesto en materia de colaboración con la Inspección de Trabajo y Seguridad Social.

  ▹ Realizar visitas a los lugares de trabajo para ejercer una labor de vigilancia y control del estado de las condiciones de trabajo, pudiendo, a tal fin, acceder a cualquier zona de los mismos y comunicarse durante la jornada con los trabajadores, de manera que no se altere el normal desarrollo del proceso productivo.

  ▹ Recabar del empresario la adopción de medidas de carácter preventivo y para la mejora de los niveles de protección de la seguridad y la salud de los trabajadores, pudiendo a tal fin efectuar propuestas al empresario, así como al Comité de Seguridad y Salud para su discusión en el mismo.

- ▹ Proponer al órgano de representación de los trabajadores la adopción del acuerdo de paralización de actividades.

- Los informes que deban emitir los Delegados de Prevención deberán elaborarse en un plazo de **15 días, o en el tiempo imprescindible cuando se trate de adoptar medidas dirigidas a prevenir riesgos inminentes**. Transcurrido el plazo sin haberse emitido el informe, el empresario podrá poner en práctica su decisión. (Estos informes son referentes a la planificación y la reorganización del trabajo en la empresa y la introducción de nuevas tecnologías, en todo lo relacionado con las consecuencias que éstas pudieran tener para la seguridad y la salud de los trabajadores, derivadas de la elección de los equipos, la determinación y la adecuación de las condiciones de trabajo y el impacto de los factores ambientales en el trabajo).
- La decisión negativa del empresario a la adopción de las medidas propuestas por el Delegado de Prevención, deberá ser motivada. (Se refiere a la adopción de medidas de carácter preventivo y para la mejora de los niveles de protección de la seguridad y la salud de los trabajadores).

En Resumen, la información y documentación relativa a las condiciones de trabajo, será la siguiente:

- Evaluación de los riesgos para la seguridad y la salud en el trabajo, y planificación de la acción preventiva.
- Medidas de protección y de prevención a adoptar y, en su caso, material de protección que deba utilizarse.
- Resultado de los controles periódicos de las condiciones de trabajo y de la actividad de los trabajadores.
- Práctica de los controles del estado de salud de los trabajadores previstos en el artículo 22º de la Ley y conclusiones obtenidas de los mismos.
- Relación de accidentes de trabajo y enfermedades profesionales que hayan causado al trabajador una incapacidad laboral superior a un día de trabajo. **En estos casos el empresario estará obligado a notificar por escrito a la autoridad laboral los daños para la salud de los trabajadores a su servicio que se hubieran producido con motivo del desarrollo de su trabajo.**

  Ver información ampliada
- El empresario deberá informar a los trabajadores designados para ocuparse de las actividades de protección y prevención o, en su caso, al **servicio de prevención previsto en el artículo 31 de la Ley** de la incorporación de los trabajadores con contrato temporal o de duración determinada, en la medida necesaria para que puedan desarrollar de forma adecuada sus funciones respecto de todos los trabajadores de la empresa.

Ver servicios de prevención.

¿Qué es el parte de accidente de trabajo?

Es el documento oficial que deberá de cumplimentar la empresa cuando se produzca un accidente de trabajo o recaída que comporte la ausencia del trabajador/a del puesto de trabajo de, como mínimo, un día, sin contar el día en que se accidentó, previa baja médica.

¿Cómo notificar los accidentes de trabajo?

A través del parte normalizado publicado en la Orden TAS/2926/2002, de 19 de Noviembre del Sistema de Declaración Electrónica de Accidentes de Trabajo (Delt@), accesible desde la dirección: http://www.delta.mtas.es/

¿Cuales son los plazos de presentación de los partes?

Trabajador a la Empresa	Plazo	Método	Empresa a la S.S.	Plazo	Método
Sin baja médica					
Certificado emitido por la Mutua	El mismo día de su incorporación	En mano	Relación A.T. sin baja médica	Dentro de los 5 primeros días hábiles del mes siguiente al que corresponda la relación	Internet (sistema Delt@)
Con baja médica					
Copia parte de baja para la empresa	3 días a partir de la fecha de expedición del parte	Cualquier medio que asegure su entrega	Parte Accidente de Trabajo	En el plazo máximo de 5 días hábiles desde la fecha en que ocurrió el accidente o desde la fecha de la baja médica, si ésta es posterior	Internet (sistema Delt@)
Con baja médica: graves, muy graves o fallecimiento					
			Parte Accidente de Trabajo También debe Comunicar el accidente a la Autoridad Laboral de la provincia donde haya sucedido (Los Initírene NO)	En un plazo máximo de 24 horas	Sistema Delt@ Telegrama Fax Otro medio análogo

10. GARANTÍAS Y SIGILO PROFESIONAL DE LOS DELEGADOS DE PREVENCIÓN

Lo previsto en el **artículo 68** del *Estatuto de los Trabajadores* en materia de garantías será de aplicación a los Delegados de Prevención en su condición de representantes de los trabajadores.

Artículo 68 del Estatuto de los Trabajadores (RDL 1/1995 de 24 de marzo)

Los miembros del comité de empresa y los delegados de personal, como representantes legales de los trabajadores, tendrán, a salvo de lo que se disponga en los convenios colectivos, las siguientes garantías:

a) Apertura de **expediente contradictorio** en el supuesto de sanciones por faltas graves o muy graves, en el que serán oídos, aparte del interesado, el comité de empresa o restantes delegados de personal.

- ▷ **Expediente contradictorio**: para caso de sanciones por faltas graves o muy graves, los representantes de los trabajadores tienen derecho a un procedimiento especial iniciado con la apertura del **expediente contradictorio**. Cualquier sanción que no contemple de forma previa dicho tramite**, escuchar al interesado y a la representación unitaria o sindical**, es nula.

b) Prioridad de permanencia en la empresa o centro de trabajo respecto de los demás trabajadores, en los supuestos de suspensión o extinción por causas tecnológicas o económicas.

Causas económicas y tecnológicas:

- **Económicas**: problemas económicos de la empresa por ejemplo la **suspensión de pagos**, es necesaria la autorización del **Ministerio de Trabajo**.
- **Tecnológicas**: un cambio de maquinaria o de proceso productivo, en este caso los trabajadores no son necesarios.

---

c) No ser despedido ni sancionado durante el ejercicio de sus funciones ni dentro del año siguiente a la expiración de su mandato, salvo en caso de que ésta se produzca por revocación o dimisión, siempre que el despido o sanción se base en la acción del trabajador en el ejercicio de su representación, sin perjuicio, por tanto, de lo establecido en el artículo 54. Asimismo no podrá ser discriminado en su promoción económica o profesional en razón, precisamente, del desempeño de su representación.

d) Expresar, colegiadamente si se trata del comité, con libertad sus opiniones en las materias concernientes a la esfera de su representación, pudiendo publicar y distribuir, sin perturbar el normal desenvolvimiento del trabajo, las publicaciones de interés laboral o social, comunicándolo a la empresa.

e) Disponer de un crédito de horas mensuales retribuidas cada uno de los miembros del comité o delegado de personal en cada centro de trabajo, para el ejercicio de sus funciones de representación, de acuerdo con la siguiente escala: delegados de personal o miembros del comité de empresa:

- Hasta 100 trabajadores, 15 horas.
- De 101 a 250 trabajadores, 20 horas.
- De 251 a 500 trabajadores, 30 horas.
- De 501 a 750 trabajadores, 35 horas.
- De 751 en adelante, 40 horas.

f) Podrá pactarse en convenio colectivo la acumulación de horas de los distintos miembros del comité de empresa y, en su caso, de los delegados de personal, en uno o varios de sus componentes, sin rebasar el máximo total, pudiendo quedar relevado o relevados del trabajo, sin perjuicio de su remuneración. **(Quiere decir, que las horas que no utilice un miembro, las puede utilizar otro)**.

El tiempo utilizado por los Delegados de Prevención para el desempeño de las funciones previstas en esta Ley será considerado como de ejercicio de funciones de representación a efectos de la utilización del crédito de horas mensuales retribuidas expuestas anteriormente.

No obstante lo anterior, será considerado en todo caso como tiempo de trabajo efectivo, sin imputación al citado crédito horario:

- El correspondiente a las reuniones del Comité de Seguridad y Salud.
- Cualesquiera otras convocadas por el empresario en materia de prevención de riesgos.
- El destinado a las visitas previstas en la LPRL (acompañar a los técnicos en las evaluaciones de riesgos y presentarse fuera de la jornada laboral en el lugar que se hubiese producido un accidente para comprobar los daños producidos en la seguridad y salud del trabajador).

El empresario deberá proporcionar a los Delegados de Prevención los medios y la formación en materia preventiva que resulten necesarios para el ejercicio de sus funciones.

La formación se deberá facilitar por el empresario:

- Por sus propios medios.
- Mediante concierto con organismos o entidades especializadas en la materia.

La formación, deberá adaptarse:

- A la evolución de los riesgos.
- A la aparición de otros nuevos, repitiéndose periódicamente si fuera necesario.

El tiempo dedicado a la formación será considerado como tiempo de trabajo a todos los efectos y su coste no podrá recaer en ningún caso sobre los Delegados de Prevención.

En cuanto a la formación de los Delegados de Prevención y del Comité de Seguridad y Salud, cabe citar que:

El Decreto del Consejo de Gobierno de la Junta de Andalucía, 26/2010, de 9 de febrero, por el que se regulan medidas para el fomento de los órganos de representación y de participación de los trabajadores y las trabajadoras con funciones específicas en materia de prevención de riesgos laborales en Andalucía, en lo referente a los **contenidos mínimos del programa de formación especializada en Prevención de Riesgos Laborales dirigidas a los Delegados y las Delegadas de Prevención de Riesgos Laborales, órganos específicos que los sustituyan y Miembros de los Comités de Seguridad y Salud**, será el siguiente:

1. **Forma de impartición**: preferentemente presencial.
2. **Números mínimo de horas de las acciones formativas**: 50 horas.
3. **Programa**:

   I. Temario común (35 horas).

   2. Módulo 2. Los riesgos laborales y su prevención.

   3. Módulo 3. La gestión preventiva.

   II. Realización y exposición de ejercicios prácticos (15 horas).

   Aplicación en uno o más ejercicios prácticos relacionados con las actividades de la empresa, de los conocimientos comprendidos en los diferentes módulos, de acuerdo con los criterios del personal docente, respecto del contenido de aquello.

A los Delegados de Prevención les será de aplicación lo dispuesto en el apartado 2 del artículo 65 del Estatuto de los Trabajadores en cuanto al sigilo profesional debido respecto de las informaciones a que tuviesen acceso como consecuencia de su actuación en la empresa.

Apartado 2 del artículo 65 del Estatuto de los Trabajadores (RDL 1/1995 de 24 de marzo).

"Los miembros del comité de empresa y éste en su conjunto, así como, en su caso, los expertos que les asistan, deberán observar el deber de sigilo con respecto a aquella información que, en legítimo y objetivo interés de la empresa o del centro de trabajo, les haya sido expresamente comunicada con carácter reservado."

Lo dispuesto en el presente artículo en materia de garantías y sigilo profesional de los Delegados de Prevención se entenderá referido, en el caso de las relaciones de carácter administrativo o estatutario del personal al servicio de las Administraciones públicas, a la regulación contenida en los artículos 10, párrafo segundo y 11 de la Ley 9/1987, de 12 de junio, de Órganos de Representación, Determinación de las Condiciones de Trabajo y Participación del Personal al Servicio de las Administraciones Públicas (Derogados por Ley 7/2007 de 12 de abril. LEBEP).

11. COMITÉ DE SEGURIDAD Y SALUD

Regulado en el artículo **38 de la LPRL**, exponiendo el mismo que:

- El Comité de Seguridad y Salud es el órgano paritario y colegiado de participación destinado a la consulta regular y periódica de las actuaciones de la empresa en materia de prevención de riesgos.
- Se constituirá un Comité de Seguridad y Salud en todas las empresas o centros de trabajo que cuenten con **50 o más trabajadores**.
- El Comité estará formado por:
  - ▹ Los Delegados de Prevención.
  - ▹ Por el empresario y/o sus representantes en número igual al de los Delegados de Prevención.
- En las reuniones del Comité de Seguridad y Salud participarán, con voz pero sin voto:
  - ▹ Los Delegados Sindicales.
  - ▹ Los responsables técnicos de la prevención en la empresa que no estén incluidos en la composición a la que se refiere el párrafo anterior.
- En las mismas condiciones podrán participar trabajadores de la empresa que cuenten con una especial cualificación o información respecto de concretas cuestiones que se debatan en este órgano y técnicos en prevención ajenos a la empresa, siempre que así lo solicite alguna de las representaciones en el Comité.

- El Comité de Seguridad y Salud se reunirá:
  - ▹ Trimestralmente (como mínimo).
  - ▹ Siempre que lo solicite alguna de las representaciones en el mismo.
- El Comité adoptará sus propias normas de funcionamiento.
- Las empresas que cuenten con varios centros de trabajo dotados de Comité de Seguridad y Salud podrán acordar con sus trabajadores la creación de un Comité Inter-centros, con las funciones que el acuerdo le atribuya.

12. COMPETENCIAS Y FACULTADES DEL COMITÉ DE SEGURIDAD Y SALUD

El artículo **39 de la LPRL**, señala que:

- El Comité de Seguridad y Salud tendrá las siguientes competencias:
  - ▹ Participar en la elaboración, puesta en práctica y evaluación de los planes y programas de prevención de riesgos de la empresa. A tal efecto, en su seno se debatirán, antes de su puesta en práctica y en lo referente a su incidencia en la prevención de riesgos:
    - ◦ La elección de la modalidad organizativa de la empresa y, en su caso, la gestión realizada por las entidades especializadas con las que la empresa hubiera concertado la realización de actividades preventivas.
    - ◦ Los proyectos en materia de planificación, organización del trabajo e introducción de nuevas tecnologías, organización y desarrollo de las actividades de protección y prevención a que se refiere el artículo 16 de la LPRL, referido a:
      - * Plan de prevención de riesgos laborales.
      - * Evaluación de los riesgos.
      - * Planificación de la actividad preventiva.
    - ◦ Proyecto y organización de la formación en materia preventiva.
- Promover iniciativas sobre métodos y procedimientos para la efectiva prevención de los riesgos, proponiendo a la empresa la mejora de las condiciones o la corrección de las deficiencias existentes.
- En el ejercicio de sus competencias, el Comité de Seguridad y Salud estará facultado para:
  - ▹ Conocer directamente la situación relativa a la prevención de riesgos en el centro de trabajo, realizando a tal efecto las visitas que estime oportunas.

- ▹ Conocer cuantos documentos e informes relativos a las condiciones de trabajo sean necesarios para el cumplimiento de sus funciones, así como los procedentes de la actividad del servicio de prevención, en su caso.
- ▹ Conocer y analizar los daños producidos en la salud o en la integridad física de los trabajadores, al objeto de valorar sus causas y proponer las medidas preventivas oportunas.
- ▹ Conocer e informar la memoria y programación anual de servicios de prevención.

- A fin de dar cumplimiento a lo dispuesto en esta Ley respecto de la colaboración entre empresas en los supuestos de desarrollo simultáneo de actividades en un mismo centro de trabajo, se podrá acordar la realización de reuniones conjuntas de los Comités de Seguridad y Salud o, en su defecto, de los Delegados de Prevención y empresarios de las empresas que carezcan de dichos Comités, u otras medidas de actuación coordinada.

<table>
<tr><th colspan="4">DE 1º GRADO: UNITARIA O GENERAL</th></tr>
<tr><td colspan="2" rowspan="3">Delegados de personal</td><td>Empresas entre 6 y 10 trabajadores (si lo acuerdan la mayoría)</td><td>1 Delegado de personal</td></tr>
<tr><td>Empresas entre 11 y 30 trabajadores</td><td>1 Delegado de personal</td></tr>
<tr><td>Empresas entre 31 y 49 trabajadores</td><td>Hasta 3 delegados de personal</td></tr>
<tr><td>Órgano colegiado</td><td>Comité de Empresa (laborales)
Junta de Personal (funcionarios)</td><td colspan="2">Empresas con de 50 o más trabajadores (mínimo 5 miembros y máximo 75)</td></tr>
<tr><td colspan="2">Secciones Sindicales
(Los Delegados Sindicales, son presentados como candidatos a la Junta de Personal)</td><td colspan="2">Pueden existir en cualquier empresa.
Los afiliados, cualquiera que sea su número, podrán constituir la Sección Sindical</td></tr>
<tr><th colspan="4">DE 2º GRADO: ESPECIALIZADA</th></tr>
<tr><td colspan="2" rowspan="10">Delegados de prevención
Son los representantes de los trabajadores con funciones específicas en materia de prevención de riesgos en el trabajo
Serán designados por y entre los representantes del personal</td><td>TRABAJADORES</td><td>DELEGADOS DE PREVENCIÓN</td></tr>
<tr><td>Hasta 30 trabajadores</td><td>1 Delegado de Prevención (Será el Delegado de Personal)*</td></tr>
<tr><td>De 31 a 49 trabajadores</td><td>1 Delegado de Prevención (Será elegido por y entre los Delegados de Personal)</td></tr>
<tr><td>De 50 a 100 Trabajadores</td><td>2 Delegados de Prevención</td></tr>
<tr><td>De 101 a 500 Trabajadores</td><td>3 Delegados de Prevención</td></tr>
<tr><td>De 501 a 1000 Trabajadores</td><td>4 Delegados de Prevención</td></tr>
<tr><td>De 1001 a 2000 Trabajadores</td><td>5 Delegados de Prevención</td></tr>
<tr><td>De 2001 a 3000 Trabajadores</td><td>6 Delegados de Prevención</td></tr>
<tr><td>De 3001 a 4000 Trabajadores</td><td>7 Delegados de Prevención</td></tr>
<tr><td>De 4001 en adelante</td><td>8 Delegados de Prevención</td></tr>
</table>

→

→

DE 3º GRADO: COMITÉ DE SEGURIDAD Y SALUD	
Es el órgano paritario y colegiado de participación destinado a la consulta regular y periódica de las actuaciones de la empresa en materia de PRL. El Comité estará formado por: - Los Delegados de Prevención - **Por el empresario y/o sus representantes en número igual al de los Delegados de Prevención**	Se constituirá un Comité de Seguridad y Salud en todas las empresas o centros de trabajo que cuenten con 50 o más trabajadores.

Servicio de Prevención: no confundir con Delegados de Prevención

Definición: RD 39/1997 DE 17 de enero

Se entenderá como servicio de prevención:

El conjunto de medios humanos y materiales necesarios para realizar las actividades preventivas a fin de garantizar la adecuada protección de la seguridad y la salud de los trabajadores, asesorando y asistiendo para ello al empresario, a los trabajadores y a sus representantes y a los órganos de representación especializados.

Cometidos

Los servicios de prevención son los encargados de:

- Diseño, implantación y aplicación de un Plan de Prevención de riesgos laborales en las empresas.
- Evaluación de los factores de riesgo que puedan afectar a la salud y a la seguridad de los trabajadores.
- Planificación de la actividad preventiva y la determinación de las prioridades en la adopción de medidas preventivas, y vigilancia de su eficacia.
- Formación e información de los trabajadores en relación a la prevención de riesgos laborales.
- Prestación de primeros auxilios y planes de emergencia.
- Vigilancia de la salud de los trabajadores en relación con los riesgos derivados de su trabajo.

Existencia del Servicio de Prevención

La legislación vigente obliga al empresario, como responsable de la prevención de riesgos laborales y garante de la seguridad y salud en el trabajo a utilizar alguno de los siguientes medios:

Asumir personalmente la actividad preventiva

Si es una empresa de **hasta 10 trabajadores**, si no realiza actividades peligrosas (anexo I del RD 39/97), si la actividad habitual se realiza dentro del centro de trabajo y si tiene cualificación para ello. **La misma posibilidad se reconoce al empresario que, cumpliendo tales requisitos, ocupe hasta 25 trabajadores, siempre y cuando la empresa disponga de un único centro de trabajo.**

Designar uno o varios trabajadores/as para ocuparse de la actividad preventiva

El empresario/a designará a uno o más trabajadores para realizar la actividad preventiva en la empresa. Para las actividades preventivas que los trabajadores designados no estén cualificados para realizar, el empresario podrá contar con un servicio de prevención propio o ajeno. No es obligatoria la designación si el empresario/a ha asumido personalmente la actividad preventiva, o si cuenta con servicio de prevención propio o ajeno.

Constituir un servicio de prevención propio

El empresario/a deberá constituir un servicio de prevención propio si se trata de una empresa con más de 500 trabajadores o más de 250 trabajadores si desarrollan actividades peligrosas (anexo I del RD 39/97), o si no cumpliendo lo anterior, lo dictamine la autoridad laboral tras un informe de la Inspección de Trabajo y Seguridad Social. Las especialidades que no asuma el servicio de prevención propio, podrán ser concertadas con un servicio de prevención ajeno.

Concertar este servicio con una entidad especializada acreditada por la autoridad laboral, ajena a la empresa

Me refiero a las mutuas, que son entidades que se encargan de identificar, evaluar, proponer medidas, dar asistencia técnica y hacer el adecuado seguimiento de la prevención de riesgos laborales a las empresas con las que contratan dichos servicios. Son, pues, ajenas a las empresas.

Se trata de una de las modalidades de servicios de prevención contempladas en la Ley de Prevención de Riesgos Laborales y en su desarrollo posterior.

Los Servicios de Prevención Ajenos deben estar acreditados por la autoridad laboral para actuar como tales. Para otorgar dicha acreditación, se comprueban todas las condiciones del futuro servicio de prevención ajeno, con el fin de garantizar que reúnen los medios humanos, técnicos y materiales adecuados para desarrollar satisfactoriamente su función en las distintas empresas a las que ofrecerán sus servicios.

Las empresas que tienen obligación de contar con servicio de prevención propio, pueden también concertar determinadas actividades con los SPA, para las que no cuenten con los recursos necesarios.

13. COLABORACIÓN CON LA INSPECCIÓN DE TRABAJO Y SEGURIDAD SOCIAL

De acuerdo con lo preceptuado en el **artículo 40 de la LPRL**.

Los trabajadores y sus representantes podrán recurrir a la Inspección de Trabajo y Seguridad Social si consideran que las medidas adoptadas y los medios utilizados por el empresario no son suficientes para garantizar la seguridad y la salud en el trabajo.

En las visitas a los centros de trabajo para la comprobación del cumplimiento de la normativa sobre prevención de riesgos laborales, el Inspector de Trabajo y Seguridad Social comunicará su presencia a:

- **Al Empresario o a su representante o a la persona inspeccionada**.
- **Al Comité de Seguridad y Salud**.
- **Al Delegado de Prevención o, en su ausencia, a los representantes legales de los trabajadores** (Delegado de Personal, Delegados Sindicales, etc.)

La comunicación del apartado anterior, se realizará a efectos de que puedan acompañarle durante el desarrollo de su visita y formularle las observaciones que estimen oportunas, a menos que considere que dichas comunicaciones puedan perjudicar el éxito de sus funciones.

La Inspección de Trabajo y Seguridad Social informará a los Delegados de Prevención sobre los resultados de las visitas a que hace referencia el apartado anterior y sobre las medidas adoptadas como consecuencia de las mismas, así como al empresario mediante diligencia en el Libro de Visitas de la Inspección de Trabajo y Seguridad Social que debe existir en cada centro de trabajo.

Las organizaciones sindicales y empresariales más representativas serán consultadas con carácter previo a la elaboración de los planes de actuación de la Inspección de Trabajo y Seguridad Social en materia de prevención de riesgos en el trabajo, en especial de los programas específicos para empresas de menos de seis trabajadores, e informadas del resultado de dichos planes.

14. FORMACIÓN DE LOS TRABAJADORES

De acuerdo con el artículo 19 de la LPRL:

En cumplimiento del deber de protección, el empresario deberá garantizar que cada trabajador reciba una formación teórica y práctica, suficiente y adecuada, en materia preventiva:

- En el momento de su contratación, cualquiera que sea la modalidad o duración de ésta.
- Cuando se produzcan cambios en las funciones que desempeñe.
- Cuando se introduzcan nuevas tecnologías o cambios en los equipos de trabajo.

La formación deberá estar centrada específicamente en:

- El puesto de trabajo o función de cada trabajador.
- Adaptación a la evolución de los riesgos y a la aparición de otros nuevos.
- Repetirse periódicamente, si fuera necesario.

La formación deberá impartirse:

- Siempre que sea posible: dentro de la jornada de trabajo.
- Cuando no sea posible: en otras horas pero con el descuento en aquélla del tiempo invertido en la misma.

La formación se podrá impartir por la empresa mediante:

- Medios propios.
- Concertándola con servicios ajenos.

Su coste no recaerá en ningún caso sobre los trabajadores.

15. RIESGO GRAVE E INMINENTE

Según preceptúa el artículo 21de la LPRL:

Cuando los trabajadores estén o puedan estar expuestos a un riesgo grave e inminente con ocasión de su trabajo, el empresario estará obligado a:

- Informar lo antes posible a todos los trabajadores afectados acerca de la existencia de dicho riesgo y de las medidas adoptadas o que, en su caso, deban adoptarse en materia de protección.

- **Adoptar las medidas y dar las instrucciones necesarias para que, en caso de peligro grave, inminente e inevitable, los trabajadores puedan interrumpir su actividad y, si fuera necesario, abandonar de inmediato el lugar de trabajo.** (En este supuesto no podrá exigirse a los trabajadores que reanuden su actividad mientras persista el peligro, salvo excepción debidamente justificada por razones de seguridad y determinada reglamentariamente).
- Disponer lo necesario para que el trabajador que no pudiera ponerse en contacto con su superior jerárquico, ante una situación de peligro grave e inminente para su seguridad, la de otros trabajadores o la de terceros a la empresa, esté en condiciones, habida cuenta de sus conocimientos y de los medios técnicos puestos a su disposición, de adoptar las medidas necesarias para evitar las consecuencias de dicho peligro.

Paralización de la Actividad en caso de Riesgo Grave e Inminente:

- El trabajador tendrá derecho a interrumpir su actividad y abandonar el lugar de trabajo, en caso necesario, cuando considere que dicha actividad entraña un riesgo grave e inminente para su vida o su salud.
- Cuando el empresario no adopte o no permita la adopción de las medidas necesarias para garantizar la seguridad y la salud de los trabajadores, los representantes legales de éstos podrán acordar, por mayoría de sus miembros, la paralización de la actividad de los trabajadores afectados por dicho riesgo.
- Tal acuerdo será comunicado de inmediato a la empresa y a la autoridad laboral, la cual, **en el plazo de veinticuatro horas**, anulará o ratificará la paralización acordada.
- El acuerdo a que se refiere el párrafo anterior podrá ser adoptado por decisión mayoritaria de los Delegados de Prevención cuando no resulte posible reunir con la urgencia requerida al órgano de representación del personal.
- Los trabajadores o sus representantes no podrán sufrir perjuicio alguno derivado de la adopción de las medidas a que se refieren los apartados anteriores, a menos que hubieran obrado de mala fe o cometido negligencia grave.

16. VIGILANCIA DE LA SALUD

Regulada en el artículo 22 de la LPRL, el cual expone que:

El empresario garantizará a los trabajadores a su servicio la vigilancia periódica de su estado de salud en función de los riesgos inherentes al trabajo.

Esta vigilancia sólo podrá llevarse a cabo cuando el trabajador preste su consentimiento voluntariamente, excepto y previo informe de los representantes de los trabajadores:

- Cuando se den supuestos en los que la realización de los reconocimientos sea imprescindible para evaluar los efectos de las condiciones de trabajo sobre la salud de los trabajadores.
- Cuando sea necesario verificar si el estado de salud del trabajador puede constituir un peligro para el mismo, para los demás trabajadores o para otras personas relacionadas con la empresa.
- Siempre que así esté establecido en una disposición legal en relación con la protección de riesgos específicos y actividades de especial peligrosidad.

En todo caso se deberá optar por la realización de aquellos reconocimientos o pruebas que causen las menores molestias al trabajador y que sean proporcionales al riesgo.

Las medidas de vigilancia y control de la salud de los trabajadores se llevarán a cabo, respetando:

- El derecho a la intimidad y a la dignidad de la persona del trabajador.
- La confidencialidad de toda la información relacionada con su estado de salud.

Los resultados de la vigilancia a que se refiere el apartado anterior serán comunicados a los trabajadores afectados.

Los datos relativos a la vigilancia de la salud de los trabajadores no podrán ser usados:

- Con fines discriminatorios.
- En perjuicio del trabajador.

El acceso a la información médica de carácter personal se limitará:

- Al personal médico.
- A las autoridades sanitarias que lleven a cabo la vigilancia de la salud de los trabajadores.

La información médica no se podrá facilitar al empresario o a otras personas sin consentimiento expreso del trabajador.

No obstante lo anterior, el empresario y las personas u órganos con responsabilidades en materia de prevención serán informados de las conclusiones que se deriven de los reconocimientos efectuados en relación con:

- La aptitud del trabajador para el desempeño del puesto de trabajo.

- La necesidad de introducir o mejorar las medidas de protección y prevención, a fin de que puedan desarrollar correctamente sus funciones en materia preventiva.

En los supuestos en que la naturaleza de los riesgos inherentes al trabajo lo haga necesario, el derecho de los trabajadores a la vigilancia periódica de su estado de salud deberá ser prolongado más allá de la finalización de la relación laboral, en los términos que reglamentariamente se determinen.

Las medidas de vigilancia y control de la salud de los trabajadores se llevarán a cabo por personal sanitario con competencia técnica, formación y capacidad acreditada.

Tema 12

Protección de Datos de Carácter Personal. Ámbito de aplicación de la Ley Orgánica 15/1999 de 13 de diciembre. Definición de la Agencia Española de Protección de Datos: órganos y competencias. Principios de protección. Derechos del ciudadano

eRodio ediciones

Índice esquemático

1. PROTECCIÓN DE DATOS DE CARÁCTER PERSONAL

1.1. Introducción

En nuestro País, la Protección de Datos de Carácter Personal, tiene su razón de ser en los preceptos del Artículo 18° de nuestra "Carta Magna". En el mismo, se protegen, en primer lugar, el derecho al honor, en segundo lugar, el derecho a la intimidad, tanto personal como familiar, y en tercer lugar el derecho a la propia imagen. Por tanto, se hace necesaria una legislación que garantice estos Derechos.

En la actualidad, la Ley Orgánica 15/1999, de 13 de diciembre, de Protección de Datos de Carácter Personal, viene a dar respuesta a la protección de estos Derechos Fundamentales, que todas las personas necesitamos.

Así, en su Artículo 1°, se establece que la mencionada Ley Orgánica, tiene por objeto garantizar y proteger, en lo que concierne al tratamiento de:

- Los datos personales.
- Las libertades públicas.
- Los derechos fundamentales de las personas físicas, y especialmente de su honor e intimidad personal y familiar.

A continuación, se desglosan algunas notas de la La Ley Orgánica 15/1999, de 13 de diciembre, de Protección de Datos de Carácter Personal, para su mejor comprensión y estudio:

- **Rango:** Ley Orgánica.
- **Fecha de disposición:** 13/12/1999.
- **Fecha de publicación:** 14/12/1999 (BOE Nº 298, de 14 de diciembre).
- **Entrada en vigor**: 14 de enero del 2000.
- **Desarrollada por R.D. 1720/2007, de 21 de Diciembre**.

Con la entrada en vigor de la LOPD, se adaptó la legislación del Estado español, a los mandatos provenientes del Parlamento Europeo, el que a través de la Directiva Europea n° 95/46/CE, en su artículo 1°, establece que:

> "Los Estados miembros garantizarán, con arreglo a las disposiciones de la presente Directiva, la protección de las libertades y de los derechos fundamentales de las personas físicas, y, en particular, del derecho a la intimidad, en lo que respecta al tratamiento de los datos personales".

1.2. Ámbito de aplicación

A tenor de lo preceptuado en el artículo 2º de la Ley Orgánica 15/1999, de 13 de diciembre, de Protección de Datos de Carácter Personal:

1. La presente Ley Orgánica será de aplicación a los datos de carácter personal registrados en soporte físico, que los haga susceptibles de tratamiento, y a toda modalidad de uso posterior de estos datos por los sectores público y privado.

Se regirá por la presente Ley Orgánica todo tratamiento de datos de carácter personal:

a) Cuando el tratamiento sea efectuado en territorio español en el marco de las actividades de un establecimiento del responsable del tratamiento.

b) Cuando al responsable del tratamiento no establecido en territorio español, le sea de aplicación la legislación española en aplicación de normas de Derecho Internacional público.

c) Cuando el responsable del tratamiento no esté establecido en territorio de la Unión Europea y utilice en el tratamiento de datos medios situados en territorio español, salvo que tales medios se utilicen únicamente con fines de tránsito.

2. El régimen de protección de los datos de carácter personal que se establece en la presente Ley Orgánica **no será de aplicación**:

a) A los ficheros mantenidos por personas físicas en el ejercicio de actividades exclusivamente personales o domésticas.

b) A los ficheros sometidos a la normativa sobre protección de materias clasificadas.

c) A los ficheros establecidos para la investigación del terrorismo y de formas graves de delincuencia organizada. No obstante, en estos supuestos el responsable del fichero comunicará previamente la existencia del mismo, sus características generales y su finalidad a la Agencia de Protección de Datos.

A tener en cuenta el artículo 2º del Real Decreto 1720/2007, de 21 de diciembre, por el que se aprueba el Reglamento de desarrollo de la Ley Orgánica 15/1999, de 13 de diciembre, de protección de datos de carácter personal.

Este reglamento no será aplicable a los tratamientos de datos referidos a personas jurídicas, ni a los ficheros que se limiten a incorporar los datos de las personas físicas que presten sus servicios en aquéllas, consistentes únicamente en su nombre y apellidos, las funciones o puestos desempeñados, así como la dirección postal o electrónica, teléfono y número de fax profesionales.

→

→ Asimismo, los datos relativos a empresarios individuales, cuando hagan referencia a ellos en su calidad de comerciantes, industriales o navieros, también se entenderán excluidos del régimen de aplicación de la protección de datos de carácter personal.

Este reglamento no será de aplicación a los datos referidos a personas fallecidas. No obstante, las personas vinculadas al fallecido, por razones familiares o análogas, podrán dirigirse a los responsables de los ficheros o tratamientos que contengan datos de éste con la finalidad de notificar el óbito, aportando acreditación suficiente del mismo, y solicitar, cuando hubiere lugar a ello, la cancelación de los datos.

3. Se regirán por sus disposiciones específicas, y por lo especialmente previsto, en su caso, por esta Ley Orgánica los siguientes tratamientos de datos personales:

a) Los ficheros regulados por la legislación de régimen electoral.

b) Los que sirvan a fines exclusivamente estadísticos, y estén amparados por la legislación estatal o autonómica sobre la función estadística pública.

c) Los que tengan por objeto el almacenamiento de los datos contenidos en los informes personales de calificación a que se refiere la legislación del régimen del personal de las Fuerzas Armadas.

d) Los derivados del Registro Civil y del Registro Central de penados y rebeldes.

e) Los procedentes de imágenes y sonidos obtenidos mediante la utilización de videocámaras por las Fuerzas y Cuerpos de Seguridad, de conformidad con la legislación sobre la materia.

1.3. Definiciones

Ley Orgánica 15/1999, de 13 de diciembre, de Protección de Datos de Carácter Personal, para facilitar su comprensión, incluye en su artículo 3° una serie de definiciones. **Aunque en el Epígrafe de este tema no se exige, resulta conveniente estudiarlos**; a saber:

a) **Datos de carácter personal**: cualquier información concerniente a personas físicas identificadas o identificables.

b) **Fichero**: todo conjunto organizado de datos de carácter personal, cualquiera que fuere la forma o modalidad de su creación, almacenamiento, organización y acceso.

c) **Tratamiento de datos**: operaciones y procedimientos técnicos de carácter automatizado o no, que permitan la recogida, grabación, conservación, elaboración, modificación, bloqueo y cancelación, así como las cesiones de datos que resulten de comunicaciones, consultas, interconexiones y transferencias.

d) **Responsable del fichero o tratamiento**: persona física o jurídica, de naturaleza pública o privada, u órgano administrativo, que decida sobre la finalidad, contenido y uso del tratamiento.

e) **Afectado o interesado**: persona física titular de los datos que sean objeto del tratamiento a que se refiere el apartado c) del presente artículo.

f) **Procedimiento de disociación**: todo tratamiento de datos personales de modo que la información que se obtenga no pueda asociarse a persona identificada o identificable.

g) **Encargado del tratamiento**: la persona física o jurídica, autoridad pública, servicio o cualquier otro organismo que, sólo o conjuntamente con otros, trate datos personales por cuenta del responsable del tratamiento.

h) **Consentimiento del interesado**: toda manifestación de voluntad, libre, inequívoca, específica e informada, mediante la que el interesado consienta el tratamiento de datos personales que le conciernen.

i) **Cesión o comunicación de datos**: toda revelación de datos realizada.

A tener en cuenta el artículo 5º del Real Decreto 1720/2007, de 21 de diciembre, por el que se aprueba el Reglamento de desarrollo de la Ley Orgánica 15/1999, de 13 de diciembre, de protección de datos de carácter personal:

Artículo 5. Definiciones:

1. A los efectos previstos en este reglamento, se entenderá por:

a) **Afectado o interesado**: persona física titular de los datos que sean objeto del tratamiento.

b) **Cancelación**: procedimiento en virtud del cual el responsable cesa en el uso de los datos. La cancelación implicará el bloqueo de los datos, consistente en la identificación y reserva de los mismos con el fin de impedir su tratamiento excepto para su puesta a disposición de las Administraciones públicas, Jueces y Tribunales, para la atención de las posibles responsabilidades nacidas del tratamiento y sólo durante el plazo de prescripción de dichas responsabilidades. Transcurrido ese plazo deberá procederse a la supresión de los datos.

c) **Cesión o comunicación de datos**: tratamiento de datos que supone su revelación a una persona distinta del interesado.

d) **Consentimiento del interesado**: toda manifestación de voluntad, libre, inequívoca, específica e informada, mediante la que el interesado consienta el tratamiento de datos personales que le conciernen.

e) **Dato disociado**: aquél que no permite la identificación de un afectado o interesado.

f) **Datos de carácter personal**: cualquier información numérica, alfabética, gráfica, fotográfica, acústica o de cualquier otro tipo concerniente a personas físicas identificadas o identificables.

→

g) **Datos de carácter personal relacionados con la salud**: las informaciones concernientes a la salud pasada, presente y futura, física o mental, de un individuo. En particular, se consideran datos relacionados con la salud de las personas los referidos a su porcentaje de discapacidad y a su información genética.

h) **Destinatario o cesionario**: la persona física o jurídica, pública o privada u órgano administrativo, al que se revelen los datos.

   Podrán ser también destinatarios los entes sin personalidad jurídica que actúen en el tráfico como sujetos diferenciados.

i) **Encargado del tratamiento**: la persona física o jurídica, pública o privada, u órgano administrativo que, solo o conjuntamente con otros, trate datos personales por cuenta del responsable del tratamiento o del responsable del fichero, como consecuencia de la existencia de una relación jurídica que le vincula con el mismo y delimita el ámbito de su actuación para la prestación de un servicio.

   Podrán ser también encargados del tratamiento los entes sin personalidad jurídica que actúen en el tráfico como sujetos diferenciados.

j) **Exportador de datos personales**: la persona física o jurídica, pública o privada, u órgano administrativo situado en territorio español que realice, conforme a lo dispuesto en el presente Reglamento, una transferencia de datos de carácter personal a un país tercero.

k) **Fichero**: todo conjunto organizado de datos de carácter personal, que permita el acceso a los datos con arreglo a criterios determinados, cualquiera que fuere la forma o modalidad de su creación, almacenamiento, organización y acceso.

l) **Ficheros de titularidad privada**: los ficheros de los que sean responsables las personas, empresas o entidades de derecho privado, con independencia de quien ostente la titularidad de su capital o de la procedencia de sus recursos económicos, así como los ficheros de los que sean responsables las corporaciones de derecho público, en cuanto dichos ficheros no se encuentren estrictamente vinculados al ejercicio de potestades de derecho público que a las mismas atribuye su normativa específica.

m) **Ficheros de titularidad pública**: los ficheros de los que sean responsables los órganos constitucionales o con relevancia constitucional del Estado o las instituciones autonómicas con funciones análogas a los mismos, las Administraciones públicas territoriales, así como las entidades u organismos vinculados o dependientes de las mismas y las Corporaciones de derecho público siempre que su finalidad sea el ejercicio de potestades de derecho público.

n) **Fichero no automatizado**: todo conjunto de datos de carácter personal organizado de forma no automatizada y estructurado conforme a criterios específicos relativos a personas físicas, que permitan acceder sin esfuerzos desproporcionados a sus datos personales, ya sea aquél centralizado, descentralizado o repartido de forma funcional o geográfica.

ñ) **Importador de datos personales**: la persona física o jurídica, pública o privada, u órgano administrativo receptor de los datos en caso de transferencia internacional de los mismos a un tercer país, ya sea responsable del tratamiento, encargada del tratamiento o tercero.

o) **Persona identificable**: toda persona cuya identidad pueda determinarse, directa o indirectamente, mediante cualquier información referida a su identidad física, fisiológica, psíquica, económica, cultural o social. Una persona física no

→

se considerará identificable si dicha identificación requiere plazos o actividades desproporcionados.

p) **Procedimiento de disociación**: todo tratamiento de datos personales que permita la obtención de datos disociados.

q) **Responsable del fichero o del tratamiento**: persona física o jurídica, de naturaleza pública o privada, u órgano administrativo, que sólo o conjuntamente con otros decida sobre la finalidad, contenido y uso del tratamiento, aunque no lo realizase materialmente.

Podrán ser también responsables del fichero o del tratamiento los entes sin personalidad jurídica que actúen en el tráfico como sujetos diferenciados.

r) **Tercero**: la persona física o jurídica, pública o privada u órgano administrativo distinta del afectado o interesado, del responsable del tratamiento, del responsable del fichero, del encargado del tratamiento y de las personas autorizadas para tratar los datos bajo la autoridad directa del responsable del tratamiento o del encargado del tratamiento.

Podrán ser también terceros los entes sin personalidad jurídica que actúen en el tráfico como sujetos diferenciados.

s) **Transferencia internacional de datos**: tratamiento de datos que supone una transmisión de los mismos fuera del territorio del Espacio Económico Europeo, bien constituya una cesión o comunicación de datos, bien tenga por objeto la realización de un tratamiento de datos por cuenta del responsable del fichero establecido en territorio español.

t) **Tratamiento de datos**: cualquier operación o procedimiento técnico, sea o no automatizado, que permita la recogida, grabación, conservación, elaboración, modificación, consulta, utilización, modificación, cancelación, bloqueo o supresión, así como las cesiones de datos que resulten de comunicaciones, consultas, interconexiones y transferencias.

2. En particular, en relación con lo dispuesto en el título VIII de este reglamento se entenderá por:

a) **Accesos autorizados**: autorizaciones concedidas a un usuario para la utilización de los diversos recursos. En su caso, incluirán las autorizaciones o funciones que tenga atribuidas un usuario por delegación del responsable del fichero o tratamiento o del responsable de seguridad.

b) **Autenticación**: procedimiento de comprobación de la identidad de un usuario.

c) **Contraseña**: información confidencial, frecuentemente constituida por una cadena de caracteres, que puede ser usada en la autenticación de un usuario o en el acceso a un recurso.

d) **Control de acceso**: mecanismo que en función de la identificación ya autenticada permite acceder a datos o recursos.

e) **Copia de respaldo**: copia de los datos de un fichero automatizado en un soporte que posibilite su recuperación.

f) **Documento**: todo escrito, gráfico, sonido, imagen o cualquier otra clase de información que puede ser tratada en un sistema de información como una unidad diferenciada.

g) **Ficheros temporales**: ficheros de trabajo creados por usuarios o procesos que son necesarios para un tratamiento ocasional o como paso intermedio durante la realización de un tratamiento.

→

→

h) **Identificación**: procedimiento de reconocimiento de la identidad de un usuario.

i) **Incidencia**: cualquier anomalía que afecte o pudiera afectar a la seguridad de los datos.

j) **Perfil de usuario**: accesos autorizados a un grupo de usuarios.

k) **Recurso**: cualquier parte componente de un sistema de información.

l) **Responsable de seguridad**: persona o personas a las que el responsable del fichero ha asignado formalmente la función de coordinar y controlar las medidas de seguridad aplicables.

m) **Sistema de información**: conjunto de ficheros, tratamientos, programas, soportes y en su caso, equipos empleados para el tratamiento de datos de carácter personal.

n) **Sistema de tratamiento**: modo en que se organiza o utiliza un sistema de información. Atendiendo al sistema de tratamiento, los sistemas de información podrán ser automatizados, no automatizados o parcialmente automatizados.

o) **Soporte**: objeto físico que almacena o contiene datos o documentos, u objeto susceptible de ser tratado en un sistema de información y sobre el cual se pueden grabar y recuperar datos.

p) **Transmisión de documentos**: cualquier traslado, comunicación, envío, entrega o divulgación de la información contenida en el mismo.

q) **Usuario**: sujeto o proceso autorizado para acceder a datos o recursos. Tendrán la consideración de usuarios los procesos que permitan acceder a datos o recursos sin identificación de un usuario físico.

2. AGENCIA ESPAÑOLA DE PROTECCIÓN DE DATOS

2.1. Naturaleza y Régimen Jurídico

El Artículo 35° de la LOPD, establece que:

1. La Agencia de Protección de Datos es un Ente de derecho público, con personalidad jurídica propia y plena capacidad pública y privada, que actúa con plena independencia de las Administraciones públicas en el ejercicio de sus funciones. Se regirá por lo dispuesto en la presente Ley y en un Estatuto propio, que será aprobado por el Gobierno.

2. En el ejercicio de sus funciones públicas, y en defecto de lo que disponga la presente Ley y sus disposiciones de desarrollo, la Agencia de Protección de Datos actuará de conformidad con la Ley 30/1992, de 26 de noviembre, de Régimen Jurídico de las Administraciones Públicas y del Procedimiento Administrativo Común. En sus adquisiciones patrimoniales y contratación estará sujeta al derecho privado.

3. Los puestos de trabajo de los órganos y servicios que integren la Agencia de Protección de Datos serán desempeñados por funcionarios de las Administraciones públicas y por personal contratado al efecto, según la naturaleza de las funciones asignadas a cada puesto de trabajo. Este personal está obligado a guardar secreto de los datos de carácter personal de que conozca en el desarrollo de su función.

4. La Agencia de Protección de Datos contará, para el cumplimiento de sus fines, con los siguientes bienes y medios económicos:

a) Las asignaciones que se establezcan anualmente con cargo a los Presupuestos Generales del Estado.

b) Los bienes y valores que constituyan su patrimonio, así como los productos y rentas del mismo.

c) Cualesquiera otros que legalmente puedan serle atribuidos.

5. La Agencia de Protección de Datos elaborará y aprobará con carácter anual el correspondiente anteproyecto de presupuesto y lo remitirá al Gobierno para que sea integrado, con la debida independencia, en los Presupuestos Generales del Estado.

A tener en cuenta el Artículo 1.2 del Real Decreto 428/1993, de 26 de marzo, por el que se aprueba el Estatuto de la Agencia de Protección de Datos, en el que se establece que:

> "La Agencia de Protección de Datos actúa con plena independencia de las Administraciones Públicas en el ejercicio de sus funciones y se relaciona con el Gobierno a través del Ministerio de Justicia".

2.2. Funciones de la Agencia Española de Protección de Datos

La página WEB de la Agencia Española de Protección de Datos (www.agpd.es), sintetiza y clasifica las competencias que el artículo 37º de la LOPD, atribuye a ésta de la siguiente forma:

2.2.1. Con carácter general

Velar por el cumplimiento de la legislación sobre protección de datos y controlar su aplicación, en especial en lo relativo a los derechos de información, acceso, rectificación, oposición y cancelación de datos.

2.2.2. En relación con los afectados

- Atender a sus peticiones y reclamaciones.
- Información de los derechos reconocidos en la Ley.
- Promover campañas de difusión a través de los medios.

2.2.3. En relación con quienes tratan datos

- Emitir autorizaciones previstas en la Ley.
- Requerir medidas de corrección.
- Ordenar, en caso de ilegalidad, el cese en el tratamiento y la cancelación de los datos.
- Ejercer la potestad sancionadora.
- Recabar ayuda e información que precise.
- Autorizar las transferencias internacionales de datos.

2.2.4. En la elaboración de normas

- Informar los Proyectos de normas de desarrollo de la LOPD.
- Informar los Proyectos de normas que incidan en materias de protección de datos.
- Dictar Instrucciones y recomendaciones de adecuación de los tratamientos a la LOPD.
- Dictar recomendaciones en materia de seguridad y control de acceso a los ficheros.

2.2.5. En materia de telecomunicaciones

- Tutelar los derechos y garantías de los abonados y usuarios en el ámbito de las comunicaciones electrónicas, incluyendo el envío de comunicaciones comerciales no solicitadas realizadas a través de correo electrónico o medios de comunicación electrónica equivalente.

2.2.6. Otras funciones

- Velar por la publicidad en los tratamientos.
- Cooperación Internacional.

- Representación de España en los foros internacionales en la materia.
- Control y observancia de lo dispuesto en la Ley reguladora de la Función Estadística Pública.
- Elaboración de una Memoria Anual, presentada por conducto del Ministro de Justicia a las Cortes.

A tener en cuenta que la Agencia Española de Protección de Datos, también participa y colabora en el seno de numerosos Grupos de Trabajo y Cooperación, Encuentros y Talleres a nivel Internacional.

2.3. Órganos que componen la AEPD y competencias que ostentan

La estructura Orgánica de la AEPD, se establece en el artículo 11° del RD 428/1993 de 26 de marzo, por el que se aprueba el Estatuto de la Agencia de Protección de Datos, en el que se establecen los siguientes órganos:

- El Director.
- El Consejo Consultivo.
- El Registro General de Protección de Datos.
- La Inspección de Datos.
- La Secretaría General.

AGENCIA ESPAÑOLA DE PROTECCIÓN DE DATOS

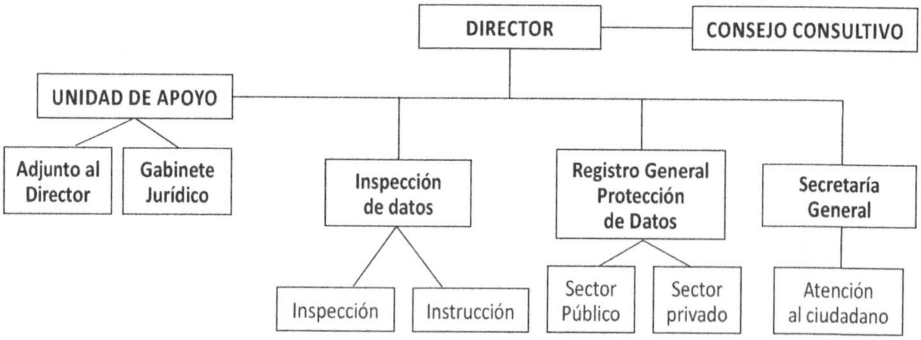

Además, para el ejercicio de sus funciones, el Director de la AEPD, está asistido por la **Unidad de Apoyo**, integrada por el **Adjunto al Director** y el **Gabinete Jurídico**, y cuyas funciones, entre otras son:

- Asesoramiento Jurídico.
- Interpretación de Normativa.
- Emisión de Informes.
- Impulso y Desarrollo de las Relaciones Internacionales de la Agencia.

2.4. El Director

2.4.1. Características generales

- Ostenta la representación de la Agencia.
- Sus actos se considerarán como propios de la Agencia.
- Nombrado por Real Decreto de entre los miembros del Consejo Consultivo a propuesta del Ministro de Justicia.
- Independiente y no sometido a mandato imperativo alguno.
- Mandato de cuatro años.

2.4.2. Causas de cese

- A petición propia.
- Por separación en caso de incumplimiento grave, incapacidad, incompatibilidad o comisión de delito doloso.

2.4.3. Funciones

- Resoluciones que ponen fin a la vía administrativa, recurribles ante la Sala de lo Contencioso de la Audiencia Nacional, sobre:
  - ▹ Inscripción.
  - ▹ Códigos tipo.
  - ▹ Transferencias.
- Tutelas de derechos.
- Procedimientos sancionadores.

- Medidas cautelares.
- Instando la incoación de expedientes disciplinarios.
- Autorizaciones de entrada en locales.
- Coordinación con las autoridades autonómicas.
- Funciones de gestión.

2.5. El Consejo Consultivo

2.5.1. Características generales

- Órgano Colegiado de asesoramiento del Director.

2.5.2. Funciones

- Emitirá informe en todas las cuestiones que le solicite el Director.
- Formulará propuestas en materia de protección de datos.

2.5.3. Reuniones

- Al menos una cada 6 meses.

2.5.4. Elección

- Será elegido de entre sus miembros.

2.6. El Registro General de Protección de Datos

2.6.1. Funciones

- Velar por la publicidad de los tratamientos de datos.

2.6.2. Expedientes que tramita

- Inscripción de tratamientos notificados.
- Autorización de transferencias internacionales de datos.
- Inscripción de Códigos Tipo.

2.6.3. Tratamientos Inscribibles

- Ficheros Públicos:
  - ▹ Administración del Estado.
  - ▹ Administración de las CC.AA.
  - ▹ Administración Local.
  - ▹ Entidades vinculadas o dependientes de esas Administraciones.
  - ▹ Administración 'corporativa' en el desempeño de potestades de derecho público.
- Ficheros Privados.

2.6.4. Contenido de las Inscripciones

- Responsable del fichero, ubicación y existencia de encargados del tratamiento.
- Finalidad y usos.
- Afectados.
- Procedimiento de recogida.
- Estructura del fichero y tipo de datos que contiene.
- Cesiones y transferencias, indicando destinatarios.
- Medidas de seguridad.
- Forma de ejercicio por los afectados de sus derechos.

  (Si el fichero es de titularidad pública, debe aprobarse una disposición general en que se haga mención a estos extremos).

2.6.5. Procedimiento/Notificación del tratamiento al RGPD (previo a la recogida de datos)

- Si hubiera que subsanar algún defecto: solicitud de subsanación en 10 días.
- Si se aclara o no hizo falta subsanación, se inscribe el tratamiento.
- Si no se ha aclarado suficientemente, se deniega la inscripción.
- Si no se dice nada en 30 días desde la remisión (sin contar el plazo de subsanación), el fichero se considerará inscrito (silencio positivo).

2.6.6. Efectos de la inscripción

- La inscripción es necesaria para que el tratamiento sea lícito, pero la inscripción es meramente declarativa.
- No inscribir es contrario a la LOPD.
- Estar inscrito no implica una presunción de que el tratamiento es totalmente conforme a la Ley.

2.7. La Inspección de Datos

2.7.1. Función General

- Comprobación de la Legalidad de los Tratamientos.

2.7.2. Organización

- Inspectores de datos.
- Instrucción de procedimientos, referentes a:
  - ▹ Tutelas de derechos.
  - ▹ Procedimientos sancionadores.
  - ▹ Procedimientos de infracción por las Administraciones Públicas.

2.7.3. Funciones inspectoras

- Naturaleza de autoridad pública.
- Deber de secreto de los inspectores.
- Posibles actuaciones:
  - ▹ Examen de soportes.
  - ▹ Examen de equipos.
  - ▹ Análisis de programas.
  - ▹ Examen de los sistemas de transmisión.
  - ▹ Auditoría informática.
  - ▹ Requerimiento de información.
- Potestades de entrada en locales.

- Supuestos de actuación:
  - ▹ Ante una denuncia de un afectado o en supuestos de 'alarma social'.
  - ▹ Dentro de un plan de inspección de oficio.
- Planes de Oficio Finalidad preventiva:
  - ▹ Sólo se imponen sanciones en casos de extrema gravedad.
  - ▹ Tiene por objeto conocer el modo en que se realizan los tratamientos por parte de un sector.
  - ▹ Concluye con la preparación de unas 'recomendaciones' en que se detectan los problema.

2.7.4. Instrucción de Procedimientos. Tutela de Derechos

- Presupuesto.
- Ejercicio por el afectado de sus derechos de acceso, rectificación, cancelación y oposición.
- Denegación de este derecho por el responsable del Fichero.
- Procedimiento.
- Reclamación por escrito a la APD.
- La APD requiere alegaciones al responsable en plazo de 15 días.
- Práctica de pruebas o inspección.
- Audiencia del responsable y el afectado.
- Resolución.
- Plazo máximo de tramitación: 6 meses. Silencio positivo.

2.7.5. Instrucción de Procedimientos. Procedimiento Sancionador

- Causa de iniciación:
  - ▹ Denuncia de un afectado.
  - ▹ Conocimiento de un hecho presuntamente ilícito (por ejemplo, por los medios de comunicación o denuncia de un tercero).
- Procedimiento:
  - ▹ Establecido por las normas generales de derecho administrativo (RD 1398/1993, de 4 de agosto, en desarrollo Título VI Ley 30/1992).

- Medidas cautelares específicas:
  - ▹ En caso de hechos tipificados como infracción muy grave de utilización o cesión ilícita.
  - ▹ Perjuicio para los derechos de los ciudadano y el libre desarrollo de la personalidad.
  - ▹ Podrá requerirse el cese en el tratamiento.
  - ▹ Si no se atiende, podrán inmovilizarse los ficheros.
  - ▹ Instrucción de procedimientos.
- Procedimiento sancionador. Contenido de la resolución sancionadora:
  - ▹ Ficheros de titularidad privada.
  - ▹ Multa económica (criterios de cuantificación y atenuación previstos en la Ley).
  - ▹ Medidas complementarias.
- Ficheros de titularidad pública:
  - ▹ Declaración de la infracción.
  - ▹ Imposición de medidas correctoras.
  - ▹ Solicitud de medidas disciplinarias para el responsable de la actuación ilícita.
  - ▹ Notificación de la resolución al Defensor del Pueblo.

2.8. La secretaría general de la agencia

Misión:

- Apoyo al adecuado funcionamiento de la Agencia.

Funciones:

- De apoyo.
- De gestión, por Delegación del Director.
- Otras complementarias:
  - ▹ Fondo de documentación.
  - ▹ Edición de repertorios, Memoria y publicaciones.
  - ▹ Preparación de conferencias.
- Atención al ciudadano en las cuestiones que plantee, relacionadas con la protección de datos.

3. PRINCIPIOS DE PROTECCIÓN DE DATOS

Los Principios de Protección de Datos, se recogen en el Título II de la Ley Orgánica 15/1999, de 13 de diciembre, de Protección de Datos de Carácter Personal, concretamente en los artículos 4 al 12. En ellos se establece que:

Artículo 4. Calidad de los datos

1. Los datos de carácter personal sólo se podrán recoger para su tratamiento, así como someterlos a dicho tratamiento, cuando sean adecuados, pertinentes y no excesivos en relación con el ámbito y las finalidades determinadas, explícitas y legítimas para las que se hayan obtenido.

2. Los datos de carácter personal objeto de tratamiento no podrán usarse para finalidades incompatibles con aquellas para las que los datos hubieran sido recogidos. No se considerará incompatible el tratamiento posterior de éstos con fines históricos, estadísticos o científicos.

3. Los datos de carácter personal serán exactos y puestos al día de forma que respondan con veracidad a la situación actual del afectado.

4. Si los datos de carácter personal registrados resultaran ser inexactos, en todo o en parte, o incompletos, serán cancelados y sustituidos de oficio por los correspondientes datos rectificados o completados, sin perjuicio de las facultades que a los afectados reconoce el artículo 16.

5. Los datos de carácter personal serán cancelados cuando hayan dejado de ser necesarios o pertinentes para la finalidad para la cual hubieran sido recabados o registrados.

6. No serán conservados en forma que permita la identificación del interesado durante un período superior al necesario para los fines en base a los cuales hubieran sido recabados o registrados.

7. Reglamentariamente se determinará el procedimiento por el que, por excepción, atendidos los valores históricos, estadísticos o científicos de acuerdo con la legislación específica, se decida el mantenimiento íntegro de determinados datos.

8. Los datos de carácter personal serán almacenados de forma que permitan el ejercicio del derecho de acceso, salvo que sean legalmente cancelados.

9. Se prohíbe la recogida de datos por medios fraudulentos, desleales o ilícitos.

Artículo 5. Derecho de información en la recogida de datos

1. Los interesados a los que se soliciten datos personales deberán ser previamente informados de modo expreso, preciso e inequívoco:

a) De la existencia de un fichero o tratamiento de datos de carácter personal, de la finalidad de la recogida de éstos y de los destinatarios de la información.

b) Del carácter obligatorio o facultativo de su respuesta a las preguntas que les sean planteadas.

c) De las consecuencias de la obtención de los datos o de la negativa a suministrarlos.

d) De la posibilidad de ejercitar los derechos de acceso, rectificación, cancelación y oposición.

e) De la identidad y dirección del responsable del tratamiento o, en su caso, de su representante. Cuando el responsable del tratamiento no esté establecido en el territorio de la Unión Europea y utilice en el tratamiento de datos medios situados en territorio español, deberá designar, salvo que tales medios se utilicen con fines de trámite, un representante en España, sin perjuicio de las acciones que pudieran emprenderse contra el propio responsable del tratamiento.

2. Cuando se utilicen cuestionarios u otros impresos para la recogida, figurarán en los mismos, en forma claramente legible, las advertencias a que se refiere el apartado anterior.

3. No será necesaria la información a que se refieren las letras b), c) y d) del apartado 1 si el contenido de ella se deduce claramente de la naturaleza de los datos personales que se solicitan o de las circunstancias en que se recaban.

4. Cuando los datos de carácter personal no hayan sido recabados del interesado, éste deberá ser informado de forma expresa, precisa e inequívoca, por el responsable del fichero o su representante, dentro de los tres meses siguientes al momento del registro de los datos, salvo que ya hubiera sido informado con anterioridad, del contenido del tratamiento, de la procedencia de los datos, así como de lo previsto en las letras a), d) y e) del apartado 1 del presente artículo.

5. No será de aplicación lo dispuesto en el apartado anterior, cuando expresamente una ley lo prevea, cuando el tratamiento tenga fines históricos estadísticos o científicos, o cuando la información al interesado resulte imposible o exija esfuerzos desproporcionados, a criterio de la Agencia de Protección de Datos o del organismo autonómico equivalente, en consideración al número de interesados, a la antigüedad de los datos y a las posibles medidas compensatorias.

6. Asimismo, tampoco regirá lo dispuesto en el apartado anterior cuando los datos procedan de fuentes accesibles al público y se destinen a la actividad de publicidad o prospección comercial, en cuyo caso, en cada comunicación que se dirija al interesado se le informará del origen de los datos y de la identidad del responsable del tratamiento así como de los derechos que le asisten.

Artículo 6. Consentimiento del afectado

1. El tratamiento de los datos de carácter personal requerirá el consentimiento inequívoco del afectado, salvo que la ley disponga otra cosa.

2. No será preciso el consentimiento:

- Cuando los datos de carácter personal se recojan para el ejercicio de las funciones propias de las Administraciones públicas en el ámbito de sus competencias.
- Cuando se refieran a las partes de un contrato o precontrato de una relación negocial, laboral o administrativa y sean necesarios para su mantenimiento o cumplimiento.
- Cuando el tratamiento de los datos tenga por finalidad proteger un interés vital del interesado en los términos del artículo 7, apartado 6, de la presente Ley.
- Cuando los datos figuren en fuentes accesibles al público y su tratamiento sea necesario para la satisfacción del interés legítimo perseguido por el responsable del fichero o por el del tercero a quien se comuniquen los datos, siempre que no se vulneren los derechos y libertades fundamentales del interesado.

3. El consentimiento a que se refiere el artículo podrá ser revocado cuando exista causa justificada para ello y no se le atribuyan efectos retroactivos.

4. En los casos en los que no sea necesario el consentimiento del afectado para el tratamiento de los datos de carácter personal, y siempre que una ley no disponga lo contrario, éste podrá oponerse a su tratamiento cuando existan motivos fundados y legítimos relativos a una concreta situación personal. En tal supuesto, el responsable de fichero excluirá del tratamiento los datos relativos al afectado.

Artículo 7. Datos especialmente protegidos

1. De acuerdo con lo establecido en el apartado 2 del artículo 16 de la CE, nadie podrá ser obligado a declarar sobre su ideología, religión o creencias.

2. Cuando en relación con estos datos se proceda a recabar el consentimiento a que se refiere el apartado siguiente, se advertirá al interesado acerca de su derecho a no prestarlo.

3. Sólo con el consentimiento expreso y por escrito del afectado podrán ser objeto de tratamiento los datos de carácter personal que revelen la ideología, afiliación sindical, religión y creencias. Se exceptúan los ficheros mantenidos por los partidos políticos, sindicatos, iglesias, confesiones o comunidades religiosas y asociaciones, fundaciones y otras entidades sin ánimo de lucro, cuya finalidad sea política, filosófica, religiosa o sindical, en cuanto a los datos relativos a sus asociados o miembros, sin perjuicio de que la cesión de dichos datos precisará siempre el previo consentimiento del afectado.

4. Los datos de carácter personal que hagan referencia al origen racial, a la salud y a la vida sexual sólo podrán ser recabados, tratados y cedidos cuando, por razones de interés general, así lo disponga una ley o el afectado consienta expresamente.

5. Quedan prohibidos los ficheros creados con la finalidad exclusiva de almacenar datos de carácter personal que revelen la ideología, afiliación sindical, religión, creencias, origen racial o étnico, o vida sexual.

6. Los datos de carácter personal relativos a la comisión de infracciones penales o administrativas sólo podrán ser incluidos en ficheros de las Administraciones públicas competentes en los supuestos previstos en las respectivas normas reguladoras.

7. No obstante lo dispuesto en los apartados anteriores, podrán ser objeto de tratamiento los datos de carácter personal a que se refieren los apartados 2 y 3 de este artículo, cuando dicho tratamiento resulte necesario para la prevención o para el diagnóstico médicos, la prestación de asistencia sanitaria o tratamientos médicos o la gestión de servicios sanitarios, siempre que dicho tratamiento de datos se realice por un profesional sanitario sujeto al secreto profesional o por otra persona sujeta asimismo a una obligación equivalente de secreto.

También podrán ser objeto de tratamiento los datos a que se refiere el párrafo anterior cuando el tratamiento sea necesario para salvaguardar el interés vital del afectado o de otra persona, en el supuesto de que el afectado esté física o jurídicamente incapacitado para dar su consentimiento.

Artículo 8. Datos relativos a la salud

Sin perjuicio de lo que se dispone en el artículo 11 respecto de la cesión, las instituciones y los centros sanitarios públicos y privados y los profesionales correspondientes podrán proceder al tratamiento de los datos de carácter personal relativos a la salud de las personas que a ellos acudan o hayan de ser tratados en los mismos, de acuerdo con lo dispuesto en la legislación estatal o autonómica sobre sanidad.

Artículo 9. Seguridad de los datos

1. El responsable del fichero, y, en su caso, el encargado del tratamiento deberán adoptar las medidas de índole técnica y organizativas necesarias que garanticen la seguridad de los datos de carácter personal y eviten su alteración, pérdida, tratamiento o acceso no autorizado, habida cuenta del estado de la tecnología, la naturaleza de los datos almacenados y los riesgos a que están expuestos, ya provengan de la acción humana o del medio físico o natural.

2. No se registrarán datos de carácter personal en ficheros que no reúnan las condiciones que se determinen por vía reglamentaria con respecto a su integridad y seguridad y a las de los centros de tratamiento, locales, equipos, sistemas y programas.

3. Reglamentariamente se establecerán los requisitos y condiciones que deban reunir los ficheros y las personas que intervengan en el tratamiento de los datos a que se refiere el artículo 7 de esta Ley.

Artículo 10. Deber de secreto

El responsable del fichero y quienes intervengan en cualquier fase del tratamiento de los datos de carácter personal están obligados al secreto profesional respecto de los mismos y al deber de guardarlos, obligaciones que subsistirán aun después de finalizar sus relaciones con el titular del fichero o, en su caso, con el responsable del mismo.

Artículo 11. Comunicación de datos

1. Los datos de carácter personal objeto del tratamiento sólo podrán ser comunicados a un tercero para el cumplimiento de fines directamente relacionados con las funciones legítimas del cedente y del cesionario con el previo consentimiento del interesado.

2. El consentimiento exigido en el apartado anterior no será preciso:

a) Cuando la cesión está autorizada en una ley.

b) Cuando se trate de datos recogidos de fuentes accesibles al público.

c) Cuando el tratamiento responda a la libre y legítima aceptación de una relación jurídica cuyo desarrollo, cumplimiento y control implique necesariamente la conexión de dicho tratamiento con ficheros de terceros. En este caso la comunicación sólo será legítima en cuanto se limite a la finalidad que la justifique.

d) Cuando la comunicación que deba efectuarse tenga por destinatario al Defensor del Pueblo, el Ministerio Fiscal o los Jueces o

Tribunales o el Tribunal de Cuentas, en el ejercicio de las funciones que tiene atribuidas. Tampoco será preciso el consentimiento cuando la comunicación tenga como destinatario a instituciones autonómicas con funciones análogas al Defensor del Pueblo o al Tribunal de Cuentas.

e) Cuando la cesión se produzca entre Administraciones públicas y tenga por objeto el tratamiento posterior de los datos con fines históricos, estadísticos o científicos.

f) Cuando la cesión de datos de carácter personal relativos a la salud sea necesaria para solucionar una urgencia que requiera acceder a un fichero o para realizar los estudios epidemiológicos en los términos establecidos en la legislación sobre sanidad estatal o autonómica.

3. Será nulo el consentimiento para la comunicación de los datos de carácter personal a un tercero, cuando la información que se facilite al interesado no le permita conocer la finalidad a que destinarán los datos cuya comunicación se autoriza o el tipo de actividad de aquel a quien se pretenden comunicar.

4. El consentimiento para la comunicación de los datos de carácter personal tiene también un carácter de revocable.

5. Aquel a quien se comuniquen los datos de carácter personal se obliga, por el solo hecho de la comunicación, a la observancia de las disposiciones de la presente Ley.

6. Si la comunicación se efectúa previo procedimiento de disociación, no será aplicable lo establecido en los apartados anteriores.

Artículo 12. Acceso a los datos por cuenta de terceros

1. No se considerará comunicación de datos el acceso de un tercero a los datos cuando dicho acceso sea necesario para la prestación de un servicio al responsable del tratamiento.

2. La realización de tratamientos por cuenta de terceros deberá estar regulada en un contrato que deberá constar por escrito o en alguna otra forma que permita acreditar su celebración y contenido, estableciéndose expresamente que el encargado del tratamiento únicamente tratará los datos conforme a las instrucciones del responsable del tratamiento, que no los aplicará o utilizará con fin distinto al que figure en dicho contrato, ni los comunicará, ni siquiera para su conservación, a otras personas.

En el contrato se estipularán, asimismo, las medidas de seguridad a que se refiere el artículo 9 de esta Ley que el encargado del tratamiento está obligado a implementar.

3. Una vez cumplida la prestación contractual, los datos de carácter personal deberán ser destruidos o devueltos al responsable del tratamiento, al igual que cualquier soporte o documentos en que conste algún dato de carácter personal objeto del tratamiento.

4. En el caso de que el encargado del tratamiento destine los datos a otra finalidad, los comunique o los utilice incumpliendo las estipulaciones del contrato, será considerado también responsable del tratamiento, respondiendo de las infracciones en que hubiera incurrido personalmente.

3.1. Derechos del ciudadano

Recogidos igualmente en los Artículos 13 y siguientes de la LOPD, en los que se preceptúa que:

Artículo 13. Impugnación de valoraciones

1. Los ciudadanos tienen derecho a no verse sometidos a una decisión con efectos jurídicos, sobre ellos o que les afecte de manera significativa, que se base únicamente en un tratamiento de datos destinados a evaluar determinados aspectos de su personalidad.

2. El afectado podrá impugnar los actos administrativos o decisiones privadas que impliquen una valoración de su comportamiento, cuyo único fundamento sea un tratamiento de datos de carácter personal que ofrezca una definición de sus características o personalidad.

3. En este caso, el afectado tendrá derecho a obtener información del responsable del fichero sobre los criterios de valoración y el programa utilizados en el tratamiento que sirvió para adoptar la decisión en que consistió el acto.

4. La valoración sobre el comportamiento de los ciudadanos, basada en un tratamiento de datos, únicamente podrá tener valor probatorio a petición del afectado.

Artículo 14. Derecho de consulta al Registro General de Protección de Datos

Cualquier persona podrá conocer, recabando a tal fin la información oportuna del Registro General de Protección de Datos, la existencia de tratamientos de datos de carácter personal, sus finalidades y la identidad del responsable del tratamiento. El Registro General será de consulta pública y gratuita.

Artículo 15. Derecho de acceso

1. El interesado tendrá derecho a solicitar y obtener gratuitamente información de sus datos de carácter personal sometidos a tratamiento, el origen de dichos datos, así como las comunicaciones realizadas o que se prevén hacer de los mismos.

2. La información podrá obtenerse mediante la mera consulta de los datos por medio de su visualización, o la indicación de los datos que son objeto de tratamiento mediante escrito, copia, telecopia o fotocopia, certificada o no, en forma legible e inteligible, sin utilizar claves o códigos que requieran el uso de dispositivos mecánicos específicos.

3. El derecho de acceso a que se refiere este artículo sólo podrá ser ejercitado a intervalos no inferiores a doce meses, salvo que el interesado acredite un interés legítimo al efecto, en cuyo caso podrán ejercitarlo antes.

Artículo 16. Derecho de rectificación y cancelación

1. El responsable del tratamiento tendrá la obligación de hacer efectivo el derecho de rectificación o cancelación del interesado en el plazo de diez días.

2. Serán rectificados o cancelados, en su caso, los datos de carácter personal cuyo tratamiento no se ajuste a lo dispuesto en la presente Ley y, en particular, cuando tales datos resulten inexactos o incompletos.

3. La cancelación dará lugar al bloqueo de los datos, conservándose únicamente a disposición de las Administraciones públicas, Jueces y Tribunales, para la atención de las posibles responsabilidades nacidas del tratamiento, durante el plazo de prescripción de éstas.

Cumplido el citado plazo deberá procederse a la supresión.

4. Si los datos rectificados o cancelados hubieran sido comunicados previamente, el responsable del tratamiento deberá notificar la rectificación o cancelación efectuada a quien se hayan comunicado, en el caso de que se mantenga el tratamiento por este último, que deberá también proceder a la cancelación.

5. Los datos de carácter personal deberán ser conservados durante los plazos previstos en las disposiciones aplicables o, en su caso, en las relaciones contractuales entre la persona o entidad responsable del tratamiento y el interesado.

Artículo 17. Procedimiento de oposición, acceso, rectificación o cancelación

1. Los procedimientos para ejercitar el derecho de oposición, acceso, así como los de rectificación y cancelación serán establecidos reglamentariamente.

2. No se exigirá contra prestación alguna por el ejercicio de los derechos de oposición, acceso, rectificación o cancelación.

Artículo 18. Tutela de los derechos

1. Las actuaciones contrarias a lo dispuesto en la presente Ley pueden ser objeto de reclamación por los interesados ante la Agencia de Protección de Datos, en la forma que reglamentariamente se determine.

2. El interesado al que se deniegue, total o parcialmente, el ejercicio de los derechos de oposición, acceso, rectificación o cancelación, podrá ponerlo en conocimiento de la Agencia de Protección de Datos o, en su caso, del organismo competente de cada Comunidad Autónoma, que deberá asegurarse de la procedencia o improcedencia de la denegación.

3. El plazo máximo en que debe dictarse la resolución expresa de tutela de derechos será de seis meses.

4. Contra las resoluciones de la Agencia de Protección de Datos procederá recurso contencioso-administrativo.

Artículo 19. Derecho a indemnización

1. Los interesados que, como consecuencia del incumplimiento de lo dispuesto en la presente Ley por el responsable o el encargado del tratamiento, sufran daño o lesión en sus bienes o derechos tendrán derecho a ser indemnizados.

2. Cuando se trate de ficheros de titularidad pública, la responsabilidad se exigirá de acuerdo con la legislación reguladora del régimen de responsabilidad de las Administraciones públicas.

3. En el caso de los ficheros de titularidad privada, la acción se ejercitará ante los órganos de la jurisdicción ordinaria.

Tema 13

Función Pública Local. Tipos de empleados públicos. Regulación Jurídica. Derechos y Deberes. Adquisición y pérdida de la relación de servicio. Situaciones Administrativas. Régimen disciplinario. Acuerdo-Convenio 2007, por el que se regulan las relaciones de trabajo entre los Trabajadores/as del Excmo. Ayuntamiento de Cáceres y la Corporación Municipal

eRodio ediciones

Índice esquemático

1. **La Función Pública Local**
2. **Organización de la Función Pública Local: clases de funcionarios locales**
   2.1. Funcionarios con habilitación de carácter estatal
   2.2. Funcionarios propios de la Corporación
3. **Adquisición y pérdida de la condición de funcionario**
   3.1. Adquisición de la condición de funcionario: requisitos
   3.2. Pérdida de la condición de funcionario: causas
4. **La selección del personal. La oferta de empleo público y la relación de puestos de trabajo**
   4.1. Selección de personal
   4.2. Oferta de empleo público
   4.3. Las relaciones de puestos de trabajo
5. **Situaciones administrativas**
   5.1. Servicio activo
   5.2. Servicios especiales
   5.3. Servicio en otras Administraciones Públicas
   5.4. Excedencia
   5.5. Suspensión de funciones
6. **Régimen disciplinario**
   6.1. Introducción
   6.2. Principios generales
   6.3. Personas responsables
   6.4. Las faltas
   6.5. Sanciones disciplinarias
   6.6. Extinción de la responsabilidad
   6.7. Prescripción de infracciones y sanciones
7. **Acuerdo-Convenio 2007, por el que se regulan las relaciones de trabajo entre los Trabajadores/as del Excmo. Ayuntamiento de Cáceres y la Corporación Municipal**

1. LA FUNCIÓN PÚBLICA LOCAL

El artículo 89 de la Ley de Bases de Régimen Local, establece que "El personal al servicio de las Entidades Locales estará integrado por funcionarios de carrera, contratados en régimen de derecho laboral y personal eventual, que desempeña puestos de confianza o asesoramiento especial".

El artículo 90 de la misma Ley añade que "corresponde a cada Corporación Local aprobar anualmente, a través del Presupuesto, la PLANTILLA, que deberá comprender todos los puestos de trabajo reservados a Funcionarios, personal laboral y eventual".

Con carácter general se pueden definir a los Funcionarios como las personas incorporadas a la Administración Pública por una relación de servicios profesionales retribuidos, regulada por el Derecho Administrativo.

El personal al servicio de la Entidades Locales, conforme al EBEP, Estatuto Básico del Empleado Público aprobado mediante Ley 7/2007 de 12 de abril, es la siguiente:

- Funcionarios de Carrera.
- Funcionarios Interinos.
- Personal Laboral.
- Personal Eventual.
- Personal Directivo.

Los **funcionarios de carrera** son los que en virtud de un nombramiento legal, desempeñan servicios de carácter permanente, figuran en las correspondientes plantillas y perciben sueldos o asignaciones fijas con cargo a las consignaciones de personal del presupuesto de las Corporaciones.

Son **funcionarios interinos**, lo que, por razones expresamente justificada de necesidad y urgencia son nombrados como tales para el desempeño de funciones propias de funcionarios de carrera cuando se de alguna de las siguientes circunstancias:

a) La existencia de plazas vacantes cuando no sea posible su cobertura por funcionarios de carrera.

b) La sustitución transitoria de los titulares.

c) La ejecución de programas de carácter temporal.

d) El exceso o acumulación de tareas por plazo máximo de 6 meses, dentro de un periodo de 12 meses.

Es **personal laboral** el que en virtud de contrato de trabajo formalizado por escrito, en cualquiera de las modalidades de contratación de personal previstas en la legislación laboral, presta servicios retribuidos en la Administración Local. En función de la duración del contrato este podrá ser fijo, por tiempo indefinido o temporal.

Es **personal eventual** el que, en virtud de nombramiento y con carácter no permanente, sólo realiza funciones expresamente calificadas, como de confianza o asesoramiento especial, siendo retribuido con cargo a los créditos presupuestarios consignados para este fin.

Es **personal directivo** el que desarrolle funciones directivas profesionales en las Administraciones locales, definidas como tales en las normas específicas de cada Administración.

Normativa aplicable a los funcionarios locales

El artículo 92 de la Ley de Bases del Régimen Local establece que:

> 1. Los funcionarios al servicio de la Administración local se rigen, en lo no dispuesto en esta Ley, por la **Ley 7/2007, de 12 de abril, del Estatuto Básico del Empleado Público**, por la restante legislación del Estado en materia de función pública, así como por la legislación de las Comunidades Autónomas, en los términos del artículo 149.1.18.ª de la Constitución.
>
> 2. Con carácter general, los puestos de trabajo en la Administración local y sus Organismos Autónomos serán desempeñados por personal funcionario.
>
> 3. Corresponde exclusivamente a los funcionarios de carrera al servicio de la Administración local el ejercicio de las funciones que impliquen la participación directa o indirecta en el ejercicio de las potestades públicas o en la salvaguardia de los intereses generales. Igualmente son funciones públicas, cuyo cumplimiento queda reservado a funcionarios de carrera, las que impliquen ejercicio de autoridad, y en general, aquellas que en desarrollo de la presente Ley, se reserven a los funcionarios para la mejor garantía de la objetividad, imparcialidad e independencia en el ejercicio de la función.»

2. ORGANIZACIÓN DE LA FUNCIÓN PÚBLICA LOCAL: CLASES DE FUNCIONARIOS LOCALES

Dentro de los funcionarios al servicio de las Entidades Locales hay que distinguir los Funcionarios con Habilitación de carácter estatal, de los funcionarios propios de la entidad.

Podemos hacer el siguiente esquema-resumen:

A) Funcionarios con Habilitación de Carácter estatal
   - Secretaría
   - Intervención
   - Tesorería

B) Funcionarios propios de la Corporación, que hasta la publicación del EBEP, obedecía a la siguiente clasificación:

B.1. Escala de Administración General. **Subescalas**:

- Técnica
- De Gestión
- Administrativa
- Auxiliar
- Subalterna

B.2. Escala de Administración Especial. **Subescalas:**

a) Técnica
   - Superior
   - Medio
   - Auxiliar

b) Servicios Especiales
   - Policía Local
   - Bomberos
   - Oficios
   - Cometidos especiales

Dicha clasificación agrupaba a los funcionarios en los grupos, A, B, C, D, y E.

Como dicha clasificación ha sido sustituida en el EBEP por los grupos A, Subgrupos A1 y A2, B, C subgrupo C1 y C2 y agrupación de profesionales, conforme a los artículos 13, disposición transitoria tercera y disposición adicional séptima, podemos establecer la siguiente estructura del empleo público.

Personal Directivo			**(art. 13)**
A	A1 ←	A	
	A2 ←	B	
B			Disp transitoria 3ª
C	C1 ←	C	
	C2 ←	D	
Agrupaciones Profesionales		E	Disp. Adicional 7ª

Titulaciones:
- A Título Universitario de Grado.
- B Título de Técnico Superior.
- C1 Bachillerato o técnico.
- C2 Graduado en ESO.

2.1. Funcionarios con habilitación de carácter estatal

El artículo 92 bis de la LRBRL, en la redacción dada por la LRSAL, establece:

1. Son funciones públicas necesarias en todas las Corporaciones locales, cuya responsabilidad administrativa está reservada a funcionarios de administración local con habilitación de carácter nacional:

a) **La de Secretaría, comprensiva de la fe pública y el asesoramiento legal preceptivo**.

b) **El control y la fiscalización interna de la gestión económico-financiera y presupuestaria, y la contabilidad, tesorería y recaudación.**

No obstante, en los municipios de gran población se tendrá en cuenta lo dispuesto en el Título X de la presente Ley y en los municipios de Madrid y de Barcelona la regulación contenida en las Leyes 22/2006 de 4 de julio, de Capitalidad y de Régimen Especial de Madrid y 1/2006, de 13 de marzo, por la que se regula el Régimen Especial del municipio de Barcelona respectivamente.

2. La escala de funcionarios de administración local con habilitación de carácter nacional se subdivide en las siguientes subescalas:

a) **Secretaría,** a la que corresponden las funciones contenidas en el apartado 1.a) anterior.

b) **Intervención-tesorería**, a la que corresponden las funciones contenidas en el apartado 1.b).

c) **Secretaría-intervención** a la que corresponden las funciones contenidas en los apartados 1.a) y 1.b), salvo la función de tesorería.

3. Los funcionarios de **las subescalas de Secretaría e Intervención-tesorería estarán integrados en una de estas dos categorías: entrada o superior**.

4. El Gobierno, mediante real decreto, regulará las especialidades de la creación, clasificación y supresión de puestos reservados a funcionarios de administración local con habilitación de carácter nacional así como las que puedan corresponder a su régimen disciplinario y de situaciones administrativas.

5. La aprobación de la oferta de empleo público, selección, formación y habilitación de los funcionarios de administración local con habilitación de carácter nacional corresponde al Estado, a través del Ministerio de Hacienda y Administraciones Públicas, conforme a las bases y programas aprobados reglamentariamente.

6. El Gobierno, mediante real decreto, regulará las especialidades correspondientes de la forma de provisión de puestos reservados a funcionarios de administración local con habilitación de carácter nacional. En todo caso, el concurso será el sistema normal de provisión de puestos de trabajo. El ámbito territorial de los concursos será de carácter estatal.

Los méritos generales, de preceptiva valoración, se determinarán por la Administración del Estado, y su puntuación alcanzará un mínimo del 80% del total posible conforme al baremo correspondiente. Los méritos correspondientes a las especialidades de la Comunidad Autónoma se fijarán por cada una de ellas y su puntuación podrá alcanzar hasta un 15% del total posible. Los méritos correspondientes a las especialidades de la Corporación local se fijarán por ésta, y su puntuación alcanzará hasta un 5% del total posible.

Existirán dos concursos anuales: el concurso ordinario y el concurso unitario. El concurso unitario será convocado por la Administración del Estado. Las Corporaciones locales con puestos vacantes aprobarán las bases del concurso ordinario, de acuerdo con el modelo de convocatoria y bases comunes que se aprueben en el real decreto previsto en el apartado anterior, y efectuarán las convocatorias, remitiéndolas a la correspondiente Comunidad Autónoma para su publicación simultánea en los diarios oficiales.

Excepcionalmente, los puestos de trabajo reservados a funcionarios de administración local con habilitación de carácter nacional podrán cubrirse por el sistema de libre designación, en los municipios incluidos en el ámbito subjetivo definido en los artículos 111 y **135 del texto refundido de la Ley Reguladora de Haciendas Locales, aprobado por el Real Decreto Legislativo 2/2004, de 5 de marzo,** así como las Diputaciones Provinciales, Áreas Metropolitanas, Cabildos y Consejos Insulares y las ciudades con **estatuto de autonomía de Ceuta** y Melilla, entre funcionarios de la subescala y categoría correspondiente. Cuando se trate de puestos de trabajo que tengan asignadas las funciones contenidas en el apartado 1.b) de este artículo, será precisa la autorización expresa del órgano competente de la Administración General del Estado en materia de Haciendas locales.

Igualmente, será necesario informe preceptivo previo del órgano competente de la Administración General del Estado en materia de Haciendas locales para el cese de aquellos funcionarios que tengan asignadas las funciones contenidas en el apartado 1.b) de este artículo y que hubieran sido nombrados por libre designación.

En caso de cese de un puesto de libre designación, la Corporación local deberá asignar al funcionario cesado un puesto de trabajo de su mismo grupo de titulación.

7. Las Comunidades Autónomas efectuarán, de acuerdo con la normativa establecida por la Administración del Estado, los nombramientos provisionales de funcionarios con habilitación de carácter nacional, así como las comisiones de servicios, acumulaciones, nombramientos de personal interino y de personal accidental.

8. Los funcionarios deberán permanecer en cada puesto de trabajo, obtenido por concurso, un mínimo de dos años para poder participar en los concursos de provisión de puestos de trabajo o ser nombrados con carácter provisional en otro puesto de trabajo, salvo en el ámbito de una misma Entidad Local.

Excepcionalmente, antes del transcurso de dicho plazo, se podrán efectuar nombramientos con carácter provisional por el Ministerio de Hacienda y Administraciones Públicas, siempre que existan razones y circunstancias que requieran la cobertura del puesto con carácter urgente por estos funcionarios, y la imposibilidad de efectuar un nombramiento provisional conforme a lo establecido en el párrafo anterior.

Reglamentariamente se establecerán las circunstancias excepcionales que justifiquen la solicitud de un nombramiento provisional, debiendo tenerse en cuenta, en todo caso, el posible perjuicio o menoscabo que se generaría en la Entidad Local en la que se ocupe el puesto en el momento de la solicitud.

9. En el Ministerio de Hacienda y Administraciones Públicas existirá un Registro de funcionarios de administración local con habilitación de carácter nacional integrado con las Comunidades Autónomas, donde se inscribirán y anotarán todos los actos que afecten a la vida administrativa de estos funcionarios.

10. Son órganos competentes para la incoación de expedientes disciplinarios a los funcionarios de administración local con habilitación de carácter nacional los siguientes:

a) El órgano correspondiente de la Corporación donde el funcionario hubiera cometido los hechos que se le imputan, cuando pudieran ser constitutivos de falta leve.

b) La Comunidad Autónoma respecto a funcionarios de corporaciones locales en su ámbito territorial, salvo cuando los hechos denunciados pudieran ser constitutivos de faltas muy graves tipificadas en la normativa básica estatal.

c) El Ministerio de Hacienda y Administraciones Públicas cuando los hechos denunciados pudieran ser constitutivos de faltas muy graves, tipificadas en la normativa básica estatal.

El órgano competente para acordar la incoación del expediente lo será también para nombrar instructor del mismo y decretar o alzar la suspensión provisional del expedientado, así como para instruir diligencias previas antes de decidir sobre tal incoación.

La instrucción del expediente se efectuará por un funcionario de carrera de cualquiera de los Cuerpos o Escalas del Subgrupo A1 de titulación, incluida la Escala de Funcionarios con Habilitación de carácter nacional, que cuente con conocimientos en la materia a la que se refiera la infracción.

11. Son órganos competentes para la imposición de sanciones disciplinarias a los funcionarios de administración local con habilitación de carácter nacional los siguientes:

a) El Ministro de Hacienda y Administraciones Públicas, cuando la sanción que recaiga sea por falta muy grave, tipificada en la normativa básica estatal.

b) La Comunidad Autónoma, cuando se trate de imponer sanciones de suspensión de funciones y destitución, no comprendidas en el párrafo anterior.

c) El órgano local competente, cuando se trate de imponer sanciones por faltas leves.

La sanción impuesta se ejecutará en sus propios términos, aún cuando en el momento de la ejecución, el funcionario se encontrara ocupando un puesto distinto a aquel en el que se produjeron los hechos que dieron lugar a la sanción.

La sanción de destitución implicará la pérdida del puesto de trabajo, con la prohibición de obtener destino en la misma Corporación en la que tuvo lugar la sanción, en el plazo que se fije, con el máximo de seis años, para las faltas muy graves, y de tres años para las faltas graves.

La sanción de suspensión de funciones tendrá una duración máxima de seis años, para las faltas muy graves, y de tres años para las faltas graves".

	PUESTOS DE TRABAJO		
	SECRETARIO	**INTERVENTOR**	**TESORERO**
1ª + 20.000 hab. Diputación Prov.	Secretaría (Categoría Superior)	Intervención-Tesorería (Categoría Superior)	Intervención-Tesorería (Categoría Superior)
2 ª De 5.001 a 20.000 hab.	Secretaría (Categoría Entrada)	Interventor Tesorero (Categoría Entrada)	Interventor-Tesorero Categoría Entrada Funcionario Propio de la Corporación
3ª Hasta 5.000 hab.	Secretario-Interventor		Funcionario Propio Concejal

2.2. Funcionarios propios de la Corporación

Se agrupan en las Escalas de Administración General y Especial.

2.2.1. Escala de Administración General

Corresponde a los funcionarios de la escala de Administración General el desempeño de las funciones comunes al ejercicio de la actividad administrativa.

La escala de Administración General se divide en las siguientes subescalas:

a) **Subescala Técnica:** Son los funcionarios que realizan tareas de gestión, estudio, y propuesta de carácter administrativo de nivel superior. Se integran en el grupo A1 del EBEP.

   Se precisará estar en posesión del título de Licenciado en derecho, licenciado en Ciencias Políticas, Empresariales o Económicas.

b) **Subescala de Gestión:** Pertenecerán a la subescala de Gestión de Administración General, los funcionarios que realicen tareas de apoyo a las funciones de nivel superior. Se integran en el grupo A2 del EBEP.

   Se precisará Título de Grado Medio o Diplomatura.

c) **Subescala Administrativa:** Son los funcionarios que realizan tareas administrativas, normalmente de trámite y colaboración. Se integran en el grupo C1 del EBEP.

   Se precisará estar en posesión del Título de Bachiller, Formación Profesional de 2º grado, o equivalente.

d) **Subescala Auxiliar:** Son los funcionarios que realizan trabajos de mecanografía, taquigrafía, despacho de correspondencia, cálculo sencillo, manejo de máquinas, archivo de documentos y otros similares. Se integran en el grupo C2 del EBEP.

   Se precisará estar en posesión del Graduado Escolar, Formación Profesional de 1.er grado o equivalente.

e) **Subescala Subalterna:** Son los funcionarios que realizan tareas de vigilancia y custodia interior de oficinas, así como misiones de conserje, ujier, portero, ordenanzas u otras análogas y servicios de la Corporación. Se integran en el grupo "Agrupaciones de Profesionales" del EBEP.

   Se exige el Certificado de escolaridad.

2.2.2. Escala de Administración Especial

Son funcionarios de la escala de Administración Especial los que tengan atribuido el desempeño de las funciones que constituyen el objeto peculiar de una carrera, profesión, arte u oficio.

La escala de Administración Especial se divide en las siguientes subescalas:

a) **Subescala Técnica**

Pertenecerán a ella los funcionarios que desarrollan tareas que son objeto de una carrera para cuyo ejercicio exijan las leyes, estar en posesión de determinados títulos académicos o profesionales.

Según el carácter y nivel del título exigido, dichos funcionarios se dividen en Técnicos Superiores, Medios y Auxiliares, y a su vez, cada clase podrá comprender distintas ramas y especialidades.

b) **Subescala de Servicios Especiales**

Pertenecerán a ella los funcionarios que desarrollan tareas que requieran una aptitud específica, y para cuyo ejercicio no se exija con carácter general la posesión de títulos académicos.

Se comprenderán en esta subescala, y sin perjuicio de las peculiaridades de cada Corporación las siguientes clases:

- Policía Local y sus auxiliares.
- Servicio de Extinción de Incendios.
- Plazas de Cometidos Especiales.
- Personal de Oficios. Tales como albañil, fontanero, electricista, etc, y que se dividen en las siguientes categorías: maestro, oficial, ayudante y peón.

El ingreso en la Subescala de Servicios Especiales se hará según lo establecido en el Real Decreto 364/95, sin perjuicio de lo que dispongan las normas específicas a los funcionarios de la Policía Local y del Servicio de Extinción de Incendios.

3. ADQUISICIÓN Y PÉRDIDA DE LA CONDICIÓN DE FUNCIONARIO

3.1. Adquisición de la condición de funcionario: requisitos

Se regula en el artículo 62 de la Ley 7/2007, de 12 de abril, por la que se aprueba el Estatuto Básico del Empleado Público, en el que se recogen los siguientes requisitos:

Artículo 62. Adquisición de la condición de funcionario de carrera

1. La condición de funcionario de carrera se adquiere por el cumplimiento sucesivo de los siguientes requisitos:

a) Superación del proceso selectivo.

b) Nombramiento por el órgano o autoridad competente, que será publicado en el Diario Oficial correspondiente.

c) Acto de acatamiento de la Constitución y, en su caso, del Estatuto de Autonomía correspondiente y del resto del Ordenamiento Jurídico.

d) Toma de posesión dentro del plazo que se establezca.

2. A efectos de lo dispuesto en el apartado 1.b) anterior, no podrán ser funcionarios y quedarán sin efecto las actuaciones relativas a quienes no acrediten, una vez superado el proceso selectivo, que reúnen los requisitos y condiciones exigidos en la convocatoria.

3.2. Pérdida de la condición de funcionario: causas

Se regula en el Capítulo II del Título IV del Estatuto Básico del Empleado Público, que contiene los siguientes artículos.

Artículo 63. Causas de pérdida de la condición de funcionario de carrera

Son causas de pérdida de la condición de funcionario de carrera:

a) La renuncia a la condición de funcionario.

b) La pérdida de la nacionalidad.

c) La jubilación total del funcionario.

d) La sanción disciplinaria de separación del servicio que tuviere carácter firme.

e) La pena principal o accesoria de inhabilitación absoluta o especial para cargo público que tuviere carácter firme.

Artículo 64. Renuncia

1. La renuncia voluntaria a la condición de funcionario habrá de ser manifestada por escrito y será aceptada expresamente por la Administración, salvo lo dispuesto en el apartado siguiente.

2. No podrá ser aceptada la renuncia cuando el funcionario esté sujeto a expediente disciplinario o haya sido dictado en su contra auto de procesamiento o de apertura de juicio oral por la comisión de algún delito.

3. La renuncia a la condición de funcionario no inhabilita para ingresar de nuevo en la Administración Pública a través del procedimiento de selección establecido.

Artículo 65. Pérdida de la nacionalidad

La pérdida de la nacionalidad española o la de cualquier otro Estado miembro de la Unión Europea o la de aquellos Estados a los que, en virtud de Tratados Internacionales celebrados por la Unión Europea y ratificados por España, les sea de aplicación la libre circulación de trabajadores, que haya sido tenida en cuenta para el nombramiento, determinará la pérdida de la condición de funcionario salvo que simultáneamente se adquiera la nacionalidad de alguno de dichos Estados.

Artículo 66. Pena principal o accesoria de inhabilitación absoluta o especial para cargo público

La pena principal o accesoria de inhabilitación absoluta cuando hubiere adquirido firmeza la sentencia que la imponga produce la pérdida de la condición de funcionario respecto a todos los empleos o cargos que tuviere.

La pena principal o accesoria de inhabilitación especial cuando hubiere adquirido firmeza la sentencia que la imponga produce la pérdida de la condición de funcionario respecto de aquellos empleos o cargos especificados en la sentencia.

Artículo 67. Jubilación

1. La jubilación de los funcionarios podrá ser:

a) Voluntaria, a solicitud del funcionario.

b) Forzosa, al cumplir la edad legalmente establecida.

c) Por la declaración de incapacidad permanente para el ejercicio de las funciones propias de su cuerpo o escala, o por el reconocimiento de una pensión de incapacidad permanente absoluta o, incapacidad permanente total en relación con el ejercicio de las funciones de su cuerpo o escala.

d) Parcial.

Artículo 68. Rehabilitación de la condición de funcionario

1. En caso de extinción de la relación de servicios como consecuencia de pérdida de la nacionalidad o jubilación por incapacidad permanente para el servicio, el interesado, una vez desaparecida la causa objetiva que la motivó, podrá solicitar la rehabilitación de su condición de funcionario, que le será concedida.

2. Los órganos de gobierno de las Administraciones Públicas podrán conceder, con carácter excepcional, la rehabilitación, a petición del interesado, de quien hubiera perdido la condición de funcionario por haber sido condenado a la pena principal o accesoria de inhabilitación, atendiendo a las circunstancias y entidad del delito cometido. Si transcurrido el plazo para dictar la resolución, no se hubiera producido de forma expresa, se entenderá desestimada la solicitud.

4. LA SELECCIÓN DEL PERSONAL. LA OFERTA DE EMPLEO PÚBLICO Y LA RELACIÓN DE PUESTOS DE TRABAJO

4.1. Selección de personal

El artículo 23.2 de la Constitución española dispone que los ciudadanos tienen derecho a acceder en condiciones de igualdad a las funciones y cargos públicos, con los requisitos que señalen las leyes.

El artículo 103.3 de la Constitución española establece que la ley regulará el estatuto de los funcionarios públicos, el acceso a la función pública de acuerdo con los principios de mérito y capacidad, las peculiaridades del ejercicio de su derecho a sindicación, el sistema de incompatibilidades y las garantías para la imparcialidad en el ejercicio de sus funciones.

La normativa en materia de selección de personal funcionario se encuentra básicamente en el Estatuto Básico del Empleado Público que ha derogado prácticamente toda la regulación que sobre esta materia contenían la LMRFP y la Ley de Funcionarios Civiles del Estado, aunque dicha regulación básica, se encuentra desarrollada en el Real Decreto 364/1995, de 10 de marzo, que aprueba el Reglamento General de Ingreso del personal al servicio de la Administración General del Estado y de Provisión de Puestos de Trabajo y Promoción Profesional de la Administración del Estado.

El ingreso del personal funcionario (art. 61.6 EBEP) se llevará a cabo a través de los sistemas de **oposición** y **concurso-oposición. Sólo en virtud de ley** podrá aplicarse, con carácter excepcional, el sistema de concurso que consistirá únicamente en la valoración de méritos.

La oposición consiste en la celebración de una o más pruebas para determinar la capacidad y la aptitud de los aspirantes y fijar su orden de prelación; el concurso, en la comprobación y calificación de los méritos de los aspirantes y en el establecimiento del orden de prelación de los mismos, y el concurso-oposición, en la sucesiva celebración de los dos sistemas anteriores.

4.2. Oferta de empleo público

Las necesidades de recursos humanos que no puedan ser cubiertas con los efectivos de personal existentes serán objeto de oferta de empleo público, siempre que exista crédito presupuestario y se considere conveniente su cobertura durante el ejercicio.

La oferta de empleo público será aprobada, en su caso, por el Gobierno a propuesta del Ministro para las Administraciones Públicas con informe favorable del Ministerio de Economía y Hacienda, en el primer trimestre de cada año.

4.3. Las relaciones de puestos de trabajo

Las relaciones de puestos de trabajo (RPT), es el instrumento mediante el que se realiza la ordenación del personal y se precisan también los requisitos para el desempeño de cada puesto de trabajo, así como sus características retributivas.

Cumplen una doble función:

1. La ordenación racional de los efectivos del personal a disposición de la Administración para conseguir una utilización más eficaz.
2. Organizan la clasificación profesional de los funcionarios y empleados públicos y los derechos anejos al desempeño de cada una de las plazas, pero sin afectar directamente al estatuto de sus derechos y deberes.

Las relaciones de puestos de trabajo serán públicas.

A) Contenido

Las **RPT** comprenderán, conjunta o separadamente, los puestos de trabajo del personal funcionario de cada centro gestor, el número y las características de los que puedan ser ocupados por personal eventual así como los de aquellos otros que puedan desempeñarse por personal laboral.

Las relaciones de puestos de trabajo, RPT, indicarán, en todo caso, la denominación, tipo y sistema de provisión de los mismos; los requisitos exigidos para su desempeño; el nivel de complemento de destino y, en su caso, el complemento específico que corresponda a los mismos, cuando hayan de ser desempeñados por personal funcionario, o la categoría profesional y régimen jurídico aplicable cuando sean desempañados por personal laboral.

La provisión de puestos de trabajo a desempeñar por el personal funcionario, así como la formalización de nuevos contratos de personal laboral fijo, requerirán que los correspondientes puestos figuren detallados en las respectivas relaciones. Este requisito no será preciso cuando se trate de realizar tareas de carácter no permanente mediante contratos de trabajo de duración determinada y con cargo a créditos correspondientes a personal laboral eventual o al capítulo de inversiones.

El artículo 15 de la Ley 30/1984, de 2 de agosto, de Medidas para la Reforma de la Función Pública establecía que con carácter general, los puestos de la Administración del Estado y de sus Organismos Autónomos así como los de las Entidades Gestoras y Servicios Comunes de la Seguridad Social están reservados a funcionarios pero establece las siguientes excepciones referidas a las clases de puestos que pueden ser desempeñados por personal laboral:

a) Los puestos de naturaleza no permanente y aquellos cuyas actividades se dirijan a satisfacer necesidades de carácter periódico y discontinuo.

b) Los puestos cuyas actividades sean propias de oficios, así como los de vigilancia, custodia, porteo y otros análogos.

c) Los puestos de carácter instrumental correspondientes a las áreas de mantenimiento y conservación de edificios, equipos e instalaciones, artes gráficas, encuestas, protección civil y comunicación social, así como los puestos de las áreas de expresión artística y los vinculados directamente a su desarrollo, servicios sociales y protección de menores.

d) Los puestos correspondientes a áreas de actividades que requieran conocimientos técnicos especializados cuando no existan cuerpos o escalas de funcionarios cuyos miembros tengan la preparación específica necesaria para su desarrollo.

e) Los puestos de trabajo en el extranjero con funciones administrativas de trámite y colaboración y auxiliares que comporten manejo de máquinas, archivo y similares.

f) Los puestos con funciones auxiliares de carácter instrumental y apoyo administrativo.

Asimismo, los Organismos Públicos de Investigación podrán contratar personal laboral.

La creación, modificación, refundición y supresión de puestos de trabajo se realizará a través de las relaciones de puestos de trabajo.

B) Aprobación

Los Departamentos Ministeriales elaborarán las propuestas de relaciones de personal funcionario y laboral, tanto del Ministerio como de los Organismos Autónomos dependientes del mismo y las remitirán a la Comisión Interministerial de Retribuciones.

Corresponde a los Ministerios de Administraciones Públicas y de Economía y Hacienda la aprobación conjunta de las relaciones de puestos de trabajo, excepto la asignación inicial de los complementos de destino y específico, que corresponde al Gobierno.

Las relaciones iniciales de puestos de trabajo aprobadas por la Comisión Ejecutiva de la Comisión Interministerial de Retribuciones serán publicadas en el Boletín Oficial del Estado. Asimismo se publicarán periódicamente en dicho Boletín las relaciones de puestos de trabajo actualizadas.

Las Comunidades Autónomas y la Administración Local formarán también la relación de los puestos de trabajo existentes en su organización, que deberán incluir en todo caso la denominación y características esenciales de los puestos, las retribuciones complementarias que les correspondan y los requisitos exigidos para su desempeño. Estas relaciones de puestos serán públicas.

5. SITUACIONES ADMINISTRATIVAS

Las situaciones en que pueden hallarse los funcionarios de carrera serán las siguientes:

1. Servicio activo.
2. Servicios especiales.

3. Servicio en otras Administraciones.
4. Excedencia.
5. Suspensión de funciones.

Las Leyes de Función Pública que se dicten en desarrollo de este Estatuto podrán regular otras situaciones administrativas de los funcionarios de carrera, en los supuestos, en las condiciones y con los efectos que en las mismas se determinen, cuando concurra, entre otras, alguna de las circunstancias siguientes:

a) Cuando por razones organizativas, de reestructuración interna o exceso de personal, resulte una imposibilidad transitoria de asignar un puesto de trabajo o la conveniencia de incentivar la cesación en el servicio activo.
b) Cuando los funcionarios accedan, bien por promoción interna o por otros sistemas de acceso, a otros cuerpos o escalas y no les corresponda quedar en alguna de las situaciones previstas en este Estatuto, y cuando pasen a prestar servicios en organismos o entidades del sector público en régimen distinto al de funcionario de carrera.

Dicha regulación, según la situación administrativa de que se trate, podrá conllevar garantías de índole retributiva o imponer derechos u obligaciones en relación con el reingreso al servicio activo.

5.1. Servicio activo

Se hallarán en situación de servicio activo quienes, conforme a la normativa de función pública dictada en desarrollo del presente Estatuto, presten servicios en su condición de funcionarios públicos cualquiera que sea la Administración u Organismo Público o entidad en el que se encuentren destinados y no les corresponda quedar en otra situación.

Los funcionarios de carrera en situación de servicio activo gozan de todos los derechos inherentes a su condición de funcionarios y quedan sujetos a los deberes y responsabilidades derivados de la misma. Se regirán por las normas de este Estatuto y por la normativa de función pública de la Administración Pública en que presten servicios.

5.2. Servicios especiales

Los funcionarios de carrera serán declarados en situación de servicios especiales:

a) Cuando sean designados miembros del Gobierno o de los órganos de gobierno de las Comunidades Autónomas y Ciudades de Ceuta y Melilla, miembros de las Instituciones de la Unión Europea o de las Organizaciones Internacionales, o sean nombrados altos cargos de las citadas Administraciones Públicas o Instituciones.

b) Cuando sean autorizados para realizar una misión por periodo determinado superior a seis meses en Organismos Internacionales, Gobiernos o Entidades Públicas extranjeras o en programas de cooperación internacional.

c) Cuando sean nombrados para desempeñar puestos o cargos en Organismos Públicos o entidades, dependientes o vinculados a las Administraciones Públicas que, de conformidad con lo que establezca la respectiva Administración Pública, estén asimilados en su rango administrativo a altos cargos.

d) Cuando sean adscritos a los servicios del Tribunal Constitucional o del Defensor del Pueblo o destinados al Tribunal de Cuentas en los términos previstos en el artículo 93.3 de la ley 7/1988, de 5 de abril.

e) Cuando accedan a la condición de Diputado o Senador de las Cortes Generales o miembros de las Asambleas Legislativas de las Comunidades Autónomas si perciben retribuciones periódicas por la realización de la función. Aquellos que pierdan dicha condición por disolución de las correspondientes Cámaras o terminación del mandato de las mismas podrán permanecer en la situación de servicios especiales hasta su nueva constitución. *Letra e) del número 1 del artículo 87 redactada por la disposición final quinta de la Ley 40/2007, de 4 de diciembre, de medidas en materia de Seguridad Social («BOE» 5 diciembre).Vigencia: 1 enero 2008.*

f) Cuando se desempeñen cargos electivos retribuidos y de dedicación exclusiva en las Asambleas de las Ciudades de Ceuta y Melilla y en las Entidades Locales, cuando se desempeñen responsabilidades de órganos superiores y directivos municipales y cuando se desempeñen responsabilidades de miembros de los órganos locales para el conocimiento y la resolución de las reclamaciones económico-administrativas.

g) Cuando sean designados para formar parte del Consejo General del Poder Judicial o de los Consejos de Justicia de las Comunidades Autónomas.

h) Cuando sean elegidos o designados para formar parte de los Órganos Constitucionales o de los Órganos Estatutarios de las Comunidades Autónomas u otros cuya elección corresponda al Congreso de los Diputados, al Senado o a las Asambleas Legislativas de las Comunidades Autónomas.

i) Cuando sean designados como personal eventual por ocupar puestos de trabajo con funciones expresamente calificadas como de confianza o asesoramiento político y no opten por permanecer en la situación de servicio activo.

j) Cuando adquieran la condición de funcionarios al servicio de organizaciones internacionales.

k) Cuando sean designados asesores de los grupos parlamentarios de las Cortes Generales o de las Asambleas Legislativas de las Comunidades Autónomas.

l) Cuando sean activados como reservistas voluntarios para prestar servicios en las Fuerzas Armadas.

Quienes se encuentren en situación de servicios especiales percibirán las retribuciones del puesto o cargo que desempeñen y no las que les correspondan como funcionarios de carrera, sin perjuicio del derecho a percibir los trienios que tengan reconocidos en cada momento. El tiempo que permanezcan en tal situación se les computará a efectos de ascensos, reconocimiento de trienios, promoción interna y derechos en el régimen de Seguridad Social que les sea de aplicación. No será de aplicación a los funcionarios públicos que, habiendo ingresado al servicio de las instituciones Comunitarias Europeas, o al de Entidades y Organismos asimilados, ejerciten el derecho de transferencia establecido en el estatuto de los Funcionarios de las Comunidades Europeas.

Quienes se encuentren en situación de servicios especiales tendrán derecho, al menos, a reingresar al servicio activo en la misma localidad, en las condiciones y con las retribuciones correspondientes a la categoría, nivel o escalón de la carrera consolidados, de acuerdo con el sistema de carrera administrativa vigente en la Administración Pública a la que pertenezcan. Tendrán, asimismo, los derechos que cada Administración Pública pueda establecer en función del cargo que haya originado el pase a la mencionada situación. En este sentido, las Administraciones Públicas velarán para que no haya menoscabo en el derecho a la carrera profesional de los funcionarios públicos que hayan sido nombrados altos cargos, miembros del Poder Judicial o de otros órganos constitucionales o estatutarios o que hayan sido elegidos Alcaldes, retribuidos y con dedicación exclusiva, Presidentes de Diputaciones o de Cabildos o Consejos Insulares, Diputados o Senadores de las Cortes Generales y miembros de las Asambleas Legislativas de las Comunidades Autónomas. Como mínimo, estos funcionarios recibirán el mismo tratamiento en la consolidación del grado y conjunto de complementos que el que se establezca para quienes hayan sido Directores Generales y otros cargos superiores de la correspondiente Administración Pública.

La declaración de esta situación procederá en todo caso, en los supuestos que se determinen en el presente Estatuto y en las Leyes de Función Pública que se dicten en desarrollo del mismo.

5.3. Servicio en otras Administraciones Públicas

Los funcionarios de carrera que, en virtud de los procesos de transferencias o por los procedimientos de provisión de puestos de trabajo, obtengan destino en una Administración Pública distinta, serán declarados en la situación de servicio en otras Administraciones Públicas. Se mantendrán en esa situación en el caso de que por disposición legal de la Administración a la que acceden se integren como personal propio de ésta.

Los funcionarios transferidos a las Comunidades Autónomas se integran plenamente en la organización de la Función Pública de las mismas, hallándose en la situación de servicio activo en la Función Pública de la Comunidad Autónoma en la que se integran.

Las Comunidades Autónomas al proceder a esta integración de los funcionarios transferidos como funcionarios propios, respetarán el Grupo o Subgrupo del cuerpo o escala de procedencia, así como los derechos económicos inherentes a la posición en la carrera que tuviesen reconocido.

Los funcionarios transferidos mantienen todos sus derechos en la Administración Pública de origen como si se hallaran en servicio activo de acuerdo con lo establecido en los respectivos Estatutos de Autonomía.

Se reconoce la igualdad entre todos los funcionarios propios de las Comunidades Autónomas con independencia de su Administración de procedencia.

Los funcionarios de carrera en la situación de servicio en otras Administraciones Públicas que se encuentren en dicha situación por haber obtenido un puesto de trabajo mediante los sistemas de provisión previstos en este Estatuto, se rigen por la legislación de la Administración en la que estén destinados de forma efectiva y conservan su condición de funcionario de la Administración de origen y el derecho a participar en las convocatorias para la provisión de puestos de trabajo que se efectúen por esta última. El tiempo de servicio en la Administración Pública en la que estén destinados se les computará como de servicio activo en su cuerpo o escala de origen.

Los funcionarios que reingresen al servicio activo en la Administración de origen, procedentes de la situación de servicio en otras Administraciones Públicas, obtendrán el reconocimiento profesional de los progresos alcanzados en el sistema de carrera profesional y sus efectos sobre la posición retributiva conforme al procedimiento previsto en los Convenios de Conferencia Sectorial y demás instrumentos de colaboración que establecen medidas de movilidad interadministrativa, previstos en el artículo 84 del presente Estatuto. En defecto de tales Convenios o instrumentos de colaboración, el reconocimiento se realizará por la Administración Pública en la que se produzca el reingreso.

5.4. Excedencia

La excedencia de los funcionarios de carrera podrá adoptar las siguientes modalidades:

a) Excedencia voluntaria por interés particular.

b) Excedencia voluntaria por agrupación familiar.

c) Excedencia por cuidado de familiares.

d) Excedencia por razón de violencia de género.

Los funcionarios de carrera podrán obtener la **excedencia voluntaria por interés particular** cuando hayan prestado servicios efectivos en cualquiera de las Administraciones Públicas durante un periodo mínimo de cinco años inmediatamente anteriores.

No obstante, las Leyes de Función Pública que se dicten en desarrollo del presente Estatuto podrán establecer una duración menor del periodo de prestación de servicios exigido para que el funcionario de carrera pueda solicitar la excedencia y se determinarán los periodos mínimos de permanencia en la misma.

La concesión de excedencia voluntaria por interés particular quedará subordinada a las necesidades del servicio debidamente motivadas. No podrá declararse cuando al funcionario público se le instruya expediente disciplinario.

Procederá declarar de oficio la excedencia voluntaria por interés particular cuando finalizada la causa que determinó el pase a una situación distinta a la de servicio activo, se incumpla la obligación de solicitar el reingreso al servicio activo en el plazo en que se determine reglamentariamente.

Quienes se encuentren en situación de excedencia por interés particular no devengarán retribuciones, ni les será computable el tiempo que permanezcan en tal situación a efectos de ascensos, trienios y derechos en el régimen de Seguridad Social que les sea de aplicación.

Podrá concederse la **excedencia voluntaria por agrupación familiar** sin el requisito de haber prestado servicios efectivos en cualquiera de las Administraciones Públicas durante el periodo establecido a los funcionarios cuyo cónyuge resida en otra localidad por haber obtenido y estar desempeñando un puesto de trabajo de carácter definitivo como funcionario de carrera o como laboral fijo en cualquiera de las Administraciones Públicas, Organismos públicos y Entidades de Derecho público dependientes o vinculados a ellas, en los Órganos Constitucionales o del Poder Judicial y Órganos similares de las Comunidades Autónomas, así como en la Unión Europea o en Organizaciones Internacionales.

Quienes se encuentren en situación de excedencia voluntaria por agrupación familiar no devengarán retribuciones, ni les será computable el tiempo que permanezcan en tal situación a efectos de ascensos, trienios y derechos en el régimen de Seguridad Social que les sea de aplicación.

Los funcionarios de carrera tendrán derecho a **un período de excedencia de duración no superior a tres años para atender al cuidado de cada hijo,** tanto cuando lo sea por naturaleza como por adopción o acogimiento permanente o preadoptivo, a contar desde la fecha de nacimiento o, en su caso, de la resolución judicial o administrativa.

También tendrán derecho a un período de excedencia de duración no superior a tres años, para atender al cuidado de un familiar que se encuentre a su cargo, hasta el segundo grado inclusive de consanguinidad o afinidad que por razones de edad, accidente, enfermedad o discapacidad no pueda valerse por sí mismo y no desempeñe actividad retribuida.

El período de excedencia será único por cada sujeto causante. Cuando un nuevo sujeto causante diera origen a una nueva excedencia, el inicio del período de la misma pondrá fin al que se viniera disfrutando.

En el caso de que dos funcionarios generasen el derecho a disfrutarla por el mismo sujeto causante, la Administración podrá limitar su ejercicio simultáneo por razones justificadas relacionadas con el funcionamiento de los servicios.

El tiempo de permanencia en esta situación será computable a efectos de trienios, carrera y derechos en el régimen de Seguridad Social que sea de aplicación. El puesto de trabajo desempeñado se reservará, al menos, durante dos años. Transcurrido este periodo, dicha reserva lo será a un puesto en la misma localidad y de igual retribución.

Los funcionarios en esta situación podrán participar en los cursos de formación que convoque la Administración.

Las **funcionarias víctimas de violencia de género**, para hacer efectiva su protección o su derecho a la asistencia social integral, tendrán derecho a solicitar la situación de excedencia sin tener que haber prestado un tiempo mínimo de servicios previos y sin que sea exigible plazo de permanencia en la misma.

Durante los seis primeros meses tendrán derecho a la reserva del puesto de trabajo que desempeñaran, siendo computable dicho período a efectos de antigüedad, carrera y derechos del régimen de Seguridad Social que sea de aplicación.

Cuando las actuaciones judiciales lo exigieran se podrá prorrogar este periodo por tres meses, con un máximo de dieciocho, con idénticos efectos a los señalados anteriormente, a fin de garantizar la efectividad del derecho de protección de la víctima.

Durante los dos primeros meses de esta excedencia la funcionaria tendrá derecho a percibir las retribuciones íntegras y, en su caso, las prestaciones familiares por hijo a cargo.

5.5. Suspensión de funciones

El funcionario declarado en la situación de suspensión quedará privado durante el tiempo de permanencia en la misma del ejercicio de sus funciones y de todos los derechos inherentes a la condición. La suspensión determinará la pérdida del puesto de trabajo cuando exceda de seis meses.

La suspensión firme se impondrá en virtud de sentencia dictada en causa criminal o en virtud de sanción disciplinaria. La suspensión firme por sanción disciplinaria no podrá exceder de seis años.

El funcionario declarado en la situación de suspensión de funciones no podrá prestar servicios en ninguna Administración Pública ni en los Organismos públicos, Agencias, o Entidades de derecho público dependientes o vinculadas a ellas durante el tiempo de cumplimiento de la pena o sanción.

Podrá acordarse la suspensión de funciones con carácter provisional con ocasión de la tramitación de un procedimiento judicial o expediente disciplinario, en los términos establecidos en este Estatuto.

Reingreso al servicio activo: Reglamentariamente se regularán los plazos, procedimientos y condiciones, según las situaciones administrativas de procedencia, para solicitar el reingreso al servicio activo de los funcionarios de carrera, con respeto al derecho a la reserva del puesto de trabajo en los casos en que proceda conforme al presente Estatuto.

Situaciones del personal laboral: El personal laboral se regirá por el Estatuto de los Trabajadores y por los Convenios Colectivos que les sean de aplicación.

Los convenios colectivos podrán determinar la aplicación de este Capítulo al personal incluido en su ámbito de aplicación en lo que resulte compatible con el Estatuto de los Trabajadores.

6. RÉGIMEN DISCIPLINARIO

6.1. Introducción

La regulación se contiene en el Título VII de la LEBEP y, mientras no sea desarrollado, habrá que atender asimismo al **Real Decreto 33/1986**, de 10 de enero, por el que se aprueba el **Reglamento de Régimen Disciplinario de los Funcionarios de la Administración** del Estado.

El Reglamento 33/86 será de aplicación:

a) Al personal de la Administración Civil del Estado y sus Organismos autónomos.

b) Al personal civil al servicio de la Administración Militar y sus Organismos autónomos.

c) Al personal funcionario de la Administración de la Seguridad Social.

Las disposiciones del presente Reglamento tendrán carácter supletorio para los demás funcionarios al servicio del Estado y de las Administraciones Públicas no incluidos en su ámbito de aplicación.

6.2. Principios generales

Este régimen disciplinario se rige por unos principios generales, que son los siguientes:

6.2.1. El principio de legalidad

El artículo 25.1 de la Constitución establece que nadie puede ser condenado o sancionado por acciones u omisiones que en el momento de producirse no constituyan delito, falta o infracción administrativa, según la legislación vigente en aquel momento.

6.2.2. El principio de tipicidad

Solo constituyen infracciones administrativas las vulneraciones del ordenamiento jurídico previstas como tales infracciones por una Ley.

6.2.3. Irretroactividad de las normas sancionadoras no favorables

El artículo 9.3 de la Constitución garantiza la irretroactividad de las normas sancionadoras no favorables.

6.2.4. Principio "non bis in idem"

No podrán sancionarse los hechos que hayan sido sancionados penal o administrativamente, en los casos en que se aprecie identidad de sujeto, hecho y fundamento.

6.2.5. Principio de proporcionalidad

Responde a que tanto en el establecimiento del régimen sancionador, como en la imposición concreta de la sanción, se debe guardar la debida adecuación entre el hecho cometido y la sanción a aplicar.

6.2.6. Principio de culpabilidad

La presunción de inocencia establecida en el artículo 24.2 de la Constitución es aplicable también al régimen disciplinario. No se puede sancionar al presunto infractor sin una prueba de cargo que arroje resultados susceptibles de destruir aquella presunción.

6.2.7. Extinción de la responsabilidad

La responsabilidad disciplinaria se extingue con el cumplimiento de la sanción, muerte, prescripción de la falta o sanción, indulto o amnistía.

6.3. Personas responsables

Los funcionarios que se encuentren en situación distinta de la de servicio activo, podrán incurrir en responsabilidad disciplinaria por las faltas previstas en el Reglamento que puedan cometer dentro de sus peculiares situaciones administrativas. De no ser posible el cumplimiento de la sanción en el momento en que se dicte la resolución, por hallarse el funcionario en situación administrativa que lo impida, ésta se hará efectiva cuando su cambio de situación lo permita, salvo que haya transcurrido el plazo de prescripción.

No podrá exigirse responsabilidad disciplinaria por actos posteriores a la pérdida de la condición de funcionario.

La pérdida de la condición de funcionario no libera de la responsabilidad civil o penal contraída por faltas cometidas durante el tiempo en que se ostentó aquélla.

Los funcionarios que indujeren a otros a la realización de actos o conductas constitutivos de falta disciplinaria incurrirán en la misma responsabilidad que éstos. De no haberse consumado la falta, incurrirán en responsabilidad según la intencionalidad, reiteración o reincidencia, perturbación del servicio, etc.

Igualmente incurrirán en responsabilidad los funcionarios que encubrieren las faltas consumadas **muy graves y graves** cuando de dicho acto se deriven graves daños para la Administración o los ciudadanos y serán sancionados de acuerdo con los criterios previstos en el artículo anterior.

6.4. Las faltas

Se regulan en los artículos 95 y ss. del EBEP. No obstante, estos artículos no contienen una relación de las infracciones graves y leves por lo que habrá que seguir atendiendo a lo establecido en el RD 33/1986, de 10 de enero, en tanto no se oponga o contradiga lo establecido en el EBEP.

Las faltas disciplinarias pueden ser muy graves, graves y leves.

Son faltas muy graves:

a) El incumplimiento del deber de respeto a la Constitución y a los respectivos Estatutos de Autonomía de las Comunidades Autónomas y Ciudades de Ceuta y Melilla, en el ejercicio de la función pública.

b) Toda actuación que suponga discriminación por razón de origen racial o étnico, religión o convicciones, discapacidad, edad u orientación sexual, lengua, opinión, lugar de nacimiento o vecindad, sexo o cualquier otra condición o circunstancia personal o social, así como el acoso por razón de origen racial o étnico, religión o convicciones, discapacidad, edad u orientación sexual y el acoso moral, sexual y por razón de sexo.

c) El abandono del servicio, así como no hacerse cargo voluntariamente de las tareas o funciones que tienen encomendadas.

d) La adopción de acuerdos manifiestamente ilegales que causen perjuicio grave a la Administración o a los ciudadanos.

e) La publicación o utilización indebida de la documentación o información a que tengan o hayan tenido acceso por razón de su cargo o función.

f) La negligencia en la custodia de secretos oficiales, declarados así por Ley o clasificados como tales, que sea causa de su publicación o que provoque su difusión o conocimiento indebido.

g) El notorio incumplimiento de las funciones esenciales inherentes al puesto de trabajo o funciones encomendadas.

h) La violación de la imparcialidad, utilizando las facultades atribuidas para influir en procesos electorales de cualquier naturaleza y ámbito.

i) La desobediencia abierta a las órdenes o instrucciones de un superior, salvo que constituyan infracción manifiesta del Ordenamiento jurídico.

j) La prevalencia de la condición de empleado público para obtener un beneficio indebido para sí o para otro.

k) La obstaculización al ejercicio de las libertades públicas y derechos sindicales.

l) La realización de actos encaminados a coartar el libre ejercicio del derecho de huelga.

m) El incumplimiento de la obligación de atender los servicios esenciales en caso de huelga.

n) El incumplimiento de las normas sobre incompatibilidades cuando ello dé lugar a una situación de incompatibilidad.

o) La incomparecencia injustificada en las Comisiones de Investigación de las Cortes Generales y de las Asambleas Legislativas de las Comunidades Autónomas.

p) El acoso laboral.

q) También serán faltas muy graves las que queden tipificadas como tales en Ley de las Cortes Generales o de la Asamblea Legislativa de la correspondiente Comunidad Autónoma o por los convenios colectivos en el caso de personal laboral.

Son faltas graves:

a) La falta de obediencia debida a los superiores y autoridades.

b) El abuso de autoridad en el ejercicio del cargo.

c) Las conductas constitutivas de delito doloso relacionadas con el servicio o que causen daño a la Administración o a los administrados.

d) La tolerancia de los superiores respecto de la comisión de faltas muy graves o graves de sus subordinados.

e) La grave desconsideración con los superiores, compañeros o subordinados.

f) Causar daños graves en los locales, material o documentos de los servicios.

g) Intervenir en un procedimiento administrativo cuando se de alguna de las causas de abstención legalmente señaladas.

h) La emisión de informes y la adopción de acuerdos manifiestamente ilegales cuando causen perjuicio, a la Administración o a los ciudadanos y no constituyan falta muy grave.

i) La falta de rendimiento que afecte al normal funcionamiento de los servicios y no constituya falta muy grave.
j) No guardar el debido sigilo respecto a los asuntos que se conozcan por razón del cargo, cuando causen perjuicio a la Administración o se utilice en provecho propio.
k) El incumplimiento de los plazos y otras disposiciones de procedimiento en materia de incompatibilidades, cuando no suponga mantenimiento de una situación de incompatibilidad.
l) El incumplimiento injustificado de la jornada de trabajo que acumulado suponga un mínimo de diez horas al mes.
m) La tercera falta injustificada de asistencia en un período de tres meses, cuando las dos anteriores hubieren sido objeto de sanción por falta leve.
n) La grave perturbación del servicio.
o) El atentado grave a la dignidad de los funcionarios o de la Administración.
p) La grave falta de consideración con los administrados.
q) Las acciones u omisiones dirigidas a evadir los sistema de control de horarios o a impedir que sean detectados los incumplimientos justificados de la jornada de trabajo.

Las faltas graves serán establecidas por Ley de las Cortes Generales o de la Asamblea Legislativa de la correspondiente Comunidad Autónoma o por los convenios colectivos en el caso de personal laboral, atendiendo a las siguientes circunstancias:

a) El grado en que se haya vulnerado la legalidad.
b) La gravedad de los daños causados al interés público, patrimonio o bienes de la Administración o de los ciudadanos.
c) El descrédito para la imagen pública de la Administración.

Son faltas leves:

a) El incumplimiento injustificado del horario de trabajo, cuando no suponga falta grave.
b) La falta de asistencia injustificada de un día.
c) La incorrección con el público, superiores, compañeros o subordinados.
d) El descuido o negligencia en el ejercicio de sus funciones.
e) El incumplimiento de los deberes y obligaciones del funcionario, siempre que no deban ser calificados como falta grave o muy grave.

Las Leyes de Función Pública que se dicten en desarrollo del Estatuto Básico del Empleado Público, determinarán el régimen aplicable a las faltas leves, atendiendo a las anteriores circunstancias.

6.5. Sanciones disciplinarias

Por razón de las faltas cometidas podrán imponerse las siguientes sanciones:

a) Separación del servicio de los funcionarios, que en el caso de los funcionarios interinos comportará la revocación de su nombramiento, y que sólo podrá sancionar la comisión de faltas muy graves.

b) Despido disciplinario del personal laboral, que sólo podrá sancionar la comisión de faltas muy graves y comportará la inhabilitación para ser titular de un nuevo contrato de trabajo con funciones similares a las que desempeñaban.

c) Suspensión firme de funciones, o de empleo y sueldo en el caso del personal laboral, con una duración máxima de 6 años.

d) Traslado forzoso, con o sin cambio de localidad de residencia, por el período que en cada caso se establezca.

e) Demérito, que consistirá en la penalización a efectos de carrera, promoción o movilidad voluntaria.

f) Apercibimiento.

g) Cualquier otra que se establezca por Ley.

El alcance de cada sanción se establecerá teniendo en cuenta el grado de intencionalidad, descuido o negligencia que se revele en la conducta, el daño al interés público, la reiteración o reincidencia, así como el grado de participación.

6.6. Extinción de la responsabilidad

La responsabilidad disciplinaria se extingue con el cumplimiento de la sanción, muerte, prescripción de la falta o de la sanción, indulto y amnistía.

Si durante la sustanciación del procedimiento sancionador se produjere la pérdida de la condición de funcionario del inculpado, se dictará resolución en la que, con invocación de la causa, se declarará extinguido el procedimiento sancionador, sin perjuicio de la responsabilidad civil o penal que le pueda ser exigida y se ordenará el archivo de las actuaciones, salvo que por parte interesada se inste la continuación del expediente. Al mismo tiempo, se dejarán sin efecto cuantas medias de carácter provisional se hubieren adoptado con respecto al funcionario inculpado.

6.7. Prescripción de infracciones y sanciones

Las **infracciones** muy graves prescribirán a los 3 años, las graves a los 2 años y las leves a los 6 meses; las **sanciones** impuestas por faltas muy graves prescribirán a los 3 años, las impuestas por faltas graves a los 2 años y las impuestas por faltas leves al año.

El plazo de prescripción comenzará a contarse desde que la falta se hubiera cometido, y desde el cese de su comisión cuando se trate de faltas continuadas.

El de las sanciones, desde la firmeza de la resolución sancionadora.

La prescripción se interrumpirá por la iniciación del procedimiento, volviendo a correr el plazo si el expediente permaneciere paralizado durante más de seis meses por causa no imputable al funcionario sujeto al procedimiento.

El plazo de prescripción comenzará a contarse desde el día siguiente a aquel en que adquiera firmeza la resolución por la que se impone la sanción si hubiere comenzado.

7. ACUERDO-CONVENIO 2007, POR EL QUE SE REGULAN LAS RELACIONES DE TRABAJO ENTRE LOS TRABAJADORES/AS DEL EXCMO. AYUNTAMIENTO DE CÁCERES Y LA CORPORACIÓN MUNICIPAL

- Capítulo I. Disposiciones Generales:
  - ▹ Artículo 1. Objeto.
  - ▹ Artículo 2. Ámbito Personal.
  - ▹ Artículo 3. Ámbito Temporal.
  - ▹ Artículo 4. Ámbito Territorial.
  - ▹ Artículo 5. Comisión Paritaria.
  - ▹ Artículo 6. Vinculación a la totalidad.
  - ▹ Artículo 7. Denuncia del Acuerdo.
  - ▹ Artículo 8. Prórroga.
  - ▹ Artículo 9. Condiciones más favorables.
- Capítulo II. Organización del trabajo:
  - ▹ Artículo 10. Organización y racionalización.
  - ▹ Artículo 11. Relación de Puestos de Trabajo.

- ▹ Artículo 12. Consolidación de Empleo Temporal en Fijo.
- ▹ Artículo 13. Funcionarización.
- ▹ Artículo 14. Oferta de Empleo.
- ▹ Artículo 15. Promoción Interna.
- ▹ Artículo 16. Provisión de Puestos de Trabajo.
- ▹ Artículo 17. Comisiones de Servicio y Adscripciones Provisionales.
- ▹ Artículo 18. Trabajos de Superior Categoría.
- ▹ Artículo 19. Función Docente del Personal del O.A. Univ. Popular.
- ▹ Artículo 20. Formación del Personal del Ayuntamiento.
- ▹ Artículo 21. Ampliación de Plantilla.
- ▹ Artículo 22. Jornada Laboral y Horario.
- ▹ Artículo 23. Vacaciones Anuales.
- ▹ Artículo 24. Permisos y Licencias retribuidos.
- ▹ Artículo 25. Licencias no retribuidas.
- ▹ Artículo 26. Procedimiento de concesión de permisos y licencias.

- Capítulo III. Régimen de retribuciones de los empleados públicos municipales:
  - ▹ Artículo 27.
- Capítulo IV. Derechos sociales:
  - ▹ Artículo 28. Garantías.
  - ▹ Artículo 29. Compensaciones o Ayudas Económico-sociales.
- Capítulo V. Derechos sindicales:
  - ▹ Artículo 30. Introducción.
  - ▹ Artículo 31. Secciones Sindicales.
  - ▹ Artículo 32. Órganos de Representación: Junta de Personal.
  - ▹ Artículo 33. Mesa General de Negociación y Comisión Paritaria.
  - ▹ Artículo 34. Régimen de Asambleas.
  - ▹ Artículo 35.
- Capítulo VI. Prevención de riesgos laborales. Consulta, participación y representación de los trabajadores en materia de prevención de riesgos laborales:
  - ▹ Artículo 36. Comité de Seguridad y Salud.
  - ▹ Artículo 37. Delegados de Prevención.
  - ▹ Artículo 38. Servicio de Prevención Propio del Excmo. Ayto. de Cáceres.

- Otras disposiciones:
  - ▹ Artículo 39. Uniformidad y Equipos de Protección (EPI'S).
  - ▹ Artículo 40. Vigilancia de la Salud y Primeros Auxilios.
  - ▹ Artículo 41. Plan de Prevención.
  - ▹ Artículo 42. Protección de la dignidad de la mujer y el hombre en el trabajo.
- Capítulo VII. Régimen disciplinario:
  - ▹ Artículo 43. De las Faltas.
  - ▹ Artículo 44. Del Procedimiento Sancionador.
  - ▹ Artículo 45. Sanciones.
  - ▹ Artículo 46. Responsabilidades.
  - ▹ Artículo 47. Prescripciones.
- Capítulo VIII. Régimen jurídico:
  - ▹ Artículo 48. Disposiciones.
- Disposiciones Adicionales:
  - ▹ Primera.
  - ▹ Segunda.
  - ▹ Tercera.
  - ▹ Cuarta.
  - ▹ Quinta.
  - ▹ Sexta.
  - ▹ Séptima.
  - ▹ Octava.
- Disposición Derogatoria.
- Disposición Final.
- Anexos.

Capítulo I. Disposiciones Generales

Artículo 1. Objeto.

El presente Acuerdo tiene por objeto principal la regulación de las relaciones entre el Excmo. Ayuntamiento y los trabajadores y trabajadoras (personal funcionario) a su servicio.

Artículo 2. Ámbito personal.

Las normas contenidas en el presente Acuerdo, sin perjuicio de lo dispuesto en la Disposición Adicional Cuarta, son de aplicación:

a) A todo el personal funcionario de carrera del Excmo. Ayuntamiento de Cáceres, que se encuentren en situación de servicio activo o en servicios especiales.

b) A todo el personal vinculado a la Corporación en virtud de nombramiento interino, o que ocupe plaza de funcionario/a de empleo.

c) Al personal de los Patronatos y Organismos Autónomos del Excmo. Ayuntamiento de Cáceres existentes o que puedan constituirse en el futuro, vinculados por relación funcionarial.

Artículo 3. Ámbito temporal.

1. Este Acuerdo entrará en vigor una vez cumplidos los trámites legales necesarios.

2. Este Acuerdo surtirá efectos desde el día 1 de enero de 2007.

3. Este Acuerdo tendrá una duración hasta el 31 de diciembre de 2009.

4. Si llegado el 31 de diciembre de 2009 no estuviera aprobado un nuevo Acuerdo que lo sustituyera, éste se entenderá automáticamente prorrogado en todo su contenido.

5. La denuncia en los casos de prórroga automática se podrá producir en cualquier momento.

Artículo 4. Ámbito territorial.

Este Acuerdo será de aplicación en todos los centros de trabajo dependientes del Excmo. Ayuntamiento de Cáceres, aunque tanto unos como otros no estén en el término municipal de Cáceres, si en ellos prestan servicios personal municipal.

Artículo 5. Comisión Paritaria.

1. Se constituye una Comisión Paritaria de Control, Desarrollo y Seguimiento, integrada por seis miembros (tres representantes de la Corporación y otros tres representantes pertenecientes a las Centrales Sindicales firmantes de este documento). Por cada titular se procederá a nombrar un/una suplente, no obstante, la comunicación escrita de imposibilidad de asistencia de titular y suplente, habilitará a cualquiera de las partes para designar otro/a representante que asuma las funciones de vocal. Éstos/as podrán estar asistidos por sus asesores. (Una persona por cada representación).

2. La Comisión estará presidida por un/a representante de la Corporación y actuará de Secretario/a quien lo sea de la Mesa General de Negociación.

3. Su misión será la de velar por la fiel y puntual aplicación de lo establecido en el presente Acuerdo, así como interpretar las partes dudosas e incompletas del mismo que pudieran existir.

4. Los acuerdos de la Comisión Paritaria serán adoptados por mayoría simple de votos, dirimiéndose los empates con el voto de la calidad del Presidente. Deberán ser elevados al órgano municipal competente, para su aprobación, si procede, y notificados al personal municipal.

5. Dicha Comisión se reunirá a petición de una de las partes, fijándose la reunión con un máximo de cinco días naturales posteriores a la petición. El informe de la Comisión Paritaria deberá producirse en el plazo máximo de quince días a contar desde la celebración de la reunión correspondiente.

Artículo 6. Vinculación a la totalidad.

1. Las condiciones establecidas en el presente Acuerdo, tanto normativas como retributivas, forman un todo orgánico e indivisible.

2. En el supuesto de que fuese anulado o modificado alguno o algunos de sus preceptos por la Jurisdicción competente, el Acuerdo devengará ineficacia en los capítulos, artículos y apartados que se vean afectados.

3. Si dicha ineficacia supera un tercio del articulado del Acuerdo, éste se revisará en su totalidad.

Artículo 7. Denuncia del acuerdo.

Se efectuará por escrito, que presentará la parte denunciante a la otra con un mes de antelación a la fecha de terminación de la vigencia del Acuerdo.

Artículo 8. Prórroga.

Denunciado este Acuerdo y hasta tanto se logre un nuevo acuerdo expreso, se mantendrá en vigor en todo su contenido.

Artículo 9. Condiciones más favorables.

La entrada en vigor de este Acuerdo implica la sustitución de las condiciones laborales vigentes hasta la fecha de entrada en vigor, quedando, no obstante, subordinadas a cualquier disposición de carácter general que pudiera tener efectos más favorables, y sin perjuicio en todo momento de la legislación vigente.

Capítulo II. Organización del trabajo

Artículo 10. Organización y racionalización.

1. La racionalización del trabajo tendrá entre otras las siguientes finalidades:

a) Mejora de las prestaciones de servicios a la ciudadanía.

b) Simplificación del trabajo, mejoras de métodos y procesos administrativos.

c) Establecimiento de plantillas correctas de personal.

d) Definición clara de las relaciones entre puesto y categoría.

2. Serán objeto de informe, consulta y negociación con los Órganos de representación de los trabajadores y trabajadoras, las materias de su competencia.

3. Quedan excluidas de la obligatoriedad de la consulta o negociación, en su caso, las decisiones del Ayuntamiento que afecten a sus potestades de organización, al ejercicio de los derechos de la ciudadanía ante el personal municipal y al procedimiento de formación de los actos y disposiciones administrativas.

4. Cuando las consecuencias de las decisiones del Ayuntamiento afecten a sus potestades de organización y puedan tener repercusión sobre las condiciones de trabajo del personal municipal, procederá la consulta a sus Órganos de representación, según se establece en la Ley 9/1987, de 12 de junio, de Órganos de Representación, determinación de las condiciones de trabajo y participación del personal al Servicio de las Administraciones Públicas, con las modificaciones establecidas en la Ley 7/1990, de 19 de julio.

Artículo 11. Relación de Puestos de Trabajo.

1. La Relación de Puestos de Trabajo del Excmo. Ayuntamiento de Cáceres, en adelante RPT, es el instrumento técnico a través del cual se realiza la ordenación del personal de acuerdo con las necesidades de los servicios y donde se precisan los requisitos para el desempeño de cada puesto en los siguientes términos:

La RPT, que deberá comprender todos los puestos de trabajo del Excmo. Ayuntamiento de Cáceres, incluidos los de Segunda Actividad de los/las Agentes de la Policía Local, y los de sus organismos autónomos que estén ocupados o puedan ocuparse por personal funcionario o laboral del mismo, debidamente clasificados, se aprobará anualmente con la Plantilla y el Presupuesto, indicando el contenido básico de cada puesto de trabajo y figurando los siguientes datos:

Denominación; número de control; ubicación y centro directivo al que pertenece; nivel de complemento de destino; complemento específico y subconceptos que integran el mismo; sistema de provisión y si es susceptible de ocuparse por personal de nuevo ingreso; requisitos de titulación, experiencia, cuerpo, escala, especialidad y méritos que puedan ser objeto de valoración; carácter singularizado o no del puesto; personal que desempeña puestos de confianza o asesoramiento especial; aquéllas otras condiciones particulares que se consideran relevantes en el contenido del puesto o para su desempeño.

Asimismo y con respecto a la RPT del año anterior se hará referencia a si el puesto de trabajo es nuevo (N) o ha sufrido modificaciones (M) y fecha de la Resolución o del acto en virtud del cual fue aprobada.

El personal eventual que desempeña puestos de confianza o asesoramiento especial formará parte de la RPT.

2. En función de la titulación requerida para su ingreso, se le asigna al personal su pertenencia a un grupo, dependiendo de ello las retribuciones básicas. Las retribuciones complementarias dependerán de la adscripción al puesto de trabajo mediante la provisión por el concurso correspondiente.

3. Todo el personal del Excmo. Ayuntamiento de Cáceres, salvo aquel que a partir del 1 de enero de 2001 se haya adscrito por procedimiento distinto al de concurso o libre designación, se considera adscrito de forma definitiva a los puestos de trabajo que ocupan en la actualidad.

4. La RPT o cualquiera de sus modificaciones, deberán ser negociadas en la Mesa General de Negociación antes de su aprobación por el órgano correspondiente; a estos efectos, deberá ser entregada, tanto en formato impreso como telemático, junto con el organigrama municipal, a los órganos de representación del personal, un mes antes de su aprobación por el órgano competente.

Artículo 12. Consolidación de empleo temporal en fijo.

1. Durante los dos primeros años de vigencia de este Acuerdo se desarrollará un programa de conversión de empleo temporal en fijo, en aquellos casos en que las tareas tengan carácter permanente y no coyuntural, al objeto de impulsar la solución del problema de empleo temporal.

2. Para la consolidación del empleo temporal convirtiéndolo en fijo, en la medida que los puestos de trabajo atiendan necesidades o cometidos de carácter permanente y no coyuntural, se efectuará la transformación del empleo temporal en fijo mediante la creación de plazas de carácter laboral en aquellos sectores o áreas funcionales en los que

esta medida pueda resultar adecuada. Estas plazas podrán crearse con el carácter de "a extinguir".

3. La adquisición de fijeza se efectuará a través de los sistemas previstos en la legislación y en los términos en que se prevea, en su caso, conforme al acuerdo de Empleo Público de la Mesa General de Negociación del Excmo. Ayuntamiento de Cáceres.

4. Al objeto de hacer efectivo lo dispuesto en este artículo, la Comisión Paritaria realizará un estudio de las tareas que se estén desarrollando con carácter temporal, con el fin de determinar cuáles tienen el carácter permanente, y proceder a la creación y consolidación de las mismas.

Artículo 13. Funcionarización.

Durante la vigencia del presente Acuerdo y para aquellos puestos funcionariables, desempeñados por personal laboral fijo, se realizarán convocatorias, independientes de la Oferta de Empleo Público, para permitir la funcionarización del personal que se encuentre en los citados puestos de trabajo, de acuerdo con los siguientes criterios:

a) Las pruebas selectivas se negociarán en la Mesa General de Negociación.

b) El personal que no supere dichas pruebas o decidiera permanecer en el régimen laboral se mantendrá en el mismo puesto de trabajo que viniera desempeñando, con carácter "a extinguir", sin menoscabo de su derecho a la promoción profesional o su traslado a otros puestos.

c) Se garantizará la participación de las centrales sindicales representativas en la Mesa de Negociación en las convocatorias y proceso de funcionarización, en su totalidad.

Artículo 14. Oferta de empleo.

1. El Ayuntamiento formulará anualmente su Oferta de Empleo Público en la que se recogerán las necesidades de recursos humanos que no puedan ser cubiertas con los efectivos de personal existentes, ajustándose a los criterios fijados en la normativa básica y con la participación de los sindicatos representativos. En la misma se determinarán tanto las plazas de nuevo ingreso como las que deban ser cubiertas por el sistema de promoción interna. Deberán tenerse en cuenta las jubilaciones forzosas que se hayan de producir en el correspondiente ejercicio a fin de su inclusión como vacantes en la citada Oferta.

Las necesidades y previsiones que se contengan en los correspondientes Planes de Empleo servirán de base para elaborar las Ofertas de Empleo Público.

El Ayuntamiento negociará con los Sindicatos representativos la Oferta de Empelo Público para lo cual remitirá a los mismos con tiempo suficiente la documentación previa (Necesidades de los distintos servicios, estudios técnicos, previsiones, jubilaciones forzosas, etc.)

2. La selección de personal de nuevo ingreso deberá realizarse conforme a dicha Oferta, mediante convocatoria pública y a través de los sistemas de oposición libre, concurso-oposición libre y excepcionalmente por concurso, previa negociación con las centrales sindicales, en las que se garanticen en todo caso los principios constitucionales de igualdad, mérito y capacidad, así como el de publicidad.

3. Los procedimientos de selección cuidarán especialmente la conexión entre el tipo de pruebas a superar y la adecuación a los puestos de trabajo que se hayan de desempeñar, incluyendo a tal efecto las pruebas prácticas que sean precisas.

La redacción de las bases de las convocatorias será realizada por la Administración y negociadas con las centrales sindicales representativas en la Mesa General de Negociación.

4. En las Convocatorias deberán especificarse los complementos retributivos y demás circunstancias inherentes a las plazas ofertadas.

5. En todos los Tribunales y Órganos de Selección de Personal o Comisiones de Valoración estarán presentes los Sindicatos representativos en este Ayuntamiento y se designará un miembro por la Alcaldía Presidencia, a propuesta de los Órganos de Representación Sindical. Dicho miembro estará presente en el Tribunal con voz y sin voto.

6. En ningún caso, el desempeño de un puesto de trabajo reservado a personal eventual constituirá mérito para el acceso a la Función Pública o la Promoción Interna.

7. Para asegurar una eficaz política de integración laboral de las personas discapacitadas, la corporación se compromete a que en el plazo de 7 años exista al menos un 2 por ciento de los puestos de trabajo del Ayuntamiento, ocupados por estas personas discapacitadas, siendo conveniente que su distribución sea, en la medida de lo posible, homogénea respecto a:

a) Grupos y categorías profesionales.

b) Servicios y secciones organizativas.

c) Tipo de relación contractual: funcionarial, contratados laborales fijos y contratados laborales temporales.

Para conseguir este objetivo, la corporación y los sindicatos negociarán un calendario de ejecución y la forma organizativa en la que a través de todas las ofertas públicas de empleo, ya sean de carácter funcionarial, laboral fijo o temporal, se reserven plazas destinadas en primera instancia y en exclusividad a personas con discapacidad hasta completar el 2 por ciento comprometido.

8. Se elaborará una bolsa de trabajo temporal única que contendrá todas las categorías existentes en la Oferta de Empleo Público.

La Mesa General de Negociación propondrá los criterios y el control de la misma.

9. La OFERTA DE EMPLEO TEMPORAL se realiza para el desempeño de puestos de trabajo que se crean por necesidades puntuales y con un carácter temporal limitado, en muchas ocasiones adscritos a programas, convenios y proyectos otorgados o firmados por el Ayuntamiento con otras Administraciones.

Toda oferta de empleo temporal que se realice desde el Ayuntamiento de Cáceres, incluyendo sus organismos autónomos, ha de especificar las características del puesto de trabajo.

Artículo 15. Promoción interna.

1. Se reconoce y ampara el derecho de promoción profesional del personal municipal en el marco legal contenido en la Ley 30/1984, de 2 de agosto, Real Decreto 364/1995, de 10 de marzo, Decreto 43/1996, de 26 de marzo y demás normas que sean de aplicación. El Ayuntamiento garantiza, asimismo, durante la vigencia del presente Acuerdo, procesos anuales de Concurso de Traslados.

Los criterios generales que se aplicarán para la promoción serán los siguientes:

- La promoción deberá ser instrumento para incrementar la capacidad de trabajo y los niveles de motivación e integración del personal del Ayuntamiento de Cáceres.
- La promoción deberá basarse en el esfuerzo e historial profesional, la propia carrera administrativa y en la formación y cualificación adquiridas.
- En las pruebas selectivas se establecerán sistemas de evaluación objetivos predeterminados de forma que se garantice la máxima imparcialidad, en cuanto no se oponga a lo establecido en la normativa aplicable.

2. El Ayuntamiento negociará con los órganos de representación del personal el número de plazas, vacantes o de nueva creación, que se considere necesario proveer en cada ejercicio y para las que exista crédito presupuestario.

Asimismo, la Mesa General de Negociación consensuará el porcentaje que se ofertará en cada convocatoria por el turno de Promoción

Interna que, en todo caso, tendrá que ser como mínimo el 50% de las plazas, una vez descontadas las de Libre Designación. El total de estas plazas que no sean cubiertas por Reingreso de Excedentes ni en la fase de Concurso de Traslados, se ofertarán en primer lugar mediante promoción interna al personal del mismo Grupo de Titulación.

Resuelto este proceso, las resultas se convocarán por promoción interna al personal del Grupo de Titulación inferior correspondiente.

Las vacantes para promoción interna que queden desiertas, por no haber obtenido los/las aspirantes la puntuación mínima exigida, se acumularán a las que se ofrezcan al resto de los/las aspirantes de acceso libre, salvo en el caso de convocatorias independientes de promoción interna.

3. Sistemas Selectivos.

La promoción interna se efectuará mediante el sistema de Concurso-Oposición, con sujeción a los principios de Igualdad, Capacidad, Mérito y Publicidad.

En las bases de los Concursos-Oposiciones restringidas se suprimirán las pruebas sobre aquellas materias cuyo conocimiento haya sido acreditado suficientemente en las de ingreso al cuerpo o escala de origen.

La promoción a Cuerpos y Escalas del mismo Grupo de Titulación se realizará entre personal que desempeñe actividades sustancialmente coincidentes o análogas en su contenido profesional y en su nivel técnico.

Cuando exista posibilidad legal, el Ayuntamiento facilitará la promoción “transversal”, que comporta el pase de Administración General a Especial o viceversa, bien a un Cuerpo o Escalas diferentes del mismo Grupo de Titulación.

Dentro de las pruebas a realizar en las convocatorias, las bases podrán distinguir tres fases:

- Pruebas teóricas sobre materias referentes a la plaza que se pretende cubrir.
- Pruebas prácticas sobre cometidos referentes a la plaza que se pretende cubrir.
- Concurso de Méritos, en los que deberá valorarse, entre otros aspectos, los méritos relacionados con los puestos de trabajo desempeñados, el nivel de formación y/o titulación y la antigüedad.

En relación con estas pruebas, habrá de determinarse la realización de las dos primeras o una sola de ellas, siendo obligatorio, en todo caso, el Concurso. Cada fase será eliminatoria no pudiendo superar el concurso el 40% de la puntuación total.

4. Convocatorias independientes de promoción interna.

Las pruebas de Promoción Interna, en las que deberá respetarse los principios de igualdad, mérito, capacidad y publicidad, podrán llevarse a cabo en convocatorias independientes de las de ingreso cuando por conveniencia de la planificación general de los recursos humanos, así lo autorice el órgano competente del Ayuntamiento.

Asimismo podrán llevarse a cabo los procesos de promoción interna, a través de convocatorias independientes, con el fin de posibilitar la promoción a grupos superiores del personal que se encuentre desempeñando con carácter definitivo puestos adscritos a dos grupos de titulación.

5. Requisitos de Participación.

Para participar en las pruebas de Promoción Interna, se deberá tener una antigüedad de al menos dos años en el Cuerpo o Escala al que pertenezcan al día de la finalización del plazo de presentación de solicitudes de participación y poseer la titulación y el resto de los requisitos establecidos en la convocatoria.

6. Derechos.

El personal que acceda a otros Cuerpos o Escalas por el turno de Promoción Interna tendrá en todo caso preferencia, para cubrir los puestos de trabajo previa solicitud, en el puesto obtenido por Concurso o Libre Designación siempre que cumpla el requisito de Grupo. En este último supuesto quedarán excluidos del proceso de adjudicación de destinos por orden de puntuación obtenida en el proceso selectivo.

El personal de Promoción Interna conservará el grado personal que hubiera consolidado en los Cuerpos o Escalas de procedencia, siempre que se encuentre incluido en el intervalo de niveles correspondientes al Cuerpo o Escala al que acceda. El tiempo de servicios prestados en los de origen en las anteriores condiciones podrá ser de aplicación, a su solicitud, para la consolidación del grado personal en el nuevo Cuerpo o Escala.

7. A los efectos de la carrera profesional y/o para limitar paulatinamente los solapamientos profesionales en tareas y cometidos de puestos de trabajo pertenecientes a dos Cuerpos o Escalas separados entre sí por un solo nivel de titulación, el Ayuntamiento podrá, previa negociación con los órganos de representación, reclasificar estos puestos e integrarlos en ambos grupos de titulación.

No obstante, el acceso a un puesto de trabajo clasificado en dos Grupos de Titulación no implicará la integración del trabajador/a en el Grupo de Titulación superior diferente a aquel en el que ingresó, aún cuando lo posea, ni la percepción del sueldo correspondiente.

8. Procesos de Promoción.

En la medida en que la legalidad lo permita, los trabajadores y trabajadoras de los grupos E y D podrán participar en las convocatorias de promoción a su grupo superior, aún careciendo del título correspondiente, siempre que tengan una antigüedad de 10 años en su grupo, o con 5 años y la superación de un curso específico de formación.

- Grupo C. En una nueva estructura profesional, el personal del Grupo C deberá constituir un sector cualificado del área profesional ejecutiva.

  El acceso al grupo B (Técnicos/as de Gestión de Administración General) se llevará a cabo exclusivamente a través de la promoción desde el grupo C de la correspondiente área de actividad o funcional.

- Grupo B. Deberá constituir un sector del área profesional técnica y ejecutiva. Se definirán vías de promoción para acceder al sector superior dentro de esta área.

Dentro de la vigencia de este Acuerdo la Corporación desarrollará las siguientes acciones:

a) De conformidad con las tendencias actuales tanto en la Administración General del Estado como en la Administración Local, se crearán plazas pertenecientes al Cuerpo de Gestión dentro de la plantilla del Excmo. Ayuntamiento, facilitando la promoción (según se especifica en el apartado anterior).

b) Se analizarán los puestos desempeñados por personal del Grupo B a los que puedan acceder en concurrencia con el grupo A.

c) Se analizarán los puestos desempeñados por personal del Grupo B en áreas especializadas para poder proceder a un tratamiento más idóneo de la carrera del mismo.

d) Se limitarán progresivamente los solapamientos profesionales en el grupo C, tanto en cometidos como en el desempeño de puestos.

Artículo 16. Provisión de puestos de trabajo.

Los puestos de trabajo adscritos al personal funcionario se proveerán de acuerdo con los siguientes procedimientos:

a) Concurso: Constituye el sistema normal de provisión y en él se tendrán en cuenta los méritos exigidos en la correspondiente convocatoria, entre los que figurarán los adecuados a las características de cada puesto de trabajo, así como la posesión de un determinado grado personal, la valoración del trabajo desarrollado, los cursos de formación y perfeccionamiento superados y la antigüedad.

b) Libre designación: Podrán cubrirse por este sistema aquellos puestos que se determinen en las relaciones de puestos de trabajo, en atención a la naturaleza de sus funciones.

c) Las convocatorias para proveer puestos de trabajo por concurso o por libre designación, así como sus correspondientes resoluciones, deberán hacerse públicas en los "Boletines" o "Diarios Oficiales" respectivos, por la autoridad competente para efectuar los nombramientos.

   En las convocatorias de concurso deberán incluirse, en todo caso, los siguientes datos y circunstancias:

   - Denominación, nivel y localización del puesto.
   - Requisitos indispensables para desempeñarlo.
   - Baremo para puntuar los méritos.
   - Puntuación mínima para la adjudicación de las vacantes convocadas.

   Las convocatorias para la provisión de puestos por libre designación incluirán los datos siguientes:

   - Denominación, nivel y localización del puesto.
   - Requisitos indispensables para desempeñarlo.

   Anunciada la convocatoria se concederá un plazo de quince días hábiles para la presentación de solicitudes.

   Los nombramientos de libre designación requerirán el informe previo de la persona titular del Centro, Organismo o Unidad a que figure adscrito el puesto convocado.

   Excepcionalmente, las Administraciones Públicas podrán autorizar la convocatoria de concursos de provisión de puestos de trabajo dirigidos al personal destinado en las áreas, sectores o departamentos que se determinen.

   Las Administraciones Públicas podrán trasladar a su personal, por necesidades de servicio, a unidades, departamentos u organismos públicos distintos a los de su destino, respetando sus retribuciones, condiciones esenciales de trabajo y provincia e isla de destino y modificando, en su caso, la adscripción de los puestos de trabajo de los que sean titulares. Cuando el nuevo destino implique cambio del término municipal de residencia, se tendrá derecho a las indemnizaciones establecidas reglamentariamente para los traslados forzosos en territorio nacional.

d) El personal adscrito a un puesto de trabajo por el procedimiento de libre designación podrá ser removido del mismo con carácter discrecional.

   El personal que acceda a un puesto de trabajo por el procedimiento de concurso, podrá ser removido por causas sobrevenidas, derivadas de una alteración en el contenido del puesto de trabajo, realizada a través de las relaciones de puestos de trabajo, que modifique los supuestos que sirvieron de base a la convocatoria, o de una falta de capacidad para su desempeño manifestada por rendimiento insuficiente, que no comporte inhibición y que impida realizar con eficacia las funciones atribuidas al puesto. La remoción se efectuará previo expediente contradictorio mediante resolución motivada del órgano que realizó el nombramiento, oída la Junta de Personal Correspondiente.

Al personal afectado por lo previsto en este apartado les será de aplicación lo dispuesto en el párrafo primero del artículo 21.2 b) de la Ley 30/1984, de 2 de agosto.

e) Los empleados públicos deberán permanecer en cada puesto de trabajo un mínimo de dos años para poder participar en los concursos de provisión de puestos de trabajo, salvo en el supuesto previsto en el párrafo segundo del apartado e) del número 1 de este artículo, así como por supresión del puesto de trabajo.

f) Aquel personal cuyo puesto sea objeto de supresión, como consecuencia de un Plan de Empleo, podrá ser destinado a otro puesto de trabajo por el procedimiento de reasignación de efectivos.

g) El órgano competente de la Administración Local podrá adscribir al personal municipal a puestos de trabajo en distinta unidad o servicio, previa solicitud basada en motivos de salud o rehabilitación del interesado/a, su cónyuge o descendientes a su cargo, con informe previo del servicio médico oficial legalmente establecido y condicionado a que existan puestos vacantes con asignación presupuestaria cuyo nivel de complemento de destino y específico no sea superior al del puesto de origen, y se reúnan los requisitos para su desempeño. Dicha adscripción tendrá carácter definitivo cuando el trabajador o la trabajadora ocupara con tal carácter su puesto de origen.

La reasignación de efectivos como consecuencia de un Plan de Empleo se efectuará aplicando criterios objetivos relacionados con las aptitudes, formación, experiencia y antigüedad que se concretarán en el mismo.

La adscripción al puesto adjudicado por reasignación de efectivos tendrá el carácter definitivo.

El personal que, como consecuencia de la reasignación de efectivos en el marco de un Plan de Empleo, vea modificado su lugar de residencia tendrá derecho a las indemnizaciones que por tal concepto establezca la Administración Pública a la que pertenezca. Los mismos derechos se reconocerán al personal en excedencia forzosa a quien se asigne el destino en el marco de dicho plan.

La reasignación de efectivos como consecuencia de un Plan de Empleo en las distintas Administraciones Públicas, se efectuará garantizando los criterios expuestos sobre plazos, retribuciones, movilidad y situaciones administrativas a las del personal propio de la Administración General del Estado.

h) En la provisión de puestos de trabajo del Ayuntamiento de Cáceres, en el cómputo de tiempo de servicios y otros méritos, se considerarán como trabajados los permisos, excedencias, reducciones de jornada y demás beneficios por maternidad o cuidado de familiares.

REINGRESO AL SERVICIO ACTIVO

a) El reingreso al servicio activo del personal municipal que no tenga reserva de plaza y destino, se efectuará mediante su participación en las convocatorias para la provisión de puestos de trabajo por los sistemas de concurso y libre designación o a través de la adscripción de carácter provisional a un puesto vacante dotado presupuestariamente.

b) El personal reingresado con adscripción provisional tendrán la obligación de participar en el primer concurso para la provisión de puestos de trabajo que se convoque, siempre que reúnan los requisitos exigidos. La plaza cubierta provisionalmente se incluirá necesariamente en el siguiente concurso.

PERSONAL DE NUEVO INGRESO

La adjudicación de puestos de trabajo al personal municipal de nuevo ingreso se efectuará de acuerdo con las peticiones de los/las interesados/as, según el orden obtenido en las pruebas de selección, siempre que reúnan los requisitos objetivos determinados en la Relación de Puestos de Trabajo del Excmo. Ayuntamiento de Cáceres.

Dicho personal comenzará a consolidar el grado correspondiente al nivel del puesto de trabajo al que haya sido designado.

Estos destinos tendrán carácter definitivo equivalente a todos los efectos a los obtenidos por concurso.

PERMUTAS

Por la Alcaldía Presidencia se podrán autorizar, previo informe de las Jefaturas correspondientes y acuerdo favorable de la Mesa General de Negociación, permutas de destino entre, el personal municipal siempre que concurran las siguientes circunstancias:

a) Que los puestos de trabajo a permutar sean de la misma categoría profesional y especialidad.

b) Que sus titulares hayan permanecido en sus puestos de trabajo más de dos años ininterrumpidamente.

c) En el plazo de cinco años a partir de la concesión, no podrá autorizarse otra a cualquiera de los/las interesados/as.

ANOTACIONES DE TOMA DE POSESIÓN

Las diligencias de cese y toma de posesión del personal municipal que acceda a un puesto de trabajo de acuerdo con lo previsto en el presente artículo, deberán ser comunicadas al Registro de Personal, así como a los Órganos de Representación de Personal y Sindicatos representativos dentro de los tres días hábiles siguientes.

Artículo 17. Comisiones de servicio y adscripciones provisionales.

COMISIONES DE SERVICIO

a) En casos excepcionales y con reserva de puestos de trabajo, se podrán desempeñar puestos o funciones especiales, distintas de las específicas del puesto de trabajo de adscripción, cuando al efecto haya sido conferida una comisión de servicios de carácter temporal:

   1. Para el desempeño temporal de un puesto incluido en la Relación de Puestos de Trabajo del Excmo. Ayuntamiento de Cáceres.
   2. Para la realización de tareas especiales que no estén asignadas específicamente a los puestos incluidos en la RPT.
   3. Para la realización de tareas que, por causa de su volumen o por otras razones coyunturales, no puedan ser atendidas con suficiencia por aquel personal que desempeña con carácter permanente los puestos de trabajo a los que se asignen dichas tareas.
   4. Para participar por un tiempo, que salvo en casos excepcionales no tendrá una duración superior a seis meses, en misiones de cooperación internacional al servicio de Organismos Internacionales o Gobiernos extranjeros.
   5. Para cooperar o prestar asistencia técnica durante seis meses prorrogables hasta un máximo de dos años, a la Administración de las Comunidades Autónomas y otras Corporaciones Locales, previa petición de las mismas.

b) El personal en comisión de servicios percibirá la totalidad de sus retribuciones con cargo a los créditos incluidos en los programas que figuran dotados los puestos de trabajo que realmente desempeñen, excepto en los casos comprendidos en los párrafos segundo y tercero, en los que se continuará percibiendo las retribuciones correspondientes a su puesto de trabajo, todo ello sin perjuicio de la percepción de las dietas e indemnizaciones a las que se tenga derecho, en su caso, de acuerdo con lo previsto en la legislación vigente de indemnizaciones por razón del servicio.

c) Conforme al apartado a), punto primero, cuando un puesto de trabajo quede vacante, podrá ser cubierto, en caso urgente de inaplazable necesidad, en comisión de servicio, durante un plazo de seis meses prorrogable hasta un máximo de dos años, con otro/a trabajador/a municipal que reúna los requisitos establecidos para su desempeño en la Relación de Puestos de Trabajo, con comunicación a los Órganos de Representación del Personal y Sindicatos representativos.

d) La comisión de servicios será desempeñada voluntariamente y será acordada por la Alcaldía-Presidencia con comunicación a los Órganos de Representación del Personal y Organizaciones Sindicales representativas en el Excmo. Ayuntamiento de Cáceres en los cinco días hábiles siguientes.

e) El puesto de trabajo cubierto temporalmente, será incluido necesariamente en la siguiente convocatoria de provisión por el sistema que corresponda.

ADSCRIPCIONES PROVISIONALES

Es la forma temporal de provisión de un puesto de trabajo, condicionada a las necesidades del servicio y siempre que se reúnan los requisitos para el desempeño del puesto. Procede en los supuestos de reingreso al servicio activo del personal que no tenga reserva de puesto de trabajo y de cese, sin haber obtenido otro puesto por concurso o libre designación, como consecuencia de la alteración del contenido o supresión de puesto realizada mediante la Relación de Puestos de Trabajo y conforme a la legislación vigente.

Asimismo, se podrá hacer una adscripción provisional por razones de salud, previo informe facultativo y aprobación del Comité de Seguridad y Salud.

De cualquier otro tipo de adscripción provisional realizada por la Corporación por necesidades del servicio, deberá darse cuenta, con suficiente antelación, a la Mesa General de Negociación.

Tanto estos puestos, como todos aquellos que hayan sido adscritos a partir del 1 de enero del año 2001 de forma distinta al concurso o libre designación u otro procedimiento de provisión definitiva, y que por tanto, tenga carácter de provisionales, serán incluidos necesariamente, en la primera convocatoria de provisión definitiva por el sistema que corresponda.

Artículo 18. Trabajos de superior categoría.

1. Es competencia exclusiva de la Jefatura de Personal habilitar o reconocer, provisionalmente, para desempeñar puestos de superior

categoría, a personal de los mismos, concretamente al más antiguo de la categoría inmediatamente inferior; en caso de igualdad, prevalecerá el orden obtenido en la oposición de acceso a dicha categoría, siempre por necesidad del servicio y comunicándolo dentro de los cinco días laborables siguientes, a los servicios de Personal, y éstos, a su vez, a los Órganos de Representación del Personal.

2. El tiempo máximo de habilitación para trabajos de superior categoría será de dos meses continuados o tres discontinuos en un mismo año. No obstante lo anterior, a partir de quince días al año, de ejercicio de funciones de superior categoría, de forma continua o discontinua, se reconocerá mediante informe de la Jefatura correspondiente, la habilitación y el percibo de las retribuciones complementarias del puesto desempeñado.

Artículo 19. Función docente del personal del Organismo Autónomo "Universidad Popular".

1. Serán consideradas tareas del personal docente, las siguientes:

a) Impartir clases en los distintos talleres y aulas.

b) Asistencia a las reuniones del claustro.

c) Asistencia a sesiones de evaluación.

d) Período de recreo del alumnado.

e) Otras actividades complementarias y extraescolares.

2. El reconocimiento de personal docente lleva implícitas las siguientes peculiaridades en cuanto a jornada laboral y horario:

a) El cómputo horario semanal será el establecido en el Acuerdo con carácter general, no pudiendo exceder en más de 21 horas semanales la acción docente directa.

b) Aquel personal docente de la Universidad Popular que por razón de su actividad deba realizar trabajos fuera de la jornada laboral semanal se le compensará conforme a lo que se establece en el art. 27.6 del actual Acuerdo. De mutuo acuerdo por ambas partes, los servicios extraordinarios realizados podrán compensarse por tiempos equivalentes en descansos, incrementados en la misma proporción establecida para las gratificaciones.

Artículo 20. Formación del personal del Ayuntamiento.

1. La formación es el instrumento fundamental para la profesionalización del personal y la mejora de los servicios. Las trabajadoras y los trabajadores municipales tienen derecho a ver facilitada la realización de estudios para la obtención de títulos académicos o profesionales, la realización de cursos de perfeccionamiento profesional y el acceso a cursos de reconversión y capacitación profesionales organizados por

las Administraciones Central, Autonómica y Local, cuando tengan relación con el puesto de trabajo desempeñado.

2. El personal que curse estudios académicos y de formación y perfeccionamiento profesional tendrá preferencia para elegir turno de trabajo, en su caso, y de vacaciones anuales, así como la adaptación de la jornada ordinaria de trabajo para la asistencia a los cursos, si ello es posible.

3. La Corporación, directamente o en régimen de concierto con Centros Oficiales reconocidos, organizará cursos de capacitación profesional para la adaptación de su personal a las modificaciones técnicas operadas en los puestos de trabajo, así como cursos de reconversión profesional para asegurar la estabilidad en un puesto de transformación o modificación funcional, dando publicidad de los mismos a través del Tablón de Edictos de la Casa Consistorial, en todas las dependencias.

En estos supuestos el tiempo de asistencia a los cursos se considerará como de trabajo efectivo.

4. Para facilitar la formación y el reciclaje profesional, el personal del Excmo. Ayuntamiento de Cáceres, tiene derecho a la concesión de 40 horas como máximo al año para la asistencia a cursos de perfeccionamiento profesional. Cuando el curso se celebre fuera del Ayuntamiento de Cáceres y el contenido del mismo esté directamente relacionado con el puesto de trabajo o su carrera profesional en la Administración, se abonarán por la Corporación los gastos de dieta y desplazamiento correspondientes.

5. Se fija, por parte de la Corporación, 24.000'00 € como cantidad mínima a aplicar sobre el total de la masa salarial del año 2007, en concepto de FORMACIÓN DEL PERSONAL MUNICIPAL.

6. Durante la vigencia de este Acuerdo, el Excmo. Ayuntamiento de Cáceres establecerá un Plan de Formación Permanente, con fondos específicos para acciones mancomunadas entre las Organizaciones Sindicales representativas en el mismo, y la Administración Municipal que afectará a todas las categorías y grupos profesionales existentes, y además se llevarán a cabo:

a) Estudios sectoriales sobre las necesidades de cualificación del personal vinculado a este Ayuntamiento y la evolución de estas profesiones o categorías por la introducción de nuevas tecnologías, que sirvan para establecer acuerdos futuros.

b) La participación de las Organizaciones Sindicales representativas en el Excmo. Ayuntamiento de Cáceres, en el diseño, objetivos y selección de participantes y monitores/as, seguimiento y evaluación del plan formativo.

c) La vinculación de la formación con la promoción profesional, mediante cursos de formación que habiliten para ocupar puestos de trabajo de superior categoría en el intervalo de niveles asignado, serán convocados por el Ayuntamiento con la periodicidad que demandan los servicios y será fijado en la Mesa General de Negociación. Las convocatorias serán publicadas en los tablones de anuncios de todas las dependencias donde preste servicio el personal municipal.

d) La participación en los cursos de formación se hará previa solicitud por las personas interesadas y la selección se efectuará mediante concurso de méritos que se determinarán en cada convocatoria y que serán valorados por una Comisión creada al efecto y que contará entre sus miembros con un/a representante de cada una de las Organizaciones Sindicales más representativas. Quienes participen en los cursos mantendrán su derecho a las indemnizaciones que les correspondan de acuerdo con la normativa aplicable de carácter general.

El personal municipal podrá recibir y participar en cursos de formación durante los permisos de maternidad, paternidad, así como durante las excedencias por motivos familiares.

7. Se constituirá una COMISIÓN PARITARIA DE FORMACIÓN que desarrollará las siguientes competencias:

a) Proponer acciones formativas.
b) Elaborar los objetivos del Plan de Formación.
c) Aprobar el Plan de Formación y su seguimiento.
d) Distribuir los recursos y el control de los mismos.
e) Marcar las prioridades de formación para las diversas categorías o colectivos más necesitados, tanto de especialización como de reciclaje o reconversión.
f) Promover ayudas o facilidades para la formación externa o complementaria del personal con menor cualificación.
g) Cogestionar las acciones de formación que se realicen con fondos públicos de otras instituciones (MEC, FSE, etc.)

Dicha Comisión será informada de toda la formación que realice el personal municipal fuera del Plan de Formación propio del Excmo. Ayuntamiento de Cáceres (Agrupado de Diputación, INAP, FEMPEX...); así como de las aportaciones económicas destinadas a gastos de dietas e inscripciones.

Artículo 21. Ampliación de plantilla.

Siempre que en un puesto de trabajo o una categoría, o bien en un determinado servicio se superen el número de horas de trabajos extraordinarios que el Estatuto de los Trabajadores establece como tope, la Corporación estará obligada a proceder a la ampliación de plantilla, siempre que lo permita, de manera expresa, la Ley de Presupuestos Generales del Estado o sus Leyes de Acompañamiento.

Artículo 22. Jornada laboral y horario.

1. Jornada de trabajo.

a) La duración máxima de la jornada general de trabajo para el personal funcionario del Ayuntamiento de Cáceres será la establecida para los funcionarios de la Administración General del Estado. El calendario laboral anual, su distribución y cuadro horario de los diferentes centros, se confeccionará por la Jefatura de cada centro previo acuerdo con los sindicatos en la Mesa General de Negociación y antes del día 31 de enero de cada año.

b) El horario será flexible, y con la obligación de permanecer en sus puestos de trabajo desde las 8,30 a las 14,30 horas, pudiéndose cumplir el resto de la jornada desde las 8 a las 8,30, y desde las 14,30 a las 15 horas, o en jornada de tarde de 16,30 a 20 horas, salvo aquellos puestos de trabajo que tengan asignados turnos rotativos.

c) El Registro General, Información, Cementerio, Recaudación y aquellos puestos de trabajo en cuyo Complemento Específico aparezcan las notas de Dedicación o incompatibilidad, se les exigirá el cumplimiento, en horario de tarde, dos días a la semana, y por dos horas en cada uno de ellos.

d) El personal municipal tendrá derecho a un período mínimo de descanso semanal de dos días ininterrumpidos, que con carácter general comprenderá sábado y domingo, salvo en las dependencias, actividades y servicios que deban organizarse por turnos de trabajo, en cuyo caso deberá regularse por la Corporación otro régimen de descanso laboral, previo acuerdo con los/las representantes del personal. Quienes estén sometidos a turnos tendrán como mínimo el 50% de los fines de semana libres.

e) En los casos que por necesidades del servicio se sobrepase la jornada semanal establecida se aplicará una compensación económica por servicios extraordinarios, de conformidad con lo establecido en el artículo 27.6.

2. Flexibilidad horaria.

a. Quienes tengan a su cargo personas mayores o con discapacidad, hijos/as menores de 12 años, así como quien tenga a su cargo directo a familiar con enfermedad grave hasta el segundo grado de consanguinidad o afinidad, tendrá derecho a flexibilizar en un máximo de una hora su horario fijo de jornada.

b. Quienes tengan hijos/as con discapacidad psíquica, física o sensorial, tendrán dos horas de flexibilidad horaria diaria a fin de conciliar los horarios de los centros de educación especial y otros centros donde el hijo/a con discapacidad reciba atención, con los horarios de los propios puestos de trabajo.

c. Excepcionalmente, previa autorización de la persona responsable de la unidad, se podrá conceder con carácter personal y temporal, la modificación del horario fijo en un máximo de dos horas por motivos directamente relacionados con la conciliación de la vida personal, familiar, laboral y en los casos de familias monoparentales.

3. Descanso diario.

Cada empleado/a municipal disfrutará de un período máximo de treinta minutos diarios que se computarán como de trabajo efectivo a todos los efectos dentro de la jornada laboral.

4. Turnos.

El plan de horarios y turnos para los servicios sometidos a ellos y cualquier modificación de los mismos se fijará previo acuerdo con los/las representantes del personal municipal.

A los efectos de facilitar la conciliación de la vida familiar y personal, el personal municipal podrá cambiar de mutuo acuerdo el turno o jornada de trabajo que le corresponda con el de otro/a compañero/a que realice tareas y/o funciones similares. Para ello deberán comunicarlo previamente con un mínimo de 24 horas de antelación y por escrito a quien sea responsable del servicio. La negativa al cambio de turno deberá ser justificada por escrito por la Jefatura del Servicio o de la Sección y sólo podrá fundamentarse en la imposibilidad manifiesta de poder llevar a cabo los trabajos asignados al personal sustituido.

5. Control de Presencia.

La Administración Municipal y la representación sindical expresan su propósito de reducir el absentismo y de mejorar la presencia efectiva en los puestos de trabajo, adoptándose para ello las medidas tendentes a la mejora de los mismos.

6. Jornada reducida.

Será de dos horas diarias, con carácter general de 9 a 14 horas, durante tres días en Semana Santa y tres días en Ferias de Cáceres, compensando al personal sometido a turnos, que no pueda realizar dicha reducción, con un día de descanso, por cada uno de los períodos citados.

Artículo 23. Vacaciones anuales.

1. Por cada año completo de servicio activo: treinta y un días o los días que en proporción le correspondan, si el tiempo de servicio hubiera sido menor.

2. Se disfrutarán durante los meses de julio, agosto y septiembre de cada año, salvo en aquellos casos en que se solicitara su disfrute en otros meses distintos.

3. La distribución de los periodos vacacionales se realizará de conformidad con la Resolución de 20 de diciembre de 2005 de la Secretaría General por la que se dictan instrucciones sobre jornada y horario de trabajo del personal civil al servicio de la Administración General del Estado, por el que se aprueba el acuerdo Administración-Sindicatos de 28 de julio de 2005, para la modernización y mejora de la Administración Pública.

4. El personal municipal, previa solicitud, podrá disfrutar sus vacaciones anuales, a lo largo de todo el año en períodos mínimos de siete días naturales consecutivos, siempre que sean compatibles con las necesidades del servicio.

5. El no disfrute de las vacaciones anuales nunca será susceptible de compensación económica.

6. En caso de que por necesidades del servicio, y siempre requerido por la Jefatura Superior de Personal, las vacaciones no se disfruten en el período de tiempo señalado para ello, o bien sean interrumpidas durante su disfrute, se prorrogarán en cinco días retribuidos.

7. Si antes de iniciarse el período de vacaciones anuales o durante el mismo, ocurriera alguna circunstancia extraordinaria de baja laboral (enfermedad o accidente), se retrasará dicho período dentro del mismo año hasta que las citadas circunstancias desaparezcan.

8. Se efectuará un PLAN DE VACACIONES ANUAL, que deberá estar confeccionado antes de la finalización del mes de abril, previo acuerdo con los/las representantes del personal, donde se detallarán las fechas de disfrute del período de vacaciones anuales por cada persona según los servicios donde se encuadren.

9. Derecho de las madres y los padres a acumular el período de disfrute de vacaciones al permiso de maternidad, lactancia y paternidad, aún habiendo expirado ya el año natural a que tal período corresponda.

Artículo 24. Permisos y licencias retribuidos.

El personal municipal previa solicitud de licencia, cursada con cuarenta y ocho horas (hábiles) de antelación, podrá ausentarse del trabajo, con derecho a remuneración, por alguno de los motivos y períodos de tiempo que a continuación se relacionan:

1. Libre disposición: 9 días, no pudiéndose acumular, en ningún caso, a las vacaciones anuales; dichos días podrán disfrutarse en periodos de media jornada cada día, al principio o final de la misma, previa solicitud y siempre que el servicio lo permita.

Se podrá disfrutar de estos días a conveniencia de la trabajadora o trabajador, previa autorización de la Jefatura de Servicio, Sección o Negociado y de la Secretaría General de la Corporación y respetando siempre las necesidades del servicio.

Estos días deberán disfrutarse dentro del año, pudiéndose conceder este permiso dentro de los quince primeros días del año siguiente.

2. Los días 24, 25 y 31 de diciembre y 1 de enero permanecerán cerradas las oficinas públicas, a excepción de los servicios de Registro General, Información, Mercados municipales (los días 24 y 31), Cementerio, Policía Local y Bomberos y otros servicios... El personal que tenga que prestar servicios en estos días, disfrutará de otras fechas para compensarlo. Cuando estos días coincidan en sábado, domingo o descanso, dichos permisos serán compensados. Nadie prestará servicio en ambos periodos festivos (24-25/31-01), debiendo turnarse entre el resto del personal del servicio.
3. Por razón de matrimonio o su consideración (acreditación) legal como Pareja de Hecho: 15 días naturales.
4. Por matrimonio de parientes en 1º y 2º grado de consanguinidad y afinidad, 2 días naturales, incluyendo el de la celebración, y siendo el acto a más de 300 kilómetros de distancia, 3 días naturales.
5. Por comunión, bautizo o ceremonia similar de las diferentes religiones, hasta el tercer grado, el día de la celebración.
6. Por embarazo: dieciséis semanas. En caso de embarazo múltiple, se estará a lo que señale la legislación vigente. Las trabajadoras embarazadas tendrán derecho a ausentarse del trabajo, con derecho a remuneración, para la realización de exámenes prenatales y técnicas de preparación al parto, previo aviso a la autoridad competente en materia de personal, y justificación de la necesidad de su realización dentro de la jornada de trabajo.
7. Para realizar estudios sobre materias directamente relacionadas con la función pública, previo informe favorable de la persona de quien jerárquicamente se dependa, teniendo derecho a las retribuciones económicas, con la exclusión del complemento específico durante el tiempo que duren dichos estudios.
8. Otros permisos.
   a) Por nacimiento, adopción o acogimiento, 10 días de permiso a disfrutar por el padre, a partir de la fecha de nacimiento, de la decisión administrativa o judicial de acogimiento o de la resolución judicial por la que se constituya la adopción. Si el parto fuera múltiple se añadirán dos días a este permiso. El personal beneficiado podrá elegir si disfrutan los días com-

pletos o trabaja media jornada (en este caso durante 18 días o 19 si el parto fuera múltiple).

b) Por interrupción de embarazo 3 días de permiso a partir de la intervención, añadiéndose un día más si la intervención se practicara en distinta localidad.

c) En los casos de descendientes prematuros o en los que, por cualquier motivo, éstos tengan que permanecer hospitalizados después del parto, la trabajadora o el trabajador tendrá derecho a ausentarse del lugar del trabajo hasta un máximo de dos horas diarias, percibiendo las retribuciones íntegras. En dichos supuestos, el permiso de maternidad puede computarse, a instancia de la madre, o en caso de que ella falte, del padre, a partir de la fecha del alta hospitalaria. Se excluyen de este cómputo las primeras seis semanas posteriores al parto, de descanso obligatorio para la madre.

9. Por intervención quirúrgica o enfermedad que necesite la asistencia de al menos un familiar:

a) Con ingreso: (justificación de ingreso y alta); primer grado de parentesco: 5 días; segundo grado: 4 días.

b) En caso de que la intervención o enfermedad implicara inmovilidad parcial o total (con justificación médica), se aplicarán las licencias contempladas en el apartado a).

c) Intervención quirúrgica sin ingresar: primer y segundo grado de parentesco: 2 días.

Estos días podrán utilizarse seguidos o alternos a petición del trabajador o trabajadora y sólo mientras persista la enfermedad y/o hospitalización.

En los supuestos en los que además concurra la circunstancia prevista en el apartado d) los días libres descritos en los apartados anteriores y con carácter complementario se considerarán incluidos dentro del plazo a que se hace referencia en dicho apartado.

d) En caso de enfermedad muy grave de un familiar de primer grado y a efectos de atender a su cuidado, se tendrá derecho a una reducción del 50% de la jornada laboral, con carácter retribuido y por plazo máximo de un mes. En caso de que la reducción horaria afectara a más de un/a empleado/a municipal, la reducción se disfrutaría de forma parcial, respetando en todo caso el plazo máximo.

10. Por fallecimiento:

a) Del/de la cónyuge, compañero o compañera, progenitores o descendientes: cinco días. Tratándose del/de la cónyuge, compañero o compañera y teniendo hijos/as menores de 6 años, con disminución física, psíquica o sensorial a su cargo, se tendrá derecho a diez días naturales.

b) De familiares de segundo grado de consanguinidad o afinidad: cinco días.

c) De familiares de tercer y cuarto grado de consanguinidad o afinidad: el día del entierro.

11. Para concurrir a exámenes finales y demás pruebas de aptitud en centros oficiales, durante los días de su celebración, con justificación de la realización del ejercicio.

12. Por traslado de domicilio sin cambio de residencia, dos días naturales, cuando se produzca mudanza o bien sea traslado a vivienda de nueva construcción.

13. Con hija/o menor de doce meses: dos horas diarias de ausencia del trabajo. Este período de tiempo podrá dividirse en dos fracciones al principio y al final de la jornada laboral. Cuando sea el padre el que solicite esta licencia, deberá justificar mediante parte facultativo la necesidad de lactancia artificial, así como que la madre no disfruta de dicho permiso. Este permiso podrá sustituirse por un permiso de 4 semanas ampliables por parto múltiple a 5.

14. Cumplimiento de un deber inexcusable de carácter público o privado y los relacionados con la conciliación de la vida familiar y laboral tales como visitas médicas o rehabilitación –realizadas a través de compañía privada aseguradora, concertada por la Corporación o privadamente por el/la trabajador/a, Seguridad Social o cualquier tipo de asistencia médica privada–, exista o no dicha especialidad en la ciudad de Cáceres, de convalecencias propias o de un miembro de su unidad familiar, debidamente acreditado, y durante el tiempo que dure el citado deber.

    El personal municipal que tenga descendientes con discapacidad psíquica, física o sensorial, tendrá derecho a ausentarse del trabajo por el tiempo indispensable para asistir a las reuniones de coordinación de su centro de educación especial, donde reciba tratamiento o para acompañarlo si ha de recibir apoyo adicional en el ámbito sanitario.

    Asimismo tendrá derecho a ausentarse del trabajo para someterse a técnicas de fecundación asistida por el tiempo necesario para su realización y previa justificación de la necesidad dentro de la jornada de trabajo.

15. Adopción.

a) Por la adopción de menor o disminuido físico, psíquico o sensorial dentro del marco legal, el personal municipal tendrá derecho a un permiso de dieciséis semanas, a partir de la fecha de la adopción, ampliables en el supuesto de adopción o acogimiento múltiple en dos semanas más por cada hijo/a a partir del segundo, siempre que se acredite debidamente la necesidad de dedicarse personalmente a su cuidado directo. Dicho derecho sólo podrá disfrutarlo uno de los cónyuges.

b) En los supuestos de adopción internacional cuando sea necesario el desplazamiento previo de los padres al país de origen del adoptado/a, se tendrá derecho a disfrutar de un permiso de hasta dos meses de duración, percibiendo durante este período exclusivamente la retribuciones básicas.

16. Durante el tiempo que duren los congresos o reuniones de carácter profesional, social o sindical a los que asiste el personal municipal, o formando parte integrante de los mismos, con la debida justificación, siempre que las necesidades del servicio lo permitan. Si la asistencia a dichos actos fuese promovida o auspiciada por la Corporación y otro Organismo, se tendrá derecho a percibir las indemnizaciones en concepto de dietas, desplazamientos, etc.

17. Cuando los hechos motivadores de los permisos señalados se produzcan fuera del municipio, se incrementarán en los días que dure el desplazamiento.

Artículo 25. Licencias no retribuidas.

1. Quien por razones de guarda legal tenga a su cuidado directo a menor de doce años, anciano/a que requiera especial dedicación o a persona con disminución física, psíquica o sensorial, que no desempeñe actividad retribuida, tendrá derecho a una disminución de la jornada de trabajo de hasta un medio, con la reducción proporcional de sus retribuciones, siendo el horario de dicha reducción a elección del trabajador o de la trabajadora.

2. Podrán concederse licencias de estudios y asuntos propios, sin retribución alguna. Su concesión se subordinará a las necesidades del servicio, cuando proceda, y su duración acumulada no podrá exceder de tres meses cada dos años.

3. Se tendrá derecho a un período de excedencia de duración no superior a tres años para atender al cuidado de cada hijo/a, tanto cuando lo sea por naturaleza, como por adopción, o en los supuestos de acogimiento, tanto permanente como preadoptivo, a contar desde la fecha de nacimiento o, en su caso, de la resolución judicial o administrativa. Asimismo, se tendrá derecho a un período de exce-

dencia, de duración no superior a tres años, para atender al cuidado de un familiar, hasta el segundo grado de consanguinidad o afinidad, que por razones de edad, accidente o enfermedad no pueda valerse por sí mismo/a y no desempeñe actividad retribuida. En ambos casos, el personal beneficiario, tendrá derecho durante los dos primeros años a reserva de su puesto de trabajo y durante el último tendrá reserva a puesto de trabajo en la misma localidad y de igual nivel y retribución.

En este apartado y en todos aquellos que les afecten, se estará a lo dispuesto en la Ley 39/1999, de 5 de noviembre, para promover la conciliación de la vida familiar y laboral de las personas trabajadoras.

4. Las peticiones de estos permisos deberán ser cursadas a través de los servicios de Personal, con una antelación al menos de 15 días.

Artículo 26. Procedimiento de concesión de permisos y licencias.

Todos los derechos que se recogen en el presente Acuerdo y que se ejercitan previa solicitud (permisos y licencias retribuidos, licencias no retribuidas, asistencia a cursos de formación, etc.) tienen un procedimiento reglado; la negativa a su concesión se realizará mediante Resolución motivada de la Alcaldía, previo informe de la Jefatura de la Sección o Servicio correspondiente, no bastando la mera referencia a necesidades del servicio, y se notificará siempre por escrito a quien los solicite. Las denegaciones reiteradas o excesivas a un servicio, sección, grupo o a un trabajador o trabajadora individual, serán objeto de análisis y solución por parte de la Comisión Paritaria.

Capítulo III. Régimen de retribuciones de los empleados públicos municipales

Artículo 27.

1. Conceptos retributivos. Las retribuciones del personal municipal son básicas y complementarias.

Son retribuciones básicas: el sueldo, trienios y pagas extraordinarias. Son retribuciones complementarias: Complemento de Destino, Complemento Específico, Complemento de productividad, gratificaciones y Complemento Personal y transitorio.

2. Grado Personal e Intervalo de Niveles.

a) El grado personal se regirá conforme a la normativa básica estatal.

b) Los intervalos de niveles de puestos de trabajo que corresponden a cada Cuerpo o Escala, de acuerdo con el Grupo en el que figuren clasificados, serán los siguientes:

Grupo o Escala	Nivel Mínimo	Nivel Máximo
Grupo A	23	30
Grupo B	21	26
Grupo C	17	22
Grupo D	15	18
Grupo E	13	14

Se establecen las siguientes cantidades por los conceptos de:

- Por noche trabajada: 16'50 €.
- Por sábados (a partir de las 15,00 horas) y Festivos realizados: 29'00 €.
- Por trabajar la noche de nochebuena: 58 €.
- Por trabajar la noche de nochevieja: 58 € .
- Por turnicidad: 35 €/mes

Desde el día 1 de enero de 2008 el sábado se considerará festivo en su integridad.

3. Se aplicará una revisión salarial del personal del Excmo. Ayuntamiento de Cáceres en el caso de que el I.P.C. previsto sea superado por el registrado en cada ejercicio económico.

4. La asignación de los Complementos de Destino se efectuará de conformidad al art. 16.9.b) del presente Acuerdo y Reglamento General de Puestos de Trabajo y promoción profesional de los Funcionarios Civiles del Estado (R.D. 364/1995, de 10 de marzo) y de conformidad con la RPT del Excmo. Ayuntamiento y catalogación de los mismos efectuada por acuerdo de la Mesa General de Negociación.

5. Las pagas extraordinarias serán dos al año, cuyo importe se determinará de conformidad a lo establecido en la correspondiente Ley de Presupuestos Generales del Estado. Se devengarán el primer día hábil de los meses de junio y diciembre y con referencia a la situación y derechos de quien las perciba en dichas fechas.

6. Gratificaciones por trabajos realizados fuera de la jornada laboral obligatoria.

Las gratificaciones, que en ningún caso podrán ser fijas en su cuantía, ni periódicas en su devengo, habrán de responder a servicios extraordinarios realizados fuera de la jornada laboral de trabajo.

Se valorarán atendiendo al número de horas realizadas, que en ningún caso serán superiores a 60 horas al año, compensándose económicamente y se realizarán de forma equitativa entre el personal de las dependencias afectadas.

Solamente podrán realizarse servicios fuera de la jornada habitual cuando hayan sido autorizados previamente y por escrito por la Alcaldía o la Concejalía Delegada de Personal, a instancias de la Jefatura del Servicio afectado, a no ser que haya sido necesario efectuarlas para prevenir o reparar siniestros u otros daños extraordinarios y urgentes, en cuyo caso se justificarán una vez realizadas y en un plazo no superior a 5 días laborables.

Mensualmente los servicios de personal comunicarán por escrito a los Órganos de Representación del Personal y Centrales Sindicales del Ayuntamiento las gratificaciones que se devenguen, causas que las han motivado, personas que las han efectuado, servicios a que pertenecen y número de horas realizadas.

En los casos que por necesidades del servicio se sobrepase la jornada semanal establecida se aplicará una compensación económica por servicios extraordinarios, dicha cantidad será la que resulte de la aplicación de los criterios establecidos hasta el momento.

7. Las trabajadoras y trabajadores del Ayuntamiento tendrán derecho a percibir en su caso las indemnizaciones cuyo objeto sea resarcirles de los gastos que se vean precisados a realizar por razón del servicio:

a) Dietas:

Se entenderá por dietas la cantidad diariamente devengada para satisfacer los gastos que originan la estancia y manutención fuera de la localidad donde se encuentre el centro de trabajo por razones del servicio encomendado.

En las comisiones cuya duración sea igual o inferior a un día natural, en general no se percibirán indemnizaciones por gastos de alojamiento ni de manutención salvo cuando, teniendo la comisión una duración mínima de cinco horas, ésta se inicie antes de las catorce horas y finalice después de las dieciséis horas, supuesto en que se percibirá el 50 por 100 del importe de la dieta por manutención.

En los casos excepcionales, dentro de los supuestos a que se refieren los apartados anteriores, en que la hora de regreso de la comisión de servicio sea posterior a las veintidós horas, y por ello obligue a realizar la cena fuera de la residencia habitual, se hará constar en la Orden de comisión, abonándose adicionalmente el importe, en un 50 por 100, de la correspondiente dieta de manutención, previa justificación con factura o recibo del correspondiente establecimiento.

Las cuantías serán las siguientes:

GRUPOS A Y B:

Alojamiento: ....58’90 €.
Manutención: ....36’66 €.
Dieta completa:.....................................95’56 €.
Media dieta:..18’33 €.

GRUPOS C, D Y E:

Alojamiento: ....44’47 €.
Manutención: ....27’65 €.
Dieta completa:.....................................72’12 €.
Media dieta:..13’83 €.

En lo relativo a las indemnizaciones por dietas en el extranjero se aplicará la normativa vigente.

b) Gastos de desplazamiento:

Se conceptúa como gastos de desplazamiento la cantidad que se abone al personal por los gastos que se ocasionen por la utilización de cualquier medio de transporte por razón del servicio encomendado.

Este concepto equivale a viajar por cuenta del Excmo. Ayuntamiento cuando la Corporación no pusiera medio de transporte y conductor a disposición del personal que, por necesidades del servicio, tuviera que desplazarse a un lugar situado fuera de su centro habitual de trabajo, utilizando el medio de transporte que se determine al disponer el servicio encomendado y procurándose que el desplazamiento se efectúe por líneas regulares de transporte.

La cuantía de los gastos de desplazamiento en líneas regulares de transportes aéreos, marítimos o terrestres supondrá, en su caso, el abono del billete o pasaje utilizado.

La cuantía de indemnización a percibir como gastos de desplazamiento por el uso de vehículo particular del personal en el servicio encomendado, cuando se utilice voluntariamente y el Excmo. Ayuntamiento lo autorice, será de 0,19 €/ kilómetro cuando se trate de coche propio y de 0,078 €/kilómetro si usase motocicleta propia.

Cualquier modificación que haga la legislación del Estado, referente a los apartados anteriores, automáticamente será de aplicación al personal de este Ayuntamiento.

El Excmo. Ayuntamiento abonará, antes del inicio del viaje, a quienes tuvieran que desplazarse, al menos el 80 por 100 del valor total de las dietas y gastos de desplazamiento que le correspondan, previa solicitud, salvo que la orden de desplazamiento se produzca con una antelación menor de 24 horas, por razones imprevistas y urgentes y sea patente la imposibilidad del pago. En todo caso, se entenderán las cantidades anteriores como cuantías máximas, con obligación de los/las beneficiarios/as de presentar los justificantes que exija la legislación vigente.

Capítulo IV. Derechos sociales

Artículo 28. Garantías.

1. El personal en activo de este Excmo. Ayuntamiento y sus organismos autónomos tendrán los derechos sociales que se determinen en este capítulo.

2. La Corporación garantizará la asistencia jurídica a las trabajadoras o trabajadores que lo soliciten y la precisen por razones de conflictos derivados de la prestación de los servicios que les sean propios.

Cuando personal municipal en el ejercicio de sus funciones sea denunciado, y en consecuencia, el Ministerio de Justicia le imponga una fianza, será el Ayuntamiento de Cáceres quien deposite el importe de la misma, sin perjuicio de las acciones que pudieran derivarse de las actuaciones judiciales.

El tiempo que se emplee en las actuaciones judiciales mencionadas en el apartado anterior, será considerado como de trabajo efectivo.

El Excmo. Ayuntamiento garantizará la adscripción de aquel personal que preste sus servicios como conductor/a a un puesto de trabajo adecuado a sus conocimiento, en caso de retirada temporal o definitiva del carné de conducir, cuando la misma se derive del ejercicio de sus funciones y no se aprecie por su parte culpa, dolo, negligencia o mala fe manteniendo siempre las retribuciones anteriores.

Artículo 29. Compensaciones o ayudas económico-sociales.

1. Escolaridad.

A todo el personal encuadrado en la aplicación de este Acuerdo se le concederá una ayuda anual por escolaridad, para sus hijos/as, aplicable al trabajador o trabajadora o su cónyuge, compañero/a, conforme a la siguiente escala:

1.º Nivel de Infantil (0 a 5 años): 140 €.

2.º Primaria (6 a 11 años) o asimilado: 210 €.

3.º E.S.O. o similar y C.O.U./Bachillerato: 275 €.

4.º Universidad, Doctorado: 350 €.

5.º Por Acceso a la Universidad de Mayores de 25 años: el importe de las tasas.

2. Fallecimiento.

En caso de muerte del trabajador o trabajadora, el Excmo. Ayuntamiento abonará a sus familiares una indemnización de 3.000,00 euros.

3. En caso de accidente de trabajo, accidente no laboral, enfermedad profesional o enfermedad común, el Excmo. Ayuntamiento complementará las prestaciones por dichas contingencias hasta el 100% de las retribuciones desde el primer día del hecho causante.

4. Prótesis.

El Ayuntamiento concertará con una compañía privada, una póliza que cubra estas ayudas, o bien ampliar la que actualmente tiene suscrita, para prestar la Asistencia Sanitaria (médico-quirúrgica) con los límites que MUFACE establezca en cada momento, para las siguientes prótesis con régimen de reintegro total, que actualmente son las siguientes:

- Quirúrgicas fijas, en los supuestos excepcionales en que no corren a cargo de la Entidad concertada.
- Ortopédicas (Excepto calzado corrector seriado y plantillas ortopédicas).
- Especiales (o no seriadas). Estas prótesis pueden abonarse y después solicitar el reingreso del Excmo. Ayuntamiento de Cáceres. Además, si es prótesis especial y el precio supera las 3.005'06 €, el presupuesto de compra o alquiler ha de ser previamente aprobado por el Ayuntamiento.

Para la renovación de las ortopédicas, es necesario el transcurso de dos años computables por las fechas de las facturas.

Prótesis con régimen de ayuda económica.

- Ortopédicas:

  Calzado corrector seriado, con o sin plantillas ortopédicas: 55 €.
  Plantillas ortopédicas no incorporadas a calzado corrector: 25 €.

- Vehículo de inválidos: Por una sola vez, salvo supuestos excepcionales: 350 €.
- Oculares:

  Previo informe profesional y factura original, se establece una ayuda que cubrirá el 75% del gasto para cristales y lentillas, y de TREINTA EUROS CON CINCO CÉNTIMOS (30'05 €) para armadura de gafas.

- Dentales:
- Se establece una ayuda del 75% del gasto producido en arreglos, empastes, dentadura completa, piezas, implantes osteointegrados, ortodoncias, etc. El importe máximo de dicha ayuda será de MIL OCHOCIENTOS TRES EUROS CON CUATRO CÉNTIMOS (1.803'04 €) anuales por unidad familiar.
- Auditivas:

  Audífonos: El 75% del gasto producido, hasta un máximo de MIL OCHOCIENTOS TRES EUROS CON CUATRO CÉNTIMOS (1.803'04 €) anuales por unidad familiar.

5. Al personal municipal con una antigüedad en el Ayuntamiento superior a veinticuatro meses ininterrumpidos y anteriores a la fecha de petición, por desplazamientos para operaciones, consultas médicas o revisiones fuera de la ciudad –realizadas a través de compañía privada aseguradora, concertada por la Corporación o privadamente por el empleado público, Seguridad Social o cualquier tipo de asistencia médica privada–, exista o no dicha especialidad en la ciudad de Cáceres, se establecen las siguientes ayudas para el/la enfermo/a y acompañante que sea necesario (siempre previo aviso por escrito a la Sección de Personal y adjuntando a la solicitud las justificaciones necesarias):

- Billete de tren o autobús, el 100% y cuando se utilice vehículo particular, el kilometraje (0'19 €/km).
- Dieta completa: 84 €/persona/día.

En caso de no superar dicha cuantía se abonará el coste real efectuado.

Podrán solicitarse cantidades a justificar para los desplazamientos anteriores con antelación suficiente, aportando el justificante del médico y una previsión de gastos.

Los Sindicatos representativos en el Excmo. Ayuntamiento recibirán toda la información y/o denegación de las citadas ayudas a través de los documentos correspondientes y dentro del mes siguiente a la fecha de Resolución.

6. Al personal municipal con una antigüedad en el Ayuntamiento superior a veinticuatro meses ininterrumpidos y anteriores a la fecha de petición, se les concederá una ayuda económica por nupcialidad, inscripción en el Registro de Parejas de Hecho, natalidad o adopción de CIENTO CINCUENTA EUROS CON VEINTICINCO CÉNTIMOS (150'25 €).

7. Jubilaciones anticipadas. El personal municipal podrá solicitar la jubilación anticipada a partir de los 60 años de edad, y en caso de ser aceptada por el Excmo. Ayuntamiento, tendrán derecho al premio de indemnización que a continuación se expone:

- A los 60 años: 11 mensualidades
- A los 61 años: 9 mensualidades

- A los 62 años: 7 mensualidades
- A los 63 años: 5 mensualidades
- A los 64 años. 3 mensualidades

Se sustituirán por nuevo personal las jubilaciones anticipadas, siempre que la norma legal lo establezca.

8. Anticipos

Personas beneficiarias de anticipos reintegrables: Podrá serlo el personal municipal con veinticuatro meses de antigüedad ininterrumpida, en situación de activo en el Ayuntamiento.

No podrá concederse un nuevo anticipo reintegrable mientras no se tengan liquidados los compromisos de igual índole adquiridos con anterioridad y no haya transcurrido un periodo mínimo de seis meses entre la cancelación de un anticipo y la solicitud de otro. Este plazo no será imprescindible en los anticipos de carácter extraordinario.

a) Cuantía: La cuantía máxima por este concepto será de 2.400,00 € con carácter ordinario y hasta 5.000,00 € en los de carácter extraordinario. El número de mensualidades para su devolución no podrá ser superior a 24 mensualidades en el de carácter ordinario y 36 mensualidades para el anticipo de carácter extraordinario, salvo petición de prórroga que deberá ser autorizada por la Comisión correspondiente.

   A tal efecto se consignará en los presupuestos ordinarios un crédito en una partida que se denominará "Anticipos reintegrables para el personal municipal". Dicha partida constará de un total de 100.000 €, que se irán compensando en una suma igual a los reintegros que se recauden mensualmente por devolución de los anticipos concedidos.

b) Procedimiento de devolución: La devolución de la cantidad anticipada se efectuará mediante descuento en nómina de la cuota resultante de dividir el importe del anticipo reintegrable por el número de mensualidades en que se determine su reintegro.

   No obstante, en cualquier momento, se podrá reintegrar la cantidad anticipada que reste y liquidarla en su totalidad. Para ello se deberá poner en conocimiento de los servicios económicos, que le indicarán el procedimiento que a seguir para su devolución.

c) Causas: Los anticipos reintegrables se podrán conceder cuando venga justificada su petición por alguna de las siguientes causas:

   1. De carácter extraordinario: Tendrán esta consideración las solicitudes que se basen en los gastos derivados de enfermedad grave del trabajador o trabajadora, cónyuge, pareja o familiar en primer grado de consanguinidad o afinidad, de

accidente o de siniestro de especial gravedad, de otros supuestos análogos.

2. De carácter ordinario:

I) Preferentes: Serán considerados como tal aquélla que se justifique por alguna de las siguientes causas:

* Gastos de enfermedad o intervenciones quirúrgicas no consideradas de carácter extraordinario.
* Adquisición de primera vivienda, cuando sea destinada a domicilio habitual.
* Instalación en vivienda habitual en el ejercicio en que se solicita pudiendo considerarse como tal, los supuestos de fianza y otros gastos derivados del contrato de arrendamiento, cuando éste sea el régimen de uso de la vivienda y los gastos de traslado de domicilio, así como otros de análoga naturaleza.
* Realización de estudios cualificados para la promoción personal de quien solicita el anticipo, de su pareja o de sus hijos/as.
* Rehabilitación, reformas o reparaciones en la vivienda habitual tendentes a mantener sus condiciones de seguridad, salubridad y habitabilidad.
* Por razón del matrimonio del/de la peticionario/a o de sus hijos/as.

II) No Preferentes: Se considerarán gastos no preferentes aquéllos que no se funden en alguna de las causas citadas en los párrafos anteriores.

d) Solicitudes: Las peticiones se formularán durante el mes de enero de cada año, excepto las de carácter extraordinario, que podrán solicitarse durante todo el año, siempre en los dos meses siguientes al hecho que lo justifique.

e) Documentación: Junto con la solicitud, debidamente cumplimentada, deberán acompañarse los presupuestos, facturas o justificantes de la inversión o gastos.

Previamente a la calificación de las solicitudes se podrá requerir la documentación que se estime oportuna para completar el expediente.

f) Evaluación de las solicitudes: Las solicitudes presentadas serán examinadas por la Comisión Paritaria.

g) Concesión: En la segunda quincena del mes de febrero, la Comisión Paritaria se reunirá al objeto de calificar y elevar propuesta a la Comisión de Personal que no podrá alcanzar más del 75% de la cantidad presupuestada, reservando el 25% restante para cubrir aquellas solicitudes que se formulen posteriormente, en cualquier momento a lo largo del año, basadas en motivos de carácter extraordinario. La cantidad no gastada en estos anticipos de carácter extraordinario se repartirán entre las peticiones que no pudieron ser atendidas en el mes de febrero. A estos efectos, la Comisión citada se reunirá en la primera quincena del mes de noviembre.

h) Justificación del gasto: Una vez recibido el anticipo, el beneficiario deberá acreditar, en el plazo máximo de tres meses, la motivación del gasto que originó su petición.

   En caso de no acreditarse se le facilitará un plazo de diez días para que alegue las razones o motivos de la no justificación.

   Transcurrido dicho plazo y a la vista de las alegaciones presentadas, se podrá optar por la ampliación del plazo para la utilización del anticipo en el motivo aludido o considerar incumplida la causa alegada, en este último caso, o en el supuesto de incumplir la prórroga del plazo, se podrá acordar la devolución del anticipo y la liquidación del préstamo concedido.

i) Desestimación presunta: Aquellas solicitudes de anticipos reintegrables que no hubieran sido resueltas expresamente se entenderán desestimadas el 31 de diciembre del año en el que se hubiera hecho la solicitud, excepto la basada en motivos extraordinarios, que lo será a los tres meses de su solicitud.

9. Seguro colectivo de vida: El Excmo. Ayuntamiento de Cáceres en virtud de este Acuerdo queda obligado a concertar un Seguro Colectivo de Vida a todo su personal, que cubra los riesgos de muerte e invalidez permanente (Gran Invalidez, Incapacidad Permanente Absoluta), en la cuantía de:

- Muerte: 18.030,36 € por empleado.
- Invalidez: 18.030,36 € por empleado.

10. Cuando el personal municipal en el ejercicio de sus funciones, sufra una agresión o un incidente laboral que le ocasione una rotura, inutilización o robo de un objeto de propiedad personal (gafas, reloj, vestimenta, etc.), el importe del mismo le será abonado en su integridad por el Ayuntamiento.

11. Prestaciones farmacéuticas.

a) Esta prestación tiene también una extensión y un cometido similares a los del Régimen General de la Seguridad Social, incluyendo y excluyendo análogos medicamentos y productos farmacéuticos de aquél.

b) En los internamientos que se realicen en los Centros de las Entidades concertadas, la dispensación de medicamentos es gratuita.

c) Fuera de dichos centros, las prescripciones se realizan en las recetas oficiales del Servicio Extremeño de la Salud o del Excmo. Ayuntamiento de Cáceres en talonarios que se entregan a los beneficiarios y beneficiarias. En estos casos el Excmo. Ayuntamiento abonará el 70% del importe del medicamento o producto farmacéutico, siendo por cuenta del personal el 30% restante.

Existen a esta regla las siguientes excepciones:

- En los medicamentos dotados de cícero negro, la participación del beneficiario es como máximo la legalmente establecida.
- En los productos de ostomía, bolsas de recogida de orina, colectores de pene y sondas, la participación es la misma que la señalada en el supuesto anterior.
- En los productos dietoterapéuticos la aportación del beneficiario será como máximo de 0,45 €.
- En oxígeno medicinal, no hay aportación del beneficiario.

d) Las recetas que prescriban determinados medicamentos o productos –muy limitados– necesitan ser previamente autorizadas por el Excmo. Ayuntamiento de Cáceres.

e) Si por determinadas circunstancias muy excepcionales, la aportación del beneficiario fuera superior a la que corresponde (accidente de servicio, dispensación justificada en receta no oficial, etc.) el Excmo. Ayuntamiento de Cáceres reintegrará lo abonado en exceso.

12. Las trabajadoras y trabajadores municipales podrán efectuar la creación de cooperativas de viviendas, con la colaboración del Ayuntamiento en los términos que pacten entre las partes.

13. El Ayuntamiento aparecerá únicamente como tomador en la Póliza de Asistencia Sanitaria que los empleados públicos pudieran suscribir con la compañía de seguros que corresponda.

14. Actualización de ayudas.

Todas las ayudas económicas recogidas en el presente Acuerdo, como ayudas por estudios, viajes, estancias, kilometraje, etc. se incrementarán en el porcentaje que marque el IPC anual a partir del 1 de enero de 2007.

Capítulo V. Derechos sindicales

Artículo 30. Introducción.

Sin perjuicio de lo establecido en la Ley Orgánica de Libertad Sindical y la Ley de Órganos de Representación, las Centrales Sindicales firmantes de este Acuerdo o que se adhieran al mismo y los Órganos de Representación y Negociación tendrán los derechos que se exponen en los artículos siguientes.

Artículo 31. Secciones sindicales.

Las secciones sindicales, según acuerdo de la Mesa General de Negociación, quedarán constituidas por tres Delegados/as sindicales por cada una de las organizaciones sindicales con representación, quedando uno/a de ellos/ellas liberado/a totalmente y el resto con treinta y cinco horas de dispensa para atender a sus tareas sindicales. El número total de horas acumuladas para poder ser liberado/a del trabajo será de ciento veinticuatro horas.

Las secciones sindicales tendrán los siguientes derechos:

1. La Corporación pondrá a su disposición un tablón de anuncios.
2. Podrán participar en la negociación colectiva.
3. Podrán disponer de un local similar al que corresponda a la Junta de Personal.
4. Representar y defender los intereses del sindicato a que representa y de la afilación del mismo en el Ayuntamiento y servir de instrumento de comunicación entre su Central Sindical y la Corporación.
5. Asistir a las reuniones de la Junta de Personal, así como las del Comité de Seguridad y Salud Laboral y de la Comisión Paritaria de Seguimiento e Interpretación del Acuerdo, con voz pero sin voto.
6. Tendrá acceso a la misma información y documentación que la empresa deba poner a disposición de la Junta de Personal de acuerdo con lo regulado a través de la Ley, estando obligado a guardar sigilo profesional en las materias que legalmente proceda. Poseerán las mismas garantías y derechos reconocidos por la Ley y por este Acuerdo a la Junta de Personal.
7. Serán oídos por la empresa en el tratamiento de aquellos problemas de carácter colectivo que afecten al personal en general y a los afiliados/as al Sindicato.
8. Serán asimismo informados y oídos por la empresa con carácter previo:
   - Acerca de las sanciones que afecten a quienes estén afiliados/as al sindicato.
   - En materia de reestructuración de plantillas, regulación de empleo, traslados cuando revista carácter colectivo y sobre todo proyecto o acción empresarial que pueda afectar sustancialmente los intereses del personal.
   - La implantación o revisión de sistemas de organización y cualquiera de sus posibles consecuencias.

Asimismo las Secciones Sindicales en el conjunto de sus afiliados/as o representantes dispondrán de 30 horas anuales para la realización de sus reuniones propias.

La Junta de Personal podrán convocar reuniones de centro de trabajo o del conjunto del personal de la Corporación por un tiempo máximo de 30 horas anuales, debiendo realizar estasreuniones dentro de la jornada de trabajo, y siempre al inicio o al fin de la misma.

Para la celebración de las reuniones antes referidas, bastará el simple preaviso por escrito con una antelación mínima de 24 horas, señalándose el lugar y la hora de la celebración, la firma y los datos de algunos/as de los/las convocantes acreditado/as, quienes se responsabilizarán de la marcha de las mismas.

Artículo 32. Órganos de representación: Junta de Personal.

1. Será competencia de la Junta de Personal, la defensa de los intereses del personal del Ayuntamiento, y en particular de la negociación de sus condiciones salariales, sociales y sindicales, así como el control de todos y cada uno de los miembros de los referidos órganos.

2. Todos los temas o materias que hagan referencia al personal de la Corporación o puedan tener incidencia en sus condiciones de empleo, serán preceptivamente informados por la Junta de Personal o Mesa General de Negociación antes de su pase al Pleno o Junta Local de Gobierno del Ayuntamiento, debiéndose acompañar dicho informe al correspondiente expediente.

A estos efectos se garantizará a la Junta de Personal y Mesa General de Negociación un tiempo razonable para la confección y emisión del informe señalado.

3. La Junta de Personal y Mesa General de Negociación podrán hacer propuestas a la Corporación sobre cualquier materia que consideren oportuna y afecte a las condiciones sindicales y sociales del personal municipal.

4. La Junta de Personal tendrá la capacidad jurídica que la normativa vigente le confiere para ejercer acciones administrativas o judiciales en el ámbito de sus competencias, por decisión mayoritaria de sus miembros.

5. La Junta de Personal gozará de las siguientes garantías sindicales:

a) Ninguno de sus miembros podrá ser discriminado ni trasladado de su puesto de trabajo por razones de su actividad sindical.

b) Los miembros de la Junta de Personal podrán disponer cada uno de ellos de 35 horas mensuales para el ejercicio de sus funciones, que podrán utilizar de acuerdo con las siguientes especificaciones:

Las horas de los distintos miembros de dichos órganos se podrán acumular en uno o varios de sus componentes, incluido el/la Delegado/a Sindical, dando conocimiento de ello a la Corporación al inicio de cada mes, expresándose de quién proceden dichas horas y a quién se acumulan.

c) Los miembros de la Junta de Personal podrán gozar de una protección que se extiende en el orden temporal desde el momento de su proclamación como candidato/a, hasta un año después de su cese en el cargo, según lo establecido en el artículo 11 de la Ley 9/1987.

d) Se pondrá a disposición de la Junta de Personal un local apropiado, provisto de teléfono, mobiliario y material de oficina y demás medios necesarios para desarrollar sus actividades sindicales. Tendrán derecho asimismo a la utilización de fotocopiadoras existentes en el Centro, para uso de los miembros.

e) La Junta de Personal recibirá puntualmente y por cuenta del Excmo. Ayuntamiento un ejemplar del B.O.E., D.O.E. y B.O.P.

La Junta de Personal podrá convocar asambleas del conjunto de la plantilla del Ayuntamiento o de un colectivo determinado, ateniéndose a lo establecido en el régimen de Asambleas.

f) Se procederá a la creación de una bolsa de horas conjunta entre Secciones Sindicales y Órganos de Representación (Junta de Personal) para su uso o acumulación por los Sindicatos representativos en este Ayuntamiento, los cuales comunicarán expresamente la distribución de las mismas al órgano que ostente la Jefatura del Personal.

Artículo 33. Mesa general de negociación y Comisión Paritaria.

1. De acuerdo con la Ley 9/1987, de Órganos de Representación, Determinación de las condiciones de trabajo y participación del personal al servicio de las Administraciones Públicas, en su artículo 31, queda constituida la MESA GENERAL DE NEGOCIACIÓN DEL EXCMO. AYUNTAMIENTO DE CÁCERES, y cuyas competencias que serán objeto de negociación son:

a) El incremento de las retribuciones del personal municipal que proceda incluir en el proyecto normativo correspondiente en el ámbito del Ayuntamiento.

b) La determinación y aplicación de las retribuciones.

c) La preparación y diseño de los planes de Oferta de Empleo.

d) La clasificación de los puestos de trabajo (RPT y su catalogación).
e) La determinación de los programas y fondos para la acción o promoción interna, formación y perfeccionamiento.
f) La determinación de las prestaciones y pensiones de clases pasivas y, en general, todas aquellas materias que afecten, de algún modo, a la mejora de las condiciones de vida de los trabajadores y trabajadoras municipales, jubilados/as.
g) Los sistemas de ingreso, provisión y promoción profesional.
h) Las propuestas sobre derechos sindicales y de participación.
i) Medidas de salud laboral.
j) Todas aquellas materias que afecten, de algún modo, al acceso a la función pública local, carrera administrativa, retribuciones y Seguridad Social o a las condiciones de trabajo.
k) Las materias de índole económica, de prestación de servicio, sindical, asistencias, y en general cuantas otras afecten a las condiciones de trabajo y al ámbito de relaciones del personal municipal y a las Organizaciones Sindicales con la Corporación.

2. Los/las representantes de la Corporación y de las Organizaciones Sindicales integrantes de la Mesa General de Negociación podrán llegar a Acuerdos y Pactos para la determinación de las condiciones de trabajo del personal municipal.

Los Pactos se celebrarán sobre materias que se correspondan estrictamente con el ámbito competencial del órgano administrativo que lo suscriba y vincularán directa e inmediatamente a las partes. Los Acuerdos precisarán de la aprobación expresa del órgano administrativo que legalmente haya de suscribirlo, en cuyo caso, deberán establecer las partes intervinientes el plazo de vigencia, su ámbito personal, funcional y territorial, pudiendo establecerse comisiones de seguimiento de los Pactos y Acuerdos.

3. La COMISIÓN PARITARIA de la Mesa General de Negociación tendrá las siguientes funciones:

a) Interpretación auténtica de este Acuerdo en su aplicación práctica.
b) Recomendación para las partes signatarias de cuantos asuntos o reclamaciones se someten a su decisión, respecto a cualquiera de las condiciones establecidas en este Acuerdo.
c) Mediación y conciliación en el tratamiento y solución de las cuestiones y conflictos de carácter colectivo que se sometan a su consideración, si las partes discordantes lo solicitan expresamente, y la Mesa General de Negociación acepta la función mediadora y conciliadora.
d) Vigilancia y cumplimiento colectivo y total de lo pactado en el Acuerdo.

e) Denuncia del incumplimiento de este Acuerdo.

f) Informe acerca del grado de aplicación del presente Acuerdo, de las dificultades si las hubiere y la elaboración de propuestas para la superación de las mismas.

g) Cuantas otras actividades tiendan a la mayor eficacia práctica del Acuerdo, o vengan establecidas en su texto, así como cualquier otra que pueda serle atribuida al amparo de las disposiciones vigentes y de la Ley 9/1987 de Órganos de Representación, determinación de las condiciones de trabajo y participación del personal al servicio de las Administraciones Públicas.

4. La Mesa General de Negociación podrá utilizar los servicios ocasionales o permanentes de asesores/as, con voz pero sin voto, en cuantas materias sean de su competencia. Estos/as serán designados libremente por cada una de las representaciones, en número no superior a tres, respectivamente.

5. En caso de no llegarse a un acuerdo entre las partes de la Mesa de Negociación, éstas, si así lo deciden, podrán someterse a la conciliación o mediación ante cualquier organismo o autoridad competente en la materia, a cuyo fin les serán remitidos a dichos organismos los informes que las partes consideren convenientes, como paso previo a las acciones individuales y colectivas que pudieran competer a los/las interesados/as.

6. Cuando ambas partes lo consideren conveniente y así lo acuerden, se podrán crear comisiones de trabajo restringidas para tratar temas concretos y predeterminados. Estas comisiones elaborarán los dictámenes que luego serán presentados a la Mesa General de Negociación, no siendo éstos vinculantes, sino meramente informativos.

7. La Mesa General de Negociación tendrá la cooperación necesaria para el mejor desempeño de las funciones de ésta como órgano de participación.

8. En el sentido expresado en el apartado anterior, las entidades representadas en la Mesa General de Negociación, podrán dirigirse o personarse en cualquier centro, servicio o sección, oficina o dependencia del Ayuntamiento, a comprobar cuantos datos y extremos fueran necesarios, y proceder al estudio de los mismos, y las personas responsables de dichos servicios o departamentos deberán cooperar a facilitar el acceso a cuantos antecedentes e informes sean precisos para el cometido de dicha Mesa General de Negociación, siempre que se respete el contenido del artículo 10 de la Ley 9/1987, sobre el debido sigilo profesional, y en ningún caso tendrán mayor información que los miembros de la Corporación.

9. A estos efectos procedentes, cualquier actitud hostil o entorpecedora de la labor referida en el artículo anterior, podrá ser objeto de

denuncia remitida a la Presidencia de la Corporación, la cual actuará de la forma procedente según las normas de aplicación.

10. Las Comunicaciones oficiales de la Mesa General de Negociación se verificarán siempre directamente, por escrito, sin que puedan admitirse traslados y reproducciones a través de otras instancias.

Artículo 34. Régimen de asambleas.

1. La Corporación facilitará un local para la realización de asambleas y proveerá los medios necesarios y materiales para el eficaz cumplimiento de las mismas.

2. La Junta de Personal, y las secciones sindicales podrán convocar asambleas de carácter general del conjunto de la plantilla del Ayuntamiento y asambleas de determinados colectivos o centros, dentro de la jornada laboral, al inicio o al fin de la misma y se responsabilizará del normal desarrollo de aquéllas, según se determina en el presente Acuerdo y por el cómputo de horas allí establecido.

3. Para la realización de las mencionadas asambleas, será preciso la comunicación de las mismas a quien ostente la responsabilidad del personal, o a la Jefatura del Servicio respectivo, con un plazo de antelación mínimo de 24 horas, relacionando el lugar y la hora, el Orden del Día y la firma de los miembros de la Junta de Personal, o Sección Sindical que en nombre de estos órganos las convoquen según lo dispuesto en el artículo anterior.

Artículo 35.

La Corporación Municipal dotará con un fondo de ayuda a los Sindicatos consistente en TRESCIENTOS CINCUENTA EUROS (350,00 €) anuales por cada miembro de la Junta de Personal y del Comité de Empresa, y Delegados/as Sindicales, así como TRES MIL CIENTO DIEZ EUROS (3.110,00 €) anuales más, a distribuir entre las Centrales sindicales con representación en este Ayuntamiento, en proporción al resultado obtenido en las elecciones sindicales. Estas cuantías se incrementarán en el porcentaje que marque el IPC anual.

Capítulo VI. Prevención de Riesgos Laborales. Consulta, participación y representación de los trabajadores y trabajadoras En materia de Prevención de Riesgos Laborales

Artículo 36. Comité de Seguridad y Salud.

1. El Comité de Seguridad y Salud es el órgano paritario y colegiado de participación y encuentro entre la Corporación municipal y su per-

sonal para el desarrollo de las materias de prevención de riesgos laborales, siendo su función la consulta regular y periódica de la empresa en materia de prevención de riesgos.

2. El Comité de Seguridad y Salud celebrará sesión ordinaria cada mes y podrá celebrar sesión extraordinaria cuando así lo acuerde su Presidente o lo solicite al menos una cuarta parte de sus miembros, debiendo ser su convocatoria motivada, así queda dispuesto en las normas de funcionamiento interno del Comité de Seguridad y Salud, dadas a conocer en Pleno de marzo de 1998.

3. De conformidad con el artículo 38.2 de la Ley 31/1995, de 8 de noviembre, de Prevención de Riesgos Laborales "Se constituirá un Comité de Seguridad y Salud en todas las empresas o centros de trabajo que cuenten con 50 o más trabajadores. El Comité estará formado por los Delegados de Prevención, de una parte, y por el empresario y/o sus representantes en número igual al de Delegados de Prevención de la otra.

En las reuniones del Comité de Seguridad y Salud participarán con voz pero sin voto, los Delegados Sindicales y los responsables técnicos de la prevención en la empresa que no estén incluidos en la composición a la que se refiere el párrafo anterior, en las mismas condiciones podrán participar trabajadores de la empresa que cuenten con una especial cualificación o información respecto de concretas cuestiones que se debatan en este órgano y técnicos en prevención ajenos a la empresa, siempre que así lo solicite alguna de las representaciones en el Comité".

4. Las competencias y facultades del Comité serán las previstas en el artículo 39, apartados 1 y 2, de la Ley de Prevención de Riesgos Laborales.

Artículo 37. Delegados/as de prevención.

Conforme a lo establecido en la Ley de Prevención de Riesgos Laborales, los Delegados o Delegadas de Prevención podrán ser elegidos/as entre delegados/as o miembros de los órganos de representación, de forma directa por el personal municipal cuando no haya representación (LPRL, Disposición Adicional 4.ª), o mediante otro sistema (artículo 35.4 LPRL), siempre que se garantice que la facultad de designación corresponde a los/las representantes del personal o al propio personal. Las competencias y facultades de los Delegados y Delegadas de Prevención son las de colaboración, promoción, consulta y control, en materia de prevención de riesgos laborales, además de todas las que se establecen en el artículo 36 de la Ley de Prevención de Riesgos Laborales. Los Delegados y Delegadas de Prevención podrán disponer cada uno de ellos de 40 horas mensuales para el ejercicio de sus funciones.

Artículo 38. Servicio de prevención propio del Excmo. Ayuntamiento de Cáceres.

1. De conformidad con lo establecido en la Ley 31/1995, de Prevención de Riesgos Laborales, el Real Decreto 39/1997, por el que se aprueba el Reglamento de los Servicios de Prevención y el Real Decreto 1488/1998, de adaptación de la Legislación de Prevención de Riesgos Laborales a la Administración General del Estado; así como con el acuerdo adoptado por el Excmo. Ayuntamiento Pleno, en sesión celebrada el día 8 de octubre de 1998; la Corporación contará con un Servicio de Prevención Propio. Dicho servicio habrá de contar como mínimo con dos de las especialidades siguientes: Medicina Preventiva, Seguridad en el Trabajo, Higiene Industrial, Ergonomía y Psicosociología Aplicada. Estas especialidades serán realizadas por expertos/as con la capacitación requerida para las funciones de nivel superior que se desarrollarán, y que son fijadas en el artículo 37.1 del Reglamento de los Servicios de Prevención.

2. En función de la actividad y de las características del Excmo. Ayuntamiento de Cáceres, de acuerdo con lo establecido en el Capítulo III del Reglamento de los Servicios de Prevención, la modalidad por la que se ha optado para la organización de recursos para las actividades preventivas consiste en un MODELO MIXTO: en el que colaboran el **Servicio de Prevención propio del Excmo. Ayuntamiento de Cáceres y el Servicio de Prevención ajeno** de la Mutua de Accidentes de Trabajo y Enfermedades Profesionales FREMAP.

El servicio de prevención propio del Excmo. Ayuntamiento de Cáceres, constituye una unidad organizativa específica, dotado de personal funcionario fijo, que cubre las especialidades preventivas de: seguridad en el trabajo, ergonomía y psicosociología aplicada e higiene industrial (recursos humanos).

Con el Servicio de Prevención ajeno de la Mutua de Accidentes de Trabajo y Enfermedades Profesionales FREMAP, está concertado como modalidad abierta las actividades puntuales de Higiene Industrial y la especialidad preventiva de Medicina del Trabajo.

Otras Disposiciones

Artículo 39. Uniformidad y equipos de protección (EPI'S).

1. La Corporación surtirá gratuitamente, al personal que por su trabajo lo requiera, de todo tipo de prendas o uniformes adecuados; asimismo se proporcionarán los equipos de protección individuales necesarios (guantes, botas, gafas...) a todo el personal que cubra puestos de trabajo que desarrollen actividades que así lo requieran. Cuando

este material se deteriore y siempre con su presentación, para justificar tal evento, se proporcionará un nuevo material. No obstante, en todo lo que atañe a uniformidad y equipos de protección, además de lo establecido en las disposiciones legales que le afecten, se estará a lo dispuesto en el Anexo incluido al final de este documento.

2. Se establece una periodicidad de entrega de los uniformes de verano, de abril a mayo, y para los de invierno, de septiembre a octubre.

1. PRENDAS DE TRABAJO.

Con carácter obligatorio y gratuito, el Ayuntamiento de Cáceres proporcionará al personal que por las funciones que realice lo necesite, ropa y calzado de trabajo adecuado, en los términos de lo dispuesto en el Anexo correspondiente.

El trabajador o trabajadora vendrá obligado/a a la utilización de las prendas que con carácter preceptivo se establece para determinados puestos de trabajo y actividades, siendo obligación de los superiores inmediatos velar por su efectivo cumplimiento.

Todas las prendas de trabajo llevarán anagrama o logotipo identificativo del Ayuntamiento de Cáceres, salvo que por razones técnicas o de seguridad no se haga precisa esa identificación.

2. EQUIPOS DE PROTECCIÓN INDIVIDUAL.

La Corporación proporcionará a su personal equipos de protección individual adecuados para el desempeño de sus funciones y velará por el uso de los mismos cuando por la naturaleza de los trabajos sean necesarios.

Asimismo, ha de entenderse que estos equipos sólo irán destinados a aquellos/as trabajadores/as que de forma ordinaria los necesiten en su empleo. En ningún caso se considerarán de concesión general para todos/as los/las integrantes del Servicio, de manera que sólo se dotará del equipo de protección cuando se dé la circunstancia de su posible utilización.

El personal que utilice prendas o equipos de protección y siempre de acuerdo a su formación y siguiendo las instrucciones de sus superiores, deberá atenerse a las normas que sobre esta materia se contienen en la Ley 31/1995, de 8 de noviembre, de Prevención de Riesgos Laborales y R.D. 773/1997, sobre Equipos de Protección Individual, en cuanto a la utilización y cuidados, así como las normas que establezca el Servicio de Prevención Propio del Ayuntamiento de Cáceres.

Por las Jefaturas de Servicios y por el Servicio de Prevención Propio del Ayuntamiento de Cáceres, sin perjuicio de las competencias atribuidas por la legislación vigente a los Delegados y Delegadas de Prevención, se adoptarán las medidas oportunas que garanticen la aplicación de las normas sobre utilización de las prendas reguladas en el presente Acuerdo, Ley de Prevención y R.D. antes citado, y propondrán, cuando sea necesario, las eventuales modificaciones a las mismas, dando cuenta al Comité de Seguridad y Salud de las irregularidades observadas.

3. NORMAS GENERALES DE UTILIZACIÓN DE LAS PRENDAS.

Tanto las prendas de entrega periódica, como las de seguridad en el trabajo serán de uso obligatorio durante las horas de servicio, prohibiéndose su utilización fuera de ese horario.

En caso de desperfecto, rotura o deterioro acusado de la prenda de trabajo, el Ayuntamiento, previa entrega de la ropa deteriorada, hará entrega de una nueva prenda, al margen de la periodicidad establecida en el Anexo.

Se dotarán de taquillas y vestuarios adecuados a los Servicios Municipales que utilicen prendas de trabajo y que se señalan en el presente Acuerdo.

4. PERIODICIDAD DE ENTREGA.

Se establece una periodicidad de entrega de los uniformes y prendas de verano, de abril a mayo y para los de invierno, de septiembre a octubre.

No obstante, tanto al personal de nuevo ingreso como el contratado temporal o con carácter interino se le proporcionará la uniformidad correspondiente una vez inicien su relación de trabajo.

Los plazos de utilización de las prendas y uniformes, así como la especificación de los mismos, son los establecidos en el Anexo correspondiente de este Acuerdo.

5. MODIFICACIONES.

La uniformidad o prendas de trabajo no previstas en el Anexo del presente Acuerdo y cuya entrega se considere necesaria, así como las modificaciones para un/a trabajador/a o un colectivo de la cantidad, la calidad, la periodicidad de entrega, el color o el tipo de prenda, serán debidamente justificadas por el/la Responsable de la unidad correspondiente dándose cuenta a la Mesa General de Negociación del Ayuntamiento para la adopción del pertinente acuerdo.

Artículo 40. Vigilancia de la salud y primeros auxilios.

1. En todos los centros se dispondrá de material para primeros auxilios en caso de accidente, que deberá ser adecuado; en cuanto a su cantidad y características, dependerá del número de trabajadores/as y los riesgos a que estén expuestos.

2. En materia de vigilancia de la salud, esta actividad abarcará:

- Evaluación inicial de la salud de los trabajadores y trabajadoras después de la incorporación al trabajo o después de la asignación de tareas específicas con nuevos riesgos.
- Evaluación de la salud de quienes reanuden el trabajo tras una ausencia prolongada por motivos de salud, con la finalidad de descubrir sus eventuales orígenes profesionales y recomendar una acción apropiada para su protección y la del resto de la plantilla.
- Vigilancia de la salud a intervalos periódicos.

3. El resultado de dicha vigilancia se pondrá en conocimiento del interesado o interesada y de las personas u órganos del Ayuntamiento con responsabilidades en materia de prevención, únicamente en lo relativo a las conclusiones que se deriven de los exámenes de salud efectuados en relación con la aptitud del trabajador para el desempeño del puesto de trabajo o con la necesidad de introducir o mejorar las medidas de protección y prevención, a fin de que puedan desarrollar correctamente sus funciones en materia preventiva.

4. Si como consecuencia del examen de salud se descubriese en algún trabajador o trabajadora enfermedad que le incapacitara para el desarrollo normal de la función que desempeña, la Corporación, de mutuo acuerdo con el/la empleado/a, le destinará a otro puesto de trabajo de nivel profesional similar al que hubiera venido desempeñando y no fuera inconveniente la dolencia que pudiera padecer.

5. Lo anteriormente mencionado no es de aplicación al colectivo de la Policía Local, por ser ésta una de las actividades excluidas del ámbito de aplicación de la Ley de Prevención (artículo 3 de la Ley 31/1995). A este colectivo se ofrecerá anualmente el reconocimiento médico así como las campañas de vacunación que proceda.

Artículo 41. Plan de prevención.

El PLAN DE PREVENCIÓN DE RIESGOS LABORALES es un documento, cuyo objetivo es impulsar la política de prevención del Excmo. Ayuntamiento de Cáceres y hacer de guía para el desarrollo y la implantación de las acciones preventivas necesarias.

Este documento incluye la estructura organizativa, la definición de funciones, las prácticas, los procedimientos, los procesos y los recursos necesarios para llevar a cabo la acción preventiva en el Ayuntamiento de Cáceres.

Artículo 42. Protección de la dignidad de la mujer y el hombre en el trabajo.

De conformidad con la Recomendación y el Código de Conducta relativo a la Protección de la dignidad de la Mujer y del Hombre, en el trabajo de 27 de noviembre de 1991, n.º 92/131 de la Unión Europea y Resolución del Parlamento Europeo sobre el acoso moral en el lugar del trabajo, 2001/2339, el Ayuntamiento de Cáceres, junto con los Sindicatos representativos, se comprometen a actuar frente al acoso sexual y laboral a nivel preventivo mediante la publicación de una Declaración sobre este tipo de comportamientos en los centros de trabajo, estableciendo un procedimiento para la presentación de quejas que garantice la inmunidad de las víctimas y la información de los derechos de las trabajadoras y trabajadores y su formación, propiciando la creación de un órgano mixto permanente de estudio y asesoramiento que elabore medidas tendentes a erradicar estas conductas así como evitar la arbitrariedad en cualquier ámbito de las relaciones laborales.

Capítulo VII. Régimen disciplinario

Artículo 43. De las faltas.

1. El personal funcionario de acuerdo con el artículo 147 y concordantes del Real Decreto Legislativo 781/1986, de 18 de abril, puede incurrir en las faltas muy graves, graves y leves según se determinen en la legislación básica de la función pública y, en la actualidad, en el artículo 31 de la Ley 30/1984, de 2 de agosto, de Medidas para la Reforma de la Función Pública para las faltas muy graves, y para las faltas graves y leves las establecidas en la legislación de la Función Pública de la Administración Civil del Estado.

Para los Policías Locales, conforme a lo establecido en el artículo 173 del Real Decreto 781/1986, de 18 de abril, les será de aplicación las prescripciones contenidas en la Ley Orgánica de Fuerzas y Cuerpos de Seguridad del Estado y, de acuerdo con el artículo 52 de la misma, el Real Decreto 884/1989, de 14 de julio, por el que se aprueba el Reglamento de Régimen Disciplinario del Cuerpo Nacional de Policía. Supletoriamente será de aplicación el mismo régimen que el aplicable al resto de funcionarios/as de este Ayuntamiento, sin perjuicio de lo que disponga la Ley de Coordinación de Policías Locales de Extremadura.

Artículo 44. Del procedimiento sancionador.

El procedimiento sancionador y la tramitación del correspondiente expediente se ajustarán a lo que se determine para la Administración Civil del Estado para los funcionarios públicos. La tramitación de cualquier procedimiento sancionador que afecte a los empleados y empleadas a quienes afecte el presente Acuerdo se ajustará a criterios de máxima agilidad y reducción de trámites innecesarios en atención a la relación jurídica de este personal y a los plazos de prescripción previstos en la legislación laboral. En todo caso los períodos de alegaciones concedidos a los interesados o interesadas interrumpirán dichos plazos de prescripción, siempre que la duración del expediente instruido no supere el plazo de seis meses sin mediar culpa del trabajador o de la trabajadora.

Asimismo la iniciación de cualquier expediente sancionador será comunicada al interesado y al órgano de representación correspondiente.

Artículo 45. Sanciones.

Las sanciones que podrán imponerse en función de la calificación de las faltas serán:

1. Por faltas leves, amonestación y apercibimiento verbal o suspensión de empleo y sueldo de hasta dos días.
2. Por faltas graves, suspensión de empleo y sueldo de tres a treinta días.
3. Por faltas muy graves, suspensión de empleo y sueldo de uno a tres meses, o despido disciplinario.

Artículo 46. Responsabilidades.

Las personas que ostenten las Jefaturas o superiores que toleren o encubran las faltas de sus subordinados/as incurrirán en responsabilidad y sufrirán la corrección o sanción que se estime procedente, habida cuenta de la que se imponga al autor o la autora, de la intencionalidad, perturbación para el servicio, atentando a la dignidad de la institución y reiteración o reincidencia de dicha tolerancia o incumplimiento.

Cualquier trabajadora o trabajador podrá dar cuenta por escrito de los actos que supongan faltas de respeto a su intimidad o la consideración debida a su dignidad humana o laboral.

Artículo 47. Prescripciones.

Las faltas leves prescribirán a los diez días; las graves, a los veinte días, y las muy graves, a los sesenta días a partir de la fecha en que la empresa tuvo conocimiento de su comisión y, en todo caso, a los seis meses de haberse cometido.

Capítulo VIII. Régimen jurídico

Artículo 48. Disposiciones.

El personal municipal se somete en esta materia a lo dispuesto en:

- Ley 7/1985, de 2 de abril, Reguladora de la Bases del Régimen Local.
- Real Decreto Legislativo 781/1986, de 18 de abril.

- Ley Orgánica 30/1984, de 2 de agosto, de Medidas para la Reforma de la Función Pública, en lo que le sea de aplicación.
- Demás disposiciones que desarrollan, modifican, o amplían la citada legislación.

Disposiciones adicionales

Primera.

1. Las personas ligadas a los trabajadores o trabajadoras por una relación de afectividad de forma permanente, tendrán a todos los efectos la misma consideración que sus cónyuges, debiendo ser acreditado este extremo mediante certificación de convivencia.

2. Análogamente, se entenderá por persona con disminución física, psíquica o sensorial, a aquella que reúna los requisitos establecidos en el R.D. 383/1984, de 1 de febrero y la Orden Ministerial de 8 de marzo de 1984, debiendo aportar el certificado oficial establecido.

3. Las ayudas sociales serán aplicables al personal municipal y a los miembros de su unidad familiar como beneficiarios/as, entendiendo por unidad familiar la que formen los cónyuges y descendientes de éstos indistintamente que convivan juntos, debiendo acreditar este extremo y con independencia de su inscripción en la Seguridad Social. En relación con las ayudas previstas en los apartados 1, 4, 5 y 6 del artículo 29 en caso de que trabajen ambos cónyuges, habrá de acreditarse que sólo uno de ellos percibe la ayuda social de que se trate.

Segunda.

El Ayuntamiento de Cáceres entregará copia del presente Acuerdo a todos los trabajadores y trabajadoras municipales que figuren en las plantillas. También entregará copias, junto con la toma de posesión, al personal de nuevo ingreso.

Tercera.

Cuando se mencionan las denominaciones de parientes consanguíneos del personal municipal, ha de entenderse, referido también a parientes de afinidad, y siempre según el siguiente cuadro:

1.º GRADO	2.º GRADO	3.º GRADO	4.º GRADO
padre	abuelo/a	bisabuelos	primo/a
madre	hermano/a	tío/a	
cónyuge/ compañero/a	nieto/a	sobrino/a	
		biznieto/a	
hijo/hija			

Cuarta.

Las ayudas sociales contenidas en los apartados 1, 4, 5, 6 y 8 del artículo 29, serán de aplicación al personal municipal a partir de los veinticuatro meses efectivos de servicios continuados o ininterrumpidos.

Quinta.

El Excmo. Ayuntamiento, durante la vigencia de este Acuerdo llevará a cabo los análisis y estudios técnicos necesarios para la configuración y aplicación de un plan de pensiones.

Sexta.

Durante la vigencia de este Acuerdo, la Corporación se compromete a la elaboración de un proyecto con el fin de dotar al Laboratorio Municipal de la tecnología suficiente para poder optimizar la formación y titulación de los funcionarios adscritos a los Servicios Sanitarios, como mejora de las prestaciones de servicios a la ciudadanía y potenciando la organización y racionalización del trabajo.

Séptima.

"Modificación de aspectos técnicos".

En los supuestos que proceda modificar aspectos técnicos del Acuerdo como consecuencia de la necesaria adaptación o desarrollo de los contenidos del mismo a situaciones o circunstancias no existentes en el momento de su firma, se convocará a dicho efecto a la Comisión Negociadora del Acuerdo. El acuerdo que resulte, en su caso, se remitirá a la autoridad laboral para su registro, depósito y publicidad.

Octava.

Las partes firmantes de este Acuerdo, según figura en la última hoja del texto, son de un lado la Corporación Municipal y de otro las Organizaciones Sindicales legitimadas para negociar en la Mesa General de Negociación (CSI-CSIF, CC.OO. y UGT).

Disposición derogatoria

A la entrada en vigor de este Acuerdo, queda derogado el anterior cuya vigencia expiraba el día 31 de diciembre de 2003.

Asimismo, quedan derogados cuantos acuerdos, disposiciones o resoluciones, de igual o inferior rango, que contradigan o se opongan a lo establecido en el presente Acuerdo.

Disposición final

El presente Acuerdo entrará en vigor el día 1 de enero de 2007 y lo mantendrá hasta la fecha establecida en el artículo 3 del mismo.

Anexo. Vestuarios

Secciones y servicios	Vestuario	Color	Nº	Periodo años
– Brigada de obras	Dotación básica nº 1		1	1
– Cementerio	Dotación de invierno:		2	1
– Talleres	Chaquetilla	Azulina	2	1
– Saneamiento público (Brigada de obras)	Pantalón	Azulina	1	1
	Camisa (m.l.)	Azul celeste	1	2
– Universidad Popular (Monitoría de Forja)	Polar	Azul marino	1	3
	Parka (lluvia y frío)	Azul marino		
– Operarios de mantenimiento (Portería, Universidad Popular)	Traje de agua	Azul marino	2	1
	Dotación de verano:		2	1
	Pantalón	Azulina		
	Polo (m.c.)	Celeste		
– Señalización vial (Brigada de obras)	Dotación básica nº 1 con las siguientes características: – Es **Ropa de Protección EN340 y EN471.2 (Alta Visibilidad)** – Sin polar			
– Sección de electricidad	Dotación básica nº 1 con características de que la uniformidad de este colectivo es **Ropa de Protección EN340 y EN50256 (Especial riesgo eléctrico) (Sin elementos metálicos).**			
– Mercados municipales	Dotación básica nº 1 con las siguientes características: – Cazadora y pantalón con refuerzo y azul marino – Sin traje de agua – Parka cada 4 años			
– Pintores/as	Dotación básica nº 1 con las siguientes características: – Chaquetillas, pantalones, camisas y polos en color **BLANCO** – Jersey, parka y traje de agua en **AZUL MARINO**			
– Ornamentación jardines Universidad Popular (Monitoría de Jardines)	Dotación básica nº 1 con las siguientes características: – Chaquetillas, pantalones, camisas y polos en color **VERDE** – Parka y traje de agua en **VERDE KAKI**			
– Fondo de cooperación regional – Escuelas y talleres de empleo (Alumnado) – Operarios manteniemiento (Fondo Social Europeo)	Dotación básica nº 1 con las siguientes características: – Sin parka. Se entregará un forro polar y traje de agua según Sección – Los colores y características dependerán del lugar al que sean destinados – Se entregará al inicio de la relación laboral.			

→

Secciones y servicios	Vestuario	Color	Nº	Periodo años
– Guardas vigilantes (jardines y ferial) – Guardas porteros de instalaciones (jardines)	Dotación de invierno:			
	Camisa (m.l.)	Verde kaki	2	1
	Pantalaón	" "	2	1
	Forro polar	" "	1	2
	Jersey de lana	" "	1	2
	Zapato (o bota) de vestir	Negro	1	1
	Parka (lluvia y frío)	Verde kaki	1	2
	Guantes	———	1	2
	Dotación de verano:			
	Pantalón	Verde kaki	2	1
	Camisa (m.c.)	" "	2	1
	Zapatos de vestir	Negro	1	1
– Encargados/as (obras, jardines, talleres, cementerio, electricidad...) – Inspectores/as, vigilantes	– Parka (lluvia y frío)	A determinar	1	3
	– Zapatos vestir verano	Negro	1	1
	– Zapatos vestir invierno	Negro	1	1
– Ordenanzas	Traje de protocolo (*)			
	– Chaqueta	Azul marino	1	*
	– Falda o pantalón	Gris marengo	2	*
	– Camisa	Blanco	2	*
	– Corbata	Azul	1	*
	– Pisa-corbata (escudo Ayuntamiento)	———	1	*
	– Zapatos de vestir	Negro	1	
	Traje de diario (INVIERNO)			
	– Falda o pantalón (tipo chinos)	Gris marengo	2	1
	– Camisas (m. l.)	Blanco	2	1
	– Jersey (cuello redondo)	Azul marino	1	1
	– Parka (lluvia, frío)	Azul marino	1	2
	– Zapatos	Negro	1	1
	– Guantes	———	1	2
	Traje de diario (VERANO)			
	– Falda o pantalón (tipo chinos)	Gris marengo	2	1
	– Polos (m. c.)	Blanco	2	1
	– Zapatos	Negro	1	1

Secciones y servicios	Vestuario	Color	Nº	Periodo años
– Personal Técnico	– Bota Seguridad	Negro	1	2
	– Parka (lluvia y frío)	A determinar	1	3
	– Botas de agua	——	1	3
– Monitores/as U.P. (carpintería, cantería, restauración...)	– Bata verano	Blanco	1	1
– Monitores/as escuelas y taller de empleo	– Bata invierno	Blanco	1	1
	– Parka (lluvia y frío)	Azul	1	3
	– Traje de agua	Azul	1	4
– Monitores/as talleres abiertos	– Bata verano	Blanco	1	1
	– Bata invierno	Blanco	1	1
	– Calzado verano	Blanco	1	1
	– Calzado invierno	Blanco	1	1
– Farmacia municipal, laboratorio	– Bata verano	Blanco	1	1
– Ayuda a domicilio (Fondo Social Europeo)	– Bata invierno	"	1	1
	– Calzado verano	"	1	1
	– Calzado invierno	"	1	1
– Limpieza	– Pijama (casaca m.l. y pantalón) (invierno)	Blanco	1	1
	– Pijama (casaca m.c. y pantalón) (verano)	"	1	1
	– Chaqueta/rebeca de hilo	Azul marino	1	1
	– Calzado invierno	Blanco	1	1
	– Calzado verano	"	1	1
– Escoltas (Policía Local)	– Traje invierno (chaqueta, camisa m.l.), corbata, pantalón	A determinar	1	1
	– Zapato de vestir invierno	Negro	1	1
	– Traje verano (chaqueta, camisa m.c.), corbata, pantalón	A determinar	1	1
	– Zapato de vestir verano	Negro	1	1
– Chofer Alcaldía (**)	Igual dotación de Escoltas más:			
	– Mono de trabajo	Azul	1	1
	– Chaleco de hilo	A determinar	1	2
	– Chaquetón de paño	A determinar	1	2

Secciones y servicios	Vestuario	Color	Nº	Periodo años
– Conductores/as grúa	Dotación de invierno:			
	Cazadora con refuerzo	Azul marino	1	1
	Jersey	" "	1	1
	Pantalaón con refuerzo	" "		
	Camisa (m/l)	Azul celeste	2	1
	Parka (lluvia y frío) Tejido fluorescente. **Norma EN471**	Azul-Amarillo	1	2
	Traje de agua	Azul	1	3
	Dotación de verano:			
	Pantalón con refuerzo	Azul marino	2	1
	Polo (m/c)	Azul celeste	2	1
– Policías Municipales	Su uniformidad será la recogida en la normativa vigente en la materia.			

(*) El Traje de Protocolo de los/as Ordenanzas se entregará al iniciarse la relacional laboral o funcionarial. Posteriormente se entregarán por petición del/de la Regente Municipal.

(**) Las labores de Chofer de Alcaldía se realizan de forma esporádica por otros trabajadores. El/la Responsable de la unidad determinará el vestuario a entregar a estos trabajadores y la periodicidad.

CORPORACIÓN MUNICIPAL:

CONCEJAL DELEGADO DE PERSONAL. PRESIDENTE DE LA M.G.N. Fdo.: Luis Martín Buenadicha.

CONCEJAL DEL G.M. SOCIALISTA. Fdo.: Estanislao Martín Martín.

PORTAVOZ DEL G.M. POPULAR. Fdo.: Andrés Nevado Peña.

PORTAVOZ DEL G.M. SOCIALISTA. Fdo.: Carmen Heras Pablo.

PORTAVOZ DEL G.M. IZQUIERDA UNIDA. Fdo.: Santiago Pavón Polo.

ORGANIZACIONES SINDICALES:

CENTRAL SINDICAL CSI-CSIF. Fdo.: Tomás Simón Ramajo.

CENTRAL SINDICAL CC.OO. Fdo.: Fernando Prieto Martín.

CENTRAL SINDICAL U.G.T. Fdo.: Néstor Alcón Clemente.

EL SECRETARIO GENERAL. Fdo.: Manuel Aunión Segador.

EL ILMO. SR. ALCALDE DEL AYUNTAMIENTO DE CÁCERES. Fdo.: José María Saponi Mendo.

Tema 14

Políticas de Igualdad de Género. Normativa vigente. El principio de Igualdad en el ámbito de la Función Pública

eRodio ediciones

Índice esquemático

1. **La Igualdad de Genero en la Constitución Española: la igualdad formal**
2. **El desarrollo del principio constitucional, la Ley Orgánica para la Igualdad Efectiva de Mujeres y Hombres: la igualdad material o real**
   - 2.1. Igualdad de oportunidades y discriminación por razón de sexo. Conceptos previos
   - 2.2. Políticas públicas para la igualdad
   - 2.3. Igualdad y medios de comunicación
   - 2.4. El derecho al trabajo en igualdad de oportunidades
   - 2.5. El principio de igualdad en el empleo público

1. LA IGUALDAD DE GENERO EN LA CONSTITUCIÓN ESPAÑOLA: LA IGUALDAD FORMAL

La Constitución Española de 1978, recoge el principio de igualdad en su artículo 14 que establece:

> "Los españoles son iguales ante la ley, sin que pueda prevalecer discriminación alguna por razón de nacimiento, raza, sexo, religión, opinión o cualquier otra condición o circunstancia personal o social".

Tres cuestiones hay que destacar de este artículo:

a) El carácter preeminente que la Constitución ha otorgado a la igualdad, que declara como un valor superior del ordenamiento jurídico, artículo 1° CE, y que desarrolla en el artículo 14, como frontispicio de todo el capítulo II del Título I, presidiendo incluso a los Derechos Fundamentales y libertades públicas.

b) Que la igualdad como valor superior se concreta en la "ausencia de discriminación".

c) Que en el presente tema nos vamos a referir en exclusiva, a la igualdad por razón de sexo, es decir entre el hombre y la mujer.

Sentadas estas premisas tenemos que decir, que el poder constituyente, y una vez consagrado este principio de igualdad de sexos, debió pensar que ya estaba todo hecho.

Reflejado el valor en el texto constitucional, no había más que esperar que esto fuera una realidad social. Es lo que llamamos igualdad "formal", para referirnos, al hecho de que la igualdad de género, estaba ya formalmente recogida desde el año 1978, en nuestra máxima norma.

Pero la cuestión era, ¿Y esta igualdad formal, se ha trasladado a la realidad social?

Es decir, materialmente ¿nuestra sociedad es igualitaria, entre hombres y mujeres?

Al darse cuenta nuestro legislador que por más que lo consagrara la Constitución, la igualdad de género no progresaba en nuestro país, es por lo que se decidió que era necesaria una norma de desarrollo, que estableciera las bases para que la sociedad caminara hacia una igualdad "real", y se hizo a través de la **Ley Orgánica para la Igualdad Efectiva de Mujeres y Hombres**, **Ley Orgánica 3/2007**, ¡29 años después de aprobarse el texto constitucional!

2. EL DESARROLLO DEL PRINCIPIO CONSTITUCIONAL, LA LEY ORGÁNICA PARA LA IGUALDAD EFECTIVA DE MUJERES Y HOMBRES: LA IGUALDAD MATERIAL O REAL

La igualdad de género o sexo, se desarrolla **en la Ley Orgánica 3/2007 de 22 de marzo, Ley Orgánica de Igualdad efectiva de mujeres y hombres,** que como he hemos dicho más arriba pretende conseguir y llevar al terreno de la realidad, la igualdad que formalmente ya existía, pero que no era real.

Así lo recoge la exposición de motivos de la Ley, cuando dice: "El pleno reconocimiento de **la igualdad formal ante la ley, aun habiendo comportado, sin duda, un paso decisivo, ha resultado ser insuficiente**. La violencia de género, la discriminación salarial, la discriminación en las pensiones de viudedad, el mayor desempleo femenino, la todavía escasa presencia de las mujeres en puestos de responsabilidad política, social, cultural y económica, o los problemas de conciliación entre la vida personal, laboral y familiar muestran cómo **la igualdad plena, efectiva, entre mujeres y hombres**, aquella «perfecta igualdad que no admitiera poder ni privilegio para unos ni incapacidad para otros», en palabras escritas por John Stuart Mill hace casi 140 años, **es todavía hoy una tarea pendiente** que precisa de nuevos instrumentos jurídicos.

Resulta necesaria, en efecto, **una acción normativa dirigida a combatir todas las manifestaciones aún subsistentes de discriminación**, directa o indirecta, por razón de sexo y a promover la igualdad real entre mujeres y hombres, con remoción de los obstáculos y estereotipos sociales que impiden alcanzarla. Esta exigencia se deriva de nuestro ordenamiento constitucional e integra un genuino derecho de las mujeres, pero es a la vez un elemento de enriquecimiento de la propia sociedad española, que contribuirá al desarrollo económico y al aumento del empleo.

Se contempla, asimismo, una especial consideración con los supuestos de doble discriminación y las singulares dificultades en que se encuentran las mujeres que presentan especial vulnerabilidad, como son las que pertenecen a minorías, las mujeres migrantes y las mujeres con discapacidad."

La Ley se estructura en un Título preliminar, ocho Títulos, treinta y una disposiciones adicionales, once disposiciones transitorias, una disposición derogatoria y ocho disposiciones finales.

El **Título Preliminar** establece el objeto y el ámbito de aplicación de la Ley.

El **Título Primero** define, siguiendo las indicaciones de las Directivas de referencia, los conceptos y categorías jurídicas básicas relativas a la igualdad, como las de discriminación directa e indirecta, acoso sexual y acoso por razón de sexo, y acciones positivas.

En el **Título Segundo**, Capítulo Primero, se establecen las pautas generales de actuación de los poderes públicos en relación con la igualdad, se define el principio de transversalidad y los instrumentos para su integración en la elaboración, ejecución y aplicación de las normas. También se consagra el principio de presencia equilibrada de mujeres y hombres en las listas electorales y en los nombramientos realizados por los poderes públicos.

El **Título III** contiene medidas de fomento de la igualdad en los medios de comunicación social, con reglas específicas para los de titularidad pública, así como instrumentos de control de los supuestos de publicidad de contenido discriminatorio.

El **Título IV** se ocupa del derecho al trabajo en igualdad de oportunidades, incorporando medidas para garantizar la igualdad entre mujeres y hombres en el acceso al empleo, en la formación y en la promoción profesionales, y en las condiciones de trabajo. Se incluye además, entre los derechos laborales de los trabajadores y las trabajadoras, la protección frente al acoso sexual y al acoso por razón de sexo.

El **Título V**, en su Capítulo I regula el principio de igualdad en el empleo público, estableciéndose los criterios generales de actuación a favor de la igualdad para el conjunto de las Administraciones públicas y, en su Capítulo II, la presencia equilibrada de mujeres y hombres en los nombramientos de órganos directivos de la Administración General del Estado.

El **Título VI** de la Ley está dedicado a la igualdad de trato en el acceso a bienes y servicios, con especial referencia a los seguros.

El **Título VII** contempla la realización voluntaria de acciones de responsabilidad social por las empresas en materia de igualdad.

El **Título VIII** de la Ley establece una serie de disposiciones organizativas, con la creación de una Comisión Interministerial de Igualdad entre mujeres y hombres y de las Unidades de Igualdad en cada Ministerio.

A modo de resumen para preguntas tipo test te plasmamos el siguiente resumen de la estructura de la Ley:

Ley Orgánica 3/2007 de Igualdad Efectiva de Mujeres y Hombres, de 22 de marzo.

- Título I. El principio de igualdad y tutela contra la discriminación.
- Título II. Políticas Públicas para la igualdad.

- Título III. Igualdad y medios de comunicación.
- Título IV. El derecho al trabajo en igualdad de oportunidades.
- Título V. El principio de igualdad en el empleo público.
- Título VI. Igualdad de trato en acceso a bienes y servicios.
- Título VII. Igualdad en la responsabilidad social de las empresas.
- Título VIII. Disposiciones organizativas.
- 31 disposiciones adicionales, 11 transitorias, 1 derogatoria, y 8 finales.

2.1. Igualdad de oportunidades y discriminación por razón de sexo. Conceptos previos

2.1.1. Objeto de la ley

Se describe en el artículo 1° de la Ley que establece:

> 1. Las mujeres y los hombres **son iguales en dignidad humana, e iguales en derechos y deberes. Esta Ley tiene por objeto hacer efectivo el derecho de igualdad de trato y de oportunidades entre mujeres y hombres, en particular mediante la eliminación de la discriminación de la mujer**, sea cual fuere su circunstancia o condición, en cualesquiera de los ámbitos de la vida y, singularmente, en las esferas política, civil, laboral, económica, social y cultural para, en el desarrollo de los artículos 9.2 y 14 de la Constitución, alcanzar una sociedad más democrática, más justa y más solidaria.
>
> 2. A estos efectos, la Ley establece principios de actuación de los Poderes Públicos, regula derechos y deberes de las personas físicas y jurídicas, tanto públicas como privadas, y prevé medidas destinadas a eliminar y corregir en los sectores público y privado, toda forma de discriminación por razón de sexo.

Con la Ley de Igualdad se produce el reconocimiento de una igualdad efectiva o real. La exigencia de que exista una igualdad real entre hombres y mujeres no solo se deriva de nuestro Ordenamiento Jurídico, sino que también forma parte de una exigencia social, que contribuye al desarrollo económico.

La Ley de Igualdad supone un paso más en la lucha contra la discriminación de las mujeres y en el aseguramiento de una igualdad efectiva. Aunque la ley es muy decisiva, no debería ser el único paso que se haya de adoptar.

2.1.2. El principio de igualdad y la tutela contra la discriminación

La Ley orgánica define a tal efecto que el principio de igualdad de trato entre mujeres y hombres **supone la ausencia de toda discriminación, directa o indirecta**, por razón de sexo, y, especialmente, las derivadas de la maternidad, la asunción de obligaciones familiares y el estado civil.

La igualdad de trato y de oportunidades entre mujeres y hombres es un principio informador del ordenamiento jurídico y, como tal, se integrará y observará en la interpretación y aplicación de las normas jurídicas.

El principio de igualdad de trato y de oportunidades entre mujeres y hombres, aplicable en el ámbito del empleo privado y en el del empleo público, se garantizará, en los términos previstos en la normativa aplicable, en el acceso al empleo, incluso al trabajo por cuenta propia, en la formación profesional, en la promoción profesional, en las condiciones de trabajo, incluidas las retributivas y las de despido, y en la afiliación y participación en las organizaciones sindicales y empresariales, o en cualquier organización cuyos miembros ejerzan una profesión concreta, incluidas las prestaciones concedidas por las mismas.

No constituirá discriminación en el acceso al empleo, incluida la formación necesaria, una diferencia de trato basada en una característica relacionada con el sexo cuando, debido a la naturaleza de las actividades profesionales concretas o al contexto en el que se lleven a cabo, dicha característica constituya un requisito profesional esencial y determinante, siempre y cuando el objetivo sea legítimo y el requisito proporcionado.

Discriminación directa e indirecta: Se **considera discriminación directa** por razón de sexo la situación en que se encuentra una persona que sea, haya sido o pudiera ser tratada, en atención a su sexo, de manera menos favorable que otra en situación comparable.

Se **considera discriminación indirecta** por razón de sexo la situación en que una disposición, criterio o práctica aparentemente neutros pone a personas de un sexo en desventaja particular con respecto a personas del otro, salvo que dicha disposición, criterio o práctica puedan justificarse objetivamente en atención a una finalidad legítima y que los medios para alcanzar dicha finalidad sean necesarios y adecuados.

En cualquier caso, se considera discriminatoria toda orden de discriminar, directa o indirectamente, por razón de sexo.

Acoso sexual y acoso por razón de sexo: Sin perjuicio de lo establecido en el Código Penal, a los efectos de esta Ley **constituye acoso sexual cualquier**

comportamiento, verbal o físico, de naturaleza sexual que tenga el propósito o produzca el efecto de atentar contra la dignidad de una persona, en particular cuando se crea un entorno intimidatorio, degradante u ofensivo.

Constituye **acoso por razón de sexo cualquier comportamiento realizado en función del sexo de una persona**, con el propósito o el efecto de atentar contra su dignidad y de crear un entorno intimidatorio, degradante u ofensivo.

Se considerarán en todo caso discriminatorios el acoso sexual y el acoso por razón de sexo.

El condicionamiento de un derecho o de una expectativa de derecho a la aceptación de una situación constitutiva de acoso sexual o de acoso por razón de sexo se considerará también acto de discriminación por razón de sexo.

Constituye discriminación directa por razón de sexo todo trato desfavorable a las mujeres relacionado con el embarazo o la maternidad.

2.1.3. El principio de transversalidad: el mainstreaming

La Ley de Igualdad implica la proyección del principio de igualdad sobre los diversos ámbitos del ordenamiento de la realidad social, cultural y artística en que pueda generarse o perpetuarse la desigualdad.

A este respecto conviene recordar que el artículo 9.2 de la Constitución Española, establece un mandato a los Poderes públicos, para que hagan real y efectivo lo que digan las normas, establece:

> "Corresponde a los Poderes Públicos promover las condiciones para que la libertad **y la igualdad del individuo** y de los grupos en que se integra **sean reales y efectivas; remover los obstáculos que impidan o dificulten su plenitud** y facilitar la participación de todos los ciudadanos en la vida política, económica, cultural y social".

Este mandato constitucional, se concreta en el principio de transversalidad que establece el artículo 15 de la Ley:

> El principio de igualdad de trato y oportunidades entre mujeres y hombres **informará, con carácter transversal, la actuación de todos los Poderes Públicos**. Las Administraciones públicas lo integrarán, de forma activa, en la adopción y ejecución de sus disposiciones normativas, en la definición y presupuestación de políticas públicas en todos los ámbitos y en el desarrollo del conjunto de todas sus actividades.

Entendemos que lo quiere la transversalidad, es que la idea de la igualdad atraviese toda la actuación administrativa, desde los que hacen normas jurídicas en todos los ministerios, a quienes las aplican. Sea de lo que sea, el tipo de

Proyecto de ley, o Reglamento, o Politica publica en la que se esté trabajando, quien lo haga se tiene que plantear, ¿Esto que estamos haciendo puede afectar a la igualdad? ¿Y en ese caso, como lo puedo hacer para que mejore la situación?.

La idea de transversalidad es contraria a que en un ministerio haya un pequeño equipo o servicio que se dedique a la igualdad. La transversalidad quiere que TODOS en el ministerio o Ayuntamiento, o Consejería, estemos trabajando por la igualdad. (A modo de ejemplo: Se está trabajando en un tema de seguridad social en el Ministerio de Agricultura, y alguien podía pensar "este tema es muy específico y no tiene nada que ver con la igualdad", o alguien aplicando la transversalidad se preocupó de pensar ¿Esto puede afectar a la Igualdad? ¿Cómo se hace ahora? Y de esa reflexión nació una formidable política pública, por la que se modificó el régimen especial agrario de los trabajadores del campo, permitiendo que las mujeres (Copropietarias de las explotaciones agrarias, al estar en régimen de gananciales) se pudieran dar de alta en la seguridad social.)

Estableciendo en el artículo 14 los siguientes criterios generales de actuación de los Poderes Públicos:

1. El compromiso con la efectividad del derecho constitucional de igualdad entre mujeres y hombres.
2. **La integración del principio de igualdad de trato y de oportunidades en el conjunto de las políticas económica, laboral, social, cultural y artística, con el fin de evitar la segregación laboral** y eliminar las diferencias retributivas, así como potenciar el crecimiento del empresariado femenino en todos los ámbitos que abarque el conjunto de políticas y el valor del trabajo de las mujeres, incluido el doméstico.
3. La colaboración y cooperación entre las distintas Administraciones públicas en la aplicación del principio de igualdad de trato y de oportunidades.
4. **La participación equilibrada de mujeres y hombres en las candidaturas electorales** y en la toma de decisiones.
5. La adopción de las **medidas necesarias para la erradicación de la violencia de género, la violencia familiar** y todas las formas de acoso sexual y acoso por razón de sexo.
6. La consideración de las singulares dificultades en que se encuentran las mujeres de colectivos de especial vulnerabilidad como son las que pertenecen **a minorías**, las mujeres migrantes, las niñas, las mujeres con discapacidad, las mujeres mayores, las mujeres viudas y las mujeres víctimas de violencia de género, para las cuales los poderes públicos podrán adoptar, igualmente, medidas de acción positiva.
7. La **protección de la maternidad**, con especial atención a la asunción por la sociedad de los efectos derivados del embarazo, parto y lactancia.

8. El establecimiento de medidas que aseguren **la conciliación del trabajo y de la vida personal y familiar de las mujeres y los hombres**, así como el fomento de la corresponsabilidad en las labores domésticas y en la atención a la familia.
9. El fomento de instrumentos de colaboración entre las distintas Administraciones públicas y los agentes sociales, las asociaciones de mujeres y otras entidades privadas.
10. El fomento de la efectividad del principio de igualdad entre mujeres y hombres en las relaciones entre particulares.
11. La implantación de un **lenguaje no sexista** en el ámbito administrativo y su fomento en la totalidad de las relaciones sociales, culturales y artísticas.
12. Todos los puntos considerados en este artículo se promoverán e integrarán de igual manera en la política española de cooperación internacional para el desarrollo.

2.2. Políticas públicas para la igualdad

El Gobierno, en las materias que sean de la competencia del Estado, aprobará periódicamente **un Plan Estratégico de Igualdad de Oportunidades, que incluirá medidas para alcanzar el objetivo de igualdad entre mujeres y hombres** y eliminar la discriminación por razón de sexo.

En los términos que reglamentariamente se determinen, el Gobierno elaborará **un informe periódico sobre el conjunto de sus actuaciones** en relación con la efectividad del principio de igualdad entre mujeres y hombres. De este informe se dará cuenta a las Cortes Generales.

Los proyectos de disposiciones de carácter general y los planes de especial relevancia económica, social, cultural y artística que se sometan a la aprobación del Consejo de Ministros **deberán incorporar un informe sobre su impacto por razón de género.** (Es decir todos los proyectos de ley, o de reglamentos, deben incorporar entre la documentación a aportar este informe de impacto por razón de género de la norma que se pretende aprobar)

Al objeto de hacer efectivas las disposiciones contenidas en esta Ley y que se garantice la integración de modo efectivo de la perspectiva de género en su actividad ordinaria**, los poderes públicos, en la elaboración de sus estudios y estadísticas, deberán**:

a) Incluir sistemáticamente la variable de sexo en las estadísticas, encuestas y recogida de datos que lleven a cabo.

b) Establecer e incluir en las operaciones estadísticas nuevos indicadores que posibiliten un mejor conocimiento de las diferencias en los valores, roles, situaciones, condiciones, aspiraciones y necesidades de mujeres y hombres, su manifestación e interacción en la realidad que se vaya a analizar.

c) Diseñar e introducir los indicadores y mecanismos necesarios que permitan el conocimiento de la incidencia de otras variables cuya concurrencia resulta generadora de situaciones de discriminación múltiple en los diferentes ámbitos de intervención.

d) Realizar muestras lo suficientemente amplias como para que las diversas variables incluidas puedan ser explotadas y analizadas en función de la variable de sexo.

e) Explotar los datos de que disponen de modo que se puedan conocer las diferentes situaciones, condiciones, aspiraciones y necesidades de mujeres y hombres en los diferentes ámbitos de intervención.

f) Revisar y, en su caso, adecuar las definiciones estadísticas existentes con objeto de contribuir al reconocimiento y valoración del trabajo de las mujeres y evitar la estereotipación negativa de determinados colectivos de mujeres.

Sólo excepcionalmente, y mediante informe motivado y aprobado por el órgano competente, podrá justificarse el incumplimiento de alguna de las obligaciones anteriormente especificadas.

Respecto a la **Colaboración entre las Administraciones públicas** el artículo 21de la Ley establece que la Administración General del Estado y las Administraciones de las Comunidades Autónomas cooperarán para integrar el derecho de igualdad entre mujeres y hombres en el ejercicio de sus respectivas competencias y, en especial, en sus actuaciones de planificación. **En el seno de la Conferencia Sectorial de la Mujer podrán adoptarse planes y programas conjuntos de actuación con esta finalidad.**

Las Entidades Locales integrarán el derecho de igualdad en el ejercicio de sus competencias y colaborarán, a tal efecto, con el resto de las Administraciones públicas.

Le Ley prevé **acciones específicas para la igualdad** en los siguientes ámbitos:

- En la Política educativa.
- En la creación y producción artística.
- En la salud
- En la sociedad de la información.
- En deportes.

- En el desarrollo rural.
- En la ordenación del territorio y vivienda.
- En la cooperación al desarrollo.
- En contratos y subvenciones públicas
- Etc.

2.3. Igualdad y medios de comunicación

La Ley orgánica de Igualdad establece que los medios de comunicación social de **titularidad pública velarán por la transmisión de una imagen igualitaria, plural y no estereotipada de mujeres y hombres en la sociedad**, y promoverán el conocimiento y la difusión del principio de igualdad entre mujeres y hombres.

A tal efecto, la Corporación RTVE, en el ejercicio de su función de servicio público, perseguirá en su programación los siguientes objetivos:

a) Reflejar adecuadamente la presencia de las mujeres en los diversos ámbitos de la vida social.

b) Utilizar el **lenguaje en forma no sexista**.

c) Adoptar, mediante la autorregulación, códigos de conducta tendentes a transmitir el contenido del principio de igualdad.

d) Colaborar con las campañas institucionales dirigidas a fomentar la igualdad entre mujeres y hombres y a erradicar la violencia de género.

En el mismo sentido que lo anterior, la Agencia EFE velará por el respeto del principio de igualdad entre mujeres y hombres y, en especial, por la utilización no sexista del lenguaje.

Respecto de los **medios de comunicación social de titularidad privada**, la Ley Orgánica de Igualdad establece:

- Todos los medios de comunicación **respetarán la igualdad** entre mujeres y hombres, evitando cualquier forma de discriminación.
- Las Administraciones públicas promoverán la adopción por parte de los medios de comunicación de acuerdos de autorregulación que contribuyan al cumplimiento de la legislación en materia de igualdad entre mujeres y hombres, incluyendo las actividades de venta y publicidad que en aquellos se desarrollen.
- La publicidad que comporte una conducta discriminatoria de acuerdo con esta Ley se considerará publicidad ilícita, de conformidad con lo previsto en la legislación general de publicidad y de publicidad y comunicación institucional.

2.4. El derecho al trabajo en igualdad de oportunidades

Las políticas de empleo tendrán como uno de sus objetivos prioritarios aumentar la participación de las mujeres en el mercado de trabajo y avanzar en la igualdad efectiva entre mujeres y hombres. Para ello, se mejorará la empleabilidad y la permanencia en el empleo de las mujeres, potenciando su nivel formativo y su adaptabilidad a los requerimientos del mercado de trabajo.

Los Programas de inserción laboral activa comprenderán todos los niveles educativos y edad de las mujeres, incluyendo los de Formación Profesional, Escuelas Taller y Casas de Oficios, dirigidos a personas en desempleo, se podrán destinar prioritariamente a colectivos específicos de mujeres o contemplar una determinada proporción de mujeres.

De acuerdo con lo establecido legalmente, **mediante la negociación colectiva** se podrán establecer **medidas de acción positiva para favorecer el acceso de las mujeres al empleo** y la aplicación efectiva del principio de igualdad de trato y no discriminación en las condiciones de trabajo entre mujeres y hombres.

Los derechos de conciliación de la vida personal, familiar y laboral se reconocerán a los trabajadores y las trabajadoras en forma que fomenten la asunción equilibrada de las responsabilidades familiares, evitando toda discriminación basada en su ejercicio.

El permiso y la prestación por maternidad se concederán en los términos previstos en la normativa laboral y de Seguridad Social.

Para contribuir a un reparto más equilibrado de las responsabilidades familiares, se reconoce a los padres el derecho a un permiso y una prestación por paternidad, en los términos previstos en la normativa laboral y de Seguridad Social.

Las empresas están obligadas a respetar la igualdad de trato y de oportunidades en el ámbito laboral y, con esta finalidad, deberán adoptar medidas dirigidas a evitar cualquier tipo de discriminación laboral entre mujeres y hombres, medidas que deberán negociar, y en su caso acordar, con los representantes legales de los trabajadores en la forma que se determine en la legislación laboral.

En el caso de las empresas de más de doscientos cincuenta trabajadores, las medidas de igualdad a que se refiere el apartado anterior deberán dirigirse a la **elaboración y aplicación de un plan de igualdad, con el alcance y contenido establecidos en este capítulo, que deberá ser asimismo objeto de negociación** en la forma que se determine en la legislación laboral.

Los planes de igualdad de las empresas son un conjunto ordenado de medidas, adoptadas después de realizar un diagnóstico de situación, tendentes a alcanzar en la empresa la igualdad de trato y de oportunidades entre mujeres y hombres y a eliminar la discriminación por razón de sexo.

Los planes de igualdad fijarán los concretos objetivos de igualdad a alcanzar, las estrategias y prácticas a adoptar para su consecución, así como el establecimiento de sistemas eficaces de seguimiento y evaluación de los objetivos fijados.

Para la consecución de los objetivos fijados, los planes de igualdad podrán contemplar, entre otras, las materias de acceso al empleo, clasificación profesional, promoción y formación, retribuciones, ordenación del tiempo de trabajo para favorecer, en términos de igualdad entre mujeres y hombres, la conciliación laboral, personal y familiar, y prevención del acoso sexual y del acoso por razón de sexo.

Los planes de igualdad incluirán la totalidad de una empresa, sin perjuicio del establecimiento de acciones especiales adecuadas respecto a determinados centros de trabajo.

Se garantiza el acceso de la representación legal de los trabajadores y trabajadoras o, en su defecto, de los propios trabajadores y trabajadoras, a la información sobre el contenido de los Planes de igualdad y la consecución de sus objetivos.

Lo previsto en el párrafo anterior se entenderá sin perjuicio del seguimiento de la evolución de los acuerdos sobre planes de igualdad por parte de las comisiones paritarias de los convenios colectivos a las que éstos atribuyan estas competencias.

Las empresas deberán promover condiciones de trabajo que eviten el acoso sexual y el acoso por razón de sexo y arbitrar procedimientos específicos para su prevención y para dar cauce a las denuncias o reclamaciones que puedan formular quienes hayan sido objeto del mismo.

Con esta finalidad se podrán establecer medidas que deberán negociarse con los representantes de los trabajadores, tales como la elaboración y difusión de códigos de buenas prácticas, la realización de campañas informativas o acciones de formación.

El Ministerio de Trabajo y Asuntos Sociales creará un distintivo para reconocer a aquellas empresas que destaquen por la aplicación de políticas de igualdad de trato y de oportunidades con sus trabajadores y trabajadoras, que podrá ser utilizado en el tráfico comercial de la empresa y con fines publicitarios.

Con el fin de obtener este distintivo, cualquier empresa, sea de capital público o privado, podrá presentar al Ministerio de Trabajo y Asuntos Sociales un balance sobre los parámetros de igualdad implantados respecto de las relaciones de trabajo y la publicidad de los productos y servicios prestados.

2.5. El principio de igualdad en el empleo público

Las Administraciones públicas, en el ámbito de sus respectivas competencias y en aplicación del principio de igualdad entre mujeres y hombres, deberán:

a) Remover los obstáculos que impliquen la pervivencia de cualquier tipo de discriminación con el fin de ofrecer condiciones de igualdad efectiva entre mujeres y hombres en el acceso al empleo público y en el desarrollo de la carrera profesional.

b) Facilitar la conciliación de la vida personal, familiar y laboral, sin menoscabo de la promoción profesional.

c) Fomentar la formación en igualdad, tanto en el acceso al empleo público como a lo largo de la carrera profesional.

d) Promover la presencia equilibrada de mujeres y hombres en los órganos de selección y valoración.

e) Establecer medidas efectivas de protección frente al acoso sexual y al acoso por razón de sexo.

f) Establecer medidas efectivas para eliminar cualquier discriminación retributiva, directa o indirecta, por razón de sexo.

g) Evaluar periódicamente la efectividad del principio de igualdad en sus respectivos ámbitos de actuación.

Además el Gobierno atenderá al principio de **presencia equilibrada de mujeres y hombres en el nombramiento de las personas titulares de los órganos directivos de la Administración General del Estado** y de los organismos públicos vinculados o dependientes de ella, considerados en su conjunto, cuya designación le corresponda.

Todos los tribunales y órganos de selección del personal de la Administración General del Estado y de los organismos públicos vinculados o dependientes de ella responderán al principio de presencia equilibrada de mujeres y hombres, salvo por razones fundadas y objetivas, debidamente motivadas.

La aprobación de **convocatorias de pruebas selectivas** para el acceso al empleo público **deberá acompañarse de un informe de impacto de género**, salvo en casos de urgencia y siempre sin perjuicio de la prohibición de discriminación por razón de sexo.

Sin perjuicio de las mejoras que pudieran derivarse de acuerdos suscritos entre la Administración General del Estado o los organismos públicos vinculados o dependientes de ella con los representantes del personal al servicio de la Administración Pública, la normativa aplicable a los mismos establecerá un régimen de excedencias, reducciones de jornada, permisos u otros beneficios **con el fin de proteger la maternidad y facilitar la conciliación de la vida personal, familiar y laboral.** Con la misma finalidad se reconocerá un permiso de paternidad, en los términos que disponga dicha normativa.

En las bases de los concursos para la provisión de puestos de trabajo se computará, a los efectos de valoración del trabajo desarrollado y de los correspondientes méritos, el tiempo que las personas candidatas hayan permanecido en las situaciones a que se refiere el artículo anterior.

Cuando las condiciones del puesto de trabajo de una funcionaria incluida en el ámbito de aplicación del mutualismo administrativo pudieran influir negativamente en la salud de la mujer, del hijo e hija, **podrá concederse licencia por riesgo durante el embarazo, en los mismos términos y condiciones previstas en la normativa aplicable.** En estos casos, se garantizará la plenitud de los derechos económicos de la funcionaria durante toda la duración de la licencia, de acuerdo con lo establecido en la legislación específica.

Sin perjuicio de las mejoras que pudieran derivarse de acuerdos suscritos entre la Administración General del Estado o los organismos públicos vinculados o dependientes de ella con la representación de los empleados y empleadas al servicio de la Administración Pública, **cuando el periodo de vacaciones coincida con una incapacidad temporal derivada del embarazo, parto o lactancia natural, o con el permiso de maternidad, o con su ampliación por lactancia, la empleada pública tendrá derecho a disfrutar las vacaciones en fecha distinta**, aunque haya terminado el año natural al que correspondan.

Gozarán de este mismo derecho quienes estén disfrutando de permiso de paternidad.

Con el objeto de actualizar los conocimientos de los empleados y empleadas públicas, **se otorgará preferencia, durante un año**, en la adjudicación de plazas para participar en los cursos de formación **a quienes se hayan incorporado al servicio activo procedentes del permiso de maternidad o paternidad,** o hayan reingresado desde la situación de excedencia por razones de guarda legal y atención a personas mayores dependientes o personas con discapacidad.

Todas las pruebas de acceso al empleo público de la Administración General del Estado y de los organismos públicos vinculados o dependientes de ella **contemplarán el estudio y la aplicación del principio de igualdad entre mujeres y hombres** en los diversos ámbitos de la función pública.

Para la **prevención del acoso sexual y del acoso por razón de sexo**, las Administraciones públicas negociarán con la representación legal de las trabajadoras y trabajadores, un protocolo de actuación que comprenderá, al menos, los siguientes principios:

a) El compromiso de la Administración General del Estado y de los organismos públicos vinculados o dependientes de ella de prevenir y no tolerar el acoso sexual y el acoso por razón de sexo.

b) La instrucción a todo el personal de su deber de respetar la dignidad de las personas y su derecho a la intimidad, así como la igualdad de trato entre mujeres y hombres.

c) El tratamiento reservado de las denuncias de hechos que pudieran ser constitutivos de acoso sexual o de acoso por razón de sexo, sin perjuicio de lo establecido en la normativa de régimen disciplinario.

d) La identificación de las personas responsables de atender a quienes formulen una queja o denuncia.

El Gobierno aprobará, al inicio de cada legislatura, un Plan para la Igualdad entre mujeres y hombres en la Administración General del Estado y en los organismos públicos vinculados o dependientes de ella. El Plan establecerá los objetivos a alcanzar en materia de promoción de la igualdad de trato y oportunidades en el empleo público, así como las estrategias o medidas a adoptar para su consecución. El Plan será objeto de negociación, y en su caso acuerdo, con la representación legal de los empleados públicos en la forma que se determine en la legislación sobre negociación colectiva en la Administración Pública y su cumplimiento será evaluado anualmente por el Consejo de Ministros.

Tema 15

Conceptos básicos de informática y de la utilización del Sistema Operativo Windows

Rodio ediciones

Índice esquemático

1. LOS SISTEMAS INFORMÁTICOS. CONCEPTOS BÁSICOS, CODIFICACIÓN DE LA INFORMACIÓN

La ciencia denominada informática puede encontrar sus inicios en el ábaco Chino (una tablilla dividida en columnas, en la cual la primera, contando desde la derecha, correspondía a las unidades, la siguiente a la de las decenas, y así sucesivamente). Mediante distintos movimientos se podían realizar operaciones de adición y sustracción.

Dicho concepto fue el que, durante el siglo XVII utilizó el científico Blas Pascal para inventar la que fue considerada como la primera máquina calculadora. Sus funciones eran limitadas pues esta sólo servía para hacer sumas y restas, sin embargo sirvió como base para el alemán Leibnitz, en el siguiente siglo cuando este desarrolló una máquina que además de sumas y restas, era capaz de desarrollar multiplicaciones y divisiones.

Con el paso del tiempo y la especialización creciente se logró que en el siglo XIX se comercializaran las primeras máquinas de calcular.

Posteriormente, en este siglo, el matemático inglés Babbage desarrolló la llamada "Máquina Analítica", que era capaz de realizar #cualquier operación matemática", aparte de contar con cierta capacidad de memoria que le permitía almacenar hasta 1000 números de 50 cifras cada uno, podía usar funciones auxiliares, pese a contar con las limitaciones típicas que su naturaleza mecánica les imponía.

Comenzando el siglo XX se empezó a desarrollar de una manera más constante la electrónica, y se empezaron a solucionar los problemas de índole técnica que acarreaban estas primeras máquinas debido al desgaste, al error de manufactura humano, reemplazsndo los sistemas de engranaje y varas por impulsos eléctricos, estableciéndose uno de los primeros principios de la informática: Cuando hay un paso de corriente eléctrica el impulso será representado con un 1, y cuando no pase la misma, se representa con un 0.

La segunda guerra mundial propició la inversión en sistemas que fueran capaces de procesar muchos datos de manera sistemática, con lo que se construyó el primer ordenador, denominado Mark I que funcionaba a base de interruptores mecánicos. Posteriormente, no fue sino hasta 1944 que se construyó el primer ordenador con fines fundamentalmente prácticos: el denominado Eniac.

Ya en 1951 fueron desarrollados el Univac I y el Univac II, considerados por muchos como el punto de partida de los ordenadores corrientes, fácilmente accesibles al común de las personas.

A partir de ahí, podemos decir que los grandes avances que han existido en el campo de la tecnología han sido en su mayoría potenciados por (o directamente aplicados a) el avance de la informática: más velocidad, más capacidad, mejores características, más interconectividad.

1.1. Aplicaciones de la informática

A medida que el mundo avanza, las necesidades que tienen que superar los distintos grupos sociales se van haciendo más complejas, y los requerimientos de información fueron creciendo. La informática surgió como respuesta ante el requerimiento del procesamiento masivo de datos, y basa su utilidad en cuatro puntos principales:

1. **Procesamiento masivo de datos**: Los ordenadores son el medio más apropiado para la correcta manipulación de cantidades ingentes de información puesto que la procesa de manera rápida y exenta de fallos.
2. **Homogeinización de datos**: Los ordenadores están construidos de tal manera que los datos incluidos puedan ser utilizados en múltiples aplicaciones con distintos fines, sin que exista la necesidad de que estén físicamente repetidos por lo que no ocupan espacio.
3. **Repetitividad**: Esta es una de las cualidades más relevantes de los ordenadores, puesto que estos permiten el proceso de datos y ordenes de manera iterativa; es decir: uno tras otro de manera automática puesto que una vez las instrucciones hayan sido recibidas hasta que no se de la orden de dejar de trabajar los datos, el ordenador seguirá haciéndolo sin importar el número de operaciones que tenga en la lista.
4. **Distribución**: El origen y el destino de la información no necesitan estar ubicados en el mismo lugar. La información que procesa el ordenador puede introducirse (u obtener resultados) a través de terminales situados en localizaciones geográficas muy separadas.

1.2. Conceptos básicos

Enumeramos a continuación los principales conceptos.

1.2.1. Información

Es el elemento básico con el que la informática trata, y se define como todo aquello que permite adquirir un tipo de conocimiento determinado, de lo cual entendemos que la información existirá siempre que se dé a conocer algo que se desconoce. Constituida por datos que posteriormente a su emisión serán procesados (dicho procesamiento tiene como resultado la extracción del significado que tienen los mismos y puede implicar su recolección, clasificación, ordenamiento, adición, substracción, etc). Otras definición ampliamente aceptada es "el mensaje o significado contenido en un conjunto de datos".

Para que la información sea transmitida, son necesarios tres elementos:

1. Emisor: Ente o sistema que da origen y fabrica la información.
2. Medio: Entorno por el que la información es transmitida.
3. Receptor: Ente o sistema que recibe la información producida por el emisor y trasladada a través del medio.

1.2.2. Informática

Podemos definir la informática como la ciencia encargada del tratamiento racional y automático mediante máquinas, tanto de la información considerada como soporte de los conocimientos humanos y de la transmisión de la misma mediante comunicaciones en los campos técnico, económico y social. Según la RAE informática es el "*Conjunto de conocimientos científicos y técnicas que hacen posible el tratamiento automático de la información por medio de computadoras*".

El vocablo informática proviene del alemán informatik, término que fue acuñado por Karl Steinbuch en 1957. El mismo es se forma al contraer los vocablos "information" y "automatik" (información y automática respectivamente).

1.2.3. Datos

Definimos datos como todos aquellos elementos que son objetos de tratamiento por parte del ordenador. Es decir: aquellas cantidades, caracteres o símbolos sobre los que el ordenador realiza las operaciones para transformarlos o transmitirlos a modo de señales eléctricas.

1.2.4. Bit

Bit son las siglas de **Bi**nary digi**t** (dígito binario). Un bit puede ser definido como un dígito del sistema de numeración binario. Al contrario que en el sistema de numeración decimal (el que usamos comunmente) en el que se utilizan diez dígitos distintos, en el código binario tan sólo se utilizan dos dígitos: el 0 y el 1. Un bit (dígito binario) puede representar tan sólo uno de esos dos valores o estados: podemos identificarlos como apagado (0) y encendido (1).

1.2.5. Byte

Término acuñado por Werner Buchholz en 1956, byte es la unidad de información digital que contiene en su interior 8 Bits, que coincidía con el número de Bits necesarios para poder codificar una letra en un ordenador. Tiene una escala que es la que se usa comunmente para identificar la capacidad de un sistema informático en la actualidad:

kilo	k	kilobyte	kB	10^3 = 1 000
mega	M	megabyte	MB	10^6 = 1 000 000
giga	G	gigabyte	GB	10^9 = 1 000 000 000
tera	T	terabyte	TB	10^{12} = 1 000 000 000 000
peta	P	petabyte	PB	10^{15} = 1 000 000 000 000 000
exa	E	exabyte	EB	10^{18} = 1 000 000 000 000 000 000
zetta	Z	zettabyte	ZB	10^{21} = 1 000 000 000 000 000 000 000
yotta	Y	yottabyte	YB	10^{24} = 1 000 000 000 000 000 000 000 000

Para hacernos una idea de las magnitudes de las que estamos hablando, 1 Kilobyte puede ser el espacio que ocupe una historia muy corta en cualquier procesador de texto, 1 megabyte el espacio que ocupa una novela, 1 gigabyte una furgoneta llena de libros, 1 terabyte la información ocupada por 1000 películas, 1 petabyte es la información que maneja aproximadamente Google cada hora y un exabyte es el peso de todos los datos de internet en el 2009.

1.2.6. Ordenador

Ordenador (también llamado computadora) es una máquina que recibe unos datos de entrada, y que mediante varios tipos de operaciones lógicas y aritméticas proporcionar la información resultante de dichos cálculos a través de un medio de salida, sin intervención por parte de un operador humano y siempre bajo el control de un programa formado por instrucciones, previamente almacenado en el mismo. La RAE lo define como "*Máquina electrónica dotada de una memoria de gran capacidad y de métodos de tratamiento de la información, capaz de resolver problemas aritméticos y lógicos gracias a la utilización automática de programas registrados en ella*".

El vocablo ordenador viene del francés ordinateur, y este del latín ordinator (Aquel que ordena)

El ordenador está formado por los siguientes componentes:

1. **La memoria**: es una serie de celdas que sirven como almacenamiento las cuales se encuentran numeradas, donde cada una representa un único

"bit". El número de celdas que pueda contener una memoria puede variar mucho de un ordenador a otro, así como la tecnología empleada para el almacenamiento de información (desde grupos de imanes a complejos circuitos con millones de bits). Se puede dividir en **memoria RAM** (Random Access Memory) la cual puede ser reescrita múltiples veces y **memoria ROM,** que sólo puede ser escrita una vez.

2. **El procesador** (llamado CPU -Central Process Unit o Unidad Central de proceso) es considerado el cerebro de todo ordenador, y que de la misma manera que el cerebro transmite impulsos eléctricos para dar las diversas órdenes al ordenador. Consta de los siguientes elementos a nivel muy básico:
   1. **Unidad aritmético lógica** o ALU es el dispositivo diseñado para llevar la carga de todo el trabajo computacional. Es decir: todas las operaciones que llevará a cabo el ordenador, desde las más básicas como las operaciones aritméticas (sumas, restas, etc).
   2. **La unidad de control** sigue la dirección de las posiciones de la memoria que contienen la instrucción que el computador va a realizar en ese momento, recuperando la información y proporcionándosela a la ALU para que esta pueda procesarla.
   3. Otras unidades adicionales.
3. Los **dispositivos de Entrada/Salida** sirven tanto para poder introducir la información al ordenador como para que este pueda mostrar el resultado de sus cálculos al usuario externo. Los dispositivos de Entrada/Salida pueden ser teclados, monitores, cámaras web, altavoces, impresoras, escáneres.

1.2.7. Hardware

El Hardware (Parte Dura) se refiere a todas las partes físicas de un ordenador y sus dispositivos, tanto internos como externos. Los componentes internos son todos aquellos que se encuentran dentro de la carcasa del ordenador (incluye placas base, Discos duros, Memorias, tarjetas de sonido, tarjetas gráficas, etc) y los componentes externos son aquellos que se encuentran fuera de la misma. Es decir: Monitores, Altavoces, impresoras, escáneres, etc.

1.2.8. Software

El Software (parte blanda) son todos aquellos datos o instrucciones que son almacenados de manera electrónica. Es importante no confundirlos con los medios por los que se guardan dichos datos (memorias USB, DVD, etc los cuales son Hardware). El software es todo aquello intangible en un ordenador.

1.2.9. Algoritmo

Un algoritmo puede ser definido como un procedimiento paso a paso para realizar cálculos, tanto matemáticos como lógicos o relacionales. Suele estar definido como una lista definida de instrucciones las cuales describen un proceso que el ordenador debe seguir para que, recibiendo unos datos determinados como entrada se lleguen a acciones determinadas por parte de la máquina.

1.2.10. Programa

Un programa informático (también llamado programa a secas) es un conjunto o secuencia de instrucciones (algoritmos) que se escribieron para realizar ciertas tareas específicas en un ordenador. El ordenador requiere programas para funcionar, procesando dichas instrucciones a través de su CPU. Hay varios tipos de programas entre los que podemos destacar las aplicaciones y los sistemas operativos. Dichos programas son escritos por personas ajustándose a unos códigos muy específicos que posibilita la comunicación entre el lenguaje común y el de las máquinas.

1.2.11. Periférico

Un periférico es todo aquel dispositivo (hardware) que puede ser usado para o bien introducir información en el ordenador o sacar información del mismo. Se clasifican normalmente en los siguientes subgrupos:

1. Entrada: envían datos al ordenador, o interaccionan con los datos almacenados en el mismo (teclado, ratón)
2. Salida: les proporciona información al usuario (monitores, impresoras)
3. Almacenamiento: sirven para guardar los datos provenientes del ordenador (memorias USB, DVD)

1.2.12. Red

Una red de computación es un grupo de ordenadores conectados entre sí de manera electrónica. De esta manera se establece una comunicación entre ellas y se facilita el intercambio de información. Las hay de varios tipos

1. Conexión de área local (LAN): conecta dos o más ordenadores de manera directa, usualmente es muy rápida debido a que las conexiones se establecen mediante cableado y elementos físicos, lo cual genera velocidades de conexión muy altas.

2. Conexión de largo alcance: el nombre es debido a la larga distancia que normalmente hay entre las redes. Conecta dos o más redes de menores dimensiones entre ellas, siendo la más importante de todas la red conocida como "**Internet**"

1.2.13. Internet

Es la mayor de las Redes de computación, siendo identificada como una "conexión de largo alcance" que une millones de dispositivos entre sí. Incluye un tipo de comunicación y de codificación específico (el denominado protocolo HTTP) para lograr dicha interconexión. Se accede a internet red mediante los llamados **buscadores** que son aplicaciones de **software** usadas para presentar, recopilar y manejarse a través de la información almacenada en internet.

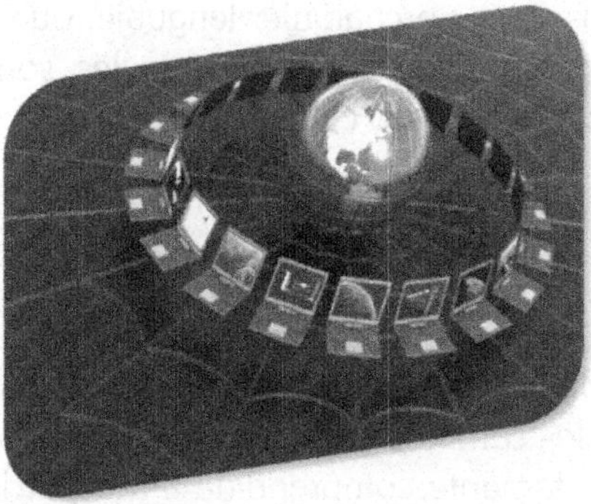

1.3. Codificación de la información

1.3.1. Generalidades

La información que manejan los ordenadores es digital. Es decir, está construida a partid de pequeñas unidades llamadas dígitos que desde el punto de vista físico son circuitos electrónicos formados por pequeños componentes llamados puertas lógicas, los cuales manejan señales eléctricas que no varían de manera continua sino que pasan de estar abiertos (la electricidad no pasa, por lo que el ordenador detecta un "0") o cerrado, con lo que el impulso eléctrico se desplaza y crea un "1". Es lo que se llama el "código máquina".

Es necesario, entonces, crear un sistema estructurado que transforme los ceros y unos que "entiende" el ordenador en un tipo de información que el usuario final (el ser humano) pueda entender puesto que de manera nativa no comprendemos qué significa una sucesión de ceros y unos. Se utiliza el proceso denominado codificación de la información.

En la informática es muy usual el proceso llamado "codificación de la información". Podemos definir codificar como "transformación que muestras los elementos de un conjunto mediante los de otro, de tal forma que a cada elemento del primer conjunto le corresponde un elemento determinado del segundo grupo". Este procedimiento no sólo se usa en el mundo de la informática sino que se extrapola a otros sectores. Ciertos ejemplos de códigos usados de manera común pueden ser los siguientes:

- El numero de pasaporte, o del documento de identidad usado en cualquier región mundial (convierte los datos personales de cada uno en un número legible por cualquier máquina que conozca el código).
- La provincia en las matrículas de los coches.
- El lenguaje de los signos o cualquier lenguaje, que transforma ideas concretas en palabras (*chair* significa silla en inglés, son códigos distintos que se refieren a un mismo objeto cuya función es ofrecer asiento al usuario).

Mediante el uso de códigos se puede comprimir, catalogar y estructurar la información de diversas maneras para lograr una homogeneización.

Como comentamos anteriormente, la medida básica de la información en los ordenadores se llama Bit y está representado por 0 y 1. En su interior se realizan de manera automática los cambios de código necesarios para que en su exterior la información sea directamente comprendida tanto por los usuarios como por los distintos ordenadores interconectados.

Los ordenadores y sistemas digitales en general trabajan con dos valores lógicos (verdadero y falso) representados normalmente por los números 0 y 1. Sin embargo, la representación del lenguaje que usan normalmente los seres humanos hace uso de cadenas de caracteres alfanuméricos con los que estructuramos las frases, por lo que surgió la necesidad de crear mecanismos que transformen ambos lenguajes en algo que pueda procesar la máquina y que lo pueda entender el usuario.

Dentro del ordenador, el bit es la unidad básica de representación de información (tanto instrucciones como datos), los cuales mencionamos anteriormente que se encuentran agrupados en secuencias de ocho denominados bytes.

Es habitual el uso de la "palabra" como fracción de información puesto que la misma suele ser un múltiplo de byte , ya que para algunas actividades típicas del ordenador se puede necesitar más o menos información (media palabra, doble palabra, triple palabra, etc).

Se creó la necesidad de establecer ciertas reglas para habilitar la representación de la información, lo cual generó los llamados "sistemas de codificación". Los hay de varios tipos:

1. **Sistemas de codificación directa:** se basan en el establecimiento de una relación directa (1 a 1) entre los símbolos que se deseen codificar y el conjunto de códigos binarios sobre los que trabaje el ordenador.
2. **Sistemas de codificación por campos:** se basa en la división de la representación binaria en distintos grupos y se da a cada uno de ellos un significado.
3. **Codificación por secuencias de códigos:** Se utilizan códigos de diferentes longitudes y se le da a cada parte del código un significado específico.
4. **Codificación mediante sistemas de representación numérica:** Mediante este sistema, se deben tener en cuenta ciertas características particulares de los elementos que van a sufrir la transformación de un código a otro.

Por poner un ejemplo, la forma de codificación que nos resulta natural (el denominado código decimal) asigna de manera automática pesos o valores a los distintos dígitos que conforman un número, siendo el dígito de la derecha el de menor valor y el de la izquierda el más significativo (Por ejemplo, en el número 24 el dígito que más valor tiene es el 2 por estar localizado en la parte izquierda).

1.3.2. Sistemas de representación de caracteres alfanuméricos

Mediante el uso de las distintas codificaciones alfanuméricas se busca representar los dígitos de los números y las letras del alfabeto de tal manera que el ordenador entienda qué tipo de información debe escribir cuando vamos a representar una letra.

Los códigos alfanuméricos más conocidos son ASCII, en los que cada letra es representada por 8 bits (por ejemplo, la letra "A" es "01000001", donde cada dígito representa un bit y el conjunto de 8 es el byte que el ordenador entiende como la letra) y UNICODE, en los que se usa el doble de bits para representar cada letra, es decir doble byte ó 16 bits. Es importante destacar que cuantos más bits formen un carácter más información podrá almacenar el sistema referente a dichos datos (hay más espacio para representar incluso caracteres en otros idiomas como el chino, figuras, distintos colores, etc). Obviamente, cuanto más complejo y completo sea el sistema de codificación empleado más espacio de memoria ocuparán los datos.

Una vez la información ha sido transformada al código máquina o al humano, se realizará una o varias de las operaciones que serán expuestas a continuación:

- **Lectura:** consiste en la adquisición de la información que después será usada en el resto de las operaciones elementales.

- **Almacenamiento:** guardar la información durante un tiempo determinado para hacer uso de ella cuando se precise.
- **Clasificación:** Se ordenará y separará la información guardada usando la operación anterior de almacenamiento para así poder acceder a ella de manera organizada.
- **Cálculo aritmético y lógico:** Significa procesar la información realizando sobre ellas operaciones aritméticas (adición, sustracción) y lógicas.
- **Copia:** Consiste en duplicar información a un medio de manera automática.
- **Escritura**: Referido a mostrar la información de una manera clara y ordenada sobre un soporte determinado de tal manera que esta sea inteligible para el usuario, no sólo la máquina, y este sea capaz de modificar la información que se muestre.

2. HARDWARE, ESTRUCTURA FUNCIONAL DE UN ORDENADOR, COMPONENTES FÍSICOS, PERIFÉRICOS DE ENTRADA Y SALIDA

Ya hemos definido anteriormente el Hardware como la colección de componentes o elementos físicos que constituyen un ordenador. En esta sección ahondaremos de manera más exhaustiva en esta sección física de la informática y aprenderemos a clasificarla.

Los componentes se clasifican de la siguiente manera, según el tipo de función que desempeñen dentro del sistema informático, aunque cabe destacar que no es único modelo que existe pero sí es el más usado:

Dispositivos de Entrada

Definiremos dispositivos de entrada como todo aquel dispositivo de hardware que se encarga de enviar datos al ordenador. Son sumamente importantes para cualquier sistema puesto que de no existir estos, la idea de interactividad con el sistema informático no existiría, y éste sería únicamente un medio para mostrar y difundir información, no crearla. Haciendo una analogía entre el cuerpo humano y un ordenador, los dispositivos de entrada son los ojos y oídos del equipo informático.

Como hay numerosas maneras de interacción con un ordenador habrán numerosas maneras de introducir información en éste. Elementos como el ratón, el teclado, las cámaras web, los micrófonos e incluso las pantallas en los equipos más modernos son parte de los dispositivos de entrada. Sin embargo esos son dispositivos asociados a la manipulación directa por parte del usuario (el usuario mueve el ratón, teclea las letras que desee en un teclado, etc), por lo que hay más tipos de dispositivos de entrada como el lector de código de barras que usamos para verificar el precio de cualquier producto en un supermercado, un control remoto, un escáner, etc.

Dispositivos de Salida

Un dispositivo de salida es cualquier dispositivo de hardware que se usa para comunicar los resultados del procesamiento de datos que ocurre dentro de un ordenador, y lo que hace es básicamente transformar la información generada de manera electrónica en un tipo de código legible por el ser humano. Continuando con la referencia hecha en los dispositivos de entrada, los de salida serían la "garganta" del ordenador, responsable de su voz.

Dichos dispositivos son de suma importancia puesto que sin ellos la información trabajada por el ordenador no sería legible para el ser humano y, por tanto, no comprenderíamos los resultados. Dentro de los dispositivos de salida podemos encontrar una subclasificación en función del tipo de señal que emita. Por lo tanto los separaremos en:

- **Dispositivos de Salida Gráficos:** Son todos aquellos dispositivos de salida diseñados para mostrar la información en un soporte legible de manera visual, ya sea mediante una pantalla o un soporte diseñado para ello (papel).
- **Dispositivos de Salida Táctiles:** Son todos aquellos dispositivos de salida diseñados para mostrar la información mediante un soporte legible táctilmente. Un ejemplo puede ser las impresoras que usan un proceso de troquelado para transmitir la información mediante código Braille, legible por aquellas personas que sufren de discapacidad visual
- **Dispositivos de Salida Auditivos:** Son todos aquellos dispositivos de salida diseñados para mostrar al usuario la información mediante un soporte diseñado para ser leído auditivamente. El ejemplo más claro que podemos encontrar para ejemplificar estos dispositivos es el altavoz.

2.1. Estructura funcional de un ordenador, componentes físicos

En los ordenadores, se utiliza la denominada "arquitectura de Von Neumann" en el procesamiento de datos.

Su nacimiento se sitúa en el año 1945, cuando el matemático húngaro John Von Neumann colabora con el proyecto ENIAC, que fue el nombre que se le dio al primer ordenador electrónico de uso general. Cabe destacar que entre los integrantes de dicho proyecto estaban Alan Turing y Albert Einstein. El aporte de Von Neumann estuvo más basado en el problema que se generaba en la máquina debido a que cada vez que se hacía necesaria su reconfiguración para adaptarla a cada nueva tarea que surgiese.

No fue sino hasta 1949 que el matemático logró desarrollarla solución al problema, mediante la colocación de la información relativa a las operaciones en el mismo sitio en que se iban a colocar los datos. Es decir: incluyendo en la memoria del equipo tanto los números para sumar como la información que el mismo necesita para "entender" como sumar.

Lo tratamos en una sección anterior de manera breve, pero ahora nos encargaremos de ampliarla. Los ordenadores con esta arquitectura constan de cinco partes:

1. La unidad aritmético-lógica.
2. Unidad de control.
3. Memoria.
4. Dispositivos de entrada/salida.
5. Bus de datos.

2.1.1. Unidad aritmético-Lógica

Es el circuito digital que realiza operaciones tanto lógicas como aritméticas, y es parte fundamental de la unidad central de proceso, y cabe destacar que de su complejidad depende de manera directa la cantidad de operaciones que podrá realizar el ordenador. En los sistemas modernos podemos encontrar numerosas unidades aritmético-lógicas encargadas cada una de realizar un tipo específico de operación que variará respecto a su complejidad. Se puede representar como la parte directamente encargada de la "inteligencia" del sistema. Recibe entradas y procesa los datos para proporcionar unos resultados determinados.

2.1.2. Unidad de Control

La función principal de la unidad de control de un ordenador es dirigir la secuencia de pasos para que así el ordenador pueda llevar a cabo lo que normalmente se denomina como "ciclo de instrucción", lo cual no es más que el período que tarda la CPU en ejecutar una instrucción en el lenguaje máquina. y hacer esto con todas las instrucciones de que conste el programa.

Los pasos para ejecutar una instrucción son los siguientes:

1. Ir a la memoria y extraer el código de la siguiente instrucción (también llamado ciclo de fetch).
2. Decodificar (determinar la naturaleza de) la información extraída.
3. Ejecución de la instrucción.
4. Preparación para leer la siguiente celda de la memoria, la cual contendrá la siguiente instrucción.
5. Volver al paso 1.

La unidad de control ejecutara varias veces este ciclo a una gran velocidad. Haciendo comparaciones, podemos decir que representa los impulsos eléctricos automáticos que genera el cerebro para provocar los latidos del corazón, la respiración, etc.

2.1.3. Memoria

La memoria, en la estructura funcional de un ordenador, es el componente que almacena la información que va a ser procesada en la Unidad Aritmético-lógica, y que de la misma manera almacena los datos de las operaciones que van a ser realizados en cada ciclo de instrucción.

2.1.4. Dispositivos de Entrada/Salida

Tratados con anterioridad, diremos que son el nexo de unión del CPU con el usuario, y posibilitan tanto la entrada de información como su salida. Dentro de este contexto podemos identificarlo con la vista y el habla del ordenador, que le indican qué pasa a su alrededor y permite transmitir los datos al exterior.

2.1.5. Bus de datos

Son los medios físicos (cables por lo general) a través de los cuales es posible la transmisión de la información entre los componentes de un CPU. De no existir los buses de datos, la información se quedaría en el interior de cada componente y sería imposible su interconexión. Son los "nervios" de un ordenador.

2.2. Periféricos de Entrada y Salida

Merece la pena hablar de estos dispositivos brevemente, los cuales se encargan de aportar de manera simultánea información al ordenador y al usuario. Entre dichos dispositivos podemos encontrar el CD, DVD, la tarjeta de red y el Módem.

Vamos a distinguir entre dispositivos de procesamiento y dispositivos de almacenamiento.

2.2.1. Dispositivos de Procesamiento

Llamaremos dispositivos de procesamiento a aquellos elementos que realizan el "trabajo intensivo" del ordenador. Son los encargados de procesar los datos introducidos por el usuario y de acuerdo con los pasos determinados por un programa proporcionan la información. Se encargan de tareas como cálculos, comparación y control del almacenamiento de los datos. Se identifica con el "CPU" del ordenador, y hacen las funciones de cerebro de éste. Suele estar formado por los siguientes elementos, que más adelante explicaremos con detalle:

- **Microprocesador**: Es el componente mas importante, ya que realiza todas las operaciones. De su capacidad depende directamente la potencia final del equipo.
- **Tarjeta Madre:** Es el puente que comunica el microprocesador y los componentes auxiliares de comunicación entre el microprocesador y todos sus circuitos auxiliares.
- **Tarjeta de Vídeo**: Gracias a estos dispositivos, el ordenador puede procesar información gráfica compleja que normalmente no sería capaz, como representaciones complicadas en 3 dimensiones o imágenes extremadamente detalladas.
- **Memoria:** Almacena temporalmente los datos del microprocesador para que puedan ser usados por los componentes auxiliares. Buena parte del rendimiento del equipo informático dependerá de su capacidad.

2.2.2. Dispositivos de almacenamiento

Son todos aquellos dispositivos de Hardware encargados de almacenar (bien sea de manera temporal ó a largo plazo) información proveniente del ordenador, para su posterior uso en el mismo equipo o para su traspaso a otros sistemas. Pueden ser las memorias USB, Discos Duros, etc., representan la "memoria" del ordenador, su capacidad para retener datos.

3. SOFTWARE, SOPORTE LÓGICO DE UN ORDENADOR: CONCEPTOS BÁSICOS

Hemos definido anteriormente software como todos aquellos datos o instrucciones que son almacenados de manera electrónica, es el llamado "soporte lógico" de un ordenador. Es decir: todo aquello intangible.

Hay varios tipos de software, cuya clasificación varía según el uso del mismo. Los tipos de software son los siguientes:

3.1. Software de Aplicación

Dentro de esta categoría encontramos todos aquellos programas que permiten al usuario del ordenador realizar una o varias tareas. En este rango encontramos todos los programas típicos usados por los usuarios de un ordenador: Navegadores de internet, procesadores de texto, hojas de cálculo, juegos, aplicaciones de gestión de correos electrónicos, etc.

Iconos de navegadores

3.2. Software de Sistema

Es todo aquel software que proporciona a los usuarios la posibilidad tanto de interactuar con el sistema como de controlarlo. Está compuesto por una serie de programas cuyo objetivo es administrar los dispositivos del hardware y, a la vez, proporcionar al usuario una interfaz comprensible. Son comúnmente llamados "sistemas operativos" y también permiten supervisar de manera global el uso de los recursos físicos de los que dispone el ordenador.

Sus tareas principales, por tanto, son comunicación con los dispositivos de entrada y salida, gestión de los procesos internos del sistema, administración de la memoria, gestión de los medios de comunicación del ordenador y administración del sistema de archivos.

Podemos destacar dentro de este tipo de software a Windows, Linux y Mac OS, aparte de las herramientas de diagnóstico, los servidores, las utilidades, los controladores de dispositivos, etc.

3.3. Software de Programación

Son aquellas herramientas que un programador utiliza para poder desarrollar programas informáticos, para transformar la idea de un programa en unas líneas de código legibles para el sistema informático que permitan que el programa pueda funcionar. Podemos destacar los entornos de programación en lenguaje C++, JAVA, etc.

Pasaremos ahora a identificar algunos **conceptos básicos** del área del software:

3.3.1. Código fuente

El código fuente de una aplicación informática es la colección de instrucciones escritas mediante un software de Programación que especifican las funciones y las acciones de todo programa informático. Es el código genético del programa, y dependiendo de la calidad del mismo la aplicación podrá ser más lenta o más rápida independientemente del hardware que soporte a la misma.

3.3.2. Ofimática

Los programas relacionados con la Ofimática (también llamadas suites ofimáticas) son todos aquellos programas diseñados para promover la productividad entre trabajadores que conozcan el funcionamiento de los mismos, bien sea facilitando y sistematizando cálculos matemáticos, edición de imágenes, creación de textos o de presentaciones, etc. La suite ofimática más conocida en la actualidad es la perteneciente a la empresa Microsoft, y recibe el nombre de Microsoft Office.

3.3.3. Controlador de dispositivo o driver

Es un programa informático encargado de operar un dispositivo específico conectado al ordenador. Básicamente, permite la conexión entre el sistema operativo y el hardware que se esté instalando, garantizando el correcto funcionamiento del mismo.

3.3.4. Software comercial

El software comercial, también denominado "payware" son todos aquellos programas diseñados por una compañía para ser vendidos y obtener un beneficio por el mismo. El software comercial se extiende por todas las categorías principales: desde aplicaciones simples para editar imágenes a complejos sistemas operativos.

3.3.5. Demoware o Shareware

Llamadas también "Demos" a secas, el Demoware es todo aquel programa cuyas características han sido limitadas en aras de ofrecer una muestra del producto final que últimamente debería ser comprado.

3.3.6. Freeware

Freeware es todo aquel programa informático disponible sin limitaciones en sus características, que ha sido diseñado para su distribución sin costo monetario, pero que aún así tiene ciertas restricciones de uso (como mantener el código fuente del programa en secreto para evitar su copiado por otras empresas). Pueden ofrecerse como programas funcionales y completos, pero parte de un producto superior más completo, el cual puede estar disponible por un costo determinado.

3.3.7. Software de código abierto

Software de código abierto es todo aquel programa informático diseñado de tal manera que su código fuente está disponible para su estudio, copiado, distribución y modificación, según los requerimientos de los usuarios. Permite los mayores niveles de personalización de programas, puesto que todos aquellos interesados y con conocimientos suficientes pueden aportar ideas con respecto a la eficiencia y funcionamiento del mismo observando el "ADN" del programa.

3.3.8. Software libre

Llamaremos software libre a todo aquel software que respeta la libertad de todos los usuarios que lo adquirieron, por lo que una vez obtenido se permite su copia, estudio, redistribución y modificación. Suele estar disponible de manera gratuita o, al menos, a precio de costo pero ello no es una obligación. Cabe destacar que hay software libre que son distribuidos de manera comercial.

3.3.9. Base de Datos

Las bases de Datos son programas informáticos usados para capturar, almacenar y organizar cantidades grandes de información relativas a cualquier tipo de actividad (listados de precios, direcciones de personas, etc) su importancia es cada vez mayor debido a la tendencia que existe en el mundo de aumentar la interconexión entre las personas y las organizaciones, lo cual crea redes de información más grandes y con mayores requerimientos. Hay muchos tipos de bases de datos, sin embargo de las más usadas es la que forma parte del paquete ofimático de Microsoft: Microsoft Access.

3.3.10. Procesador de Textos

Llamamos procesador de texto a toda aquella aplicación informática empleada para la creación y edición de documentos de tipo escrito. Pueden tener diversas opciones que afectan al formato del texto en cuestión así como la manera en que este sea presentado. Se considera una evolución cuantitativa respecto a la máquina de escribir, que era el método de edición de texto usado por la gente antes de la aparición de este tipo de programas.

En la actualidad, su principal exponente es el programa que forma parte del paquete ofimático de Microsoft: Microsoft Word.

3.3.11. Hoja de Cálculo

Las hojas de cálculo son un tipo de documento informático que permite la inserción y manipulación -mediante diferentes tipos de operaciones- de datos.

Dichos datos son en su mayoría números pero como se verá más adelante no se limitan exclusivamente a ellos, y están organizados en forma de filas y columnas en una tabla de tipo bidimesional (es decir, en filas y columnas). La unidad mínima de información en una hoja de cálculo está contenida en lo que se denomina celda, las cuales tendrán una posición específica y fija en el documento y serán usadas para insertar los datos, fórmulas o elementos necesarios para el tratamiento de la información.

Las hojas de cálculo se han hecho muy famosas por la cantidad de elementos que ofrecen para la elaboración de gráficos y diagramas usados en todo tipo de ramas del conocimiento, desde la ingeniería a la gerencia. La hoja de cálculo más conocida en la actualidad es Microsoft Excel, perteneciente al paquete ofimático de la compañía con el mismo nombre.

4. MANTENIMIENTO BÁSICO DE LOS ORDENADORES (PREVENTIVO Y CORRECTIVO). NOCIONES BÁSICAS DE SEGURIDAD INFORMÁTICA (FIREWALL, ANTIVIRUS, SISTEMA DE DETECCIÓN DE INTRUSOS)

4.1. Mantenimiento básico de los ordenadores (Preventivo y Correctivo)

El buen funcionamiento de un sistema informático dependerá de manera directa del cuidado con el cual tratemos al equipo, tanto en la parte física como en la intangible. Daremos ahora una serie de consejos enfocados en el mantenimiento de cada una de las secciones del ordenador que en última instancia prolongarán su vida y mejorarán su rendimiento.

El mantenimiento preventivo es el enfocado en evitar problemas mediante tareas periódicas

Por la parte física:

1. **Limpieza interna del PC y revisión de sus componentes internos**: Retirar el polvo adherido a las piezas del equipo informático, recordando siempre desconectar los cables de alimentación del ordenador y sus componentes, usando un aparato soplador, un pincel o trapos secos, y comprobar que los conectores no están flojos, quemados o en mal estado (oxidados)
2. **Limpieza del monitor del PC:** Con soplar aire al interior por las rejillas y limpiar la pantalla y el filtro de la pantalla con un paño seco suele servir.

3. **Limpiar el mouse:** Si tenemos un mouse de bolita, levantamos la tapa situada en la parte inferior del mismo y la limpiamos con un paño que no deje pelusas, y si es óptico lo que podemos hacer es mantener un nivel de limpieza adecuado en la alfombra que usamos.
4. **Los CD-ROM, DVD, CD-RW:** Debido a la complejidad de los lectores modernos no es recomendable abrir los mismos y manipularlos de manera manual. Sin embargo, se pueden comprar discos que están especialmente diseñados para limpiar las unidades lectoras.
5. **La superficie exterior del PC y sus periféricos:** Lo recomendable suele ser el uso de una tela ligeramente humedecida en jabón líquido o un tipo de detergente no abrasivo, secándolo posteriormente con un trapo que no deje pelusas.

El correcto mantenimiento preventivo de la parte intangible (el software) viene vinculado de manera muy fuerte a los consejos relacionados con la seguridad informática. Aparte de dichos consejos, se pueden añadir a la lista los siguientes:

1. **Depurar el sistema de archivos de manera periódica:** Significa borrar el caché de los navegadores web que se estén usando, y eliminar los archivos no esenciales para el sistema como pueden ser los contenidos situados en la papelera de reciclaje mediante el uso de programas especializados, como el Ccleaner.
2. **Desinstalar aplicaciones que no se estén utilizando:** Una vez no estemos usando un programa determinado (juego, aplicaciones específicas, videos, etc) es recomendable eliminarlos del sistema puesto que si se acumulan en gran cantidad podrían crear lentitud y desorden en el sistema de archivos. Las herramientas para ello las provee cada sistema operativo.
3. **Realizar desfragmentaciones periódicas:** Desfragmentar es unir todos los archivos sueltos separados en el sistema en sitios cercanos dentro del sistema de archivos. Es "eliminar fragmentos" para crear grupos compactos de información. Cada sistema operativo cuenta con herramientas propias para llevar a cabo estas tareas.
4. **Programar de manera periódica revisiones del equipo por parte del antivirus:** Este paso es importante, puesto que no sirve de nada tener un programa que se encargue de la seguridad del equipo si no se utiliza con frecuencia y periodicidad. Muchos poseen la capacidad de programar revisiones automáticamente, pero éstas suelen ser revisiones rápidas. Realizar análisis profundo del equipo de manera manual, cada cierto tiempo, es recomendable.
5. **Copias de seguridad:** Consiste en almacenar, en soportes externos al ordenador, la información más importante del sistema, para evitar la pérdida

irrecuperable de estos en caso de que hayan problemas irreparables. Suele hacerse de manera manual en un soporte como memorias USB, DVD, memorias SD, etc.

El mantenimiento correctivo suele implicar procesos más complejos relacionados con reparación tanto de la parte física del ordenador (reemplazo de piezas, soldadura de conectores, reparación manual de ciertos componentes) como por la parte intangible (recuperación de datos perdidos, formateo del sistema, etc).

Dichos procesos suelen requerir más tiempo y trabajo, y posiblemente un desembolso económico a una persona especializada en la parte que se desee reparar, por lo que se destaca la importancia de tener el hábito de limpiar y cuidar todos los componentes de un ordenador.

4.2. Nociones básicas de seguridad informática (Firewall, Anti-virus, Sistema de detección de intrusos)

Llamamos seguridad informática a la disciplina que se encargada de diseñar las normas, procedimientos, métodos y herramientas las cuales estarán orientadas a proveer ciertas condiciones de seguridad y confiabilidad al sistema informático.

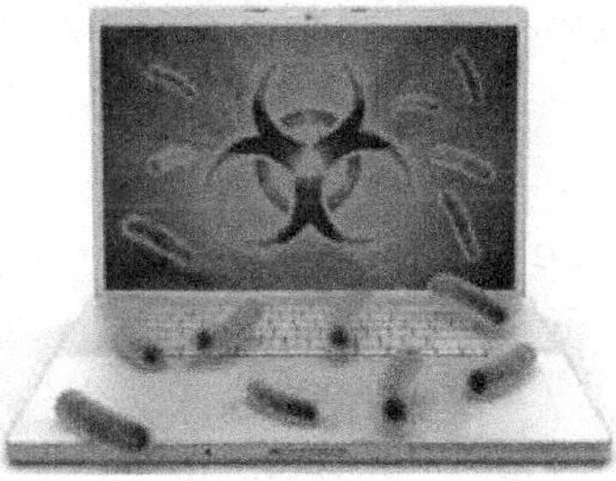

Dicha disciplina busca asegurar que, tanto los recursos propios del ordenador (material informático, datos, programas) que hay en una organización determinada sean usadas de la manera en que se concibió y, a la vez, busca limitar el acceso a la información de tal manera que sólo pueda ser consultada y modificada por las personas acreditadas. Se basa en los siguientes principios:

- **Confidencialidad:** Con confidencialidad nos referimos al nivel de privacidad de los elementos de información que son tanto almacenados como procesados en un sistema informático.
- **Integridad:** Referido tanto a la validez como a la consistencia de los elementos de información que son almacenados y procesados en un sistema

informático. Se basa en la correcta manipulación que reciban los datos dentro del sistema en cuestión.

- **Disponibilidad:** Con disponibilidad nos referiremos al nivel de continuidad que tiene el acceso a los elementos de un sistema informáticos. Lo que se busca es asegurar en última instancia la permanencia del sistema informático en sí en condiciones de actividad adecuadas para los usuarios.

4.2.1. Malware

Debemos detectar entonces las principales amenazas que nos encontramos cuando manipulamos un sistema informático, los denominados "malware".

Malware (del inglés malicious software), también llamado badware, código maligno, software malicioso o software malintencionado, es un tipo de software que tiene como objetivo infiltrarse para espiar o dañar una computadora o Sistema de información sin el consentimiento de su propietario.

El término malware es muy utilizado por profesionales de la informática para referirse a una variedad de software hostil, intrusivo o molesto.

El término virus informático suele aplicarse de forma incorrecta para referirse a todos los tipos de malware, incluidos los virus verdaderos.

El software se considera malware en función de los efectos que, pensados por el creador, provoque en un computador/ordenador.

El término malware incluye virus, gusanos, troyanos, la mayor parte de los rootkits, scareware, spyware, adware intrusivo, crimeware y otros softwares maliciosos e indeseables.

Malware no es lo mismo que software defectuoso; este último contiene bugs peligrosos, pero no de forma intencionada.

4.2.1.1. Virus

Los tipos más conocidos de malware son virus y gusanos, y se distinguen por la manera en que se propagan más que por otro comportamiento particular.

Los denominados Virus Informáticos son programas (Software) que han sido diseñados para extenderse de un ordenador a otro e interfieren de manera maliciosa con las operaciones propias del ordenador. Pueden recopilar datos personales (contraseñas de cuentas de correo electrónico, datos de navegación de internet, direcciones y números de teléfono) que posteriormente podrán ser utilizados en perjuicio del usuario, o directamente provocar fallos irrecuperables o pérdidas de información dentro del equipo. Pueden estar "disfrazados" en forma de imágenes, archivos ejecutables, direcciones de correo electrónico, etc.

Dicha infección consiste en incrustar su código malicioso en el interior del archivo "víctima" (normalmente un ejecutable) de forma que a partir de ese momento dicho ejecutable pasa a ser portador del virus y por tanto, una nueva fuente de infección. Los virus también pueden realizar otras acciones, ya que pueden contener además una carga dañina (*payload*) con distintos objetivos, desde una simple broma hasta realizar daños importantes en los sistemas, bloquear las redes informáticas generando tráfico inútil o borrar archivos.

Funcionamiento básico de un virus:

- Se ejecuta un programa que está infectado, en la mayoría de las ocasiones por desconocimiento del usuario.
- El código del virus queda oculto y alojado en la memoria RAM del ordenador, aun cuando el programa que lo contenía haya terminado de ejecutarse.
- El virus toma entonces el control de los servicios básicos del sistema operativo, infectando, de manera posterior, archivos ejecutables (.exe, .com, .scr, etc) que son llamados a ejecutarse.
- Finalmente se añade el código del virus al programa infectado y se graba en el disco, con lo cual el proceso de replicado se completa.

Las principales vías de infección son:

- Redes Sociales.
- Páginas webs fraudulentas.
- Sitios webs legítimos, pero infectados.
- Redes P2P (descargas con regalo)
- Dispositivos externos como USB, CDs o DVDs infectados.
- Elementos adjuntos en Correos no solicitados (llamados Spam).

Por otro lado, un Gusano informático (*Worm* en inglés) es un malware que tiene la propiedad de duplicarse a sí mismo.

Los gusanos utilizan las partes automáticas de un sistema operativo que generalmente son invisibles al usuario. Los gusanos informáticos se propagan de ordenador a ordenador pero, a diferencia de un virus, tiene la capacidad a propagarse sin la ayuda de una persona.

Lo más peligroso de los worms o gusanos informáticos es su capacidad para replicarse en el sistema, por lo que el ordenador podría enviar cientos o miles de copias de sí mismo, creando un efecto devastador a gran escala.

A diferencia de un virus, un gusano no precisa alterar los archivos de programas, sino que reside en la memoria y se duplica a sí mismo. Los gusanos casi siempre causan problemas en la red (aunque sea simplemente consumiendo ancho de banda) mientras que los virus siempre infectan o corrompen los archivos de la computadora que atacan.

Es algo usual detectar la presencia de gusanos en un sistema cuando, debido a su incontrolada replicación, los recursos del sistema se consumen hasta el punto de que las tareas ordinarias del mismo son excesivamente lentas o simplemente no pueden ejecutarse.

4.2.1.2. Troyanos

Es un tipo de malware especializado en realizar acciones sin que el usuario se percate, por lo tanto trabajando sin su consentimiento explícito. Se dedican a recopilar todo tipo de datos (normalmente información personal) y manipulación del sistema informático de manera remota. No infectan otros programas y son propagados escondiéndolos dentro de algún software lícito.

En informática, se denomina troyano o caballo de Troya (traducción literal del inglés Trojan horse) a un software malicioso que se presenta al usuario como un programa aparentemente legítimo e inofensivo pero al ejecutarlo le brinda a un atacante acceso remoto al equipo infectado.

El término troyano proviene de la historia del caballo de Troya mencionado en la Odisea de Homero.

Un troyano no es de por sí, un virus informático, aún cuando teóricamente pueda ser distribuido y funcionar como tal.

La diferencia fundamental entre un troyano y un virus, consiste en su finalidad. Para que un programa sea un "troyano" sólo tiene que acceder y controlar la máquina anfitriona sin ser advertido, normalmente bajo una apariencia inocua. Al contrario que un virus, que es un huésped destructivo, el troyano no necesariamente provoca daños, porque no es su objetivo.

Una de las formas más comunes para distribuir programas espía (spyware) es mediante troyanos unidos a software legal descargado de Internet.

Cuando el usuario instala el software esperado, el spyware es instalado también. Los autores de spyware que intentan actuar de manera legal pueden incluir unos términos de uso, en los que se explica de manera imprecisa el comportamiento del spyware, que los usuarios, muchas veces y lamentablemente, aceptan sin leer o sin entender.

4.2.1.3. Puertas traseras o Backdoors

Un backdoor o puerta trasera es un método para eludir los procedimientos habituales de autenticación al conectarse a un ordenador. Una vez que el sistema ha sido comprometido de alguna forma, puede instalarse una puerta trasera para permitir un acceso remoto más fácil en el futuro.

Las puertas traseras también pueden instalarse previamente al software malicioso para permitir la entrada de los atacantes.

Los crackers suelen usar puertas traseras para asegurar el acceso remoto a un ordenador, intentando permanecer ocultos ante una posible inspección. Para instalar puertas traseras los crackers pueden usar troyanos, gusanos u otros métodos.

El código malicioso afecta al equipo e incluso se propaga entre los contactos de ese usuario.

4.2.1.4. Phishing

Software de tipo espía propagado a través del correo electrónico, sobre todo dedicados a recopilar información de tipo bancario. Muchas veces dichos emails contienen enlaces que direccionan a páginas malintencionadas, en las que se solicita determinada información al usuario, tales como contraseñas de las cuentas de correo o número de tarjetas de crédito.

- **Adware:** Adware es todo aquel Software malintencionado dedicado a mostrar publicidad de manera no consentida al usuario. A veces incluso se recolecta información del mismo. Su manera de distribución suele ser a través de programas gratuitos.
- **Spyware:** Software dedicado a la recolección de información del usuario de manera no autorizada.

- **Rootkits:** Llamamos Rootkit a la colección de programas que utilizan los hacker para evitar su detección mientras intenta acceder de manera no autorizada a un equipo informático, bien sea reemplazando archivos del sistema o instalando de manera oculta un módulo que permita al pirata acceso al equipo.
- **Spam:** Son todos aquellos mensajes no solicitados cuyo remitente suele ser un desconocido, el cual es enviado de manera masiva con carácter publicitario, bien de productos, de opciones políticas, etc. Está vinculado al uso del correo electrónico.

4.2.2. Antivirus y Firewall

Para combatir dichas amenazas en informática tenemos los llamados **antivirus**, que son programas informáticos (Software) usados para detectar, prevenir y asilar los programas maliciosos utilizando una serie de procedimientos de detección propios de este tipo de programas, por ejemplo buscando en el ordenador algoritmos típicos en los virus.

Por otra parte, los llamados **Cortafuegos** ó **Firewall** son programas específicamente diseñados para cortar las conexiones que el sistema considere peligrosas e impedir la entrada de datos perjudiciales para el sistema. Muchas veces vienen incluidos junto con el antivirus en un mismo paquete, y los hay tanto gratuitos como de pago. Se recomienda adquirir uno de pago debido a que generalmente estos ofrecen mayores cualidades tanto defensivas por la parte de los Firewall como de limpieza por el lado de los antivirus que las versiones gratuitas.

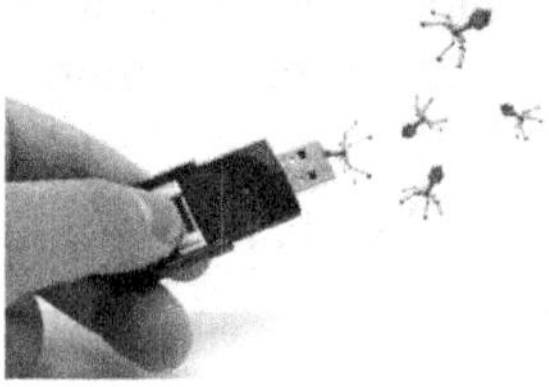

Sin embargo algunas veces es imposible deshacerse de cierto tipo de programas maliciosos una vez entran en el sistema informático, por lo que crearemos una serie de medidas de aconsejado cumplimiento, las cuales son:

1. No revelar las contraseñas (tanto las de correo electrónico como las propias del sistema o las de las cuentas bancarias) en ningún caso, y almacenarlas en un lugar seguro.

2. Mantener el ordenador actualizado en todo momento, debido a que con cada nueva actualización suelen incluirse nuevas políticas de seguridad que afectan a la respuesta del sistema frente a las amenazas que podamos encontrar.
3. Navegar en páginas web legítimas y que no estén relacionadas con algún tipo de actividad ilícita o incorrecta y cuyo certificado de seguridad esté vigente. Muchas veces el propio navegador nos advierte de dicha falla en la seguridad.
4. Instalar sólo programas informáticos provenientes de desarrolladores reconocidos y que han pasado las pruebas necesarias para garantizar la integridad del equipo una vez se instale la aplicación, y leerse el manual de la misma para ver hasta qué punto nos cubre una garantía.
5. Tener siempre un antivirus en el ordenador que esté actualizado, y que cuente con un firewall que bloquee la mayoría de los accesos no autorizados al sistema.
6. Evitar tanto abrir archivos adjuntos como enlaces provenientes de correos electrónicos que nos sean desconocidos puesto que estos pueden tener datos creados con propósitos malintencionados.
7. Cuidar que cada vez que conectemos una unidad de almacenamiento de datos al ordenador, dicha unidad sea de una fuente conocida por nosotros.

5. INTRODUCCIÓN AL SISTEMA OPERATIVO: EL ENTORNO WINDOWS

5.1. Introducción a Windows

Un Sistema Operativo es un conjunto de programas instalados en un ordenador que permiten la interacción entre éste y el usuario. Todos los ordenadores necesitan tener un sistema operativo instalado para poder usar los programas que hay en el mercado.

Windows es un Sistema Operativo (software de sistema). Es el administrador del ordenador y organiza todas sus funciones, cualquier operación que este ejecute ha de ser coordinada por el software del sistema.

El funcionamiento del ordenador se basa en tres pasos:

1. **Introducción de la información** a través de los dispositivos periféricos de entrada (teclado, ratón, disco, ...).
2. **Procesamiento de la información** (lo hacen el ordenador y los programas instalados).
3. **Obtención de resultados** a través de un dispositivo periférico de salida (monitor, impresora, altavoces, ...).

Una de las funciones primordiales del Sistema Operativo es administrar los ficheros, los gestiona interactuando con los dispositivos de almacenamiento (discos duros, memorias USB, cd's...) y la memoria.

Estas tareas se realizan de manera muy intuitiva, en un entorno visual, llamado la **interfaz gráfica del usuario**. Los archivos y las aplicaciones aparecen representadas mediante iconos. Es un ambiente multitarea, es decir, que el usuario puede tener en marcha varias aplicaciones a la vez pero solo puede estar trabajando con una de ellas.

Las aplicaciones diseñadas para Windows son asimismo gráficas, lo que les hace más intuitivas. Todas ellas utilizan un formato similar, lo que hará que aprendiendo las aplicaciones básicas, le resulte más fácil reconocer el resto de los programas de Windows.

El procesador de la unidad central hace uso de Windows para comunicarse con el complicado lenguaje de estas aplicaciones, diseñadas para cumplir una tarea específica, como pueden ser los procesadores de texto, las hojas de cálculo, los juegos o los reproductores entre otros.

Una vez creados los archivos con estas aplicaciones, deben ser guardados y administrados. El esquema de organización de archivos, como se verá más adelante, en Windows ha sido diseñado de forma que su manipulación sea de lo más intuitiva posible.

Todo la información que tenga almacenada en un ordenador (documentos, dibujos, foros,...) está alojada en una serie de ficheros o archivos informáticos que a su vez, están contenidos en carpetas. Las carpetas se pueden entender como contenedores capaces de albergar a otras carpetas, otros archivos o una combinación de ambos.

5.2. El entorno de Windows

Windows tiene una interfaz gráfica (lo que ve el usuario en pantalla) que aparece después de arrancar el ordenador y es el punto de partida para trabajar.

La pantalla inicial se llama **escritorio** y en él se ubican iconos y otros elementos.

En 1982 se creó la primera versión de Windows, Windows1.0. con el paso de los años fue mejorando hasta 1995 que lanzó Windows 95 con una interfaz gráfica muy mejorada con respecto a las primeras y coincidiendo con los comienzos de internet en el ámbito doméstico también lanza al mercado el navegador internet explorer. Después, hubo más versiones, Windows 98, Windows XP... hasta la actualidad con Windows 10.

Todas las versiones arrancan en el escritorio, y éste ha sufrido cambios con cada actualización. Si bien es cierto que en todas las versiones hay tres elementos que se repiten, la zona **escritorio** donde hay iconos con acceso a aplicaciones, **el botón Inicio** (*ubicado en la esquina inferior izquierda*) de donde también puede acceder a aplicaciones y **la barra de tareas** (*situada en la parte inferior*) donde están ubicados los iconos, a modo de botón, que permiten acceder a aplicaciones y los botones correspondientes a todas las aplicaciones abiertas (en uso) por el usuario.

5.2.1. El escritorio

Es la superficie donde se localizan y organizan en pantalla los archivos, las aplicaciones y las diversas herramientas con las que se trabaja habitualmente. Trabajar en el escritorio consiste en seleccionar, mover, añadir, arrastrar o poner en marcha (con el ratón) los elementos contenidos que pueden ser de varios tipos:

- **Iconos de aplicación**:

  Son elementos visuales que representan algún programa o aplicación que se ejecuta en Windows. Pueden ser instalados por el usuario o por el propio sistema operativo (por ejemplo, la papelera de reciclaje).

- **Iconos de archivos**:

  Son documentos creados con una aplicación o programa (por ejemplo: un presupuesto realizado en Excel). Si estos archivos están en el escritorio, significa que pueden ser abiertos (junto con el programa que los ha generado) simplemente haciendo doble clic sobre él, sin tener que ejecutar previamente dicho programa, ya que se arrancará en ese momento.

- **Iconos de accesos directos**:

  Son elementos especiales que apuntan a otra aplicación. Cuando se selecciona, se selecciona realmente al que apunta, de manera que este queda accesible desde cualquier lugar de Windows y no sólo desde el lugar en que esté instalada la aplicación.

- **Iconos de carpetas**:

  Son los contenedores de almacenamiento básico de Windows, se utilizan para guardar archivos y también pueden contener otras carpetas.

La forma más habitual de comenzar a utilizar cualquier objeto del escritorio es hacer doble clic sobre él.

- Si se hace sobre una carpeta, se abrirá una nueva ventana en la que se verá su contenido.
- Si es un archivo, se ejecutará la aplicación a la que esté asociado.
- Si es una aplicación, esta se ejecutará.

5.2.2. El botón Inicio

Desde este menú se pueden poner en marcha la mayoría de las tareas y aplicaciones de Windows. Para abrir el menú de inicio, se hace clic sobre el botón de Inicio de la parte izquierda de la barra de tareas o pulse la tecla Windows.

Las opciones que se pueden encontrar en este menú son las siguientes:

- Acceso a la mayoría de programas y utilidades que se ejecutarán en Windows. Cuando se instala una aplicación lo habitual es que se añada una opción para esa aplicación en este menú.
- Acceso directo a los archivos usados recientemente. Si elige uno de estos archivos, se pone en marcha la aplicación a la que está asociado y se abre el archivo en cuestión, todo ello en un solo paso.
- A su vez contiene varias aplicaciones que permiten configurar y controlar el sistema, acceso al panel de control.
- Se puede ver qué dispositivos están instalados en el sistema, así como añadir otros nuevos.
- Proporciona una forma de buscar archivos y carpetas tanto en el propio de ordenador como en la red a la que éste está conectado.
- Ofrece la asistencia necesaria para el conocimiento del sistema y de cómo trabajan sus funciones principales.

5.2.3. La barra de tareas

Es una de las partes más útiles de la interfaz de Windows, normalmente está ubicada en la parte inferior del escritorio y muestra todas las aplicaciones que se están ejecutando en un momento determinado, las cuales se representan por medio de botones que permiten, haciendo clic sobre ellos, alternar rápidamente entre las aplicaciones en uso. A la derecha, muestra la hora y otros programas que están instalados.

5.3. Las ventanas

Siempre que se abre un programa, un archivo o una carpeta, se muestra en la pantalla en un cuadro o marco llamado ventana (de aquí procede el nombre del sistema operativo Windows). En Windows, las ventanas aparecen en cualquier lugar, por lo que resulta importante entender cómo se pueden mover, cambiar de tamaño o simplemente hacerlas desaparecer. Se puede tener varias ventanas abiertas al mismo tiempo, cerrar unas y dejar otras abiertas.

5.3.1. Partes de una ventana

Puede cambiarse el tamaño de una ventana, arrastrando los tiradores que aparecen en sus bordes.

Barra de título:

Se denomina así porque en ella aparece el nombre de la ventana y los botones de minimizar, restaurar o maximizar, cerrar e icono de control.

1. Botón de minimizar.
2. Botón de maximizar.
3. Botón de cerrar.
4. Icono de control: Pulsando en él se accede a un menú de comandos para ajustar el tamaño y la posición de la ventana. Su funcionalidad es escasa ya que esas mismas acciones pueden ejecutarse con el ratón. Se ubica en la esquina superior izquierda.

Barra de menús

Contiene varias opciones de comandos. Cada opción tiene una letra subrayada. Para ejecutarlos basta con un clic en la opción o pulsando las teclas <Alt> + la letra subrayada del menú.

Barra de herramientas o Cinta de opciones:

Es aquella barra o cinta que contiene unos iconos que realizan algunas de las opciones de los diferentes menús.

Barra de estado

En ella se muestra información sobre el contenido de la ventana.

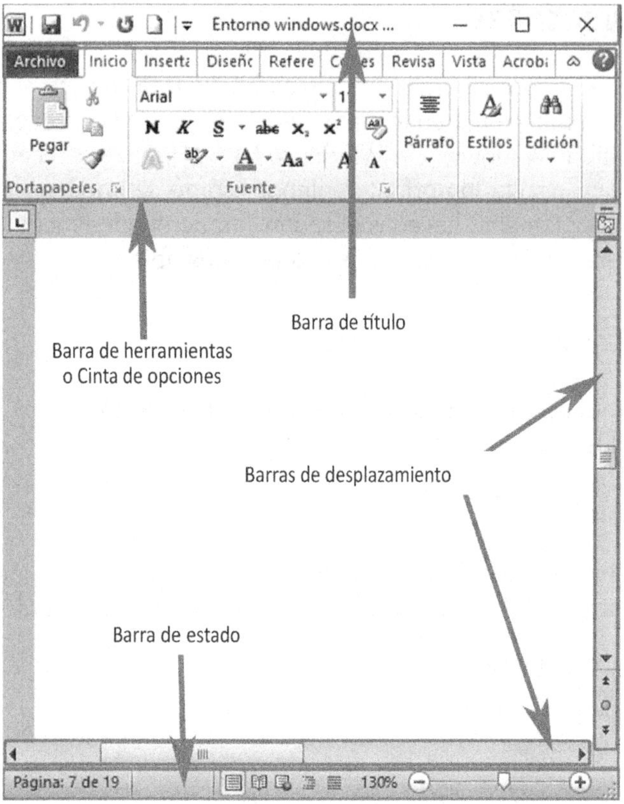

Barras de desplazamiento:

Son pulsadores móviles que aparecen en los bordes de la ventana y sirven para poder ver todo el contenido de la misma, pueden ser horizontales (de derecha a izquierda y de izquierda a derecha) o verticales (de arriba abajo y de abajo a arriba).

El escritorio puede parecer desordenado cuando se tiene lleno de ventanas. Este "desorden" se puede organizar, ajustándoles el tamaño, arrastrándolas o bien usando las opciones de *Cascada, Mosaico horizontal* y *Mosaico vertical* (basta con hacer un clic con el botón derecho de la barra de tareas).

5.3.2. Vistas en una ventana

El contenido de una ventana se puede visualizar de varias maneras. En el menú Ver están todas las posibilidades:

- **En Miniaturas**: muestra representaciones en miniatura de los archivos contenidos en esa carpeta.

- **Mosaicos**: presenta un icono de carpeta o un icono grande del tipo del archivo, el nombre del archivo o/y carpeta y hasta dos elementos adicionales para cada archivo.
- **Iconos**: Los elementos aparecen como un icono junto con su descripción.
- **Lista**: Son iconos pequeños, con la descripción al lado y organizados en una lista.
- **Detalles**: Muestra una lista de elementos junto con sus características (nombre, tamaño, tipo y fecha de modificación)

5.4. Menús contextuales y controles

Son una de las características más útiles de la interfaz de Windows y de las aplicaciones que bajo él funcionan. Se trata de menús especiales que aparecen cuando se pulsa el botón secundario del ratón. Su utilidad reside en que sólo muestra opciones relevantes del objeto seleccionado y de la tarea que se esté realizando en ese momento.

Una de las opciones que aparece en la mayoría de los menús contextuales es la de *Propiedades*, que nos mostrará la información importante y útil sobre el objeto seleccionado.

Dentro de los menús, los comandos que no estén disponibles aparecen en gris para indicar que están inactivos o no disponibles. Recuerde que debe seleccionar un objeto antes de poderlo manipular o de ejecutar alguna acción sobre él. Además se tiene que activar la ventana con la que quiere trabajar para poder utilizar sus menús.

Para salir de un menú sin ejecutar ningún comando, sea desde una ventana o desde el menú de Inicio, pulse la tecla <Esc> (escape) o haga un clic en cualquier parte del escritorio.

Windows es un entorno visual en el que el usuario abre ventanas, elige opciones, despliega menús y utiliza botones que simplifican su labor. En este entorno se pueden encontrar distintos controles que facilitan las tareas, se podrían enumerar así:

- **Casillas de Verificación**: Sirven para elegir posibilidades, sólo hay que hacer clic dentro del recuadro para activar o desactivar. Se pueden elegir varias en un grupo.

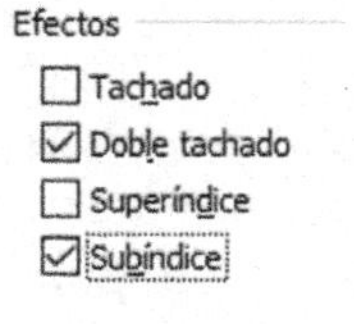

- **Botones de Opción**: También sirven para elegir posibilidades, pero a diferencia de las anteriores sólo se puede elegir una del grupo.

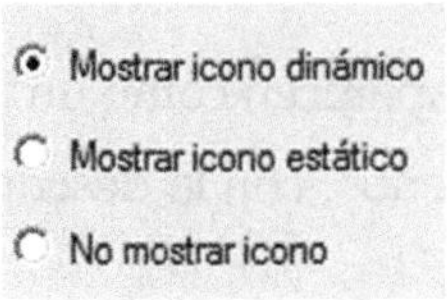

- **Botones de Comando**: Realizan una acción al hacer clic sobre ellos.

- **Cuadros de Lista**: Muestra las posibilidades en una lista de la cual hay que elegir.

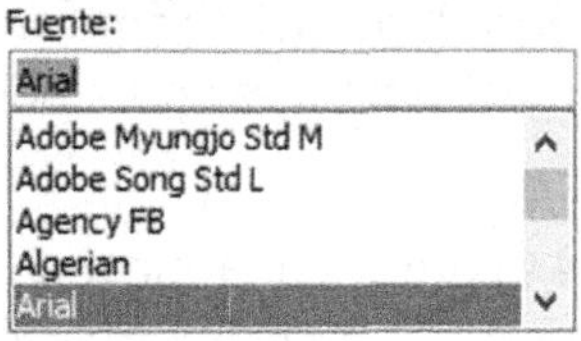

- **Cuadros Combinados**: *Son* idénticos a las anteriores, la diferencia reside en que no se muestra la lista al completo sino que hay un botón con flecha que la muestra.

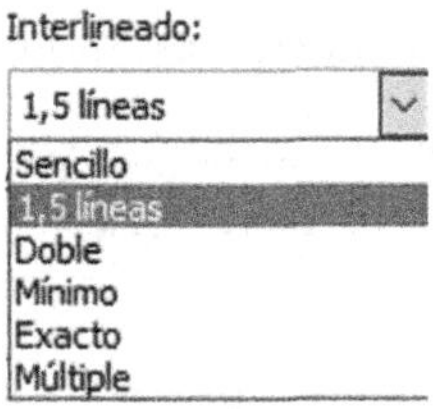

5.5. Unidades de almacenamiento

Los archivos y programas deben estar almacenados en algún soporte, los más utilizados son el disco duro, las memorias USB, los discos externos...

5.5.1. *Disco duro*

Se utiliza para almacenar grandes cantidades de información y programas. Es una unidad interna, es decir, ubicada dentro de la carcasa del ordenador. Esa información almacenada en el disco duro puede rescribirse o borrarse.

Las distintas acciones que se puede realizar sobre un disco duro son:

- **Abrir**

  Esta opción es idéntica a la ejecución de un doble clic, nos mostrará el contenido de esta unidad.

- **Explorar**

  Aparecerá el cuadro de diálogo del explorador y en el panel de la derecha su contenido.

- **Formatear**

  Prepara la unidad para que se puedan incluir datos en él (Cuidado all usar esta opción, ya que de utilizarla se pueden perder todos los datos y serían irrecuperables).

- **Propiedades**

  Presenta, junto con otras herramientas, el espacio disponible en el disco duro y el espacio ocupado del mismo. No es aconsejable que el disco contenga menos del 10% de espacio libre.

5.5.2. CD-ROM

Disco Compacto de sólo lectura, utiliza la misma tecnología de óptica láser que un compacto de música para almacenar grandes cantidades de información.

Actualmente existen ya para grabar y reeditar para ello es necesario una grabadora de CD-ROM.

5.5.3. Memorias USB

Son pequeños dispositivos de almacenamiento que se conectan a los puertos USB del equipo. Permiten leer y grabar datos. Su mayor ventaja es su tamaño y portabilidad.

5.6. El explorador de Windows

Windows utiliza un sistema jerárquico que se compone de:

- *Archivos*: es la información que se maneja en el ordenador. Esta puede ser información del sistema, resultado de usar una aplicación, de periféricos...
- *Carpeta*: lugar donde se suelen guardar los archivos y otras carpetas.
- *Unidades de almacenamiento*: es donde físicamente se guardan las carpetas y los archivos.

El explorador de Windows es una herramienta que permite organizar todo este conjunto de elementos.

A través del explorador se podrá ver tanto la jerarquía de carpetas de las unidades de almacenamiento como todos los archivos y carpetas contenidos en cada carpeta seleccionada. Esto le resultará de especial utilidad para copiar y mover archivos.

Los contenidos se representan como iconos en una estructura de árbol. Los archivos de programas, documentos aparecen como iconos especiales.

Para encontrar el *Explorador de Windows o de Archivos* haga clic en el botón *Inicio* y acceda, según la versión, al acceso directo (si no lo localiza use la herramienta Buscar que se explica más adelante). Aparece como una ventana normal de Windows con la barra de título, los menú o las cintas... y con dos paneles diferenciados.

Panel de navegación

Es una vista jerárquica, los objetos están desplazados hacia la derecha para indicar su nivel de jerarquía.

Podemos observar a la izquierda de las unidades y carpetas el símbolo (+) o el símbolo (-) (o puntas de flecha). El símbolo (+) significa que en esa unidad o carpeta contiene otras carpetas y que en ese momento no se ha desplegado su contenido, lo que se llevará haciendo un clic sobre él. El símbolo (-) indica que el contenido de esa unidad o carpeta está desplegado y que podemos replegarlo haciendo un clic sobre el mismo.

Panel de contenidos

Muestra los elementos contenidos en la carpeta seleccionada (resaltada) en el panel de navegación.

El explorador permite trabajar con las carpetas y archivos para copiarlos, moverlos, cambiarles de nombre, crear nuevas carpetas, ... de forma más sencilla. También puede buscar archivos y carpetas mediante la especificación de criterios (nombre, tipo de archivo, fecha de creación y modificación, tamaño, etc., ...).

5.7. Trabajar con archivos y carpetas

Crear, Copiar y Mover archivos o carpetas son operaciones que va a realizar con mucha frecuencia. Es posible crear carpetas propias.

Para trabajar con carpetas y archivos la primera tarea es seleccionar la unidad de almacenamiento donde se quiere crear la carpeta, sea un disco local, una memoria USB o una unidad en red. Una vez seleccionada la unidad, se pueden arrastrar y soltar objetos.

5.7.1. Crear carpetas

A la hora de crear una carpeta hay que tener en cuenta que no pueden haber dos con el mismo nombre dentro del mismo nivel, aunque sí en niveles diferentes. El nombre de una carpeta puede tener un máximo de 255 caracteres, pero no puede contener los caracteres especiales reservados para el sistema operativo (\/ : , * ¿ " ><). Si intenta usar estos caracteres al crear una carpeta o subcarpeta, aparecerá un mensaje de error.

Puede agregar cuantas carpetas como quiera en el sistema jerárquico, con tal de que tenga suficiente espacio en el disco. Antes de crear una carpeta, asegúrese de dónde se encuentra dentro de la jerarquía. Si crea una carpeta dentro de otra ya existente, la nueva se convierte en una subcarpeta.

Existen varias formas de crear una carpeta, una de ellas puede ser:

1. Situarse, haciendo clic, sobre el lugar (en el panel de carpetas) de donde quiere que cuelgue la nueva carpeta.
2. Elegir del menú Archivo - Nuevo – Carpeta.
3. Teclear un nombre para la nueva carpeta seguido de la tecla <Enter>, o bien , clic afuera (en cualquier lugar donde no haya nada).

5.7.2. Cambiar el nombre de una carpeta (o un archivo)

Para cambiar el nombre de una carpeta debe:

1. Situarse, haciendo clic, sobre la carpeta cuyo nombre se desea cambiar.
2. Elegir del menú Archivo – Cambiar nombre (o use el menú contextual).
3. Teclear un nombre para la carpeta seguido de la tecla <Enter>, o bien, clic afuera (en cualquier lugar donde no haya nada).

5.7.3. Eliminar una carpeta (o un archivo)

Se pueden eliminar carpetas que no se utilicen con el fin de liberar espacio en la unidad de almacenamiento. Siempre pide confirmación antes de borrar, para evitar errores. Hay que tener precaución al borrar porque cuando se elimina una carpeta desaparece ésta y TODO SU CONTENIDO. Los pasos a seguir podrían ser:

1. Situarse, haciendo clic, sobre la carpeta que se desea eliminar.
2. Elegir del menú Archivo – Eliminar (o usando la tecla <Supr>).
3. Pide confirmación.

5.7.4. Copiar y Mover archivos y/o carpetas

Copiar: El hecho de crear copias le permite intercambiar datos con otros usuarios. Al copiar se crea un duplicado del elemento original.

Mover: Al mover los archivos, traslada los elementos de un lugar a otro. Es distinto al hecho de copiarlos, mover un archivo significa simplemente cambiar su ubicación dentro de la estructura jerárquica.

El Explorador permite mover carpetas completas o ramas de carpetas. Cuando se mueve o copia una carpeta todos los archivos de la carpeta son movidos o copiados automáticamente

5.7.5. Copiar archivos y/o carpetas

1°. Seleccione el elemento a copiar haciendo clic.

2°. Elija de menú Edición – Copiar o con el menú contextual (el elemento pasa al portapapeles).

3°. Sitúese haciendo clic en el lugar a donde se va a copiar.

4°. Elija del menú Edición – Pegar o con el menú contextual (Saca lo que haya en el portapapeles y lo deja en el destino).

5.7.6. Mover archivos y/o carpetas

1°. Seleccione el elemento a mover haciendo clic

2°. Elija de menú Edición – Cortar o con el menú contextual (el elemento pasa al portapapeles)

3°. Sitúese haciendo clic en el lugar a donde se va a trasladar

4°. Elija del menú Edición – Pegar o con el menú contextual (Saca lo que haya en el portapapeles y lo deja en el destino)

5.8. Buscar archivos

La forma más sencilla para entender este sistema jerárquico de archivos, carpetas y unidades de almacenamiento es comparándolo con una oficina. Las unidades de almacenamiento serían los cajones independientes. Los cajones tienen dentro carpetas y subcarpetas. Las carpetas o subcarpetas contienen los archivos.

Algunas unidades de almacenamiento pueden llegar a ser enormes (cientos de megabytes). Puede llegar a hacerse muy difícil el encontrar los archivos que necesitamos.

Windows ofrece una herramienta (*Buscar*) para encontrar uno o un grupo de archivos o carpetas. Ésta es muy útil, puede buscar un archivo por el nombre, la extensión, la ubicación, la fecha en la que fue modificado por última vez, o por el tipo de objeto. Además si no se acuerda el nombre del fichero, no se preocupe hay posibilidad de encontrarlo.

También tenemos la posibilidad de abrir archivos desde el cuadro de diálogo *Buscar,* una vez localizados.

Para acceder a esta herramienta se debe ir al botón *Inicio* y seleccionar *Buscar*, en Windows 10 hay un espacio reservado en la barra de tareas para este fin.

Para localizar archivos o carpetas se puede hacer de varias maneras:

5.8.1. Búsqueda por el nombre

- A través **de expresiones exactas**:

  Es la forma más sencilla de encontrar un archivo o una carpeta es poniendo en el campo *Nombre* del cuadro de diálogo *Buscar* el nombre exacto que se quiere encontrar.

- A través **de comodines**:

  Permiten realizar una búsqueda más amplia, mediante:

  1. El *signo de interrogación* (*?*): que representa cualquier carácter del nombre del archivo.
  2. El *asterisco* (*) sustituye a nombres y extensiones enteras. Si busca un archivo creado en Excel y no recuerda su nombre puede introducir "*.*xls*" y nos buscará todos los archivos creados en Excel.

5.8.2. Especificando una carpeta

Buscar realiza su trabajo, por defecto, dentro de la jerarquía entera de su sistema hasta encontrar el archivo o grupo de archivos que busca. Si ya sabe en qué carpeta se encuentran ciertos archivos, puede especificarlo. De esta forma se reduce considerablemente el tiempo que cuesta una búsqueda. También puede buscar solamente dentro de la carpeta al nivel más alto de la jerarquía, ignorando las subcarpetas completamente.

Para especificar una carpeta haga clic sobre el botón *Examinar* dentro del cuadro de diálogo *Buscar.* No tienen más que seleccionar la carpeta en la que quiere buscar haciendo clic sobre ella. Si ésta es una subcarpeta que se encuentra dentro de otra carpeta, haga clic sobre el signo más a la izquierda de la carpeta para seguir buscando en la jerarquía.

5.8.3. Búsquedas de texto

Una característica de la opción *Buscar* es la posibilidad de encontrar una serie de caracteres determinados. Por ejemplo, se ha podido olvidar del nombre del archivo, pero sabe que contiene el texto "los sanfermines".

Para especificar este criterio de búsqueda debe seleccionar la opción de *Avanzadas* del cuadro de diálogo *Buscar* e introducir el texto en el campo *Que contenga el texto.* Puede reducir los parámetros de la búsqueda aún más si especifica el tipo de objeto que desea encontrar. Para ello selecciónelo de la lista que le aparecerá en el campo *De tipo: buscar* ignorará todos los demás objetos.

5.9. La ayuda

Es una herramienta de consulta que permite mediante ejemplos, demostraciones e información diversa conocer el uso de los comandos.

5.9.1. Cómo utilizar la Ayuda

Se puede acceder a la ayuda mediante dos métodos:

- Pulsando la tecla de función <F1> (como en Windows o en el resto de los programas del paquete Microsoft Office).
- Eligiendo la opción "Ayuda" que se encuentra en el menú de la ficha "Archivo" – Ayuda de Microsoft Office de la zona Soporte que aparece en el centro.

En la parte superior de la ventana aparece la barra de herramientas Estándar que contiene unos botones de navegación parecidos al de un navegador de internet para desplazarse por esta ventana, "Atrás", "Adelante", "Detener",

"Actualizar", "Inicio" e "Imprimir". Además contiene botones adicionales que el navegador no tiene, como "Cambiar tamaño de fuente" o "Mantener visible".

Justo debajo hay un cuadro de búsqueda donde se teclea el texto de lo que queremos consultar (por ejemplo, panel de control), y después, pulsar <Enter>.

Para ver el contenido de un tema concreto basta con hacer un clic sobre él y navegar sobre los distintos apartados que puedan interesar.

La información a localizar puede ser que esté instalada en el ordenador físicamente (permite consultarla sin necesidad de estar conectados a internet; sin conexión) u obtenerla de la Ayuda de Office Online (hay que tener conexión a Internet; conectado a Office Online). Es decir que, es posible especificar o limitar el alcance de la búsqueda de contenidos en línea (internet) o no.

5.9.2. Salir de la ayuda

Para salir de la ayuda, existen dos formas de hacerlo:

- Desde el **botón "Cerrar" de su barra de título**, con un simple clic sobre él.
- A través del teclado, pulsando la combinación de teclas **<ALT>** + **<F4>**.

5.10. La Papelera de reciclaje

La Papelera de reciclaje proporciona seguridad al eliminar archivos o carpetas. Al borrar cualquiera de estos elementos del disco duro, Windows lo guarda en la Papelera de reciclaje y su icono cambia de vacío a lleno. Los elementos eliminados de una memoria USB o de una unidad de red se eliminan permanentemente y no se envían a la Papelera de reciclaje.

Los elementos de la Papelera de reciclaje permanecen allí hasta que se eliminan de modo definitivo del equipo. Estos elementos ocupan todavía espacio en el disco duro y se pueden recuperar o restaurar a su ubicación original. Cuando se llena, Windows libera automáticamente espacio suficiente en la Papelera de reciclaje para dar cabida a los últimos archivos y carpetas eliminados.

Si no dispone de suficiente espacio en el disco duro, recuerde vaciar la Papelera de reciclaje. Igualmente, puede restringir el tamaño de la Papelera de reciclaje para limitar la cantidad de espacio que ocupa en el disco duro.

Windows asigna una Papelera de reciclaje para cada partición o disco duro. Si el disco duro está dividido en particiones o si dispone de más de un disco duro en el equipo, puede especificar un tamaño diferente para cada Papelera de reciclaje.

Tema 16

Manejo del Paquete Ofimático Microsoft Office 2007. Nociones sobre el uso de Internet y correo electrónico

eRodio ediciones

Índice esquemático

1. LOS SISTEMAS OFIMÁTICOS

A medida que las actividades propias del ser humano han ido evolucionando y especializándose, éste ha tenido que utilizar herramientas cada vez más complejas, para lograr simplificar sus tareas y obtener mejores resultados en el menor tiempo posible.

Podemos decir que la ofimática (la automatización de la oficina moderna) tuvo su inicio con la máquina de escribir y la fotocopiadora, los cuales fueron dos de los instrumentos principales que permitieron mecanizar tareas que, en su momento, habían sido exclusivamente manuales. De esta manera, la producción de documentos escritos y su distribución se masificó y automatizó, pese a que eran procesos que consumían mucho tiempo comparándolos con los estándares actuales.

La ofimática moderna comienza a desarrollarse en la década de los 70 y tiene su máximo apogeo durante los años 80 con la inclusión y masificación de los equipos informáticos de oficina, los cuales eran mucho más fáciles de usar e incluían microprocesadores, dejándose de usar métodos y herramientas obsoletas, por otras más modernas. Más concretamente, el cambio de la ofimática antigua a la moderna supuso la sustitución de las máquinas de escribir por los ordenadores y sus aplicaciones, incluyendo el traspaso de información hacia medios electrónicos en detrimento de los archivos de papel.

De esta información nos es posible inferir que la ofimática fue desarrollada para mejorar la gestión de datos (gracias al poder de cálculo y procesamiento de los ordenadores) , el almacenamiento de información y su posterior intercambio.

En este tema nos iniciaremos de manera básica en los llamados "Sistemas Ofimáticos" tales como los Procesadores de texto, Hojas de cálculo, Bases de datos y Presentaciones, para tener un conocimiento de dichas aplicaciones que nos ayuden a identificar qué necesitamos y cómo lo podemos utilizar.

En la mayoría de los casos, incluiremos comentarios a los desarrollados por **Microsoft**, aunque otros paquetes ofimáticos tienen características similares.

En concreto, nos referimos a los siguientes:

- Word como Procesador de texto.
- Access como Base de datos.
- Excel como Hoja de cálculo.
- Powerpoint como programa para Presentaciones.
- Outlook como programa de Correo electrónico.

Microsoft Word: extensiones comunes: .doc (Word 97-2003), .docx (Word 2007-2010), .dot, rtf (todas).

Microsoft Excel: extensiones comunes: .xls (Excel 97-2003), .xlsx (Excel 2007-2010).

Microsoft PowerPoint: extensiones comunes: .ppt, pps (Powerpoint 97-2003), .pptx, .ppsx (Powerpoint 2007-2010).

Microsoft Outlook: extensiones comunes: .msg .pst (Outlook 97-2003).

Microsoft Access: extensiones comunes: .mdb, .accdb.

2. PROCESADORES DE TEXTO: CONCEPTO, FUNCIONALIDADES PRINCIPALES, PLANTILLAS, COMBINACIÓN DE CORRESPONDENCIA

2.1. Concepto

Podemos definir un Procesador de texto como todo aquel software informático cuya funcionalidad se basa en crear, editar y dar formato a un documento de texto. Dependiendo del creador de la aplicación, los mismos pueden ofrecer distintas funcionalidades. Sin embargo podemos encontrar elementos en común entre todos ellos, tales como la capacidad de trabajar con distintos tamaños y tipos de letra, párrafos, alineación, estilos, copiado y pegado de texto y corrección de errores ortográficos.

El término fue acuñado por IBM en los años 60, cuando se combinó exitosamente la escritura de texto de las máquinas de escribir con unidades electrónicas que permitían dar ciertos tipos de formatos predeterminados al texto escrito. Al principio dichas opciones eran limitadas y su uso estaba restringido a ciertas personas que tuvieran los conocimientos técnicos necesarios, pero, a medida que se fue masificando, las opciones se multiplicaron para atraer al público general y su funcionamiento para la edición avanzada del texto escrito se ha simplificado notablemente, permitiendo incluso la inserción de imágenes, gráficos y complejos diagramas que van más allá del objetivo primario de la aplicación cuando se concibió.

Para ayudar a esta simplificación se pasó, de un modelo de formato de documentos basado en etiquetas, a una interfaz gráfica que en inglés se denomina WYSIWYG (*What You See Is What You Get* o Lo que ves es lo que tienes), que muestra en pantalla el texto, imágenes y diagramas con la forma y proporción exactas que tendrá el documento una vez se imprima.

El procesador de Texto más usado en la actualidad es el perteneciente a la Suite de Ofimática de Microsoft llamado Microsoft Word, cuya primera versión se remonta a 1981, año en que dos ingenieros pertenecientes a la empresa Xerox llamados Bill Gates y Paul Allen lo crearon. Hoy en día, con más de veinte versiones del programa a sus espaldas, es uno de los programas básicos sobre las que se fundamenta la ofimática.

2.2. Funcionalidades principales

Como dijimos en la introducción, los procesadores de texto, independientemente de la empresa que lo haya creado, tienen una serie de características o funciones comunes, las cuales son necesarias para crear y dar formato a un texto según los estándares de hoy en día.

Las funcionalidades principales son las siguientes:

- **Escribir (o Tipear):** Mediante el uso de teclados y distintos dispositivos de entrada (en la actualidad existen incluso modalidades de entrada de texto que utilizan la voz del usuario) el procesador permite crear contenido escrito que puede ser guardado o modificado para su posterior uso o distribución. Ésta es considerada como la principal característica de dichas aplicaciones.
- **Cortar:** Consiste en, una vez se ha seleccionado cierta cantidad de texto en el documento (generalmente haciendo click con el botón izquierdo del ratón y arrastrándolo sin soltar el botón hasta donde queramos hacer la modificación), suprimir la parte seleccionada de su posición inicial y almacenarla en la memoria temporal del equipo (en una sección llamada portapapeles) para volver a colocarla en otro lugar del documento mediante el comando pegar. Normalmente se puede acceder a dicha opción haciendo click con el botón derecho del ratón encima del texto seleccionado y eligiendo la opción cortar que saldrá en el menú contextual que se despliega.
- **Copiar:** Consiste en, una vez se ha seleccionado cierta cantidad de texto en el documento (generalmente haciendo click con el botón izquierdo del ratón y arrastrándolo sin soltar el botón hasta donde queramos hacer la copia), guardar en la memoria temporal del equipo (en una sección llamada portapapeles) la parte seleccionada para volver a colocarla en otro lugar del documento mediante el comando pegar. Normalmente se puede acceder a dicha opción haciendo click con el botón derecho del ratón encima del texto seleccionado y eligiendo la opción copiar que saldrá en el menú contextual que se despliega.

- **Pegar:** Consiste en reproducir el texto almacenado en la memoria temporal del equipo una vez el mismo ha sido cortado o copiado. Normalmente se puede acceder a dicha opción haciendo click con el botón derecho del ratón encima del texto seleccionado y eligiendo la opción pegar que saldrá en el menú contextual que se despliega. Cabe destacar que el texto puede ser pegado un número indefinido de veces una vez se almacena en el portapapeles.
- **Mover texto:** Consiste en, una vez se ha seleccionado cierta cantidad de texto en el documento (generalmente haciendo click con el botón izquierdo del ratón y arrastrándolo sin soltar el botón hasta donde queramos hacer la modificación) mover de su sitio original lo seleccionado haciendo click con el botón izquierdo del ratón sobre lo seleccionado y arrastrándolo hasta el lugar donde queramos moverlo. A diferencia de los comandos cortar y copiar, esto no genera posibles "duplicaciones" puesto que la información no se almacena en el Portapapeles.
- **Salto de línea:** Los saltos de línea ocurren cuando termina la inserción de texto en un renglón determinado del documento y se inicia en la línea siguiente. Puede ser automático si el procesador determina que se ha llegado al límite establecido por los márgenes de la página, o puede crearse pulsando la tecla "Enter".
- **Cambiar el Tipo de Fuente:** Dependiendo del uso que se le vaya a dar al texto se puede requerir un tipo de letra distinto. No es lo mismo escribir algo que será usado en una tarjeta de invitación de cumpleaños que un texto para un periódico, por lo cual los procesadores actuales ofrecen una amplia variedad de letras que se adaptan a las diversas necesidades. Se accede al cambio de tipo de fuente mediante los distintos menús situados en la parte superior de la mayoría de los procesadores de texto.
- **Cambiar el Tamaño de Fuente:** La correcta edición de un texto puede requerir modificar el tamaño del mismo, bien sea para resaltar una parte específica o para cumplir con un formato determinado. Los procesadores de texto nos dan la opción de hacerlo, normalmente mediante un botón desplegable situado en la parte superior de la ventana de la aplicación.
- **Cambiar el color de la fuente:** Si se desea resaltar una sección de texto modificándole el color, ello es posible en los procesadores actuales mediante las opciones que nos brindan. Normalmente se accede a dicha opción mediante un botón desplegable situado en la parte superior de la ventana de la aplicación.
- **Cambiar el número de Columnas:** Utilizado sobre todo si se va a crear un texto relacionado con el periodismo, o con usos publicitarios como dípticos o trípticos, los procesadores actuales nos dan la opción de organizar el documento en dos o más columnas por página. Esto abre diversas opciones de formato, que afectan la manera en que se muestra la información.

- **Ajustar márgenes y Alineación:** Los procesadores de texto actuales permiten al usuario modificar los márgenes y el tipo de alineación del escrito. Éste es un factor importante pues hay ciertas normas de publicación internacionales (como por ejemplo la llamada norma A.P.A de la American Asociation of Psichology -sociedad americana de psicología-) que indican que todos los textos que se publiquen bajo sus estándares deben cumplir cierto estilo. Lo mismo sucede con la alineación, que no es más que situar el texto en la parte de la hoja que se necesite. Se accede a dichas opciones a través de menús contextuales situados en la parte superior de la mayoría de los procesadores de texto actuales.

- **Inserción de Cabeceras y Pies de página:** La mayoría de documentos producidos en los procesadores de Texto necesitan tener algún tipo de encabezado o pie de página, bien sea a modo de señalar el nombre del capítulo en que cada página se encuentra, el número de página y diversos tipos de anotaciones. Los programas actuales tienen esta capacidad y pueden ser configurados de manera automática, por lo que se facilita la tarea de numerar cada página de manera manual. Se accede a dichas opciones mediante menús contextuales situados en la parte superior de la ventana de los procesadores de texto.

- **Inserción de tablas:** Las tablas son una manera cómoda de organizar información relacionada entre sí por categorías. Para facilitar dicha organización, los procesadores de texto actuales tienen la capacidad de crear tablas una vez el usuario le ha proporcionado las características de la misma (normalmente número de filas y número de columnas). Además, las tablas en los programas de hoy tienen diversas opciones de formato propias tales como definir el grosor, color y estilo de las líneas que la forman, el color de relleno de cada celda y el tamaño que ocupa la tabla. Se accede a ellos mediante el menú insertar situado en la parte superior de la ventana de los procesadores de texto actuales.

- **Inserción de gráficos:** Los gráficos son representaciones de datos numéricos mediante una o más líneas que permiten hacer visible la relación entre los datos. Los programas actuales dan la opción de insertar gráficos (desde simples líneas que se cruzan sobre un eje hasta complejas representaciones en 3-D). Se accede a ellos mediante el menú insertar situado en la parte superior de la ventana de los procesadores de texto actuales.

- **Inserción de dibujos:** Para añadir dinamismo a una cantidad de texto escrito podemos elegir insertar en el mismo distintos dibujos que van desde formas simples a complejos archivos creados con programas especializados. Se accede a ellos mediante el menú insertar situado en la parte superior de la ventana de los procesadores de texto actuales.

2.3. Plantillas

Una plantilla, dentro de los procesadores de texto, no es más que un documento o patrón de muestra que tiene algunas de sus partes en sitios determinados y con formatos ya definidos, las cuales pueden ser cambiadas o adaptadas según las necesidades del usuario.

La ventaja de trabajar sobre plantillas es que la persona que las usa puede saltarse el proceso inicial correspondiente a la configuración y formateo del documento sobre el que vaya a trabajar puesto que ya tiene los datos de formato predefinidos. De esta manera el tiempo se utiliza más efectivamente en la tarea que el usuario va a llevar a cabo.

2.3.1. Plantillas predeterminadas en Microsoft Word

Al igual que cuando vamos a crear un nuevo documento, seleccionamos el menú Archivo y hacemos click en la opción nuevo. Sin embargo, en vez de seleccionar la opción "documento en blanco" observamos como, a partir de la mitad inferior de la pantalla, el programa nos ofrece una serie de opciones sobre las que podremos seleccionar las que más nos convenga. Las plantillas vienen por categorías, y es nuestro cometido seleccionar la que más se ajuste a nuestras necesidades. Bien sea para redactar una carta, hacer un calendario organizador o una tarjeta de presentación.

Al seleccionar una plantilla se abre el documento con el formato predeterminado y sólo tendremos que llenar manualmente los espacios donde haya que introducir la información, puesto que el formato ya va a estar preestablecido.

2.3.2. Crear plantilla en Microsoft Word

Si deseamos, en cambio, crear desde cero un modelo de documento o plantilla, según nuestras especificaciones para poder usarlo en el futuro, debemos seguir los siguientes pasos:

- Se crea un documento en blanco de Microsoft Word, de la misma manera que cualquier otro texto.
- Se realizan los cambios necesarios en los márgenes, orientación de la hoja, tamaño estilos, colores de letra, tipos de letra, número de columnas, etc.
- A continuación se agrega el texto informativo, las etiquetas, los gráficos y cualquier otro elemento que deba aparecer en la plantilla.

- Se guarda el documento, y cuando nos aparezcan las opciones de guardado en el cuadro de diálogo llamado "Guardar Como" se selecciona la opción "Plantillas de Confianza".

- Se escoge un nombre para el archivo, y en el menú desplegable situado en la parte inferior del cuadro de diálogo "Guardar Como", en donde se selecciona el tipo de archivo que deseamos crear y se elige la opción "Plantilla de Word".

2.4. Combinación de correspondencia

Cuando el usuario desea enviar la misma información a un gran número de personas pero quiere, a su vez, guardar cierto nivel de personalización y dirigirla de manera independiente y exclusiva a cada una de las personas se utiliza la herramienta de "Combinación de Correspondencia".

La combinación de Correspondencia, por lo tanto, no es más que un proceso que nos posibilita que los datos de una lista de direcciones sean insertados y colocados en una documento básico, lo cual crea una carta que será personalizada para cada uno de los integrantes de la lista de direcciones que el autor del documento usó como base.

Se hacen necesario dos elementos, entonces, para poder construir una correspondencia combinada:

- **Lista de direcciones:** También llamada origen de datos, es un archivo que contiene la información específica de cada persona a la que le va a llegar el mensaje. En la lista de direcciones se almacenan los datos y se organizan a modo de lista. Los mismos serán posteriormente incluidos para cada destinatario dentro del documento maestro.

- **Documento Maestro:** Documento de texto el cual tendrá en su interior la información que deseamos transmitir a los destinatarios. Dentro de este archivo se colocarán los campos o marcadores, dentro de los cuales será ubicada la información que varía según el destinatario. Podemos identificarlo entonces como un tipo determinado de plantilla.

En el procesador de texto de la suite Ofimática de Microsoft Office, Microsoft Word, se puede acceder a la opción de Combinar Correspondencia mediante la pestaña superior en la ventana principal del programa (llamada correspondencia), y haciendo click en la opción "paso a paso por el asistente para combinar correspondencia" que abrirá una ventana con la guía paso a paso por el proceso.

3. BASES DE DATOS: CONCEPTO, FUNCIONALIDADES, TABLAS, FORMULARIOS, CONSULTAS, INFORMES, RELACIONES

3.1. Concepto

Una base de datos es una colección de datos con relaciones lógicas entre sí, almacenados y organizados de tal manera que puedan ser un modelo de determinados aspectos de la realidad, y por tanto, puedan ser utilizados por los diferentes procesos que requieran dicha información en una empresa, organización, etc.

Existe un tipo de programa dentro de los sistemas ofimáticos, que se dedica a almacenar información de manera segura y organizada, además de ofrecer compatibilidad con otros programas y facilidad para que el usuario autorizado, pueda acceder a ella.

Dependiendo del fabricante tendrán algunas funcionalidades diferentes, pero lo básico se mantiene en todas ellas puesto que su principal cometido es el mismo.

3.2. Funcionalidades

En la actualidad se ha dotado a las bases de datos de un entorno de trabajo poderoso, proporcionándoles sencillez en el manejo y orientándolas al usuario final.

Entre las tareas que se pueden realizar destacamos: las Tablas, Fichas, Formularios, Consultas, Informes, Etiquetas, Relacionar tablas.

Las principales funcionalidades a considerar por un sistema gestor de bases de datos son:

- **Soporte de red**: porque todos los productos de base de datos ofimáticas suelen trabajar con algún tipo de LAN (*Local Area Network*) es decir, Red de área local, permitiendo o no, el bloqueo de ficheros y registros. Es un elemento importante a valorar: la capacidad de trabajar con los principales protocolos de red utilizados en el mercado.
- **Seguridad de la información**: esto es importante para mantener la confidencialidad de los datos. Por ello, es importante controlar el nivel de acceso no sólo modificando los privilegios de acceso a los usuarios, sino que también el propio gestor de base de datos debe proveer la asignación de palabras clave o *passwords* para permitir el acceso a determinados ficheros. También existe el cifrado de ficheros que busca que los datos confidenciales no se puedan leer si no se conoce la clave para descifrarlos.

- **Tipos de datos**. Que pueden ser de diferentes tipos, que se listan a continuación:
  - ▷ Numéricos: almacenan números, incluso con decimales.
  - ▷ Alfanuméricos: pueden almacenar cualquier carácter, ya sean números (que no se utilicen en operaciones matemáticas), letras o caracteres tipográficos. Generalmente admiten 255 caracteres máximo.
  - ▷ Lógicos: admiten sólo dos valores, estos pueden ser representados de múltiples maneras (0/1, cierto/falso, etc.).
  - ▷ Memo: con campos de gran capacidad, ya que admiten más de 255 caracteres alfanuméricos, se utilizan para incluir notas, observaciones, etc., pero su mayor inconveniente es que no es capaz de localizar cadenas de caracteres dentro de ellos.
  - ▷ Gráficos: que permiten incluir ficheros gráficos estándar.
  - ▷ Vídeo: permiten almacenar secuencias de vídeo comprimidas.
  - ▷ Audio: donde se incluyen ficheros de sonido, música, voz, de formatos WAV, MIDI, MP3, etc.
  - ▷ OLE/BLOB: son los nuevos tipos de datos, capaces de contener cualquier estructura compleja, como una hoja de cálculo o una página de un procesador de texto, etc.
- **Formularios**: se trata de una pantalla creada por el usuario que le permite añadir campos a una base de datos. Estos datos se pueden añadir directamente o creando un formulario que permita realizar la misma función.
- **Consultas**: los productos de base de datos permiten realizar búsquedas simples, cuando se trabaja con el contenido de un campo, o bien se pueden realizar búsquedas complejas, a través de operadores lógicos y agrupando varias búsquedas simples. Los sistemas más modernos, soportan la técnica de interrogación QBE (*Query By Example*), orientada a los usuarios finales.
- **Informes y etiquetas**: permite generar informes y etiquetas a partir de los datos ya existentes. Los informes se pueden realizar según las necesidades del usuario, ordenando los datos y limitando el número de registros en función del criterio del mismo o como resultado de una consulta.
- **Programación**: los sistemas de bases de datos, ofrecen mediante un lenguaje de programación o uno de macros, algún tipo de programación para usuarios avanzados que provea instrucciones específicas para el tratamiento de información estructurada.
- **Programación visual**: se trata básicamente de generar un código ejecutable a partir de una consulta, pantalla o formulario creado de manera gráfica. Este código es modificable y puede modificar a su vez el elemento gráfico.

- **Indexación**: permite una vista de la base de datos, ordenada por uno o varios campos. Esto es posible debido a que los registros de una base de datos quedan grabados de forma secuencial, posibilitando listar dicha información de forma ordenada utilizando un criterio determinado.
- **Orientación a objetos**: de igual manera que el resto de los programas ofimáticos de última generación, implementa tecnología de orientación a objetos, porque dota al producto de gran facilidad de uso. Las principales funcionalidades a considerar de esta tecnología son:
  - ▹ Soporte BDs Multiplataforma. Debido a la tendencia actual hacia una mayor integración de sistemas y al avance tecnológico en cuanto a conectividad, los fabricantes de bases de datos han desarrollado estándares basados en conjuntos de APIs (ODBC y ODAPI) que permiten independizar los datos del gestor que los produjo y del que los mantiene. Dichos estándares permiten al usuario acceder a bases de datos abiertas y ficheros residentes en distintas plataformas de forma simultánea y transparente. Esto permite al usuario generar consultas e informes con diversas fuentes de información.
  - ▹ API (*Application Programming Interface*): conjunto de funciones y de servicios, que permiten al usuario acceder a los recursos de un programa o de un dispositivo. Por ejemplo: Windows API, OS/2 API, etc.
  - ▹ Soporte lenguaje SQL (*Structured Query Language*): se trata de un lenguaje estándar de consulta de bases de datos relacionados que posibilita el organizar, gestionar y recuperar datos.
- **Integridad referencial**: es una característica recomendable de cualquier base de datos, que asegura la coherencia de datos comunes en tablas relacionadas.

3.3. Elementos básicos de una base de datos

A continuación, se listarán los diferentes elementos que deben conocerse para trabajar con una base de datos.

A) Tablas

Las tablas son objetos diseñados para almacenar datos de forma ordenada. Están conformadas por campos. A un conjunto de campos de una tabla se le denomina registro. Las tablas se consideran los objetos más importantes de cualquier base de datos.

B) Formularios

Son objetos utilizados para la introducción, visualización o modificación de datos en las tablas. Sirven para definir pantallas, editar registros de una tabla o realizar una consulta, entre otras cosas.

C) **Consultas**

Las consultas son llamadas también vistas. Son los objetos de una base de datos que permiten filtrar datos de una tabla, ya que muestra solo aquellos que cumplen con unos criterios previamente especificados.

D) **Informes**

Se utilizan para presentar un resumen o extracto de los datos. Esto es posible, debido a que a los datos se les puede dar formato, pueden ser calculados, resumidos e impresos. Los informes son instrumentos que permiten presentar los datos de las tablas o consultas de forma impresa, y son útiles para listar, con un formato diseñado según nuestras necesidades: añadiendo cabeceras y pies de página, totales, parciales o finales, etc.

E) **Relaciones**

Se habla de base de datos relacional, cuando se utiliza, de manera simultánea, datos procedentes de más de una tabla. Al hacer uso de las relaciones entre tablas, se evita la duplicidad de datos, se ahorra memoria y espacio en el disco, se aumenta la velocidad de ejecución y se facilita al usuario el trabajo con tablas. Para relacionar tablas entre sí, debe especificarse un campo común que contenga el mismo valor en las dos tablas.

3.4. Tablas

3.4.1. Inserción de datos en tablas

Campo: es un elemento de la tabla donde se almacenan los diferentes datos que forman parte de la estructura de la base de datos. Cada una de las celdas que se observa en la figura a continuación, es un campo.

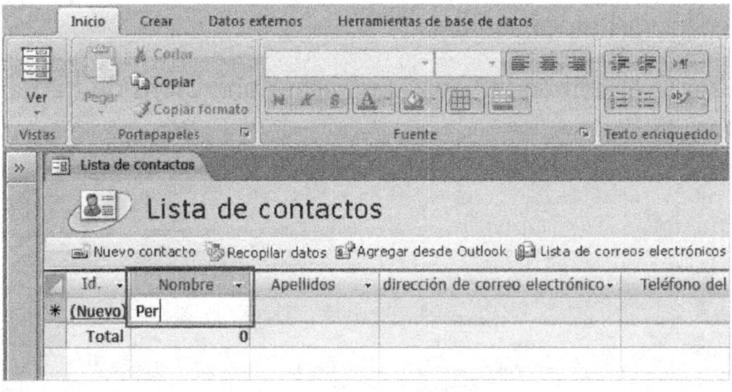

Campos en BD

Registro: los campos se agrupan en lo que se denomina registros. A continuación, en la figura se observa el registro 1 formado por la primera fila de campos.

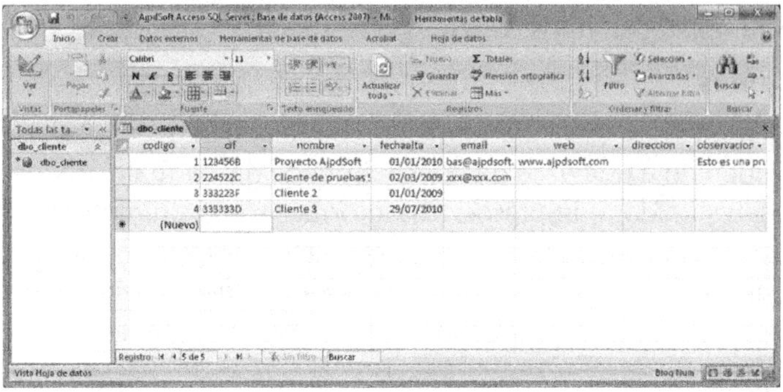

Registros en BD

En resumen: todos los datos de un elemento determinado son los campos del mismo, el conjunto de datos conforman su registro.

3.4.2. Creación de tablas

Para crear una tabla de datos se debe ir hasta la pestaña Crear del grupo Tablas de Datos, y entonces se visualizan distintas opciones:

- **Tabla**: permite crear una tabla en blanco, para que diseñemos según las necesidades.
- **Plantilla de tabla**: con ella se creará una tabla a partir de unas características predefinidas, con lo cual solo se necesita proceder a rellenar los datos.
- **Listas de *SharePoint***: se crea una tabla que es compatible con un sitio *SharePoint*, con lo cual se podrán compartir los datos y que puedan acceder a ellos distintos usuarios.

Al seleccionar el comando Tabla, aparecerá una barra de herramientas que usaremos para trabajar.

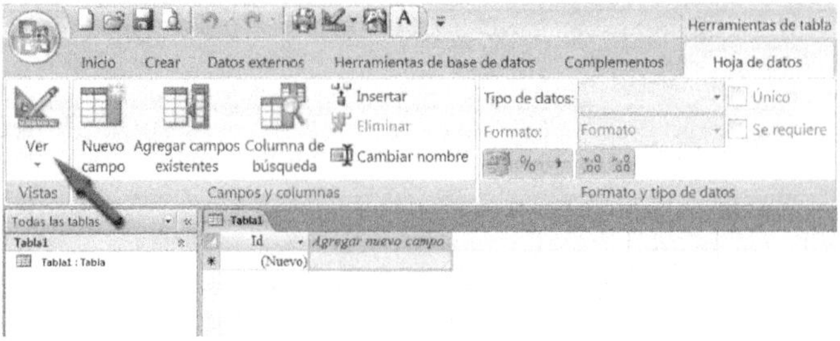

Luego, por defecto, aparece la vista de tabla de datos, con ella se pueden introducir los datos en la tabla. De este modo puede pasar a diseñar los distintos campos que requiere para rellenar después, eligiendo la vista Diseño de tabla.

Vista Diseño tabla

Aquí podrá comenzar colocando el nombre que recibirá la tabla y después diseñando los nombres y tipos de los distintos campos de la tabla.

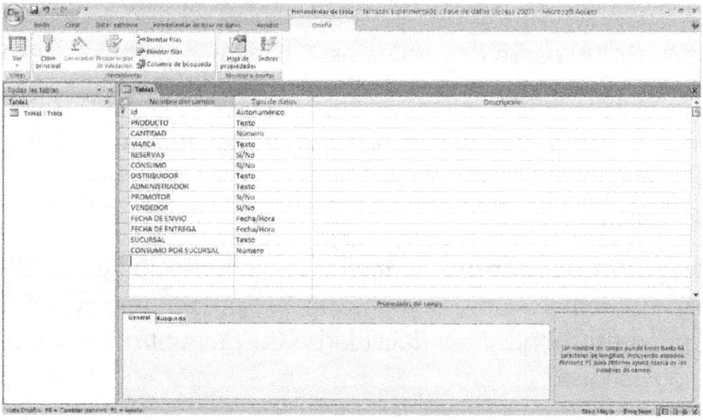

Vista Diseño tabla

Se puede elegir para cada campo el nombre y el tipo de datos que incluirá, incluso se puede incluir una breve descripción de su contenido.

Aparecen ciertos elementos cuando se crea una tabla de datos, ellos son:

- **Nombre del campo**: nombre con el que se identifica el campo en la tabla. Debe ser fácilmente identificable, ya que servirá para las consultas e informes que se realicen en cualquier momento.
- **Tipo de datos**: se indica la tipología de los datos introducidos en el campo. Las distintas posibilidades a elegir incluyen:
  - ▹ *Texto:* se refiere al texto o caracteres alfanuméricos que no requieren ningún tipo de operaciones. Generalmente, se permiten hasta 255 caracteres, a menos que se indique lo contrario en propiedades.

- *Memo:* permite la inclusión de texto extenso o de una combinación de caracteres alfanuméricos. Permite hasta 64.000 caracteres.
- *Número:* datos numéricos para cálculos matemáticos.
- *Fecha y Hora:* valores de fecha y hora.
- *Moneda:* incluye los distintos valores de moneda y numéricos para poder realizar cálculos de hasta 4 decimales.
- *Autonumérico: aquí se trabaja con un* número secuencial, incrementado de uno en uno, o un número aleatorio, que el Access asigna según su criterio, esto no se puede actualizar, y se utilizan generalmente para ordenar los distintos registros.
- *Sí/No: se usa para* datos del tipo Verdadero o falso.
- *Objeto OLE:* permite la inserción de objetos de otro programa del paquete Office.
- *Hipervínculo:* es la inserción de un acceso directo a otro elemento.
- *Datos Adjuntos:* se denomina así a cualquier archivo anexo que se encuentre permitido.
- *Asistente para búsquedas: permite la creación de un* campo que permite elegir un dato de otra tabla o de un campo de valores para iniciar una búsqueda.

– **Descripción del campo**: *se realiza* una descripción clara del campo que permite su identificación, aún pasado tiempo, para que cuando se requiera se pueda responder con facilidad a las preguntas: ¿por qué se creo? y ¿para qué se usa?

Dentro de las propiedades de los campos (aparecen en la parte inferior de la vista de Diseño de tabla) se podrán modificar las características de los mismos, añadiendo nuevas posibilidades a la entrada de datos.

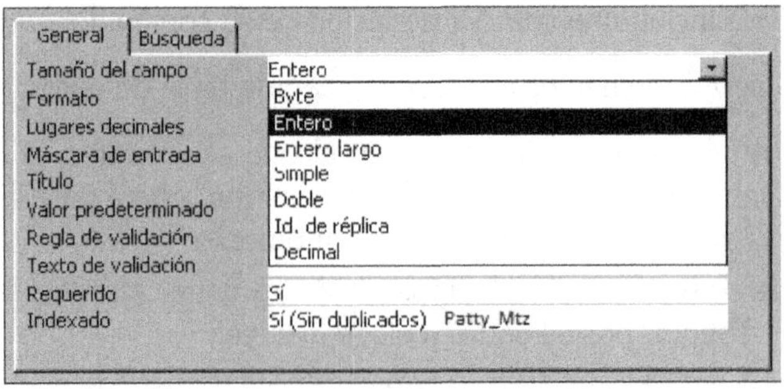

Propiedades de los campos de datos

A continuación, se verá el significado y manejo de cada una de estas propiedades.

- **Tamaño del campo**: se podrá modificar el tamaño asignado por defecto, al campo. Las opciones a elegir dependerán del tipo de campo seleccionado.
- **Formato**: le permitirá elegir la representación en el campo, dependiendo del tipo de campo que haya elegido.
- **Máscara de Entrada**: solo se puede usar para los campos denominados "texto" o "fecha"; se utiliza para limitar la introducción de datos y obligar al usuario a hacerlo dentro del formato que se ha elegido.

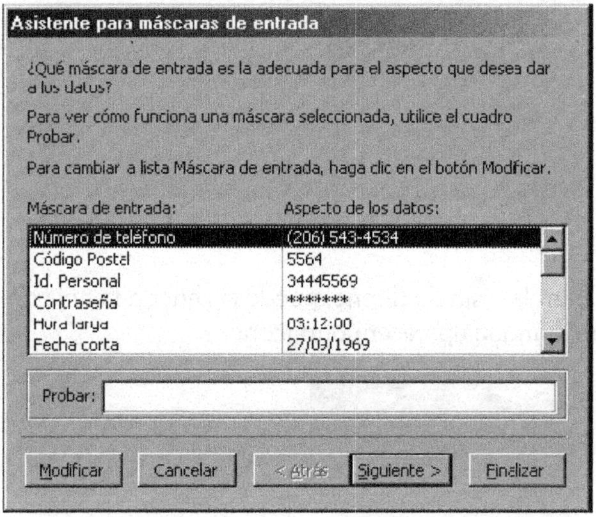

Ejemplo de uso de máscara de entrada

- **Título**: *se refiere al* nombre con el que aparecerá el campo en los formularios, en el caso de que no se tenga, se usará el nombre del campo.
- **Valor predeterminado**: *es el* valor que se introduce automáticamente en el campo, para nuevos registros.
- **Regla de validación**: *es la* expresión que limita los valores de los datos introducidos en el campo.
- **Texto de validación**: *es un* mensaje de error que aparece cuando se introduce un valor prohibido, por la regla de validación.
- **Requerido**: *se le indica al usuario* si la introducción de datos en este campo es obligatoria.
- **Indexado**: permite crear un índice que acelera las búsquedas, y que no se permita introducir datos iguales en dos registros distintos.

- **Etiquetas inteligentes**: permite añadir etiquetas de este tipo al campo. Algunas veces requieren de cierta modificación, según ciertos parámetros.
- **Alineación del texto**: *nos indica* cómo alinear el texto del campo en la tabla.

3.4.3. Introducción de los datos en la tabla

Para introducir los datos en una tabla es necesario colocarse en el registro vista de Diseño de tabla; esto puede hacerse desde la barra de herramientas, para ello es necesario colocarse en la vista Tabla de datos.

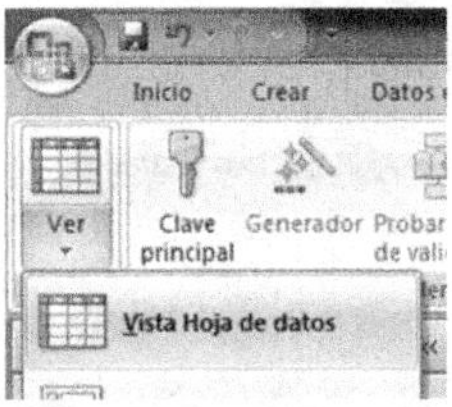

Introducción datos en tabla

Si no encuentra la vista de diseño, puede acceder a la hoja de datos desde la misma posición, aunque aparecerá otro icono.

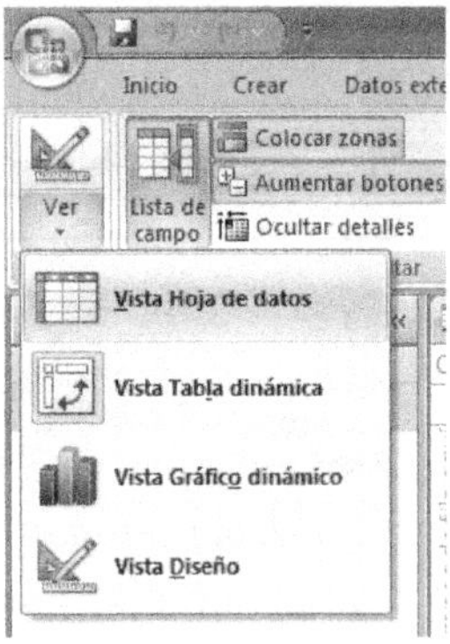

Acceso a introducción datos

Cuando se encuentre en la vista Hoja de datos, puede introducir los datos que desee en cada registro, para ello es necesario posicionarse sobre el campo deseado y pulsar ENTER tras introducir los datos.

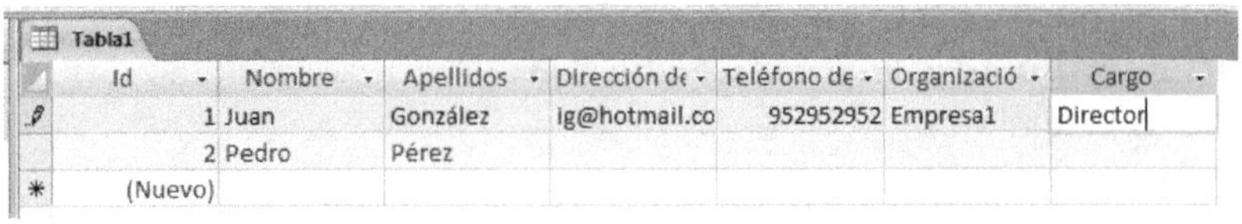

Tabla1

Id	Nombre	Apellidos	Dirección de	Teléfono de	Organizació	Cargo
1	Juan	González	lg@hotmail.co	952952952	Empresa1	Director
2	Pedro	Pérez				
(Nuevo)						

Introducción de datos en la tabla

3.4.4. Movimientos por los campos y registros de una tabla

Una tabla le permitirá desplazarse por los registros y por los campos.

Si desea desplazarse por los registros, es necesario utilizar la barra de desplazamiento situada en la parte inferior izquierda, con ella podrá ir al registro que desee.

La barra de desplazamiento:

- Le indicara el registro donde se encuentra y el número total de registros de la tabla.
- Le desplazará al registro anterior.
- Le desplazará al registro posterior.
- Le desplazará al primer registro de la tabla.
- Le desplazará al último registro de la tabla.

Si lo que desea es dirigirse a un registro concreto, haga doble clic en el cuadro numérico y escriba el número de registro al que desea desplazarse.

Si requiere desplazarse por los diferentes campos de un registro, se usan las flechas de dirección del teclado, o utilizando el ratón, nos colocaremos en el registro deseado.

3.4.5. Eliminación de registros en una tabla

Cuando se requiere eliminar un registro, deberá seleccionarlo haciendo clic con el ratón en el lado izquierdo del mismo y después pulsar el comando Eliminar, situado en el grupo Registros de la barra de herramientas. También puede usarse la tecla **SUPR** para eliminarlo.

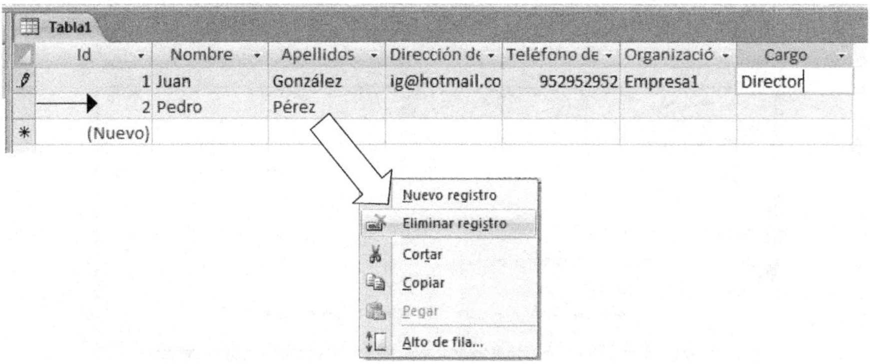

Eliminar registro

3.4.6. Modificación de registros de una tabla

Cuando se desea modificar algún valor introducido previamente en la tabla, solo deberá colocarse sobre él y proceder a escribir el valor deseado.

3.4.7. Copiado y movimiento de datos

Si se desea copiar datos entre campos de igual formato, se puede usar la opción Copiar y Pegar, que es accesible desde el botón derecho del ratón. También se puede usar Cortar en lugar de Copiar cuando se desee que un dato cambie de posición.

3.4.8. Búsqueda y reemplazo de datos

Permite buscar o reemplazar datos de los campos de los distintos registros, en función de algún parámetro de búsqueda, permite encontrar un registro aunque solo se conozca alguno de sus campos.

Para ello, es necesario acceder al comando Buscar de la barra de herramientas

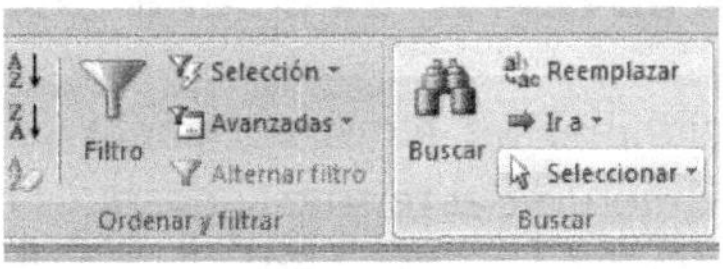

Acceso a herramienta Buscar

Al pincharlo, le aparecerá el cuadro Buscar y Reemplazar.

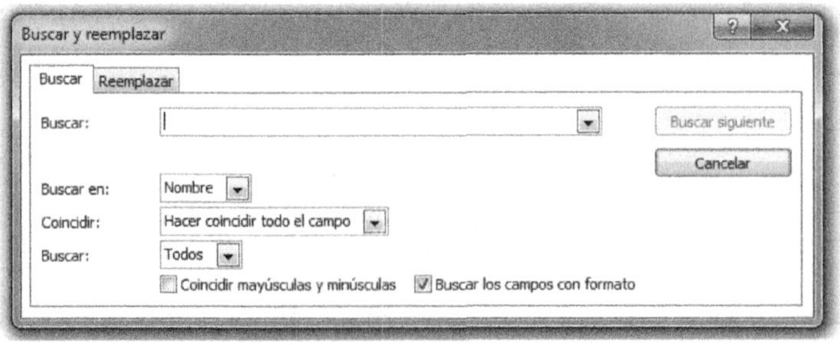

Cuadro de Buscar y reemplazar

En él debe introducir los datos a buscar y parámetros de búsqueda, como por ejemplo, la coincidencia necesaria de los datos para dar por acertada la búsqueda o dónde se debe buscar.

En la pestaña Reemplazar, encontrará opciones similares a las que tiene en la de Buscar, añadiendo una casilla denominada Reemplazar. Esta casilla le permitirá sustituir, los datos encontrados mediante los parámetros de búsqueda, por el contenido que se haya colocado en la casilla Reemplazar.

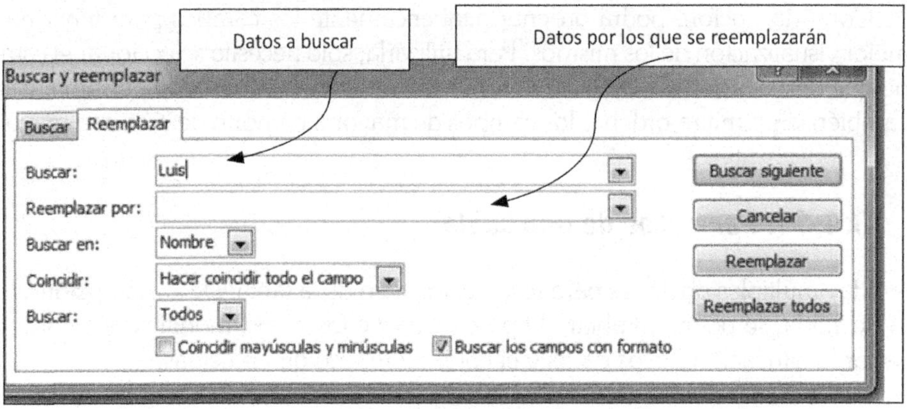

Reemplazar datos encontrados en la búsqueda

3.4.9. Creación de filtros

Cuando se tiene un gran número de registros, a veces para trabajar, es necesario quedarse solo con una parte de ellos. Para ello, son útiles los filtros, ya que permiten seleccionar una parte de los registros a partir de los parámetros configurados.

Para acceder a éste, es necesario dirigirse al comando Filtro que se encuentra en la barra de herramientas.

Botón de comando Filtro

Luego, aparecerá una selección del campo identificador del registro y podrá elegir aquello que desea aparezca en el filtrado.

Cuando se haya elegido el filtro deseado, se podrá ir alternando el visionar los registros del filtrado o visionar toda la base completa de datos.

3.4.10. Ordenación alfabética de campos

Con esta opción, podrá ordenar alfabéticamente los campos para tener una mejor visualización de los mismos. Para utilizarla, solo necesita seleccionar el campo que desea ordenar y dirigirse al comando situado en la barra de herramientas. También le permitirá ordenar los campos de mayor a menor o de menor a mayor.

3.4.11. Formatos de una tabla

Hay múltiples opciones para elegir el formato de la tabla. Desde la opción Vista de Tabla, se podrá cambiar el tipo de letra de los datos, modificar los bordes, variar la alineación de los datos y el color de relleno de las celdas.

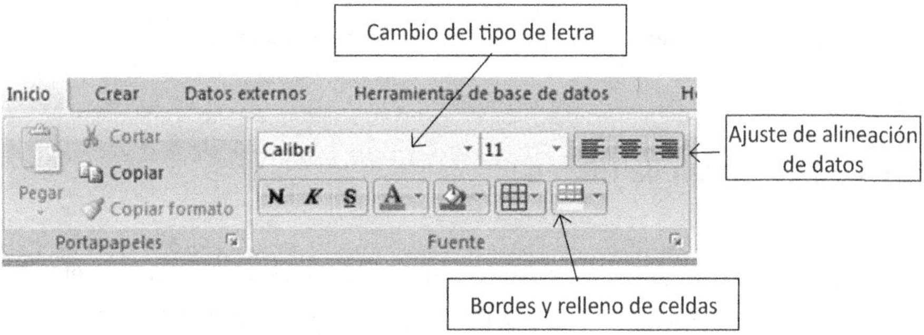

Opciones de cambio de formato en Vista de tabla

3.4.12. Creación de índices en campos

Los índices sirven para buscar más fácilmente los datos situados en los campos y para tener un mejor acceso a los elementos de la tabla. Sin embargo, se debe tener en cuenta que, aunque los índices agilizan las búsquedas, también ralentizan el guardado de los documentos y aumenta el tamaño de estos últimos.

Para crear los índices, debe buscarse la Vista de Diseño de la tabla, luego, dentro de las propiedades del campo elegirá Indexado y procederá a escoger la opción que más le interese para el índice.

3.4.13. Exportación de una tabla a otra base de datos

Puede exportarse una tabla a otra base de datos, para poder usar los datos desde allí.

Se ofrecen múltiples posibilidades de exportación pudiéndose elegir aquella que más se ajuste a las necesidades.

Para ello, dentro de Vista de tabla elegir Exportar, y luego escoger entre las opciones que aparecen, donde desea exportarlo.

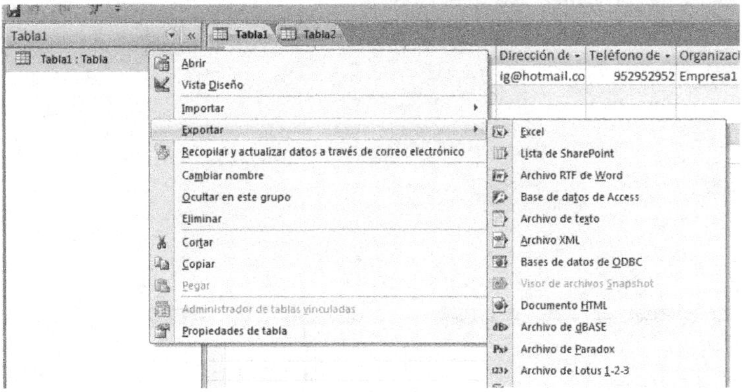

Exportación de tabla a otra base de datos

3.4.14. Importación de tablas de otra base de datos

También se puede importar una tabla de datos de un determinado fichero.

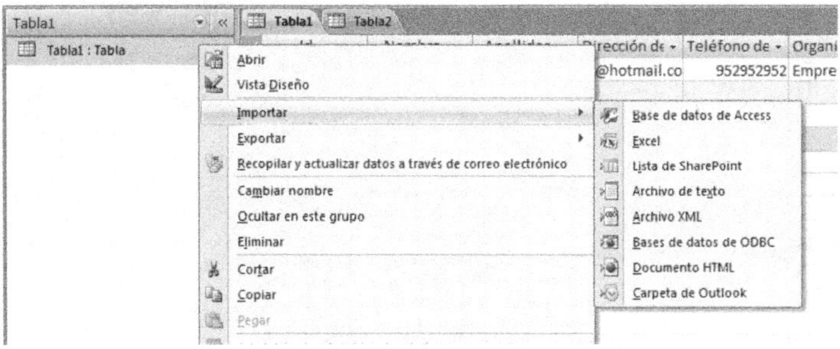

Importación de tabla de datos

Para ello, desde la Vista de tabla elegir importar, y luego desde dónde.

Podrá seleccionar cómo desea importar los elementos del archivo elegido.

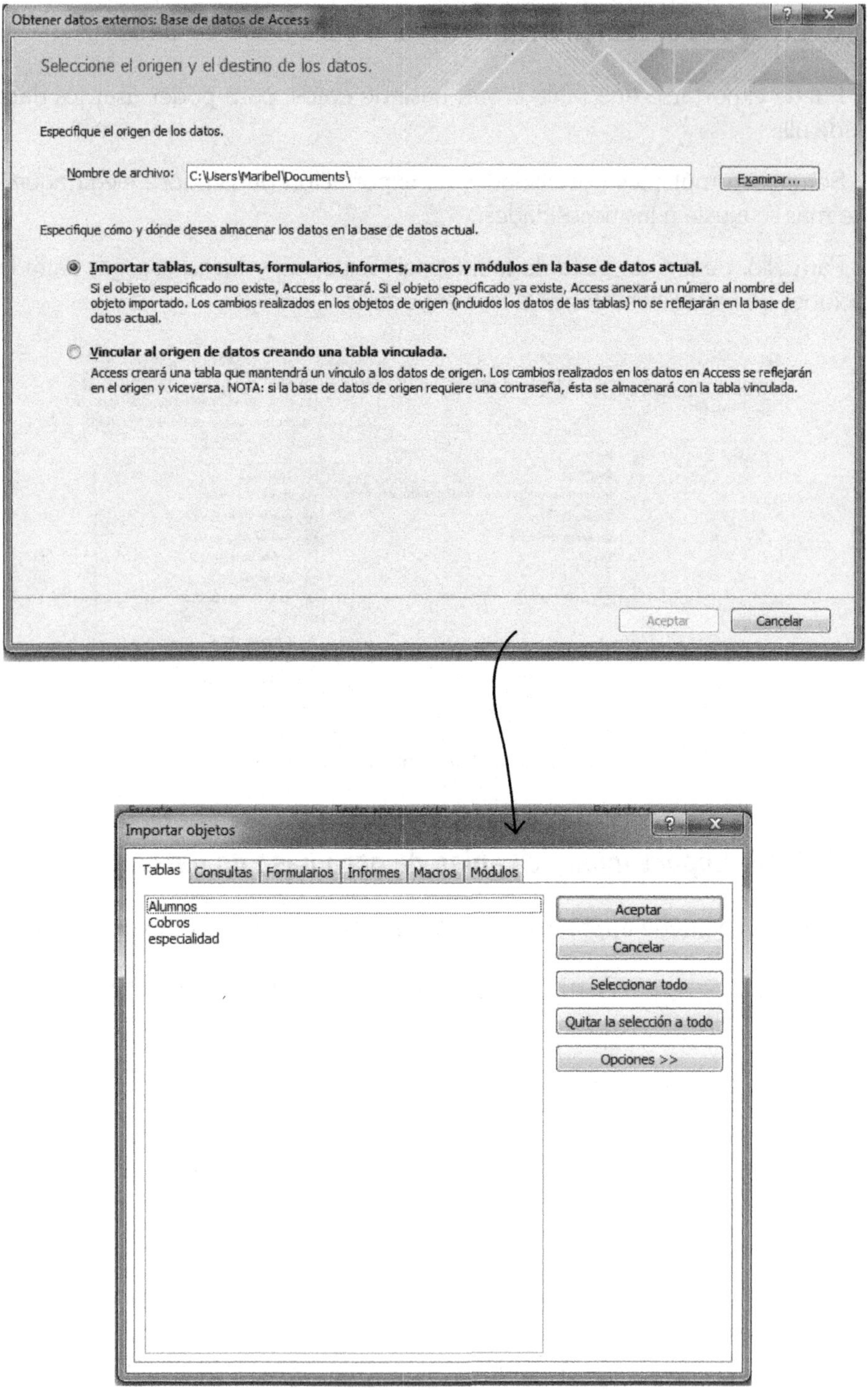

Elección de elementos a importar

3.5. Formularios

Sirven para definir pantallas que presentan y editan los registros de una tabla o de una consulta.

Un formulario se puede elaborar de varias maneras, utilizando para ello:

- **Diseño del formulario**: para ello, se va a vista diseño y se abre un formulario en blanco, en donde se puede incorporar todo aquello que se desea que aparezca en él.
- **Asistente para formularios**: a través de un asistente se va guiando al usuario paso a paso, para la creación del formulario.
- **Formulario**: se crea automáticamente un nuevo formulario que contiene todos los datos de la tabla o consulta seleccionada en el Panel de Exploración.
- **Gráficos dinámicos:** se trata de un formulario en blanco basado en la utilización de gráficos dinámicos.

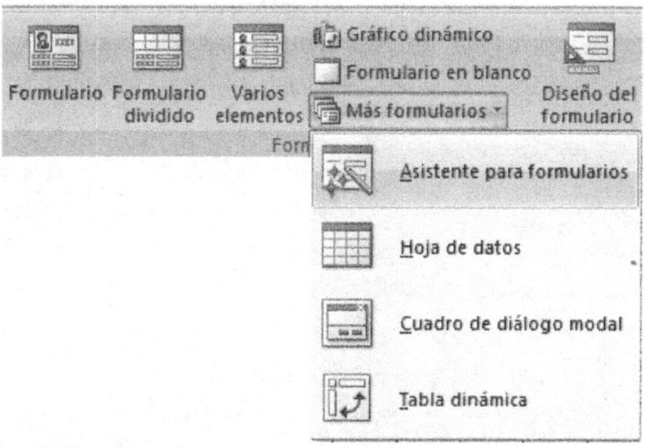

3.5.1. El asistente para formularios

Para utilizar el asistente para formularios se hace Clic en la opción Asistente para formularios, aparece a continuación una ventana, en la cual se van a especificar los campos a incluir en el formulario.

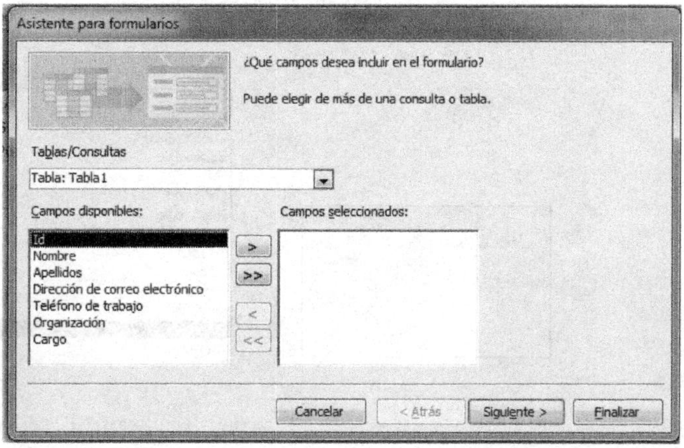

Ventana para especificar los campos

Primero, se debe seleccionar la tabla o consulta de donde se tomarán los datos (origen del formulario). Si se van a extraer datos de varias tablas, es recomendable crear una consulta y luego elegirla como origen de datos.

Luego se deben seleccionar los campos a incluir haciendo clic sobre el campo y a continuación sobre el botón [>] o simplemente doble clic sobre el campo. Si se encuentra algún error, el botón [<] hace que el campo se quite de la lista de seleccionados. Se pueden seleccionar o deseleccionar todos los campos a la vez, o uno a uno.

Cuando se ha seleccionado la distribución que interesa, se hace clic en el botón Siguiente, y aparece la pantalla que le mostramos a continuación:

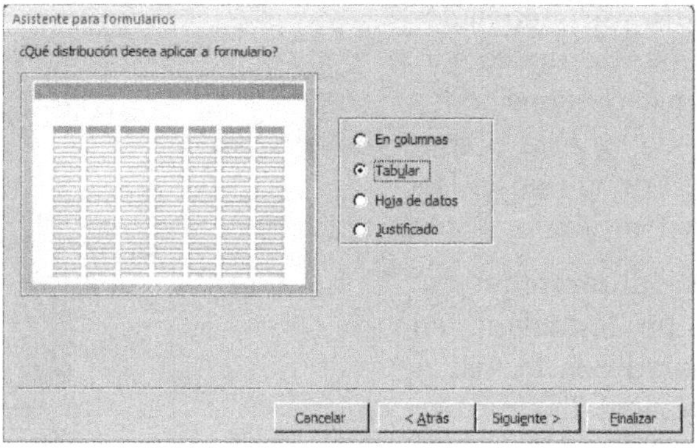

Con esta pantalla, el usuario elige la distribución de los datos dentro del formulario, para ello, selecciona uno de los formatos que se le presentan.

Seguidamente, se clica en el botón Siguiente y aparece la ventana en donde se elige el estilo a aplicar en el formulario.

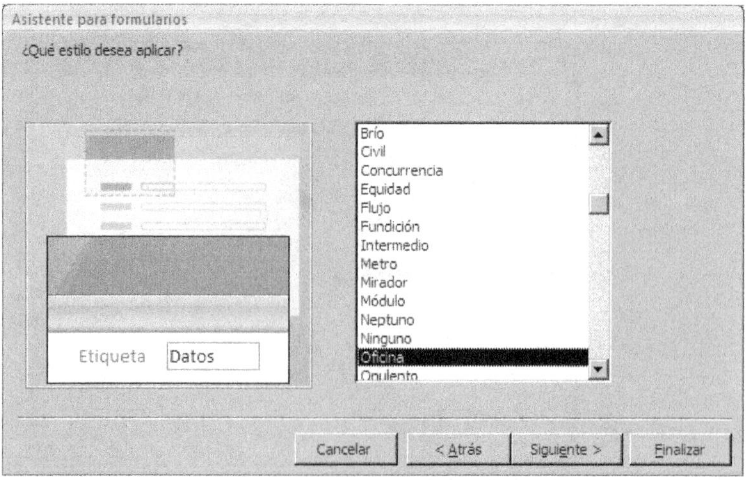

Se puede visualizar el aspecto que presentará el formulario al seleccionar uno de ellos.

Al finalizar la actividad anterior, se debe hacer clic en el botón Siguiente, y aparecerá la última pantalla del asistente, en donde se indica el título del formulario también que pasara a ser su nombre.

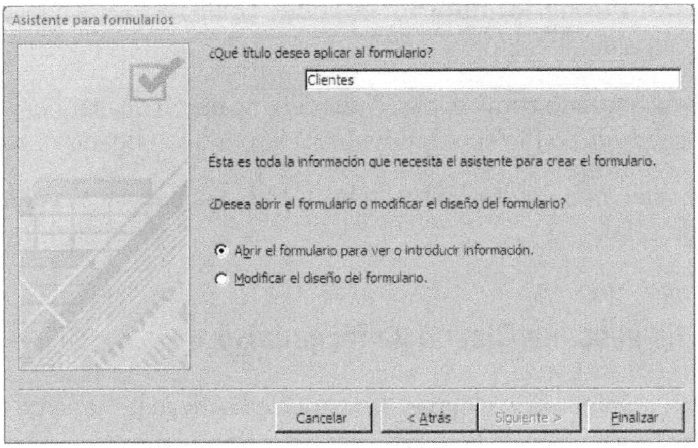

Cuando se han realizado todas las tareas con el asistente, y antes de pulsar el botón Finalizar se puede elegir entre abrir el formulario para ver o introducir información, y modificar el diseño del formulario.

3.5.2. Como editar datos de un formulario

Para editar datos, es necesario posicionarse en el formulario en el panel de exploración, hacer clic en el botón derecho y seleccionar la opción abrir en el menú. También, puede hacerse doble clic sobre el nombre del formulario.

Aparecerán los datos del origen del formulario con el aspecto previamente definido. A continuación, se pueden buscar datos, reemplazar valores, modificarlos, desplazarse a lo largo de la tabla, etc.

3.5.3. Vista del diseño de formulario

Utilizando la vista de diseño se puede definir el formulario, ya que se le indica a Access cómo debe presentar la información.

Para entrar en la vista diseño, se busca Formulario en el Panel de Exploración y se hace clic con el botón derecho.

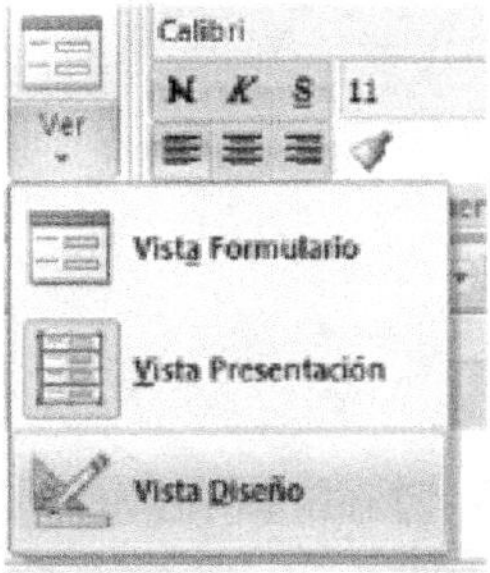

Vista Diseño Formulario

El área de diseño tiene tres secciones:

- **Sección Encabezado de formulario**: que contiene todo lo que aparecerá al principio del formulario.
- **Sección Detalle**: es la que contiene los registros de origen del formulario, ya sea uno o varios según el diseño.
- **Sección Pie de formulario**: es la que contiene todo aquello que se visualizará al final del formulario.

Tanto el encabezado como el pie se pueden mostrar u ocultar haciendo clic en el botón Encabezado o Pie del formulario de la pestaña Organizar.

Alrededor del área de diseño hay unas reglas que permiten medir las distancias y los controles.

3.5.4. La pestaña Diseño de formulario

Veremos a continuación algunas de las opciones de la pestaña de Diseño que aparece cuando se accede a la Vista Diseño del formulario.

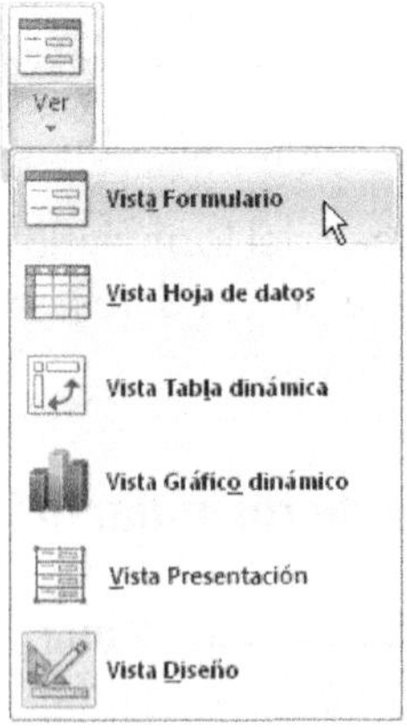

El primer botón resulta muy útil para trabajar con formularios, ya que permite pasar de una vista a otra. Al desplegarlo, se puede elegir entre Vista Diseño y la Vista Formulario que presenta los datos según se han configurado en la vista diseño.

También están las vistas Tabla dinámica, Hoja de datos y Gráfico dinámico, con las que se puede trabajar, si previamente se han permitido en las propiedades del formulario.

Por ejemplo, Access 2007 introduce la Vista Presentación con la cual se puede trabajar casi del mismo modo que con la Vista de Diseño pero con las ventajas de la Vista Formulario, ya que va mostrando los datos del formulario mientras se va creando, dando idea de cómo será su aspecto final.

En Herramientas se encuentra el botón Agregar campos existentes, que hace aparecer y desaparecer el cuadro Lista de campos que muestra todos los campos del origen de datos haciendo más cómodo añadirlos en el área de diseño.

En la parte central se encuentra Controles y campos que contienen todos los tipos de controles, lo que facilita su manipulación en el área de diseño.

Barra de herramientas de Diseño de Formularios

En el grupo de controles, tendremos distintos botones que podremos insertar en nuestro formulario con varias funcionalidades, en este punto, es mejor que vaya probando el resultado de añadir, cada uno de ellos, en su formulario.

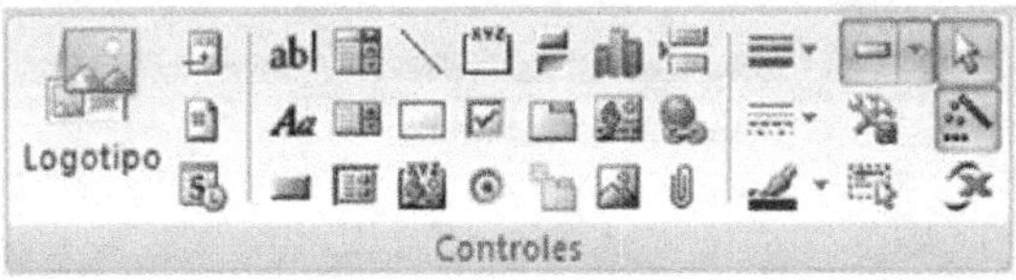

Controles

También podrá modificar las distintas líneas que conforman el formulario, así como sus bordes y divisiones internas.

Por supuesto, podrá modificar el tipo de letra en los elementos del Formulario.

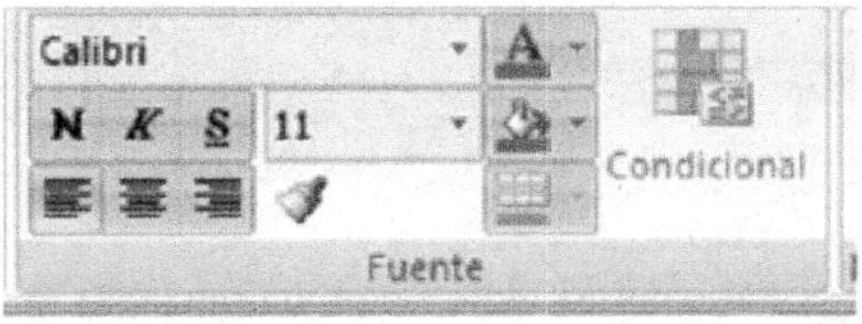

3.5.5. Creación de subformularios

Los subformularios son formularios que se encuentran dentro de otros formularios más grandes.

Si se desea crear uno de estos, deberá dirigirse a la Vista de Diseño y luego en los comandos, utilizar el botón de Creación de subformularios. Se sugiere activar el ayudante de configuración de controles.

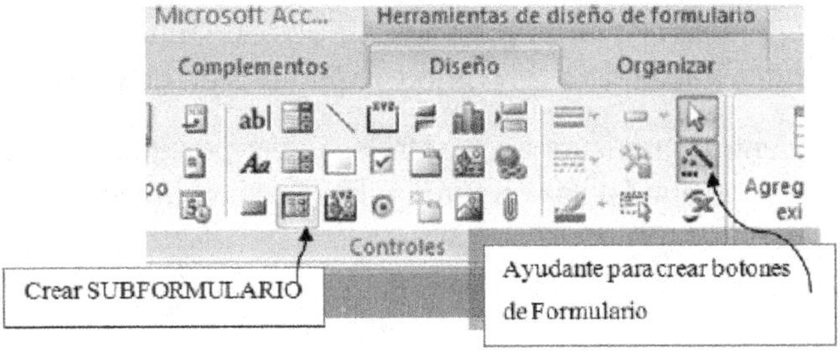

Se tiene que recuadrar el espacio que va a utilizar el subformulario dentro de la cuadrícula, para ello le aparecerá el asistente para configurar el mismo.

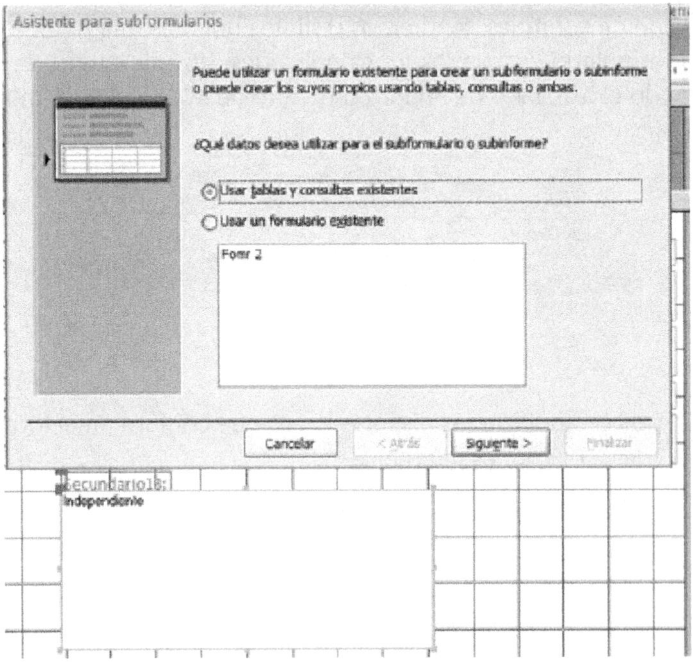

Inicio del asistente para subformularios

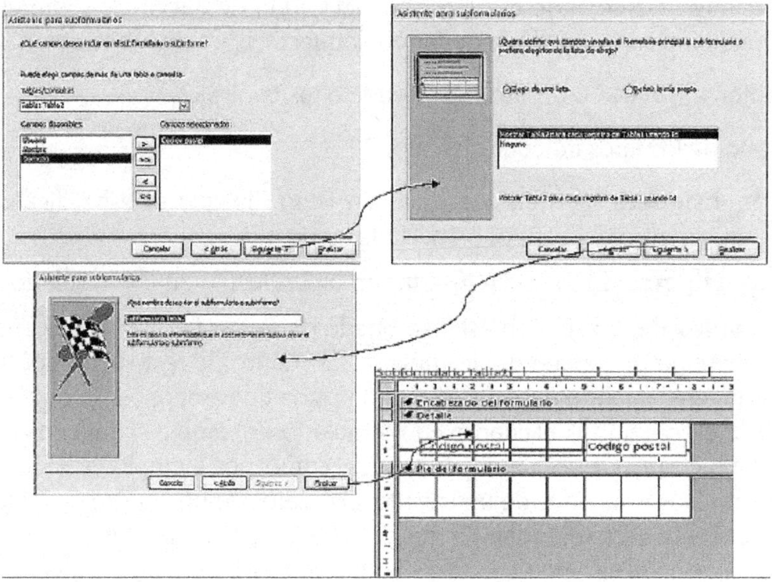

Pasos para la creación del subformulario

3.5.6. La sección controles y campos

Cuando se desea definir qué información debe aparecer en el formulario y con qué formato, se utilizan los controles.

Un control básicamente es un instrumento u objeto que muestra datos, realiza acciones y se utiliza como elemento de diseño.

3.5.6.1. El panel controles y campos

El panel Controles y campos que se encuentra en la pestaña Diseño, presenta un botón por cada tipo de control disponible para añadir al formulario.

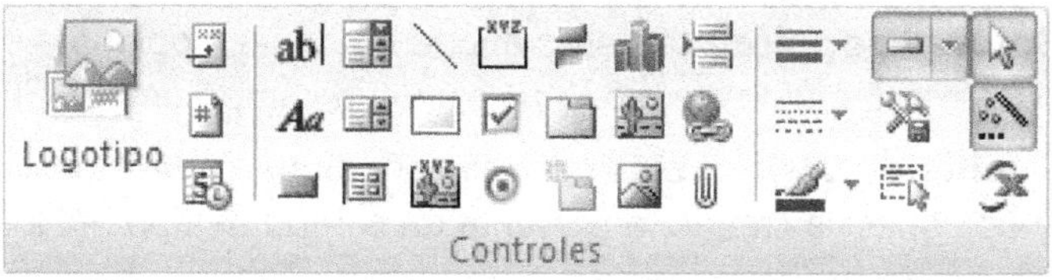

Cuando se requiere crear varios controles del mismo tipo, se puede bloquear el control haciendo doble clic sobre él, a partir de allí se podrán crear todos los controles que se deseen de este tipo, sin necesidad de hacer clic sobre el botón correspondiente cada vez. Para quitar el bloqueo, clic de nuevo el botón .

El botón activa o desactiva la Ayuda a los controles.

El resto de los tipos de controles son:

- **Etiqueta**: permite visualizar un texto fijo que se especifica directamente dentro del control o en Título.
- **Hipertexto**: permite insertar un hipervínculo en el formulario.
- **Cuadro de texto**: con éste, se puede presentar un dato almacenado en un campo del origen del formulario. El cuadro de texto se denomina dependiente cuando depende de los datos de un campo, por lo que al modificar el contenido del cuadro en Formulario, se cambia el dato en el origen. También pueden ser independientes, como por ejemplo cuando se presentan los resultados de un cálculo. Los datos de un cuadro de texto independiente no se guardan en ningún sitio. La propiedad Origen del control selecciona el campo de la tabla al que se asocia (cuando es dependiente) o una fórmula de cálculo (cuando es independiente), en este último caso hay que preceder la fórmula por el signo de igualdad =.
- **Cuadro combinado**: a veces es más rápido y mas fácil seleccionar un valor de una lista que recordar un valor uno especifico para teclearlo. También ayuda a asegurar que el valor que se ha introducido en el campo es correcto, y cuando no se dispone de suficiente espacio para mostrar la lista, se utiliza un cuadro combinado que muestra un sólo valor (el almacenado en el campo asociado al control) y si se desea ver la lista, esta se despliega con la flecha.
- **Cuadro de lista**: se diferencia del cuadro combinado, porque en el cuadro de lista, la lista de valores aparece siempre desplegada. Puede tener una o más columnas, que pueden aparecer con o sin encabezados.
- **Grupo de opciones**: se presenta un conjunto limitado de alternativas que hace fácil seleccionar un valor, ya que el usuario sólo tiene que hacer clic en el valor deseado. Sólo se puede seleccionar una opción del grupo a la vez. Un grupo de opciones consta de un marco de grupo, de un conjunto de casillas de verificación, de botones de opción y botones de alternar.
- **Botón de opción**: con el se añade una nueva opción a un grupo de opciones previamente creado, o presenta un campo de tipo Sí/No.
- **Casilla de verificación**: permite añadir una nueva opción a un grupo de opciones ya creado, o presenta un campo de tipo Sí/No.
- **Botón de alternar**: le añade una nueva opción a un grupo de opciones ya creado, aunque también se puede utilizar para presentar un campo de tipo Sí/No.

- **Botón de comando**: permite ejecutar una acción con un clic. Access dispone de un asistente asociado que permite crear botones para realizar otras acciones predefinidas distintas.
- **Control pestaña**: presenta muchos campos que no caben en una sola pantalla y que se organizan en varias pestañas; estas se activan haciendo clic en sus cabeceras.
- **Control imagen**: con este control se inserta una imagen en el formulario que no variará, al cambiar de registro.
- **Marco de objeto independiente**: permite insertar objetos diversos: archivo de sonido, documento Word, un gráfico, etc. Estos controles no variarán al cambiar de registro.
- **Marco de objeto dependiente**: permite insertar una imagen u otro objeto que cambia de un registro a otro.
- **Salto de página**: no tiene efecto en la vista Formulario pero sí en la vista Preliminar y cuando se va a imprimir.
- **Línea**: solo añade una línea en el formulario.
- **Rectángulo**: sirve para añadir un rectángulo al formulario.

Por supuesto, podrá modificar el tipo de letra en los elementos del Formulario.

3.5.6.2. Seleccionar controles

Para seleccionar un determinado control, solo hay que hacer clic sobre él, una vez seleccionado, aparece rodeado de marcos denominados controlador de movimiento (el más grande) y controlador de tamaño (el más pequeño), tal y como se observa en la imagen que se muestra a continuación:

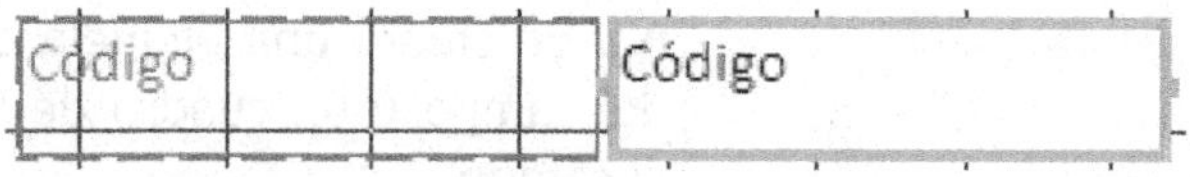

Si los controles son demasiado pequeños o finos, o se encuentran solapados, y por eso resulta mas difícil seleccionarlo, resulta muy útil utilizar la lista desplegable de selección de controles que se encuentra en la parte superior de la Hoja de Propiedades, y que aparece cuando se clica en el botón Hoja de Propiedades en la pestaña Diseño:

De esta forma, resulta muy sencillo seleccionar un control, ya que basta con desplegar la lista y seleccionar el control que interese.

Cuando se desea seleccionar varios controles, se hace clic sobre uno de ellos y manteniendo pulsada la tecla Mayúsculas, se hacer clic en todos los demás.

Si se desea seleccionar varios controles contiguos se puede pulsar el botón izquierdo del ratón sobre el fondo del área de diseño y sin soltarlo arrastrarlo, aparecerá sobreimpreso un cuadrado y al soltar el botón del ratón todos los controles que comprendidos en el cuadrado quedarán seleccionados (no es necesario que el control se encuentre todo dentro del cuadrado).

3.5.6.3. Añadir controles

Para ello, es necesario abrir la Lista de campos clicando en el botón Agregar campos existentes de la pestaña Diseño.

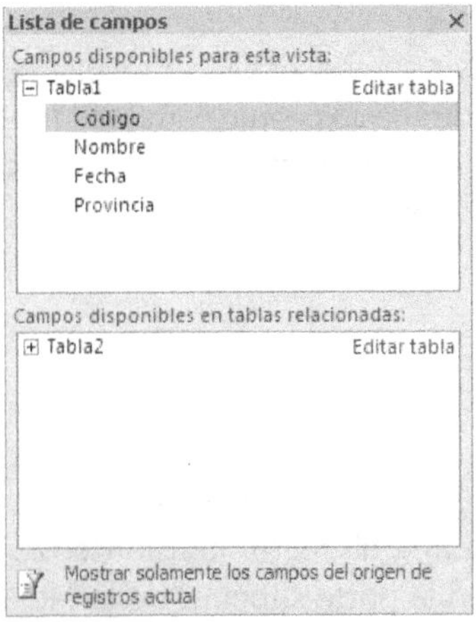

Esta nueva ventana muestra todos los campos de origen del formulario. A continuación, se hace clic sobre el campo a añadir y sin soltar el botón del ratón arrastrar el campo en el área del formulario hasta el lugar donde se desee que aparezca el campo. Se creará una etiqueta con el nombre del campo y un cuadro de texto asociado al campo.

También se pueden añadir campos de otras tablas distintas a la de origen.

Si se desea añadir otro tipo de control (una imagen) se utiliza Controles y campos de la pestaña Diseño. Se clica sobre el tipo de control a añadir, luego debe posicionarse en el área del formulario donde colocar el control, se clica con el botón izquierdo del ratón y manteniéndolo apretado se arrastra el ratón hasta dejar el control del tamaño deseado.

3.5.6.4. Copiar controles

Esto es muy rápido y útil si se pretende añadir varios controles de un mismo tipo. Solo es necesario seleccionar el control a duplicar y hacer clic en el botón Copiar de la pestaña Inicio (también se puede utilizar las teclas Ctrl+C). A continuación se pegan en el formulario utilizando el botón Pegar de la pestaña Inicio o se usan las teclas Ctrl+V.

Cuando un control es duplicado, su copia aparece con un nombre diferente, este nombre se puede modificar haciendo clic derecho sobre él y seleccionando la opción Propiedades en el menú.

3.5.6.5. Mover controles

Para esto, se selecciona el control y se mueve el ratón sobre éste hasta que el puntero tome forma de mano, en ese momento se ha de pulsar el botón del ratón y sin soltarlo arrastrar el control hasta su posición definitiva. Cuando se selecciona un control también se selecciona la etiqueta asociada.

Si se desea mover solo la etiqueta, se coloca el ratón encima del controlador de movimiento de la etiqueta y cuando el puntero toma la forma de un dedo índice, arrastrar la etiqueta. También se puede mover el control sin la etiqueta del mismo modo, pero el dedo índice debe aparecer encima del controlador de movimiento del control.

Cuando se desea mover varios controles a la vez, se seleccionan y al mover uno de ellos, se moverán todos.

Para cambiar la distancia entre los controles, se utilizan las opciones de la sección Posición, para lo cual se seleccionan los controles a ajustar y se elige la opción deseada (dejarlos con el mismo espacio entre ellos, igualar, aumentar el espacio entre ellos, aumentar, o reducirlo, disminuir). Se puede hacer lo mismo con el espacio vertical.

3.5.6.6. Cambiar el tamaño de los controles

Para cambiar el tamaño de un control, se debe seleccionar para que aparezcan los controladores de tamaño, luego se debe mover el ratón encima de estos hasta que el puntero aparezca como una flecha doble, entonces pulsar el botón izquierdo del ratón y sin soltarlo arrastrarlo hasta que el control tome el tamaño deseado.

Cuando se desea cambiar el tamaño de varios controles a la vez, solo es necesario seleccionarlos y cambiar el tamaño de uno de ellos, ya que automáticamente se cambiarán todos.

Las opciones de la sección Tamaño permiten ajustar el tamaño de los controles. Se procede de la misma forma que para alinear controles, seleccionando los controles a ajustar y eligiendo la opción más adecuada:

- A la cuadrícula.
- Ajustar al más alto.
- Ajustar al más corto.
- Ajustar al más ancho.
- Ajustar al más estrecho.

Si lo que se desea es alinear controles y dejarlos del mismo tamaño, es preferible ajustar primero el tamaño y después alinearlos, ya que si se cambia la anchura, se puede perder la alineación.

Cuando se van a alinear varios controles, se pueden mover individualmente mediante la guía de la cuadrícula.

También existe una opción del menú Formato más cómoda: se seleccionan los controles de la sección Alineación: izquierda, derecha, arriba, abajo.

El botón ajustar a la cuadricula hace que los controles se alineen automáticamente.

3.5.7. Almacenado de formularios

Si se desean guardar los formularios solo es necesario utilizar el comando Guardar de la barra de herramientas o si lo desea, esto también puede hacerse desde el botón de Office.

Cuando guarde un formulario por primera vez, se le pedirá un nombre para el mismo.

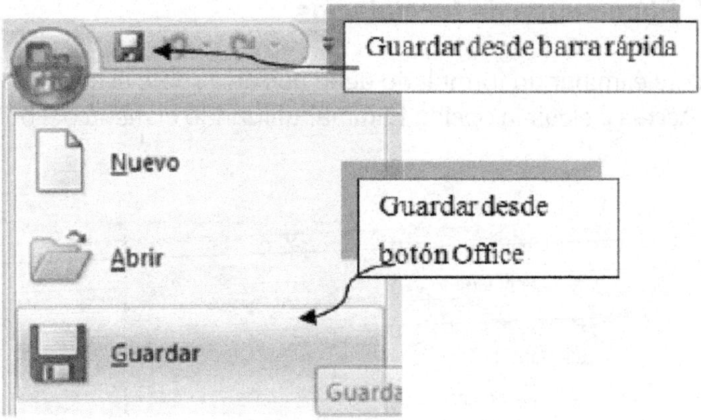

Almacenado de formularios

3.5.8. Modificación de formularios

Para modificar un formulario solo deberá ubicarse en la Vista Diseño y desde allí hacer los cambios que desee hacer en los mismos.

Si desea o necesita añadir campos, lo puede hacer utilizando los botones correspondientes.

3.5.9. Eliminación de formularios

Si requiere eliminar un formulario debe ubicarse sobre él en la parte izquierda de la hoja Access y elegir la opción Eliminar utilizando el menú del botón derecho del ratón.

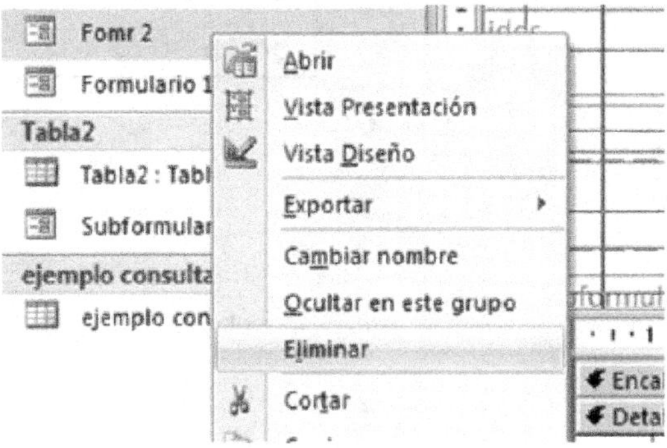

3.5.10. Impresión de formularios

Se puede imprimir el formulario realizado, para ello deberá ir a la opción Imprimir, una vez esté en la Vista Datos.

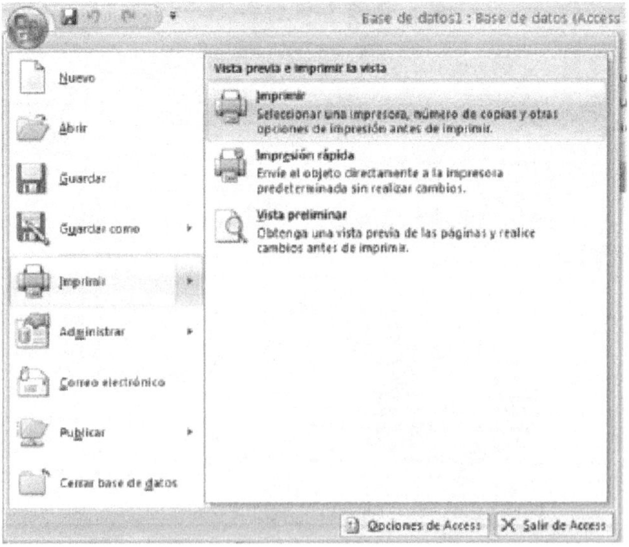

Imprimir Formulario

3.5.11. Inserción de imágenes y gráficos en formularios

Si lo desea, puede insertar en los formularios imágenes y gráficos utilizando el botón destinado para ello desde la Vista Diseño y el grupo Controles.

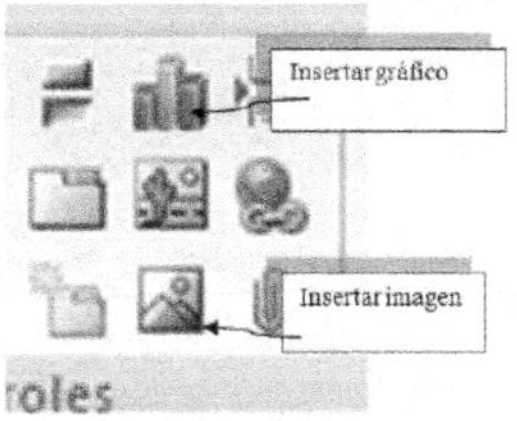

Inserción de gráficos e imágenes

Para la inserción de gráficos el asistente para gráficos le puede guiar en el proceso de creación de los mismos, pudiendo elegir los datos que formarán parte del gráfico y definir cual va a ser la forma de este.

Para la inserción de imágenes, solo se requiere elegir la imagen a insertar.

3.6. Consulta

3.6.1. Concepto

Las consultas o Vistas son herramientas u objetos que permiten visualizar las tablas de la manera que requiera o desee el usuario.

Se utilizan generalmente, para extraer datos que cumplan determinadas condiciones. En el lenguaje de definición de datos, se puede decir que son subconjuntos de la base de datos..

Una consulta sirve para obtener datos específicos de una tabla, modificar los mismos y guardarlos en otra tabla si es necesario.

3.6.2. Creación de una consulta

Si se desea crear una consulta, es necesario colocarse en el comando **Diseño de consulta que se encuentra** en la etiqueta **Crear** de la barra de herramientas principal.

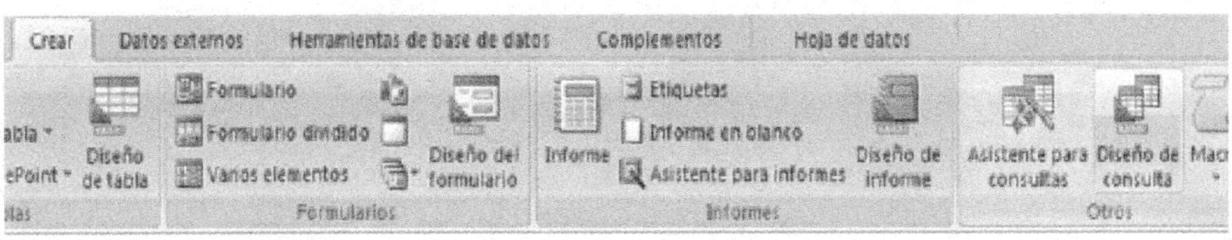

También se puede crear una consulta, usando el asistente de consultas, este le guiará en el proceso de creación de la misma.

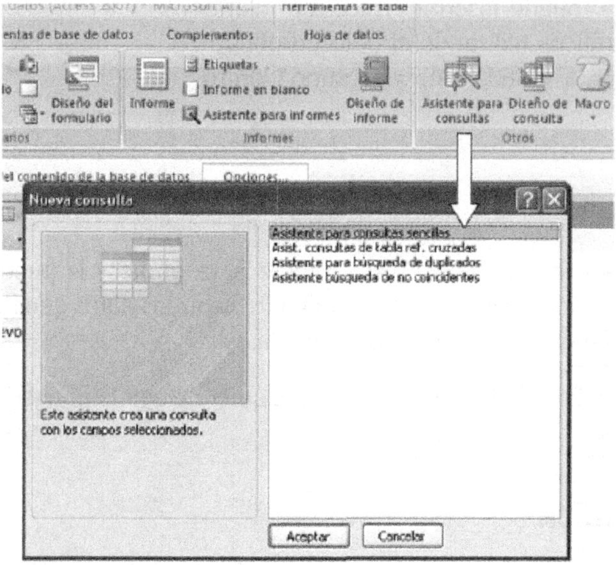

Si va a trabajar desde el botón de comando de Diseño de consulta, lo primero a indicar para crear una consulta es de donde se sacaran los datos, pudiéndose elegir entre una o varias tablas que deberán ser agregarlas a la consulta.

Las tablas elegidas aparecerán en la pestaña Consulta creada y podrá empezar a definirlas.

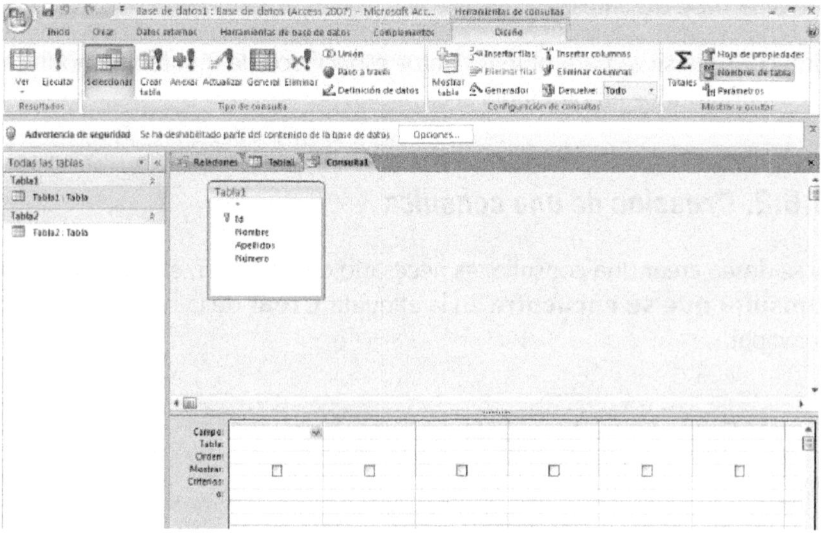

Vista para el diseño de consultas

Se trabajara en la parte inferior, donde aparece una tabla. Cada columna de la tabla corresponde a un campo y cada fila tiene un significado operativo.

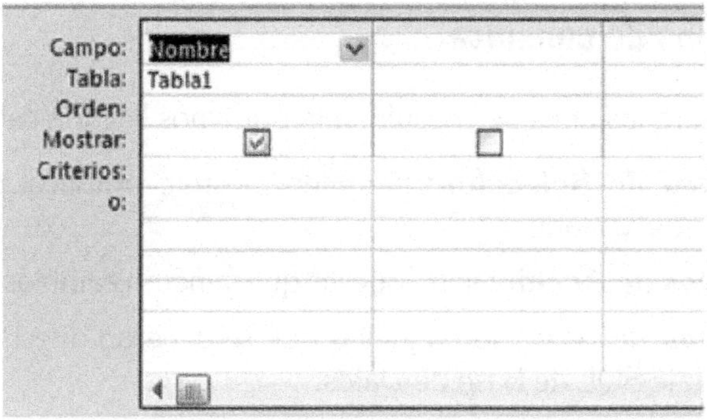

- **Campo:** es el nombre del campo que gestionará en la columna respectiva.
- **Tabla:** a la que pertenece dicho campo.
- **Orden:** con el se ordenan las filas en el resultado.
- **Mostrar:** aquí se debe indicar si ese campo especifico se debe mostrar o no, en el resultado final de la consulta.
- **Criterios:** son utilizados para establecer las búsquedas, porque solo aparecerán en el resultado final de la consulta aquellos registros que cumplan con el criterio de búsqueda previamente especificado.
- **O:** tanto esta fila como las siguientes, se usarán para combinar las distintas condiciones que se necesiten.

Para crear una consulta, es posible añadirle los campos que se consideren necesarios a la tabla. Para ello basta con seleccionarlos desde el desplegable que aparece en la primera fila de cada una de las columnas., y la tabla aparecerá automáticamente al seleccionar uno de los campos.

También se pueden definir campos a partir de expresiones, haciendo uso de distintos operadores matemáticos simples así como del operador **& que sirve** para concatenar textos. Estos operadores pueden ser definidos utilizando un nombre de columna, una expresión, un valor concreto o una función predefinida; para escribir **valores concretos de texto**, estos deberán ir **entrecomillados** " " .

Cuando se desea cambiar el nombre de la columna para hacer más fácil la identificación del dato en la consulta, se puede hacer poniendo el nombre deseado antes del campo, seguido de dos puntos **:**

También se pueden también mover las columnas arrastrándolas, cortándolas o pegándolas.

Al introducir múltiples condiciones en la consulta se utilizará cada una de las filas a partir de o: cuando sea OR y cuando sea AND se utilizará el comando Y.

3.6.3. Tipos de consulta

Veremos ahora los tipos de consulta que podemos llevar a cabo:

- ***Consultas de Selección:*** permiten mostrar, extraer y modificar datos por parte del usuario.
- ***Consultas de Acción:*** son aquellas que generan cambios en los registros.
- ***Consultas de SQL:*** son aquellas que se generan directamente a través del lenguaje SQL de Base de Datos.

3.6.3.1. Consultas de selección

Permiten mostrar una parte de los datos y modificarlos en caso de que se desee.

Incluye las consultas por parámetros, con las que se buscan datos según un parámetro previamente introducido al realizar la consulta.

Al definir un parámetro en la tabla, deberemos colocarlo entre corchetes.

También se pueden definir los parámetros a utilizar, con el comando Parámetros, de la barra de herramientas.

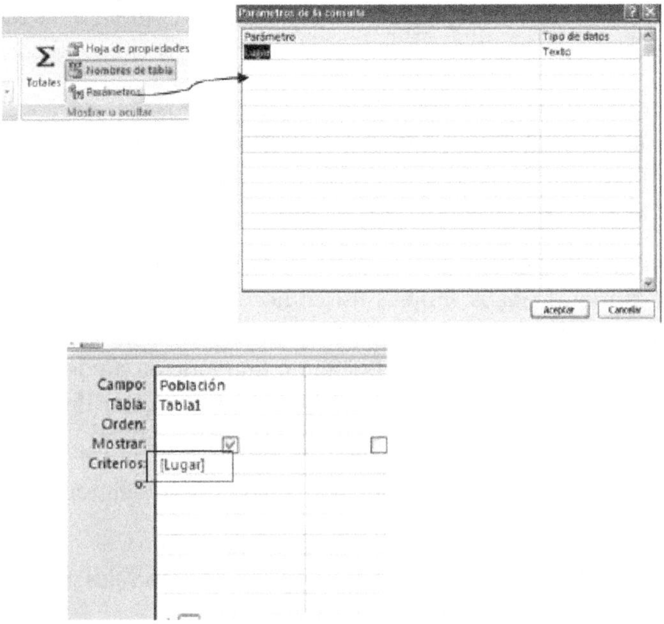

Selección de parámetros para consulta

3.6.3.2. Consultas de acción

Las consultas de acción permiten realizar modificaciones en la tabla.

Para realizar este tipo de consulta, es necesario entrar en las **consultas de creación de tabla**, porque el resultado de la consulta se almacenará en una nueva tabla.

Hacemos una consulta de selección y después pinchamos el comando Crear tabla, a continuación le preguntará el nombre que se dará a la nueva tabla a crear con los datos de la consulta. Es posible que no se le permita generar este tipo de consultas si previamente no se habilita la base de datos para ello, ya que debe aceptar la opción de desproteger la base de datos que aparece en el menú.

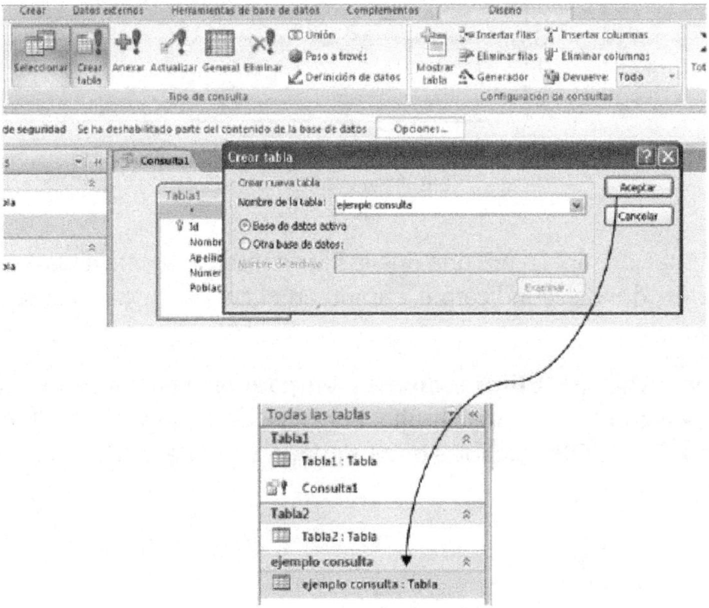

Consulta de creación de tabla

Las **Consultas de actualización** permiten actualizar los registros de una tabla. Para realizarla, cuando se ha seleccionado la tabla que queremos actualizar en la Vista de Diseño de consultas, se debe utilizar el botón de Actualizar, y se modificaran las líneas de la tabla de diseño.

A continuación se elegirán los campos a actualizar y luego, en la fila **Actualizar a** se escribirá la expresión o el valor al que se desean actualizar todos los campos seleccionados. Se debe tener en cuenta que la expresión o valor utilizado ha de ser compatible con el tipo de datos que contenga el campo.

Las **Consultas de datos anexados** van a añadir filas enteras al final de una tabla. Para ello se deberá seleccionar la tabla destino, en donde se insertarán los datos, tal y como lo hemos hecho hasta ahora, luego desde la vista de diseño de consultas se seleccionara la tabla o tablas de las cuales partiremos para realizar la consulta y luego pincharemos el botón Anexar.

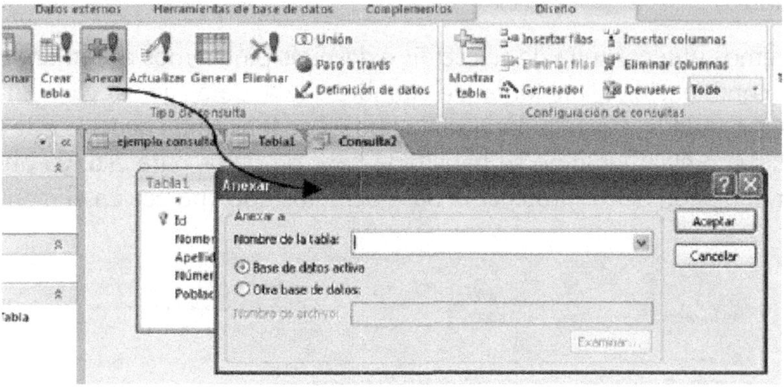

Consulta anexado datos

A continuación, aparecerá una nueva fila en diseño de consultas denominada **Anexar a en** donde se indicara el campo en el cual se anexará el resultado de la consulta.

Las **consultas de Eliminación** sirven para eliminar datos de la tabla siguiendo los parámetros de la consulta. Para ello, desde la Vista de Diseño, cuando ya se hayan elegido las tablas que formarán parte de la consulta, se utiliza el botón Eliminar.

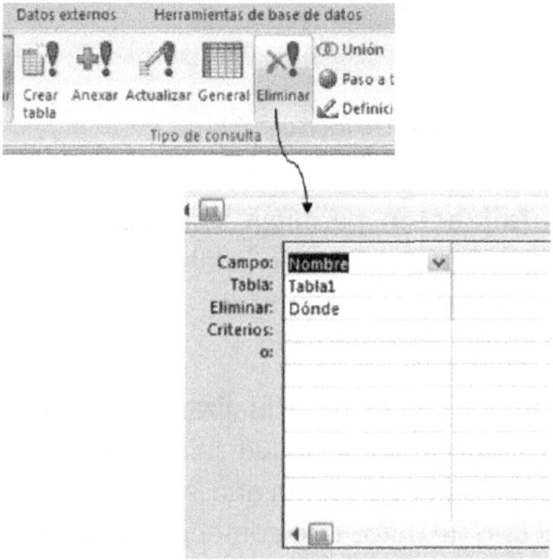

Consulta para eliminar datos

En la pestaña Eliminar se puede poner **Dónde**, que dice el criterio de búsqueda y **Desde**, que indique el borrar los registros de la tabla especificada en esa columna.

3.6.3.3. Guardado de una consulta

Si se desea guardar una consulta, se debe ir al botón Guardar de la barra de acceso rápido o bien a través del botón Office.

Si se guarda por primera vez, aparecerá un cuadro de diálogo en donde se le solicita información para darle un nombre a la consulta.

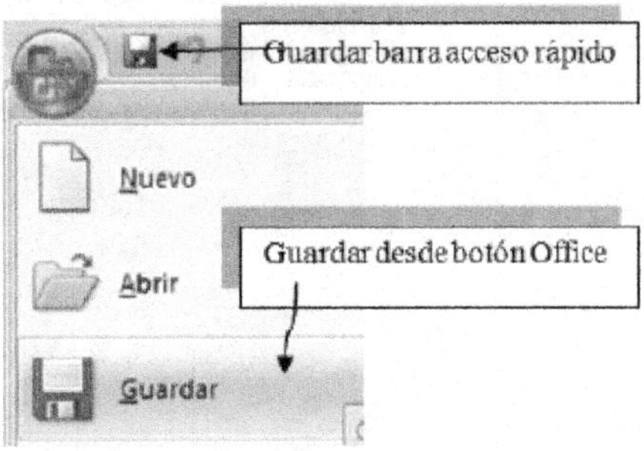

Guardar consulta

3.6.3.4. Ejecución de una consulta

Cuando se desea revisar una consulta y ver el resultado obtenido, es necesario clicar sobre su nombre desde la vista de exploración o pulsar el botón Ejecutar, desde la vista de diseño.

Ejecución de consulta

3.6.3.5. Impresión de los resultados de una consulta

Una vez ejecutada una consulta, se pueden imprimir los resultados de la misma. Para ello solo es necesario ir a la opción Imprimir del botón Office (una vez se haya ejecutado la consulta) para imprimir el resultado de la misma.

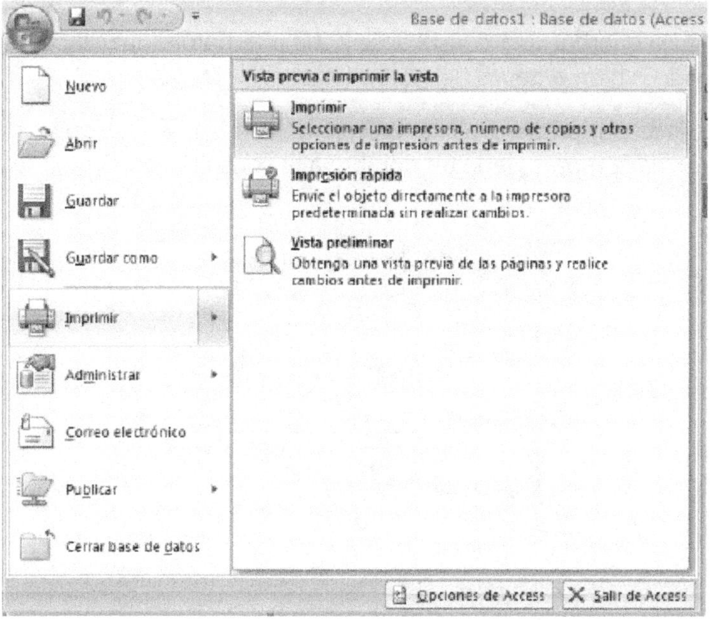

Imprimir consulta

3.6.3.6. Abrir una consulta

Si se desea abrir una consulta, solo hay que posicionarse sobre ella y clicar dos veces con el ratón.

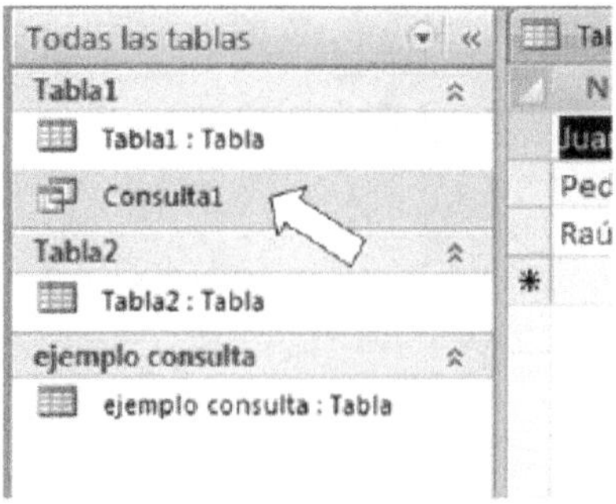

Abrir consulta

3.6.3.7. Modificación de los criterios de consulta

Si una vez realizada una consulta, se necesita modificar los criterios de la misma, solo debe ir a la Vista de Diseño de la misma, para realizar las modificaciones consideradas necesarias. Una vez finalizadas las modificaciones debe guardarla y luego ejecutarla.

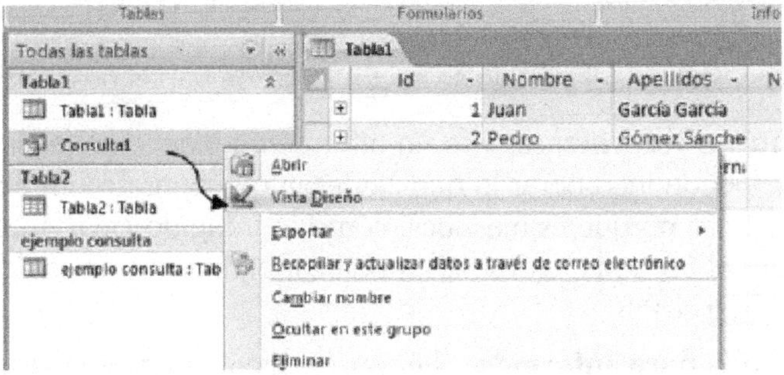

Figura. Vista de Diseño para modificar consulta

3.6.3.8. Eliminación de una consulta

Si se desea eliminar la consulta, se puede hacer desde la opción Eliminar posicionándose sobre ella y haciendo clic.

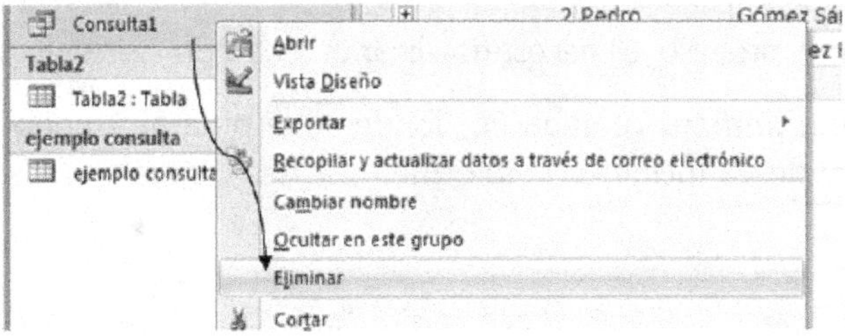

Figura. Eliminar consulta

3.7. Los informes

Los informes sirven para presentar los datos de una tabla o de una consulta, generalmente con el objeto de imprimirlos. La mayor diferencia de los informes con los formularios, reside en que los datos que aparecen en el informe se pueden visualizar o imprimir pero no modificar, además, los informes permiten agrupar más fácilmente la información y realizar totales grupales.

3.7.1. Crear un informe

Para crear un informe se utiliza la sección Informes de la pestaña Crear.

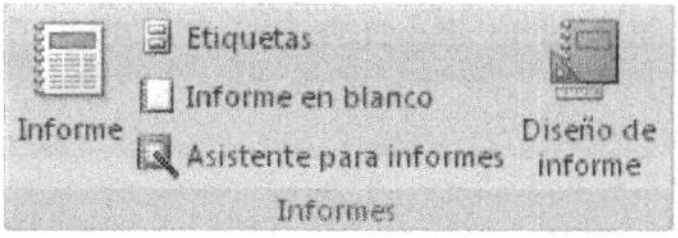

Sección Informe de Crear

Al abrir esta sección, el usuario se encontrara con varias posibilidades:

- **Diseño de informe**: se abre un informe en blanco en la vista diseño al cual se puede incorporar lo que se desea que aparezca en él. Esto no se suele utilizar porque es más fácil, cómodo y rápido crear un autoinforme o utilizar el asistente, y después modificar el diseño y ajustarlo a las necesidades del caso.
- **Asistente para informes**: utiliza un asistente que va guiando paso por paso en la creación de éste.
- **Informe**: consiste en crear automáticamente un nuevo informe que contiene todos los datos de la tabla o consulta seleccionada en el Panel de Exploración.
- **Informe en blanco**: abre un informe en blanco en vista Presentación.

3.7.2. El asistente para informes

Para iniciar el proceso, es necesario clicar en el botón Asistente para informes.

Aparece una primera ventana en donde se le pide al usuario introducir los campos que se desea incluir en el informe.

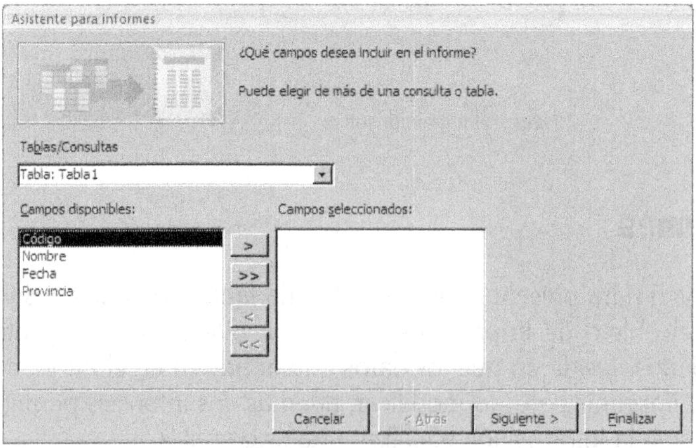

Ventana Asistente para informes

En ella, lo primero que se hace es seleccionar la tabla o consulta considerada como origen de los datos. Si se desea extraer datos de varias tablas, se recomienda crear una consulta y luego elegirla como origen de los datos.

A continuación se seleccionan los campos clicando sobre el campo y sobre el botón [>] o sencillamente haciendo doble clic sobre el campo. Si hay que corregir una equivocación, el botón [<] lo hace quitando el campo de la lista de los seleccionados.

Una vez terminado lo anteriormente descrito, se pulsa el botón Siguiente > y aparece una ventana en donde se eligen los niveles de agrupamiento dentro del informe.

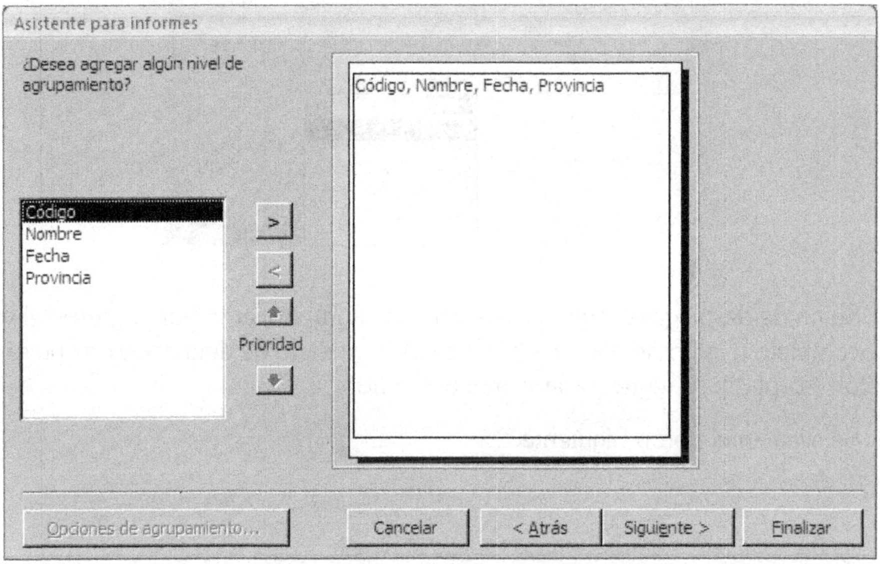

Niveles de agrupamiento dentro del informe

Con esta ventana, se pueden agrupar los registros que aparecen en el informe por varios conceptos, también se puede añadir una cabecera y un pie de grupo para cada uno de ellos.

Cuando se va a añadir un nivel de agrupamiento, en la lista de la izquierda se clica sobre el campo a agrupar y luego también se hace clic sobre el botón [>], también se puede hacer doble clic sobre el campo.

En la derecha de la ventana aparecerá un dibujo con la estructura que tendrá el informe, y en la zona central aparecerán los campos que se visualizarán para cada registro.

Para quitar un nivel de agrupamiento, se hace clic sobre la cabecera correspondiente al grupo para seleccionarlo y luego se ha de pulsar el botón <.

Si lo que se desea es cambiar el orden de los grupos definidos se utilizan los botones , la flecha hacia arriba sube el grupo seleccionado un nivel, la flecha hacia abajo lo baja.

Cuando se quiere trabajar con el intervalo de agrupamiento, refinarlo, se clica en él y aparecerá un cuadro de diálogo en donde aparecen los distintos grupos definidos.

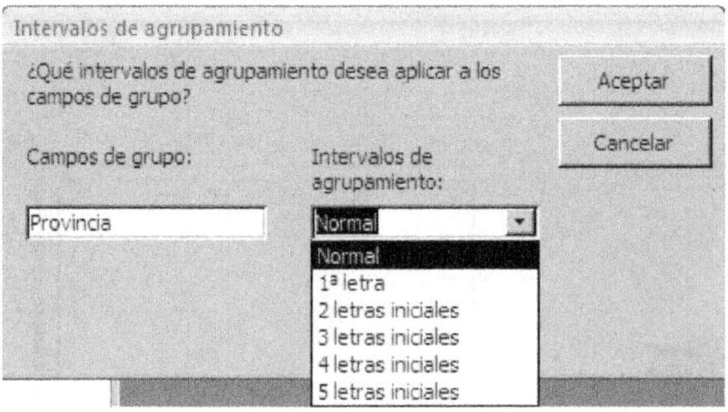

Se ha de desplegar el cuadro Intervalos de agrupamiento para agrupar el valor completo o la primera letra, etc. Una vez terminado de definir esto, se pulsa el botón Aceptar y se regresa a la ventana anterior.

Se clica en el botón Siguiente.

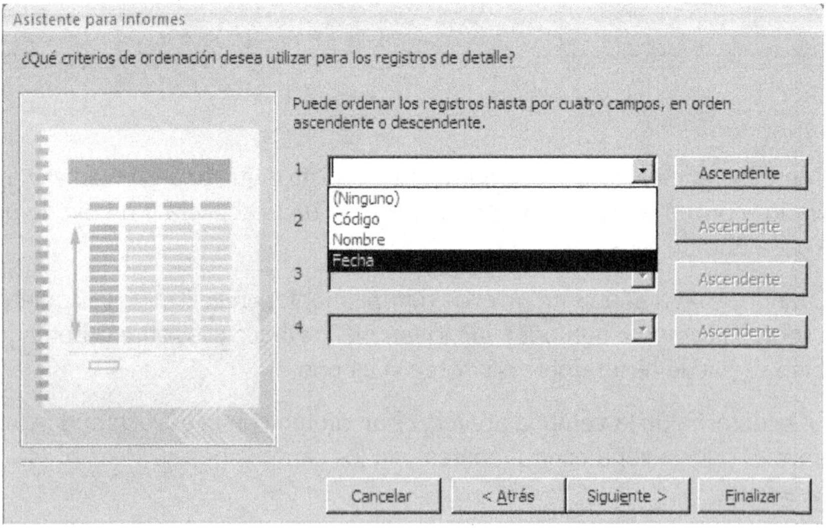

Criterios de ordenación de los registros

Utilizando esta pantalla se pueden ordenar los registros de manera ascendente o descendente, hasta por cuatro campos, o también se puede elegir otro tipo de ordenación.

Al terminar con esta ventana se vuelve a clicar sobre el botón Siguiente> y aparece una nueva ventana en donde se va a elegir la distribución de los datos en el informe.

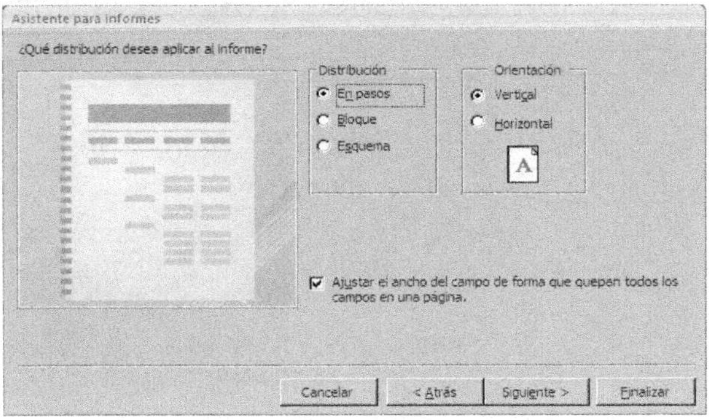

Distribución del informe

Al seleccionar una distribución, su aspecto aparecerá a la izquierda de la misma.

En el recuadro Orientación se define la impresión como Vertical u Horizontal o apaisado.

También hay una opción denominada Ajustar el ancho del campo, que permite que quepan todos los campos en una página, el asistente generará los campos tal como dice el usuario en la opción.

Al pinchar el botón Siguiente> se encontrará una nueva ventana donde se define el estilo del informe.

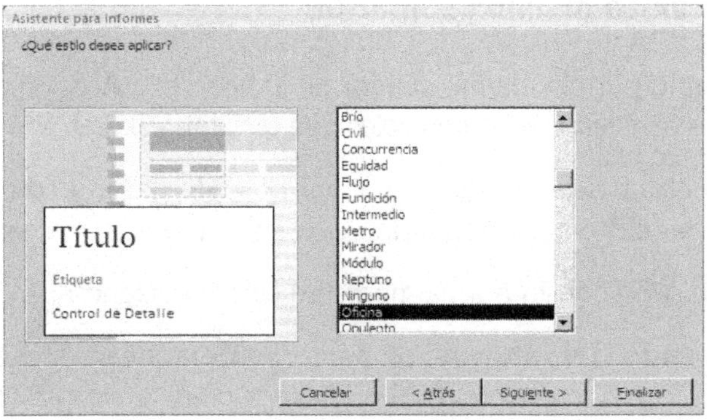

Estilo del informe

Se encontrará que Access le ofrece diversos estilos predefinidos para elegir el que mejor se adapte a su necesidad, se podrá ver a la izquierda de la ventana el aspecto del informe con el estilo seleccionado de la lista.

Una vez seleccionado el estilo, se pulsa el botón Siguiente y aparece la última pantalla del asistente de informe:

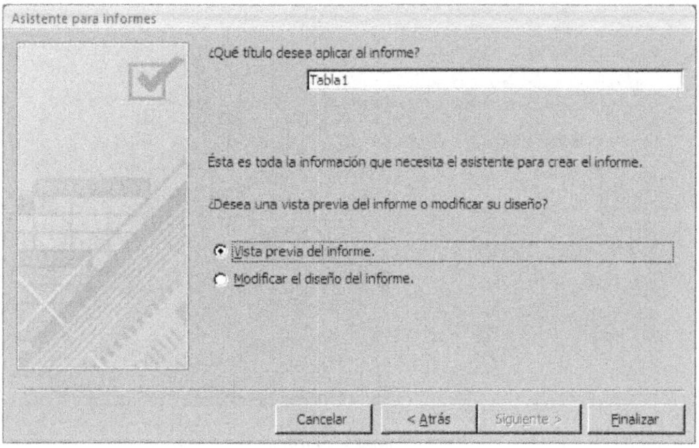

En esta ventana el asistente pide el título del informe, que será utilizado también como nombre de éste.

Antes de pulsar el botón Finalizar se puede elegir entre:

- **Vista previa del informe:** donde se visualiza el informe preparado para la impresión.
- **Modificar el diseño del informe**: que permite visualizar la ventana Diseño de informe, donde podremos modificar el aspecto de éste.

3.7.3. La vista diseño de informe

La vista diseño permite definir el informe indicando a Access cómo debe presentar los datos; existen ciertos controles que facilitan esta tarea.

Para entrar en la vista, desde la ventana Base de datos y con el informe seleccionado, hacer clic en el botón vista de diseño. Aparece una ventana diseño.

El área de diseño consta normalmente de cinco secciones:

- **Encabezado del informe**: es la información que se encuentra al principio del informe (cabecera de la primera página), como un título o descripción del contenido.

- **Encabezado de página**: es el texto que aparece al principio de cada página y en todas las páginas.
- **Detalle**: en donde se incluyen los registros del origen de datos; puede tratarse de un solo registro o de varios registros por página según el tipo de informe.
- **Pie de página**: es una información que se encuentra al final de cada página.
- **Pie de informe**: es el texto al final del informe, por ejemplo resúmenes y conclusiones, entre otros datos.

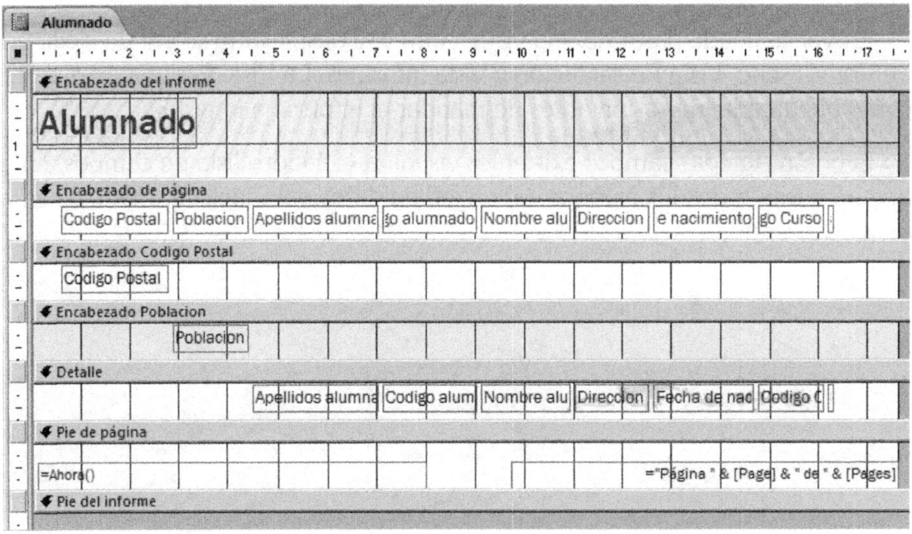

Los encabezados y lo pies de informe se controlan con las opciones encabezado o pie de página y encabezado o pie de página del informe en la pestaña Organizar.

Al eliminar alguna sección del informe, se pierden todos los controles previamente definidos en ella, si se desea volver a utilizarlos solo hay que volver a seleccionar esta opción.

Si se observa con detenimiento, alrededor del área de diseño encontrara las reglas que permiten medir distancias y los controles, así como también se dispondrá de una cuadrícula que le ayudara a colocar los controles dentro del área de diseño.

Desde Mostrar u ocultar las opciones Regla y Cuadrícula se controlan éstas.

3.7.4. La pestaña Diseño de informe

En diseño de informe aparece la pestaña de Diseño que muestra las siguientes opciones:

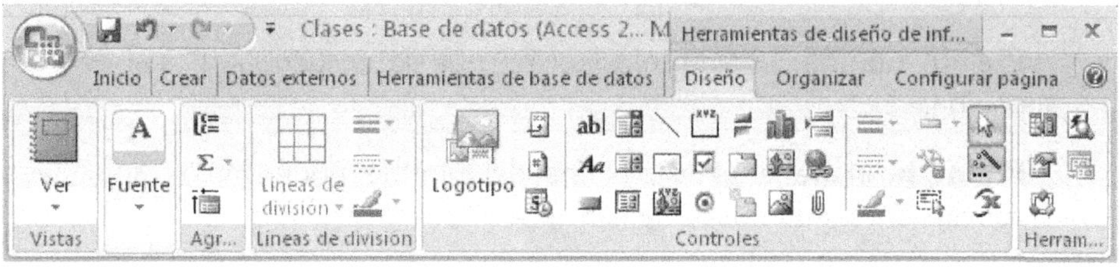

En Ver se puede pasar de una vista a otra y al desplegarlo se puede elegir entre Vista Diseño, Vista Presentación y Vista Informes. La Vista Preliminar, muestra cómo quedará la impresión antes de mandar el informe a imprimir.

El botón Agregar campos existentes visualiza el cuadro lista de campos, en el que aparecen todos los campos del origen de datos para facilitar añadirlos en el área de diseño.

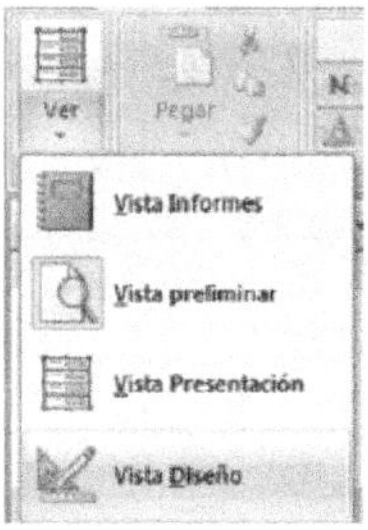

Acceso a Diseño Informes

Se pueden programar ciertas acciones utilizando el lenguaje VBA (Visual Basic para Aplicaciones), desde una página de código a la que se accede haciendo clic sobre el botón correspondiente.

3.7.5. La sección controles y campos

Cuando se desea definir qué información y con qué formato debe aparecer en el informe, se pueden utilizar casi los mismos controles que se usan en los formularios, porque algunos de ellos son más apropiados para formularios.

En la pestaña Diseño van a aparecer controles similares a los que ya conocimos en otros apartados.

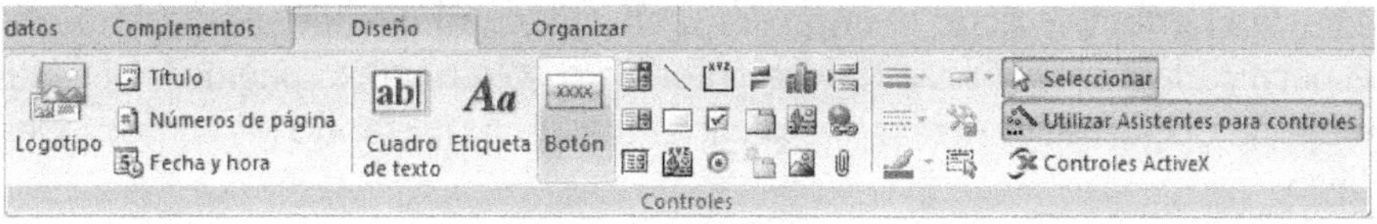

Panel de control

Para crear varios controles del mismo tipo, se puede bloquear el control haciendo doble clic sobre él y podrá crear los controles similares sin necesidad de hacer clic sobre el botón correspondiente cada vez.

Como se observa, los controles son los mismos que ya se han descrito, por lo cual no se detallarán de nuevo.

Otros controles como Cuadro combinado, Cuadro de lista, Grupo de opciones, Botón de comando y Pestaña se suelen utilizar más en formularios.

El manejo de los controles en la realización de informes es idéntico al manejo de los controles de un formulario, así que para añadir, mover, copiar, cambiar el tamaño, ajustar el tamaño, alinear, etc. Se sugiere revisar el apartado sobre formularios.

3.7.6. Imprimir un informe

Cuando se desea imprimir, en el Panel de exploración haga clic sobre el nombre del informe que se desea imprimir para seleccionarlo.

Colocar el ratón sobre la flecha que aparece junto al comando Imprimir, en el desplegable que se abrirá, se selecciona Impresión Rápida.

Antes de pasar a realizar la primera impresión, es conveniente comprobar las opciones definidas abriendo el cuadro de diálogo Imprimir.

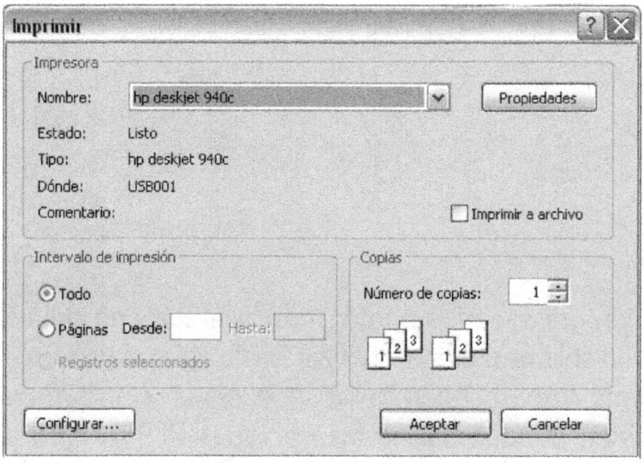

Cuadro de dialogo Imprimir

Desde Nombre se elige la impresora, en el recuadro Intervalo de impresión, se especifica la impresión de todo el informe o sólo algunas páginas. Si se elige esta ultima opción se concreta qué páginas imprimir utilizando los campos Desde y Hasta.

En Copias, se especifica el número de copias a imprimir. Si la opción Intercalar no está activada, se imprime una copia entera y después la siguiente, pero si lo está, se imprimen juntas todas las copias deseadas de cada página.

La opción Imprimir en archivo va a permitirle enviar el resultado de la impresión a un archivo del disco y no a la impresora.

El botón Propiedades lleva a la ventana de propiedades de la impresora, que variará según el modelo de la impresora y sus diferentes prestaciones

Con el botón Configurar se puede ajustar la página, cambiar los márgenes, imprimir a varias columnas, etc.

El botón Aceptar inicia la impresión, pero si se cierra la ventana y cancela se suspende la impresión.

Si se desea comprobar si la impresión va a salir como se desea, es conveniente abrir una vista previa del informe en pantalla.

3.7.7. La ventana Vista previa

Con esta ventana se puede visualizar como saldrá impreso el informe.

Encontrara en la parte inferior izquierda una barra de desplazamiento que le permitirá pasar por las distintas páginas.

Luego en la parte superior vera una nueva pestaña, Vista preliminar, con diversos iconos que le ayudarán a realizar algunas acciones:

Vista preliminar

Con estos iconos podrá: reducir el tamaño del informe para ver dos páginas en una sola pantalla, visualizar hasta seis páginas en la misma pantalla, enviar el informe a un documento Word, o, enviar el informe a una hoja de cálculo Excel. También pueden usarse las opciones PDF o XPS para guardar una copia del informe en estos formatos. Si se hace clic en Cerrar Vista Previa, se cierra la vista preliminar sin necesidad de enviar el informe a imprimir.

3.7.8. Agrupar y ordenar

Cuando ya se ha visto el informe utilizando el asistente, se pueden definir los niveles de agrupamiento, que van a permitir agrupar los registros del informe e imprimir por cada grupo una cabecera especial o una línea de totales, así como también se podrá definir una determinada ordenación para los diferentes registros que estarán en el informe.

Si se desea definir la ordenación de los registros, crear un nuevo nivel de agrupamiento o modificar los niveles previamente definidos en un informe, se abre Vista Diseño y se clica sobre el botón de la pestaña Diseño, entonces se abrirá la sección Agrupación, orden y total.

Si se desea añadir un grupo de ordenación, se hace clic en Agregar un grupo. De la misma manera, si se hace clic en Agregar un orden se establece un orden dentro del grupo. Las flechas y el vínculo Más muestran otras opciones de ordenación y agrupación dentro de un grupo.

3.7.9. Eliminación de informes

Para ello, deberá ubicarse en la parte izquierda de la hoja y elegir la opción Eliminar del menú que aparece al clicar en el botón derecho del ratón.

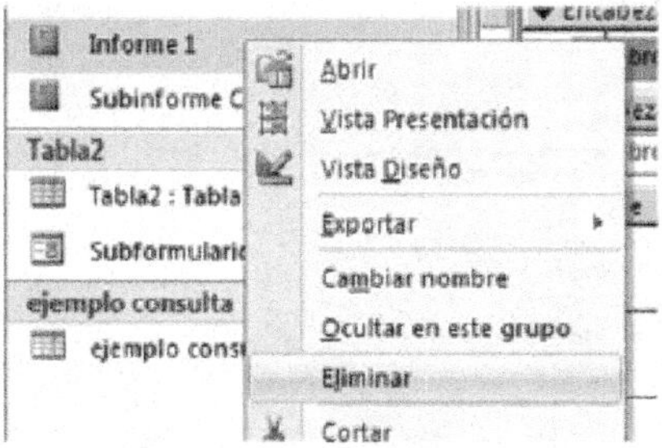

Eliminación de informes

3.7.10. Inserción de imágenes y gráficos

Se pueden insertar imágenes y gráficos en un informe, usando el botón destinado a ello desde la Vista Diseño y el grupo Controles.

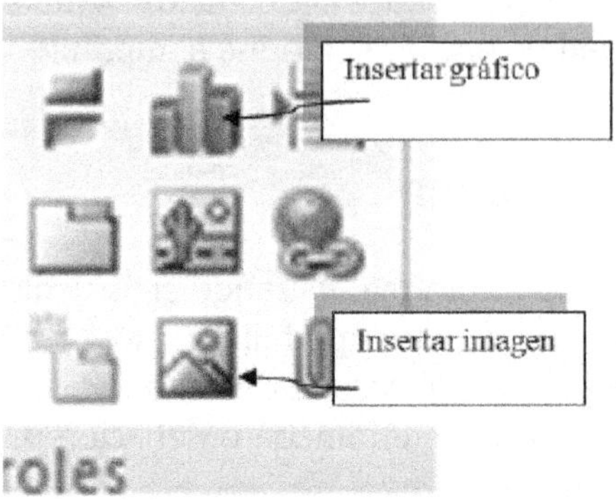

Inserción de gráficos e imágenes

Para la inserción de gráficos, puede utilizar el asistente para gráficos que le guiará en el proceso de creación de los mismos, eligiendo los datos que formarán parte del gráfico y la forma que tendrá éste.

En la inserción de imágenes, solo se requiere elegir la imagen a insertar.

3.7.11. Aplicación de cambios en el aspecto de los informes utilizando el procesador de texto

Cuando se requiere cambiar algún aspecto del informe desde Word, puede hacerlo desde imprimir, o desde la vista preliminar, indicándole al Access que lo exporte al Word para tratarlo con el procesador de textos, también el documento se puede exportar a Excel.

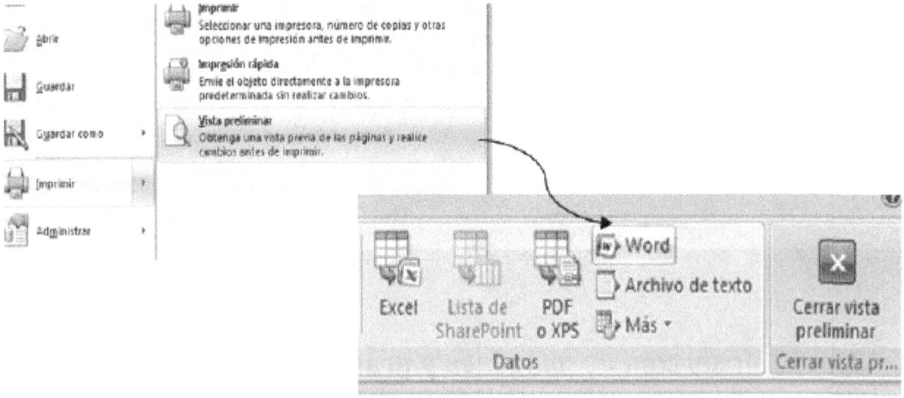

Exportación de informe a Word para realizar cambios antes de imprimir

3.8. Relaciones

3.8.1. Definición

Una base de datos relacional posibilita la utilización de datos procedentes de más de una tabla, ahorrando así tener que duplicar datos y haciendo la base de datos más eficiente. Además, se ahorra memoria y espacio en el disco, lo que aumenta la velocidad de ejecución y facilitando el trabajo con tablas.

Para poder relacionar tablas entre sí, se deberá tener un campo en común con el mismo dato, este será denominado **clave principal** de una de ellas. Así, una de las tablas será la principal en la relación(de la que parte relación) y la otra la secundaria (destino de la relación), ya que las tablas se relacionan de dos a dos.

Es necesario tener en cuenta lo importante que es planificar correctamente la base de datos, sobre todo cuando se desea establecer relaciones entre tablas para obtener un determinado resultado.

3.8.2. Tipos de relaciones

Cuando se crea una relación, por las características de los campos implicados se crea una relación Tipo Uno a uno. A continuación se verá que significa esto y cuántos tipos de relaciones entre tablas se pueden establecer.

- **Relación Uno a Uno**: un registro de una tabla sólo puede estar relacionado con otro registro de otra tabla y viceversa.
- **Relación Uno a Varios**: un registro de una tabla secundaria sólo puede estar relacionado con un único registro de la tabla principal y un registro de la otra tabla principal puede tener más de un registro relacionado en la tabla secundaria.
- **Relación Varios a Varios**: se presenta cuando un registro de una tabla puede estar relacionado con más de un registro de la otra tabla y viceversa. Este tipo de relaciones se suelen representar definiendo una tabla intermedia entre las dos tablas.

3.8.3. Crear una relación

Para crearla es necesario hacer clic en el botón Relaciones que se encuentra en la pestaña Herramientas de base de datos.

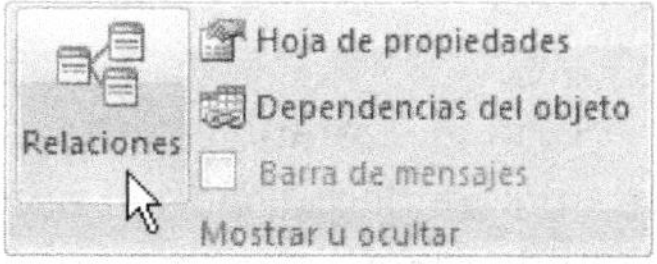

Relaciones en la Pestaña Herramientas de base de datos

Se abrirá el cuadro Mostrar tabla, en donde se eligen las tablas que formarán parte de la relación.

Cuadro Mostrar tabla

Al seleccionar una tabla haciendo clic sobre ella, aparecerá esta remarcada. A continuación hacer clic sobre el botón Agregar. Se deben repetir los dos pasos anteriores hasta que se haya añadido todas las tablas que se consideran necesarias. Una vez terminado con esto, se clica sobre el botón Cerrar.

A continuación aparece la ventana Relaciones conteniendo las tablas que se acaban de añadir.

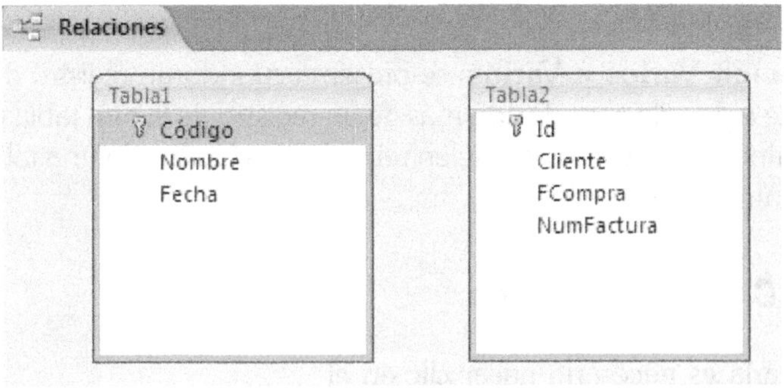

Con la ventana abierta, situarse sobre el campo de la tabla principal, y clicar manteniendo pulsado el botón izquierdo del ratón y arrastrar hasta el campo de la tabla secundaria.

Al soltar el botón del ratón, aparecerá el cuadro de diálogo Modificar relaciones:

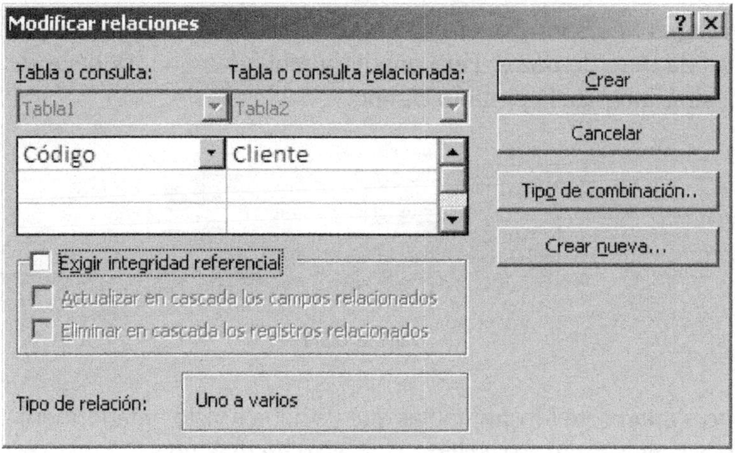

En la parte superior se colocan los nombres de las dos tablas relacionadas y debajo los campos de relación (que deben ser del mismo tipo). Luego se clica en el recuadro Exigir integridad referencial. Si lo desea, se pueden activar las casillas Actualizar y eliminar en cascada los campos y registros relacionados.

Para finalizar se hace clic sobre el botón Crear, entonces se creará la relación y ésta aparecerá en la ventana Relaciones.

3.8.4. Concepto del campo clave principal

Una vez conocido como establecer una relación, veremos qué es el campo principal.

La clave principal va a proporcionar un **identificador único** para cada fila de la tabla que servirá para identificar los registros sin equivocación alguna. Solo puede haber una clave principal por cada tabla, aunque esta este formada por varios campos.

Si se desea asignar a un campo que sea clave principal, es necesario posicionarse sobre él y clicar en el botón Clave principal desde la Vista de Diseño.

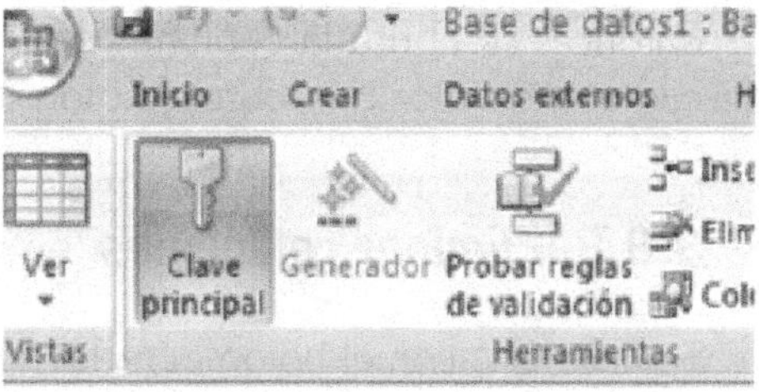

Asignación de un campo como clave principal

3.8.5. Añadir tablas a la ventana Relaciones

Para ello es necesario hacer clic en el botón Relaciones de la pestaña Herramientas de base de datos. Para añadir la tabla deseada, se hace clic sobre el botón Mostrar tabla de la pestaña Diseño.

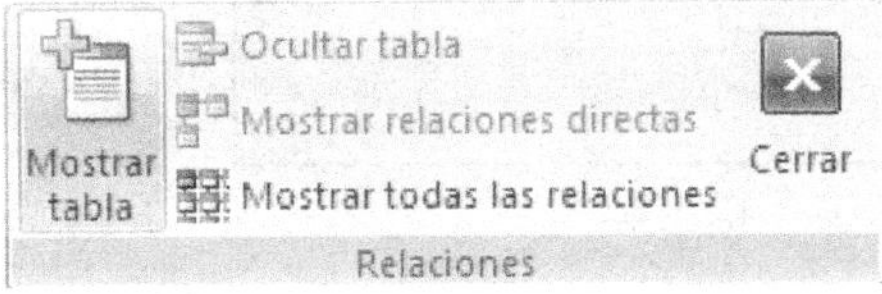

Mostrar tabla

Entonces aparecerá Mostrar tablas que ya hemos visto anteriormente. Se añaden las tablas necesarias, y se cierra el cuadro de diálogo.

3.8.6. Quitar tablas de la ventana Relaciones

Para esto es necesario abrir la ventana Relaciones clicando en el botón Relaciones de la pestaña Herramientas de base de datos.

Después podemos elegir entre: clicar con el botón derecho sobre la tabla, eligiendo la opción Ocultar tabla del menú que aparecerá, o, haciendo clic sobre la tabla para seleccionarla y luego clicando en el botón Ocultar tabla de la pestaña Diseño.

3.8.7. Modificar relaciones

Para modificar relaciones, se debe abrir la ventana Relaciones en el botón Relaciones de la pestaña Herramientas de base de datos.

Luego se puede elegir entre: hacer Clic con el botón derecho sobre la relación a modificar y elegir la opción Modificar relación del menú que aparecerá, o también puede hacer Clic sobre la relación a modificar, clicando luego en el botón Modificar relaciones de la pestaña Diseño en opciones.

Entonces se abrirá la ventana Modificar relaciones. Se realizan los cambios deseados, y se hace clic sobre el botón Aceptar.

3.8.8. Eliminar relaciones

Se hace Clic con el botón derecho sobre la relación a borrar y se elige la opción Eliminar del menú. Otra opción es hacer Clic con el botón izquierdo sobre la relación, que quedará seleccionada, y a continuación pulsar la tecla DEL o SUPR. De esta manera la relación queda eliminada de la ventana y de la base de datos.

3.8.9. Limpiar la ventana Relaciones

Esta acción se requiere cuando la base de datos contiene muchas tablas y relaciones, por lo que la ventana Relaciones se hace muy compleja y por tanto difícil interpretarla. Al limpiar, se visualizan solo las tablas que interesan y sus relaciones.

Para limpiar se hace clic en el botón Borrar diseño de la pestaña Diseño. Entonces desaparecerán todas las tablas y las relaciones que se encuentran en la ventana Relaciones, aunque sigan existiendo en la base de datos, ya que solo se ha limpiado la ventana.

Ahora se pueden añadir las tablas que se deseen, utilizando la opción Mostrar tabla y las relaciones definidas con esas tablas a través de la opción Mostrar relaciones directas que pasaremos a explicar.

3.8.10. Mostrar relaciones directas

Con esta opción se puede visualizar en la ventana Relaciones todas las relaciones de una tabla determinada. Para ello, es necesario posicionarse en la ventana Relaciones y elegir entre hacer Clic con el botón derecho sobre la tabla y elegir la opción Mostrar directas del menú que aparecerá (opción 1), o, hacer Clic sobre la tabla para seleccionarla, clicando en el botón Mostrar relaciones directas de la pestaña Diseño.

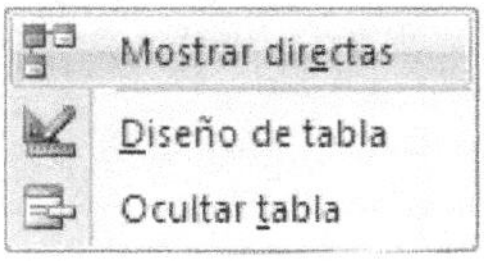

Opcion 1

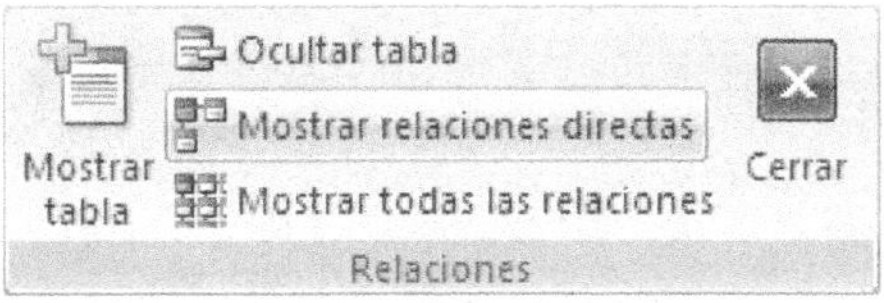

Opción 2

Aparecerán todas las relaciones asociadas a la tabla y todas las tablas que intervienen en estas relaciones.

3.8.11. Visualizar todas las relaciones

Si se desea visualizar en la ventana Relaciones todas las relaciones, hay que posicionarse en la ventana Relaciones y Clicar con el botón derecho sobre el fondo de la ventana, eligiendo luego la opción Mostrar todo del menú que aparecerá. Otra alternativa seria el pulsar el botón Mostrar todas las relaciones de la pestaña Diseño. Entonces aparecerán todas las relaciones existentes en la base de datos y en las tablas asociadas.

4. HOJAS DE CÁLCULO: CONCEPTO, FUNCIONALIDADES, TABLAS DINÁMICAS, FUNCIONES, GRÁFICOS

4.1. Concepto

Las hojas de cálculo son un tipo de documento informático que permite la inserción y manipulación -mediante diferentes tipos de operaciones- de datos. Dichos datos son en su mayoría números pero, como se verá más adelante, no se limitan exclusivamente a ellos, y están organizados en forma de filas y columnas en una tabla de tipo bidimesional.

La unidad mínima de información, en una hoja de cálculo, está contenida en lo que se denomina celda, las cuales tendrán una posición específica y fija en el documento y serán usadas para insertar los datos, fórmulas o elementos necesarios para el tratamiento de la información.

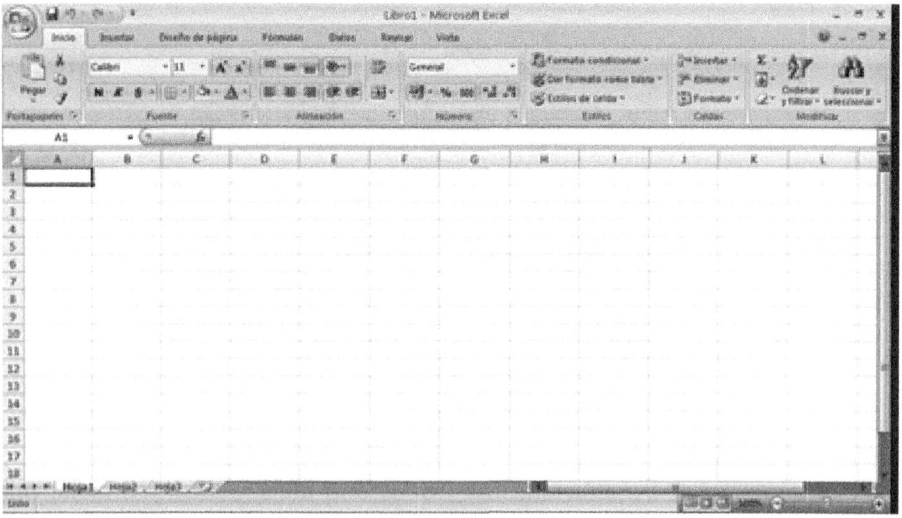

Las hojas de cálculo se han hecho muy famosas por la cantidad de elementos que ofrecen para la elaboración de gráficos y diagramas usados en todo tipo de ramas del conocimiento, desde la ingeniería a la gerencia.

En el mercado actual hay una gran oferta de hojas de cálculo a disposición del usuario, cada una con sus ventajas e inconvenientes, y si bien la esencia y función es la misma en todas sus versiones, la manera de acceder a cada una de ellas varía dependiendo de la aplicación que usemos.

4.2. Funcionalidades principales

Para establecer qué nos puede ofrecer una hoja de cálculo actual, pasaremos a ver sus principales funciones y características:

- **Cálculos Matemáticos:** Las hojas de cálculo nos dan la posibilidad de realizar todo tipo de cálculos matemáticos con los datos que se hayan introducido en sus celdas. Los mismos van desde sumas y restas a complejas comparaciones de valores según criterios establecidos por el usuario. Lo importante es que son cálculos que se hacen de manera automática, y que el programa está diseñado para trabajar con los resultados que se arrojen.

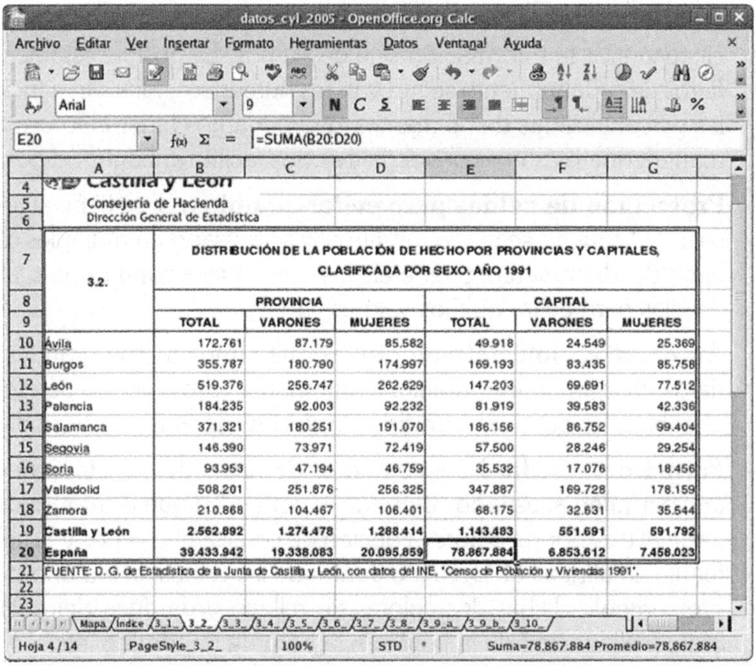

3.2.	DISTRIBUCIÓN DE LA POBLACIÓN DE HECHO POR PROVINCIAS Y CAPITALES, CLASIFICADA POR SEXO. AÑO 1991					
	PROVINCIA			CAPITAL		
	TOTAL	VARONES	MUJERES	TOTAL	VARONES	MUJERES
Ávila	172.761	87.179	85.582	49.918	24.549	25.369
Burgos	355.787	180.790	174.997	169.193	83.435	85.758
León	519.376	256.747	262.629	147.203	69.691	77.512
Palencia	184.235	92.003	92.232	81.919	39.583	42.336
Salamanca	371.321	180.251	191.070	186.156	86.752	99.404
Segovia	146.390	73.971	72.419	57.500	28.246	29.254
Soria	93.953	47.194	46.759	35.532	17.076	18.456
Valladolid	508.201	251.876	256.325	347.887	169.728	178.159
Zamora	210.868	104.467	106.401	68.175	32.631	35.544
Castilla y León	**2.562.892**	**1.274.478**	**1.288.414**	**1.143.483**	**551.691**	**591.792**
España	**39.433.942**	**19.338.083**	**20.095.859**	**78.867.884**	**6.853.612**	**7.458.023**

FUENTE: D. G. de Estadística de la Junta de Castilla y León, con datos del INE, 'Censo de Población y Viviendas 1991'.

Poniendo un ejemplo más específico, si se desea hacer una proyección de ventas que utilice varios datos como entrada (tipo de producto, precio, población a la que va dirigido, cantidad vendida en años anteriores,...) sobre los cuales hay que realizar múltiples operaciones antes de combinar los resultados y obtener la proyección en sí, con una hoja de cálculo se puede hacer de manera instantánea con el uso correcto de las herramientas matemáticas que cada programa ofrece.

Los cálculos se realizan siempre poniendo el signo "=" antes de la operación a realizar y luego dependiendo de si vamos a trabajar con números propiamente dichos o con celdas ó grupos de ellas vamos introduciendo los valores, seleccionando celdas y escribiendo los operadores en sí, que pueden ser signos aritméticos (+,-,/,*) o funciones (COMPARA, SUMA, RESTA, RAÍZ).

- **Selección de Datos individuales y Rango de datos:** Las hojas de cálculo, al especializarse en trabajos con Datos y números, proporcionan al usuario la opción de seleccionar celdas individuales y rangos de celdas (grupos formados por varias celdas que normalmente tienen datos relacionados entre sí).
- **Autorelleno de datos:** Es posible que en las hojas de cálculo sea necesario rellenar cierto rango con datos de manera automática. Ello es posible, en los programas de hoy en día mediante diversos métodos.
- **Ordenamiento de datos:** Las hojas de cálculo nos dan la opción de ordenar distintos tipos de datos de manera que nos resulte mucho más fácil encontrar la información que deseemos. Es posible establecer diversos filtros de ordenamiento según valores numéricos, alfabeto e incluso fórmulas personalizadas de tal manera que podamos tener la información de la manera que más nos convenga y se nos facilite encontrar datos puntuales.
- **Protección de celdas para evitar cambios:** Si se tiene algún valor absoluto el cual no se desea modificar y será usado en múltiples cálculos a lo largo del documento, puede elegirse proteger alguna celda o algún grupo de ellas para evitar que los valores varíen.
- **Automatización del cálculo:** Permite trabajar con grandes grupos de datos de manera instantánea y automática, proveyendo de dicha manera al trabajador de un ahorro de tiempo considerable a la hora de calcular.
- **Formato y estilo:** Los programas de hojas de cálculo tienen opciones que permiten al usuario controlar la manera en que la información es mostrada al exterior mediante la opción de controlar los tipos y el tamaño de la fuente, la alineación del texto dentro de las celdas, el tamaño de las celdas propiamente dichas, los colores de relleno y de línea del documento, el estilo y alineación de la página a la hora de imprimirlo, etc.
- **Formateo condicional:** Posibilita al usuario la opción de resaltar algunos valores de interés, tales como ganancias y pérdidas en una actividad comercial.

- **Tablas:** Las tablas se utilizan de manera extensiva en las hojas de cálculo, puesto que permiten agrupar la información de una manera conveniente para ser tratada posteriormente. Al ser un programa que trabaja principalmente con datos numéricos y valores matemáticos, es importante a la hora de mantener cierto nivel de organización poder establecer grupos con valores distintos.

  Adicionalmente, las tablas son usadas en otros aspectos de la hoja de cálculo tales como gráficos como parte de los datos de entrada.

  Existe una parte específica dentro de las tablas que se llama "tablas dinámicas", las cuales ofrecen ciertas funciones especiales. Más adelante, serán explicadas con mayor detenimiento.

- **Conversión en Bases de Datos:** Las tablas de las distintas hojas de cálculo pueden ser convertidas en bases de datos para uso de otras aplicaciones. Por ejemplo, en la función de los procesadores de texto llamada "Combinación de correspondencia" uno de los archivos que se necesita, la lista de direcciones, puede ser una hoja de cálculo utilizada de dicha manera.

- **Gráficos y Diagramas:** Las hojas de cálculo nos dan la posibilidad de elaborar representaciones gráficas de los datos que han sido introducidos en su interior. La ventaja con respecto a los procesadores de texto es que las hojas de cálculo están específicamente diseñadas para trabajar con datos y números en vez de con texto, por lo que se amplían las funciones (por ejemplo cambiando los datos numéricos en tiempo real y viendo como dichos cambios afectan al gráfico que se esté mostrando). Además, dichos diagramas pueden ser usados en los demás programas que forman la suite ofimática. Nos adentraremos más en los gráficos en secciones posteriores.

4.3. Tablas dinámicas

Las tablas dinámicas (también llamadas pivot tables) son un tipo de herramienta especial cuya principal función es ordenar de diversas maneras la información que contiene una base de Datos (En el caso de las hojas de cálculo en particular, dicha base de datos es una tabla normal).

Con las tablas dinámicas se hace posible analizar una porción de la información, convirtiendo cantidades ingentes de información en pequeños trozos más susceptibles a ser tratados de manera más individual.

Cabe destacar que las tablas dinámicas no son creadas de manera automática sino que primero el usuario debe seleccionar la porción de información dentro de la base de datos o tabla original que desea convertirse en dinámica y crearla (mediante la opción en los menús situados en la parte superior de la ventana llamados insertar tabla dinámica en Microsoft Excel).

Se crea entonces una serie de etiquetas que contienen la lista de campos sobre los que trabajará la tabla dinámica como encabezados de la tabla, preparados para ordenar los datos de la manera más efectiva para el usuario. Las operaciones principales a realizar dentro de una tabla dinámica vienen dados por las siguientes opciones. Utilizamos el abanico de opciones que nos brinda Microsoft Excel:

- **Diseño y Formato:** En esta sección el usuario puede controlar la manera en que la información es mostrada dentro de la tabla dinámica. Se pueden combinar y separar celdas con etiquetas, controlar la sangría, el ancho y alto de las celdas, seleccionar formatos condicionales en caso de que datos puntuales los disparen y seleccionar cuanta información de la tabla se desea mostrar al exterior.
- **Totales y Filtros:** El sistema con esta opción nos permite controlar lo que se totaliza y la manera en que se organiza la información de la tabla dinámica, eligiendo mostrar los totales por filas o columnas, los criterios de ordenación de la información que se usarán (estos pueden ser por defecto o creados desde cero por el usuario), y la manera en que la información será sumada incluso cuando se filtra la misma.
- **Mostrar:** Con las opciones que esta sección nos permite usar el creador de la tabla puede controlar la manera en que la información le es mostrada, y a cuanta información contextual puede acceder sin necesidad de meterse dentro de las propiedades internas de la tabla dinámica.
- **Impresión:** Opción dedicada a controlar qué información es la que se muestra cuando la tabla dinámica se imprime mediante un dispositivo de salida.
- **Datos:** Reservado a controlar qué se hace con la información inicial sobre la que se hizo la tabla dinámica, ya sea bases de datos externas, hojas distintas del mismo documento de hoja de cálculo o informes. Con datos podremos decidir si se guardan o no dichos datos de origen y la manera en que estos se guardan.

4.4. Funciones

Tal y como fue señalado en secciones anteriores, una de las principales características que nos ofrecen las hojas de cálculo es la opción de realizar diversos cálculos matemáticos con la información, utilizando operadores matemáticos y comandos complejos. Los comandos más complejos son lo que se llaman "Funciones". Su sintaxis y uso varía de gran manera de una a otra, sin embargo hay varios elementos que tienen todas en común:

1. Siempre empiezan con el signo de la igualdad (=)
2. A continuación del signo de la igualdad se escribe el nombre de la función (normalmente el nombre de la función es un verbo en infinitivo (contar, sumar, restar)
3. Seguidamente se abre paréntesis, y dentro de los paréntesis se introduce el rango de datos sobre los que se va a hacer el cálculo o la dirección de las celdas sobre las que se quiere realizar la función. Los rangos se destacarán por ser direcciones de celdas separadas por dos puntos (:), en nuestros ejemplos será R1:R2

Las principales funciones son las siguientes:

- **SUMA:** Es una de las mas usadas, lo cual es visible al comprobar que Microsoft Excel tiene un botón específicamente diseñado para efectuar sumas rápidas. La función realiza la suma de los valores presentes en el rango deseado. Su sintaxis es =SUMA(R1:R2)

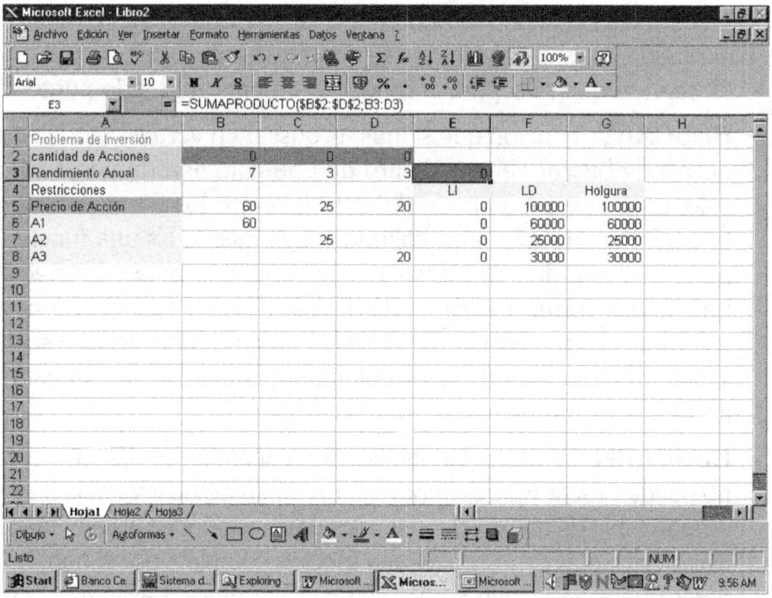

- **AHORA:** Es una función que nos devuelve la fecha y la hora actual del sistema informático que estemos usando, apareciendo ambos datos dentro de una misma celda. Es posible cambiar el formato de la misma para que aparezca una u otra a conveniencia. Su sintaxis es =AHORA (). Es importante destacar que dentro de esta función no existen argumentos.

- **ALEATORIO:** Otra función que carece de argumentos y la cual genera un número al azar. Su sintaxis es =ALEATORIO( ).
- **ALEATORIO ENTRE:** Nos da el mismo resultado que la función anterior con la salvedad que ésta tiene argumentos que definirán el número mínimo y máximo dentro de los resultados posibles. Su sintaxis correcta es =ALEATORIO (N1,N2) donde N1 y N2 son números, siendo N1 el inferior y N2 el superior.
- **AÑO:** Función simple que nos devuelve el año de una fecha. Puede usarse junto con el comando AHORA si sólo queremos saber el año del equipo y no la fecha completa. Su sintaxis correcta es =AÑO (F) donde F es una fecha ó la función AHORA.
- **CONTAR:** Esta función se utiliza para contar los números en el rango seleccionado, omitiendo las celdas vacías y las que contienen datos no numéricos. Su correcta sintaxis es =CONTAR(R1:R2).
- **CONTAR.SI:** Función que nos permitirá contar cuantas celdas de un rango determinado (sin contar aquellas en blanco) cumplen con un criterio determinado. La sintaxis de la función es un poco más compleja que las anteriores pues hay que añadir un segundo elemento que es la condición. La correcta sintaxis es la siguiente: CONTAR.SI(R1:R2; C) donde R1:R2 es el rango y C es el criterio que se tiene que seguir, por ejemplo un número. Obsérvese que se separa el rango del criterio utilizando punto y coma.
- **BUSCARV:** Función que significa "buscar en vertical" con la que el usuario puede buscar valores dentro de una columna de nuestra hoja de cálculo. o de nuestra tabla de datos y devuelve los datos asociados al valor buscado, en las columnas colindantes al mismo Es una función compleja por el número de operadores que se requieren para su correcta escritura. La sintaxis correcta sería: =BUSCARV(C1, R1:R2, C2) donde C1 es el valor que se va a buscar, R1:R2 es el rango dentro del que se va a buscar el valor y C2 es el número de columna que tiene el dato que va a ser mostrado al encontrar al valor principal (C1).
- **BUSCARH:** Función que significa "buscar en horizontal" con la que el usuario puede buscar valores dentro de un rango de nuestra hoja de cálculo o de nuestra tabla de datos y devuelve los datos asociados al valor buscado, en las filas colindantes al mismo Es una función compleja por el número de operadores que se requieren para su correcta escritura. La sintaxis correcta sería: =BUSCARV(C1, R1:R2, C2) donde C1 es el valor que se va a buscar, R1:R2 es el rango dentro del que se va a buscar el valor y C2 es el número de fila que tiene el dato que va a ser mostrado al encontrar al valor principal (C1).
- **MIN:** Función encargada de devolver el valor mínimo de un conjunto, el cual puede ser números o rangos. Su sintaxis es la siguiente: =MIN(R1:R2).

- **MAX:** Función encargada de devolver el valor máximo de un conjunto, el cual puede ser números o rangos. Su sintaxis es la siguiente: =MAX(R1:R2).
- **PROMEDIO:** Función que devuelve al usuario la media aritmética de un conjunto de valores, que pueden ser números, referencias a celdas o rangos de estas. Su sintaxis es la siguiente: =PROMEDIO(R1:R2).

4.5. Gráficos

Los gráficos son herramientas muy usadas para representar de una manera no numérica una serie de datos que sí lo son, pudiendo identificar visualmente tendencias, proporciones y datos contextuales a partir de dichos números.

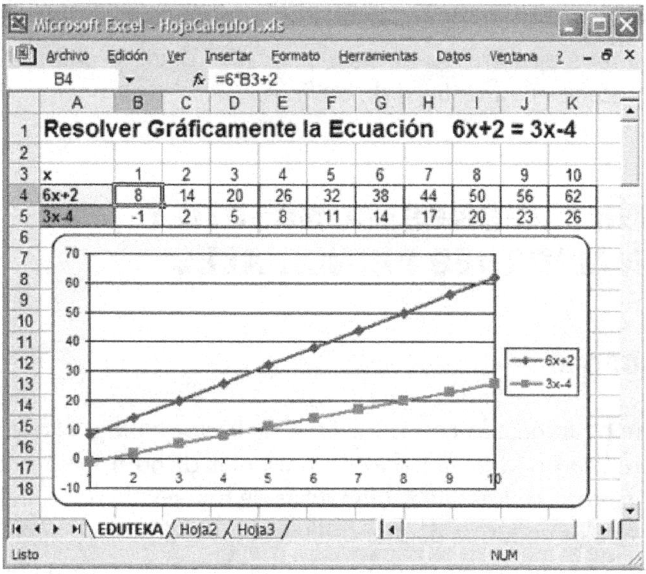

Las hojas de cálculo actuales nos dan la posibilidad de elegir entre una amplia variedad de gráficos cuya función varía dependiendo del tipo. A continuación, se mostrarán los más usados para que pueda elegirse el adecuado.

- **Gráficos de columna:** En este tipo de gráfico se hace especial énfasis en las variaciones de los datos a través del tiempo. Los valores de los datos se representarán en el eje vertical y las categorías o etiquetas en el horizontal, de tal manera que a mayor la columna, mayor cantidad representa ésta.
- **Gráficos circulares:** Son también conocidos como gráficos de tarta o pastel por su semejanza con estos. Estos gráficos muestran la proporción de cada uno de los datos con respecto a un total.

- **Gráficos de línea:** En este tipo de gráficos se muestran los cambios de las categorías dentro de un período de tiempo determinado, de tal manera que el resultado es una línea que, según el comportamiento de los valores, va hacia arriba (si los valores crecen) o hacia abajo si estos decrecen. Usualmente es comparado con los gráficos de área.
- **Gráficos de Área.** Muestran al usuario la importancia de los valores a través del tiempo. Muchas veces es confundido con un gráfico de línea, pese a que el gráfico de área le da mayor importancia a la magnitud de los valores que a la variación de estos a lo largo de un período de tiempo determinado.
- **Gráficos de Barra.** Compara elementos en un período de tiempo específico. Puede incluir cilindros, conos y pirámides.
- **Gráficos XY:** También llamados gráficos de dispersión, los mismos se usan para relacionar distintos puntos de datos, usando valores numéricos para ambos ejes en vez de usar para uno datos y para otro categorías como sucede en otros tipos de gráficos.

5. PRESENTACIONES: CONCEPTO Y FUNCIONALIDADES PRINCIPALES

5.1. Concepto

Una vez se ha trabajado con los datos y se ha formado un texto, el siguiente paso lógico radica en la posibilidad de presentar dicho trabajo a la gente que pueda estar interesada. Las suites ofimáticas de hoy en día nos dan la opción de mostrar los trabajos en forma de diapositivas, pudiendo controlar el tiempo entre cada una de ellas y diferentes efectos, así como la inclusión de audio y vídeo.

Por lo tanto, los programas de este tipo están más enfocados a mostrar al usuario la información de una manera visualmente atractiva y dinámica más que en la creación de contenido en sí. Como veremos a continuación las principales características de dichos programas están enfocadas en esta tarea.

Hay tres elementos básicos que normalmente conforman toda presentación:

- **Título**: Una referencia que inicie el tema del que se vaya a hablar y que dé el patrón que seguirá la presentación a lo largo de todo su contenido. Suele ser una frase corta que indique de manera clara la temática a tratar.
- **Cuerpo**: Son las diapositivas en sí, correspondientes a la enumeración que se hizo en el contenido y que muestran la información que el pre-

sentador debe enseñar a la audiencia de manera clara y suficientemente accesible, tanto en lo verbal como en lo visual.

- **Resumen**: Sección situada al final de la presentación, ayuda a la audiencia a sintetizar la información transmitida.

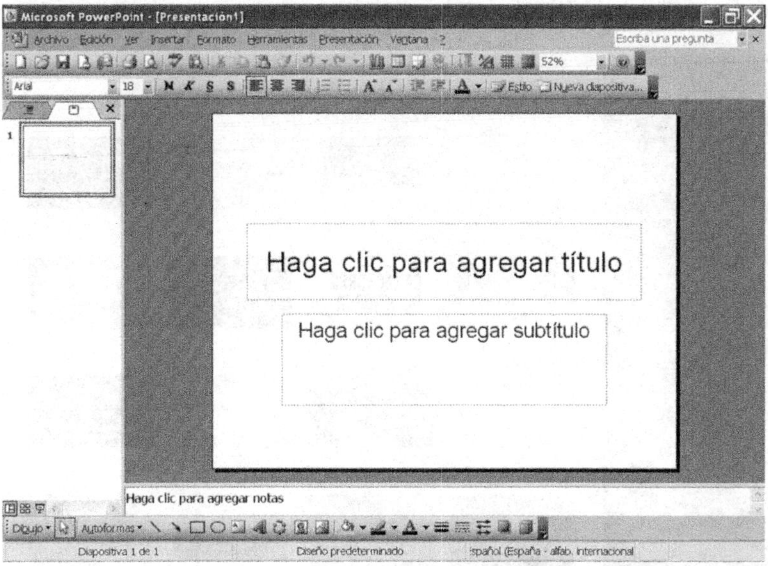

Para lograr el objetivo de comunicar eficientemente lo presentado, los programas de presentación nos da una serie de funciones, independientemente del fabricante.

Para efectuar presentaciones, Microsoft Office tiene el programa PowerPoint.

5.2. Funcionalidades principales

- **Objetos Gráficos:** Los Programas de presentación nos dan la posibilidad de crear objetos gráficos, que incluso pueden contener animaciones tales como cuadros, líneas, círculos, triángulos y otro tipo de objetos predefinidos y nos da la opción de organizar el texto alrededor de ellos, y de unir distintos objetos para crear imágenes más complejas, las cuales pueden ser tratadas como una única unidad. La importancia de esto radica en que cuanto más compleja sea la información que queramos mostrar más complicados serán los objetos gráficos que usemos para representarla.
- **Formato:** Los Programas de Presentaciones proveen al usuario de las facilidades necesarias para que éste pueda definir el formato, tanto de los

objetos gráficos que se empleen (entendiendo como formato de los objetos gráficos todo aquello relativo al tipo de fuente, tamaño, color y textura del objeto, la alineación del contenido y efectos especiales en cada objeto). De la misma manera, estos programas dan facilidades a la hora de definir el estilo de la diapositiva, utilizando los estilos predefinidos que vienen por defecto o dando la opción de crear uno propio.

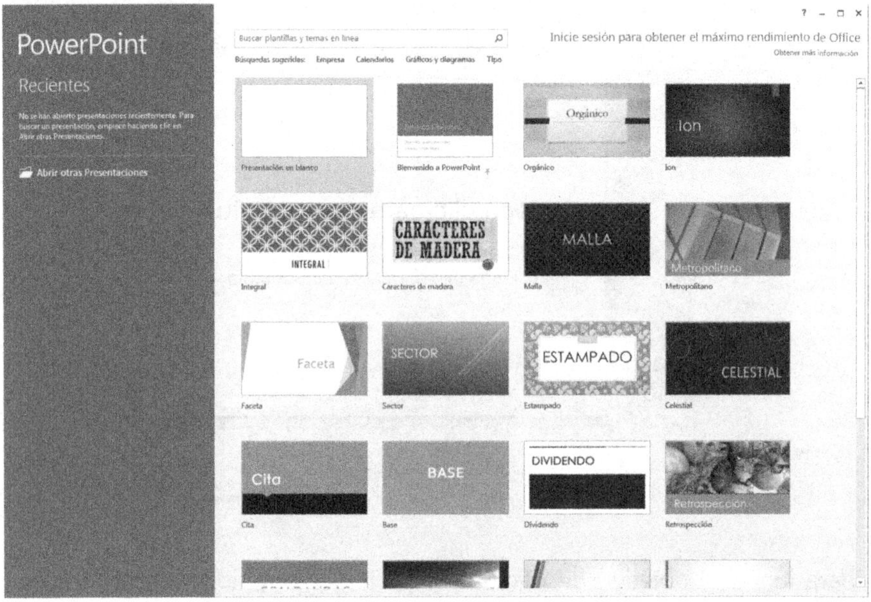

- **Patrón de la Diapositiva**: Los programas de presentaciones actuales nos le dan la opción al usuario de definir un patrón de diapositiva, el cual no es más que una serie de características que le dan forma a la misma y, a la vez, cumple con dos funciones muy importantes: facilitar su proceso de creación y darle homogeneidad a la presentación.

  El mismo se define al inicio del documento y después, cada vez que el usuario desea añadir una diapositiva a la presentación, ésta se crea con las características que ya fueron definidas al principio.

  El patrón afecta desde el tipo de letra como el fondo de cada hoja de la presentación.

- **Plantillas:** Al igual que en los procesadores de texto, los programas de Presentaciones en la actualidad permiten al usuario la creación de una variada gama de plantillas que facilitan la creación sistemática de presentaciones de manera rápida, existiendo dos tipos de plantillas distintas:

  ▹ Las llamadas **"plantillas de diseño"**, que no son más que plantillas que vienen por defecto en el programa y contienen tanto formatos prediseñados como paletas de colores, con las que el usuario puede darle distinto carácter a un mismo texto para darle cierto nivel de personalización y una apariencia, dependiendo del tema a tratar.

- ▷ Las **"plantillas de contenido"**, las cuales sugieren distintos contenidos que serán usados para temas específicos, además de los formatos ya prediseñados. No es lo mismo presentar un estado de cuentas que una idea medioambiental para una empresa, y ambas deberían ser mostradas de manera radicalmente distinta al oyente.

- **Animación:** Con los Programas de Presentaciones de la actualidad, el usuario puede crear animaciones sobre los objetos creados en cada una de las diapositivas que conforman la presentación, dándole dinamismo a la misma. Los efectos asignables al objeto suelen ser: desvanecer, desdoblar, atenuar, flash, aparecer, disolver, acercarse, alejarse, etc.

- **Transición:** Los programas de presentaciones permiten al usuario darle efecto a cada diapositiva cuando entra y cuando sale. Los efectos son parecidos a los que se permiten en la sección de animación (disolver, persianas, barrido vertical y horizontal, empujar hacia cualquiera de los lados, etc)

- **Notas para el orador:** Dicha opción permite la creación de un número de hojas donde el usuario podrá observar una imagen miniaturizada de la diapositiva junto con notas o comentarios que el mismo haya escrito para facilitar la presentación de la misma.

- **Vídeos y audio:** En las presentaciones actuales el orador puede insertar archivos de audio y de vídeo que le ayudarán a la hora de mostrar el trabajo ante el espectador. Se abren entonces nuevas maneras de interacción tanto con la presentación en sí como con el oyente.

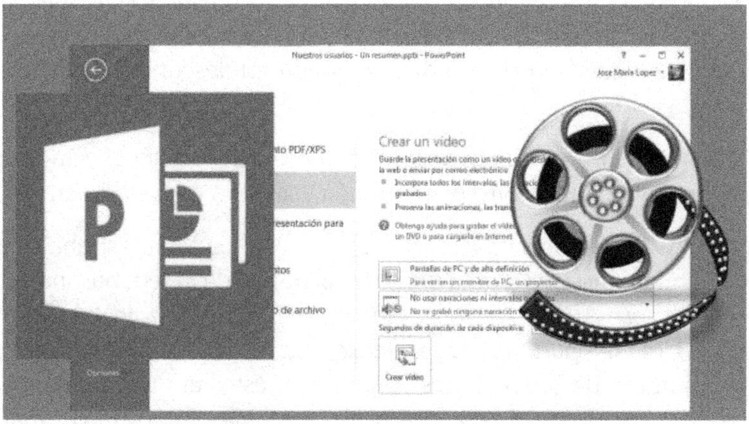

6. INTERNET, INTRANET Y CORREO ELECTRÓNICO: CONCEPTOS BÁSICOS, NAVEGADORES. BÚSQUEDAS DE INFORMACIÓN

6.1. Internet

6.1.1. Antecedentes e historia

Casi todas las personas han oído en algún momento hablar de Internet. Se trata de un término que se utiliza libremente en los hogares, las escuelas, centros de formación de diferentes niveles, y el mundo empresarial.

Para comprender cómo este término ha llegado a ocupar un puesto en la vida cotidiana, se va a exponer brevemente los antecedentes históricos de la actual Internet.

La primera transmisión digital de datos fue en 1844, cuando *Samuel B. Morse* realizó una demostración pública del telégrafo.

En 1874 se produjo otro hecho significativo cuando *Thomas Edison* ideó la multiplexación de dos señales en dos sentidos utilizando un único cable, y logrando una velocidad mucho más alta que en las transmisiones telegráficas; este aparato, posteriormente fue conocido como teletipo, y poco a poco fue sustituyendo al telégrafo.

La aparición de los ordenadores en la década de 1950 y su gran difusión posterior, impulsada, sobre todo, por el microordenador PC de IBM, dieron origen a una nueva forma de tratamiento de la información y a una nueva cultura.

En los EE.UU. en la década de los '60, existía una gran preocupación por la vulnerabilidad que presentaban las comunicaciones militares ante un posible ataque a sus centros de control, por ello decidieron desarrollar una red que pudiese seguir operativa incluso en el caso de que quedasen desconectados grandes segmentos de ella.

Esto cumpliría con el objetivo de que cada ordenador conectado, pudiera comunicarse con cualquier otro que también estuviera conectado en la red.

En 1969, ARPA (*Advanced Research Projets Agency*) demostraba su utilidad, y el ejército americano comenzó a acaparar el tráfico de la red, pasando a llamarse DARPA (*Defense ARPA* o *Defense Advanced Research Project Agency*), como miembro del DoD (*Departament of Defense*). La red DARPA incremento paulatinamente el número de ordenadores conectados, estos eran de diferentes clases, fabricantes, etc., por lo que la comunicación entre ellos era cada vez más difícil.

A esta red se conectaron diversas Universidades que colaboraban en ese momento en temas de defensa, surgiendo la necesidad de conectar ordenadores de diferentes clases.

Los responsables de la red DARPA contrataron el desarrollo de un protocolo de comunicaciones que acabase con los problemas encontrados, así en 1983, en la Universidad de Berkeley, nació el protocolo **TCP/IP** , que consta de dos protocolos: ***T**ransfer **C**ontrol **P**rotocol* (Protocolo de control de transferencia) e ***I**nternet **P**rotocol* (Protocolo de Internet).

El hito crucial de Internet ocurrió el 1 de enero de 1983, momento en el que TCP/IP se convirtió en el protocolo estándar para Arpanet. Se puede decir que fue ese día, en el que nació Internet.

En los años siguientes, y dada la expansión y popularidad del ordenador personal, algunas compañías centraron sus investigaciones en el desarrollo de productos que permitían compartir información y recursos, de esta forma surgió el concepto de redes en relación a los ordenadores.

Tras el éxito demostrado por TCP/IP en DARPA, la universidad de Berkeley lo incluyó en su sistema operativo UNIX y lo distribuyó gratuitamente con él, extendiéndolo rápidamente por todo el mundo informático.

DARPA se escindió en la original ARPANet y en otra rama militar denominada Milnet, de uso exclusivamente militar. ARPANet se dedicó fundamentalmente a Centros de Investigación.

Surgieron posteriormente otras redes que adoptaron TCP/IP como protocolo de comunicaciones, dando lugar a las redes denominadas internet (con minúsculas para distinguirlas de la de DARPA), muchas de las cuales se terminaron conectando a ARPANet.

Internet es la evolución de ARPANet después de la implantación del TCP/IP, y de la fusión con otras redes basadas en este protocolo.

En años posteriores fueron apareciendo otras redes que también adoptaron TCP/IP como protocolo de comunicaciones, dando lugar a redes denominadas internet, muchas de estas terminaron fundiéndose con ARPANet. Por ejemplo:

- BBN Telenet es una red orientada al uso comercial.
- Usenet es una red para investigación creada por numerosos científicos informáticos, en 1979.
- Bitnet fundada en 1983 (*But It's Time Network*).
- CSNet (*Computer Science Network*).

A finales de los 80 se creó la NSFNet (*National Science Foundation Network*) con la cual se interconectaron superordenadores con enlaces de alta velocidad y con backbone transcontinental. A esta estructura se conectaron las redes de varias universidades, y luego se fueron uniendo otras muchas más y, debido a las sucesivas conexiones jerárquicas de otras redes, se acabó convirtiendo en la red backbone de Internet.

Hacia 1990 las aplicaciones de Internet eran básicamente: FTP (*File Transfer Protocol* – Protocolo de Transferencia de Ficheros), Telnet (conexiones remotas), Impresión remota y correo electrónico o email. Posteriormente aparecieron Archie (herramienta de búsqueda FTP en Internet), y Gopher (permite organizar los documentos en Internet mediante una estructura de menús jerárquicos). En los servidores Gopher se utilizaba como herramienta de búsqueda Veronica (*Very Easy Rodent-Oriented Netwide Index to Computerized Archives*).

En 1992, el Laboratorio Europeo de Física de Partículas (CERN) de Ginebra facilitó un código que permitió enlazar información hipertextual sobre la Red, de esta manera se creo la tela de araña mundial llamada World Wide Web (WWW). Su creador fue Sir Timothy (Tim) John Berners-Lee quien, además, desarrolló los protocolos, HTML (*Hipertext Markup Language* – Lenguaje de marcas de hipertexto) subconjunto del SGML (*Standard Generalized Markup Language*), y en 1993 se lanzó el navegador MOSAIC por parte de la NCSA (*National Center for Supercomputing*), naciendo lo que conocemos actualmente como la navegación por Internet. Esto marco el comienzo de la popularidad de la web, de forma que, si a comienzos de 1993 había 130 direcciones web en internet, pocos meses después de la aparición publica de MOSAIC, ya habían 10.000 o más servidores en uso, y es que internet durante los últimos años ha crecido de manera exponencial.

Un hipertexto es la asociación de información, no solo texto sino también gráficos, organizada por referencias de tal manera, que permite al usuario saltar de un concepto a otro relacionado, utilizando dispositivos interactivos y una interfaz gráfica visual.

El hipertexto es un sistema que permite definir ciertas palabras como enlaces o vínculos denominados links dentro de un texto, de tal forma que puedan conducir hacia otros textos o gráficos en los que se defina o con los que se amplíe la información asociada a ese enlace.

Hipermedia es un término que se diferencia de hipertexto, al incorporar animación, sonido, imagen fija e imagen en movimiento, con la ventaja de la utilización de los medios audiovisuales.

Actualmente algunas compañías distribuyen navegadores gratuitamente como elemento de marketing empresarial, buscando crear un reconocimiento de su nombre que posteriormente pueda proporcionar valor añadido a otros productos de su empresa.

Los navegadores que más se utilizan y, por tanto, acaparan la mayoría de los conexiones a internet son Internet Explorer, Mozilla Firefox y Google Chrome; los ordenadores Mac tienen su propio navegador llamado Safari.

En 1994, Berners-Lee se trasladó a EE.UU. y puso en marcha el W3C, un organismo dependiente del Instituto de Tecnología de Massachusetts, que actúa como depositario y guardián de la información sobre la red, al defender su carácter abierto frente a empresas que tratan de introducir software sujeto a derechos de propiedad.

En 1995, los sistemas tradicionales de acceso a información vía telefónica comienzan a proporcionar acceso a Internet, y el registro de dominios deja de ser gratuito.

En 1998 ya había más de 36 millones de ordenadores conectados a Internet.

Actualmente, internet es considerado una herramienta de uso general en los trabajos, colegios, universidades, en los hogares y a nivel personal.

6.1.2. Conceptos básicos

6.1.2.1. Patrón de organización jerárquica de Internet

Nivel 1: Red Troncal. El núcleo de Internet está formado por la interconexión de las grandes redes (backbones) de los principales operadores comerciales, conectados entre sí y con otras redes académicas y de investigación importantes, a través de puntos de interconexión denominados NAPs (Network Access Points, o Punto Neutro). Estos vinieron a cubrir el vacío dejado por la NSFnet, a cuyo backbone, hasta su desaparición en 1995, se conectaban las grandes redes académicas y comerciales.

De esta forma, cualquier operador puede construir independientemente su propia red, a partir de la interconexión de las redes locales de sus clientes, y usando los NAPs como puntos de conexión física con otras partes de Internet.

Nivel 2: Redes de Proveedores de Tránsito y Acceso Internacional. Son redes de ámbito geográfico más reducido, gestionadas por proveedores de tamaño medio. Pueden tener un carácter comercial o pueden constituir redes académicas, como (por ejemplo la como es el caso de RedIRIS en España).

Para ahorrar costos y mejorar los tiempo de respuesta, dos elementos que inciden en la calidad del servicio, la interconexión entre estas redes se realiza a través de puntos neutros regionales, en España lo gestiona a través de la asociación ESPANIX, dejando las redes troncales para la conexión internacional, con el resto de Internet.

Nivel 3: Redes de Proveedores de Acceso Local. Son redes que están orientadas a dar servicio al usuario final y cuya conexión con el resto de Internet se realiza a través de proveedores de tránsito. Este tipo de proveedores está generalmente restringida a un ámbito geográfico limitado, por ejemplo una provincia o una comunidad autónoma.

Nivel 4: Redes Corporativas. Son las redes de comunicación de las empresas e instituciones, y representan el nivel inferior en la jerarquía de Internet. Para su conexión, es necesario tener un proveedor de acceso, que se puede elegir dependiendo del ancho de banda, la calidad y el coste de los servicios requeridos.

6.1.2.2. Tipos de conexiones a Internet

Se utilizan múltiples criterios para clasificar las conexiones a Internet, dependiendo sobre todo del tipo de tecnología de que se sirven, y del nivel físico.

Ellas son:

- **Red Telefónica Conmutada (RTC)**: Precursor del ADSL, éste era el sistema más extendido para conectar un equipo doméstico o de una oficina a Internet, y consistía en aprovechar la instalación telefónica básica, o Red Telefónica Básica (RTB). Era una línea telefónica analógica que utiliza módem y presentaba el gran problema de que no soportaba la transmisión simultánea de voz y datos, por lo que no se puede hablar mientras se usa Internet.
- **Red digital RDSI**: Es una línea telefónica digital de extremo a extremo. Emplea un adaptador de red que traduce lo generado por la el ordenador, a señales digitales que la red pueda transmitir. Requiere a nivel físico de un cableado especial, por lo cual se encarece su uso. Aunque la RDSI mejoró mucho la RTB, no llegó a extenderse masivamente debido a la aparición de otro tipo de conexiones más ventajosas.
- **Red digital ADSL**: La ADSL o Asymmetric Digital Subscriber Line, conjuga las ventajas de la RTB y de la RDSI, por lo que se convirtió rápidamente en el tipo de conexión favorito tanto de hogares como de empresas. Aprovecha el cableado de la RTB para la transmisión de voz y datos, que como con la RDSI puede hacerse de forma conjunta. El nombre de "asimétrica" se debe a que el ancho de banda de cada uno de los canales de datos es diferente.
- **Conexión por cable**: Utiliza señales luminosas libres de los problemas de ruido que afectan a las ondas electromagnéticas, para codificar una

mayor cantidad de información. La conexión por cable utiliza un cable de fibra óptica para la transmisión de datos entre nodos, esta red precisa de una infraestructura nueva y costosa, lo que explica que aún no se esté utilizando en todos los lugares.

- **Conexión vía satélite**: Cada vez más compañías emplean este sistema de transmisión para distribuir contenidos de Internet o transferir ficheros entre distintas sucursales. El sistema de conexión que generalmente se emplea es un híbrido de satélite y teléfono, se requiere una antena parabólica digital, un acceso telefónico a Internet (utilizando un módem RTC, RDSI, ADSL o por cable), una tarjeta receptora para PC, un software específico y una suscripción a un proveedor de satélite.
- **Redes inalámbricas o wireless**: Difieren de todas las anteriores, en el soporte físico que utilizan para transmitir la información, ya que utilizan señales luminosas infrarrojas u ondas de radio, en lugar de cables, para transmitir la información. Con esta tecnología suele implementarse la red local (LAN) que se conecta mediante un router a Internet, es lo que se conoce como WLAN (Wireless LAN).
- **LMDS (*Local Multipoint Distribution System*)**: Se trata de otro sistema de comunicación inalámbrico, que utiliza ondas de radio de alta frecuencia (28 GHz a 40 GHz). Se utilizan estas conexiones para implementar la red que conecta al usuario final con la red troncal de comunicaciones, evitándose el cableado y abaratando los costes.
- **PLC**: Esta tecnología PLC (*Power Line Communications*), aprovecha las líneas eléctricas para transmitir datos a alta velocidad. Se utiliza para implementar redes locales. El principal obstáculo para el uso de esta tecnología consiste en que la información codificada en la red eléctrica no puede atravesar los transformadores de alta tensión, por lo cual requeriría adaptaciones técnicas muy costosas.
- **Conexiones para teléfonos móviles**: Se habla de conexiones para teléfonos móviles (en contraposición a conexiones a través de teléfonos móviles, en las que el móvil actuaría como módem) para designar el tipo de tecnologías específicas para acceder a Internet navegando desde el propio dispositivo móvil. El sistema GSM (Global System Mobile) fue el primer sistema estandarizado en la comunicación de móviles.

Los sistemas anteriores descritos, se consideran de segunda generación (2G), y es el UMTS (*Universal Mobile Telecommunications System*) el que inaugura la tercera generación de tecnología para móviles (3G). Esta tecnología permite velocidades de transferencia mayores que GSM y GPRS, permitiendo el uso de aplicaciones que parecían imposibles en un móvil. Actualmente es posible la conexión a las redes 4G con velocidades previstas de 100 Mbps en descarga y 50 Mbps en subida.

6.1.2.3. Situación actual

Internet está integrada por numerosas redes esparcidas por todo el mundo, por ello, se le llama red de redes, y se caracteriza por su gran capacidad de encontrar, mover y usar la información. Es por esto, entre otras cosas que Internet está revolucionando la sociedad y cambiando incluso el estilo de vida tradicional. Su contribución mayor es el acceso rápido, fácil y económico a la información y el tratamiento de la misma.

Internet actualmente se compone de más de 50.000 redes y de varios millones de ordenadores conectados, siendo en unos 100 países la conexión completa y en otros 160 países se dispone de correo electrónico. Se encuentra en continuo crecimiento y cambio, ampliando la velocidad de sus conexiones, modificando su estructura y adoptando nuevos estándares y ofreciendo nuevos servicios.

El organismo InterNIC (*Internet Network Information Center*), define los nombres de los nodos de Internet, asigna las direcciones y dominios, supervisa el funcionamiento de la red y decide la adopción de nuevos estándares.

No hay nadie que gobierne Internet. Cada red que se conecta cuida de sus recursos, de sus conexiones y de sus problemas internos. Cada ordenador conectado es responsable de su conexión hasta el siguiente nodo jerárquico.

Al principio los sistemas UNIX dominaban el mundo de Internet, pero la introducción de nuevas plataformas de 32 y 64 bits, tales como Windows, OS/2 y Linux, entre otras, ha permitido a estos sistemas jugar un importante papel en la infraestructura global de la red.

Actualmente, el principal problema de Internet es la seguridad, para solventarlo, están surgiendo dispositivos como los cortafuegos o *Firewall*, que son sistemas que buscan impedir que usuarios ajenos a una red puedan acceder a ella.

6.1.2.4. World Wide Web

El proyecto *World Wide Web* (WWW) nace en 1989, cuando *Tim Berners-Lee* en el Centro Europeo de Investigación de Energía Nuclear (CERN) se planteó buscar un modo de compartir la investigación y las ideas con otros investigadores de todo el mundo, llamando su propuesta inicial proyecto de hipertexto.

Hipertexto es un término acuñado en los años sesenta por *Ted Nelson,* que hace referencia a todo texto que contiene conexiones con otros documentos, de forma que el usuario puede clicar sobre una palabra o frase para obtener información adicional y/o temas relacionados.

Hipermedia es un término más amplio que se utiliza para aquellos documentos que incluyen información en formato multimedia (sonido y vídeo).

Sus principales características son:

- **Información por hipertexto**: porque los diversos elementos de la información que nos muestra la pantalla, están vinculados con otras fuentes.
- **Gráfico**: en la pantalla pueden aparecer simultáneamente texto, imágenes, sonidos y animaciones.
- **Global**: porque se puede acceder a él desde cualquier tipo de plataforma, usando cualquier navegador y desde cualquier parte del mundo.
- **Pública**: ya que la información está distribuida en miles de ordenadores que ofrecen su espacio para almacenarla. La mayoría de la información es pública y accesible por el usuario.
- **Dinámica**: esta información puede ser actualizada en cualquier momento.
- **Independiente y libre**.

6.2. Intranet

Se llama intranet a toda red de ordenadores basada en el protocolo TCP/IP, que pertenece a un ámbito privado, generalmente una empresa u organización.

Es un conjunto de contenidos compartidos por un grupo bien definido dentro de una organización.

Una intranet suele ser accesible sólo por el personal autorizado de dicha organización.

Los sitios web de una intranet son tecnológicamente indistinguibles de aquellos que se pueden encontrar en internet, a excepción de que usualmente disponen de cortafuegos que impidan los accesos no permitidos.

Las intranets se utilizan principalmente para compartir información y, actualmente, representan uno de los segmentos de mayor crecimiento en internet, tanto por su bajo costo de construcción, como porque requiere un mantenimiento bastante menor que las redes privadas.

Una intranet puede alojar varios sitios web privados y, en ella, se pueden encontrar cualquiera de los protocolos usuales de Internet, como lo son HTTP (web services), SMTP (correo electrónico) y FTP (protocolo de transferencia de archivos), constituyéndose en un elemento importante, tanto para la colaboración, como para la comunicación interna en la organización.

El término Extranet se presta a confusión con el término intranet, básicamente se trata de una intranet parcialmente accesible a usuarios externos a la organización. El requisito que deben cumplir para ello, es el de identificarse en el sistema con una clave de usuario, que es la que va a determinar el alcance del acceso del usuario.

A las extranets pueden tener acceso los clientes, los proveedores u otros usuarios aprobados. Las extranets amplían una red privada en Internet con disposiciones especiales para la autenticación, autorización y contabilidad.

Las extranets se están convirtiendo en un medio muy popular para el intercambio de información entre empresas, entre administración y administrados, etc.

En muchas organizaciones, intranet se protege de accesos externos no autorizados por medio de una puerta de enlace de red, y por firewall o cortafuegos. Para compañías más pequeñas, el intranet puede ser creado utilizando direcciones IP privadas. En este caso, a intranet sólo se puede acceder desde un ordenador conectado en la red local, aunque las organizaciones pueden permitir el acceso a empleados que se encuentran fuera del sitio, mediante el uso de una red privada virtual, o a través de otros medios de acceso. En ambos casos, se requiere que los empleados utilicen el cifrado y la autenticación de usuarios necesarias.

Las intranets están siendo utilizadas, cada vez más, para enviar herramientas, directorios corporativos sofisticados, como herramientas de ventas y de gestión de relaciones con clientes, gestión de proyectos, etc, elementos estos que, en definitiva, permiten mejorar la productividad empresarial.

También están siendo utilizados como plataformas para lograr cambios en la cultura corporativa.

Entre sus beneficios están:

- **Aumenta la productividad laboral:** las intranets pueden ayudar a los usuarios a localizar y consultar la información de forma rápida. Con la ayuda de un navegador web, los usuarios pueden acceder a los datos almacenados en cualquier base de datos que la organización puede poner a disposición, en cualquier momento y desde cualquier lugar de las instalaciones de la empresa, aumentando la capacidad de realizar su trabajo más rápido, con mayor precisión, y con la confianza de que los usuarios tienen la información correcta. También ayuda a mejorar los servicios a los usuarios.
- **Ahorra tiempo:** porque permite a las organizaciones distribuir la información a los empleados sobre una base común necesaria. Además, los empleados pueden vincular la información que se le ha hecho llegar, a su conveniencia.
- **Como herramienta de comunicación**: ya que sirve para comunicar de manera vertical aquellas iniciativas estratégicas de alcance global en toda la organización. Se puede utilizar para hacer llegar el propósito de la iniciativa, lo que tiene como objetivo, qué lo está impulsando, hasta los resultados obtenidos hasta la fecha, y con quién hablar para obtener más información, entre otros aspectos. Le permite a sus usuarios mantenerse al día con el enfoque estratégico de la organización.

- **Es una publicación Web que permite el conocimiento corporativo**: con un fácil mantenimiento y acceso desde toda la empresa, utilizando tecnologías hipermedia y Web.
- **Favorece las operaciones de negocios y de gestión:** al utilizarse como plataforma para el desarrollo y demostración de aplicaciones que sirvan de apoyo a las decisiones y las operaciones de negocio de toda la empresa.
- **Económico:** porque los usuarios pueden tener acceso a la información y datos a través de un navegador web, sin necesidad de estar físicamente, con el ahorro consiguiente de desplazamiento, sitio físico, etc.
- **Mejora la colaboración:** al hacer fácilmente accesible, por todos los usuarios autorizados, la información, facilitando el trabajo en equipo.
- **Es una multiplataforma de gran capacidad:** con navegadores web que cumplen los estándares disponibles para Windows, Mac y UNIX.

6.3. Correo Electrónico: conceptos básicos

6.3.1. Definición

El correo electrónico (e-mail: electronic mail) es un servicio de red que permite enviar y recibir mensajes y todo tipo de documentos y archivos rápidamente.

El Correo electrónico es uno de los servicios mas básicos y extendidos de internet.

Permite el envío y la recepción de mensajes utilizando un ordenador. Casi cualquier información puede transmitirse dentro de un mensaje y éste puede llegar, de manera rápida, sencilla y fiable a cualquier lugar del mundo donde exista conexión a internet.

Los sistemas de correo electrónico consisten básicamente en un subsistema para los agentes de usuario, y otro dedicado a los agentes de transferencia de mensajes.

Un agente de usuario (MUA) es un programa que acepta una gran variedad de comandos para componer, recibir y contestar los mensajes, así como para utilizar los buzones de correo (con protocolos POP e IMAP).

Un agente de transferencia de mensaje (MTA) se encarga de transferir mensajes de correo electrónico entre alojamientos (hosts), usando el Protocolo para la Transferencia Simple de Correo Electrónico(SMTP). Es de hacer notar que un mensaje puede involucrar a muchos MTA's hasta llegar a su destino

Una dirección de correo se reconoce fácilmente porque siempre tiene la arroba (@) que significa "pertenece a..." y cuyo uso es obligatorio en cada dirección de correo, al mismo tiempo divide a ésta en dos partes. En la parte a la izquierda de la arroba se encuentra el nombre de usuario, esta parte se puede modificar , pero la parte ubicada a la derecha no puede cambiarse, porque allí esta el dominio, allí se designa al proveedor del correo.

6.3.2. Características

- Su coste es reducido, permite transmitir gran cantidad de información a un bajo coste.
- Su uso es sencillo.
- Su disponibilidad práctica es total a todos aquellos equipos conectados a internet, y con correo electrónico.
- La comunicación es asíncrona, porque no es necesario que el receptor de la información se encuentre disponible en el momento en que el emisor la esté enviando.
- Puede ser enviada casi cualquier tipo de datos, informaciones, gráficos, y en multitud de formatos.
- Sirve como base para la difusión masiva de información.
- La velocidad de transferencia de la información es muy alta. Comunicación muy rápida.
- Toda la información que se envía en un email, puede ser procesada, archivada y consultada.
- Permite la localización flexible del receptor, ya que no requiere que éste se encuentre en un lugar fijo, para acceder a los mensajes.
- Ofrece buenas garantías de privacidad en la comunicación.
- Permite la interrelación con otros servicios de red.
- Tiene amplio alcance a nivel internacional.
- Tiene la posibilidad de realizar envíos a muchos receptores simultáneamente.
- Permite incluir todo tipo de archivos (documentos, hojas de cálculo, vídeo, música, etc.).
- La información recibida es directamente procesable por el ordenador.

Todas las características anteriores han hecho que el correo electrónico haya sido un servicio básico de internet, porque casi cualquier persona con acceso a Internet, es usuario del correo electrónico.

En un entorno profesional, el uso del correo electrónico va a agilizar y formalizar los canales de comunicación de la organización tanto externos como internos, ya que permite combinar, la precisión y la seguridad de la información escrita, con la rapidez propia de las telecomunicaciones.

Además, utilizando las denominadas listas de distribución, es posible la recepción de un único mensaje por múltiples usuarios, habiendo sido enviado por una única dirección electrónica; esto hace que su utilización sea muy útil en grupos de trabajo, de discusión, foros, y en la educación en general.

6.3.3. Funcionamiento

Inicialmente se trabajaba más en local que en red, de modo que los gestores de red conectaban con el servidor de correo, se descargaba el correo, se gestionaba, se volvía a conectar y se enviaba.

Sin embargo, con el tiempo, este software de gestión del correo se fue convirtiendo en un programa de productividad muy útil, que permite gestionar mejor el correo recibido, integrar nuestra agenda, calendario, tareas, notas, etc.

Actualmente, la conexión con el servidor de correo suele utilizando protocolos de red:

- POP3: Post Office Protocol: permite conectarse al servidor, descargar los correos y consultarlos luego en local sin necesidad de tener conexión.
- IMAP: Internet Message Access Protocol: facilita el acceso desde cualquier sitio a los mensajes almacenados en el servidor, permite el uso de carpetas, y hace falta conexión a Internet..
- SMTP: Simple Mail Transfer Protocol, su función es enviar correos electrónicos.

6.3.4. Configuración del correo electrónico

Para tener una dirección de correo electrónico, se puede utilizar algún programa específico que gestione correos, o también se pueden utilizar Correos Web. Los primeros necesitan ser instalados en el PC y sólo se puede acceder a los mensajes desde el mismo, éste es el caso de Mozilla Thunderbird, Outlook Express, etc. En el segundo caso, no se requiere la instalación de ningún programa gestor de correos, ya que permiten recibir o enviar correo on-line, desde la red, de manera que se puede acceder al correo personal desde cualquier ordenador y no sólo desde el personal del usuario.

Algunas sugerencias a tener en cuenta al elegir o configurar el correo electrónico:

- Elegir nombres de usuarios fácilmente recordables y transmisibles, ya que si nos equivocamos a la hora de transmitir la dirección de correo electrónico, ésta no funcionará y por lo tanto no llegaran los mensajes.
- Una contraseña o clave (password) es una forma de autentificación que utiliza información secreta para controlar el acceso a algún recurso.
- Las contraseñas de la cuenta no deben ser demasiado cortas, ya que son más inseguras, sin embargo, tampoco deben ser demasiado largas, ya que pueden confundir y llevar a error.
- Los usuarios de Internet, en las cuentas que usamos:
  - Escogemos contraseñas sencillas de recordar... y de adivinar.
  - Usamos la misma contraseña para muchos sitios web, para tener que memorizar sólo una.
  - Ambos comportamientos constituyen un grave riesgo de seguridad.
  - Ejemplos de contraseñas débiles administrador, 1234, "nombre del usuario", xx/xx/xx - fechas importantes (la mayoría se pueden conocer fácilmente).
  - Ejemplos de contraseñas fuertes:
    - tastywheeT34
    - partei@34!
    - #23kLLflux
- Se recomienda:
  - El uso de recuerdos personales.
  - Elegir una sola contraseña para cuentas de poca importancia y más rigurosas para mayor importancia.

6.3.5. Como crear un correo electrónico

Los pasos a seguir, son muy sencillos:

- Seleccionar la cuenta desde la que se va a enviar el mensaje, si se tiene más de una.
- Añadir el o los destinatarios (si es más de uno suelen ir separados por ";",) a los campos PARA (destinatario principal), CC (destinatarios a lo que se envía copia) y CCO/BCC (destinatarios ocultos a los otros destinatarios, a los que se envía copia).
- Indicar el asunto del mensaje.

- Escribir el texto del mensaje.
- Si se requiere, se pueden adjuntar ficheros. Aparecerá la figura de un clip, que indica que hay un archivo adjuntado; tanto si se envía como si se recibe un correo.
- Algunos correos tienen confirmación de lectura, por lo que esto se puede solicitar en esos casos.
- Cuando es necesario, se puede firmar el correo, utilizando el certificado digital, o cifrarlo si se tiene el del destinatario.

6.3.6. Webmail

Es una aplicación informática por la cual, a un cliente de correo electrónico, se le provee de una interfaz web por la que acceder al correo electrónico. Por lo cual, el cliente solo necesita de un navegador para disponer de todas las funcionalidades básicas de un correo electrónico.

El webmail, permite listar, desplegar y borrar los correos almacenados en el servidor remoto desde un navegador, usando una sencilla interfaz.

Una ventaja del uso de webmail, es que los correos pueden ser consultados desde otro ordenador conectado a la misma red, con el único requisito de que disponga de un navegador web. Otras formas de acceder al correo electrónico son: conectarse con un cliente de correo local a un servidor de correo remoto utilizando un protocolo *ad hoc* de transporte de correo, como IMAP o POP, descargar los correos y almacenarlos localmente, o utilizando un cliente de correo por consola, por ejemplo Mutt.

6.4. Navegadores

6.4.1. Concepto

Un Navegador o explorador Web es un software que ejecutamos desde un ordenador con el fin de permitirnos el acceso a Internet, para visualizar páginas web, acceder a otros recursos, etc.

Se puede decir, que un navegador web (browser), es un software que permite el acceso a Internet, interpretando la información de archivos y de los sitios web, para que puedan ser leídos.

Un navegador web permite la visualización de documentos de texto, con recursos multimedia anexados o no, también el visitar páginas web y realizar actividades en ella, al permitir enlazar un sitio con otro, imprimir, enviar y recibir correo, etc.

Los navegadores más populares son Internet Explorer, Mozilla Firefox, Safari, Opera y Google Chrome. Algunos Navegadores vienen integrados en el software, como Internet Explorer en Windows.

Iconos de navegadores

Los documentos que se muestran en un navegador pueden estar ubicados en el equipo en donde se encuentra el usuario o en cualquier otro dispositivo en el que esté conectado.

Las páginas web poseen hipervínculos que permiten enlazar un texto o una imagen a otro documento relacionado. El seguimiento de enlaces de una página a otra, se llama navegación, por ello se usa el término navegador.

Como ya se ha mencionado, el primer navegador fue desarrollado en la CERN a finales de 1990 y principios de 1991 por Tim Berners-Lee; el navegador Mosaic, funcionaba al principio en entornos Unix sobre X11, fue el primero que se extendió con Windows y Macintosh. Sin embargo, más tarde entró en el mercado Netscape Navigator que rápidamente superó en capacidades y velocidad a Mosaic.

Fue Internet Explorer la apuesta de Microsoft para entrar en este mercado, desbancando a Netscape Navigator entre los usuarios de Windows, debido a la integración del navegador con el sistema operativo.

Luego Netscape Communications Corporation liberó el código fuente de su navegador, naciendo Mozilla, que fue reescrito desde el principio tras decidirse a desarrollar y usar como un nuevo conjunto de widgets multiplataforma basado en XML, apareciendo una versión de gran calidad y para muchas plataformas a la vez, el 5 de junio de 2002.

Apple lanza el 7 de enero de 2003, el navegador web Safari, que se hace con casi la totalidad del mercado de las microcomputadoras Mac, debido a su velocidad y gran cantidad de actualizaciones. También en esta fecha entra al mercado el sistema operativo Windows.

Hacia finales de 2004 aparece en el mercado Firefox, una rama del desarrollo de Mozilla, pero más ligero, que pretende hacerse con parte del mercado de Internet Explorer.

El 2 de septiembre de 2008, Google Chrome fue dado a conocer: es el navegador web desarrollado por Google y compilado a base de componentes de código abierto.

Una URL es la dirección de un sitio Web, es el camino a seguir por el Navegador para encontrar el sitio que queramos consultar o visitar. La URL se escribe en la barra de navegación del navegador de Internet que estemos utilizando o bien se obtiene gracias a la búsqueda hecha a través de un Buscador. Cuando realizamos tal búsqueda lo que nos ofrece el Buscador es precisamente la URL del sitio Web buscado, al cual se puede acceder, pulsando sobre ella.

URL

6.4.2. Como funciona un navegador

El servidor web y el navegador se comunican utilizando el protocolo HTTP, aunque la mayoría de estos, soportan otros protocolos tales como FTP, Gopher, y HTTPS.

La principal función de un navegador es descargar documentos en el formato HTML y mostrarlos en pantalla. Actualmente, no solo descargan estos documentos, sino que muestran con el documento sus imágenes, sonidos e incluso streaming de vídeos en diferentes formatos y protocolos. También permiten almacenar la información en el propio equipo o crear marcadores/ favoritos de las páginas más visitadas.

Los primeros navegadores web soportaban una versión simple de HTML y CSS, pero el rápido desarrollo de los navegadores web propietarios, condujo al desarrollo de dialectos no estándares de HTML/JavaScript y a problemas de interoperabilidad en la web al mostrarse correctamente en unos casos, pero no en otros. Los más modernos como Google Chrome, Amaya, Mozilla, Opera e Internet Explorer 9.0, soportan los estándares HTML y XHTML.

Los estándares web conforman un conjunto de recomendaciones dadas por el World Wide Web consortium (W3C) y otras organizaciones internacionales, sobre cómo crear e interpretar documentos basados en la web, con el objeto de crear una web que trabaje mejor, sea accesible al mayor numero posible de personas y que funcione en cualquier dispositivo de acceso a Internet.

El contenido de la web puede ser predeterminado, convirtiéndose en una página estática, o puede ser generado en el momento de visualizarla o solicitarla, convirtiéndose en una página web dinámica.

6.5. Búsquedas de información

6.5.1. Consideraciones generales

La principal herramienta de búsqueda de información en internet son los denominados buscadores.

Un buscador es una página web que se utiliza para localizar información y, aunque su funcionamiento suele ser variable, todos cuentan con un cuadro de búsqueda en donde ubicar el tema sobre el cual se pretende encontrar información.

Al pulsar el botón de búsqueda, el buscador se conecta con la base de datos que almacena la información y busca coincidencias con el tema solicitado. Tanto la base de datos, como la pagina web, se encuentran en un ordenador que se denomina servidor; estos son equipos permanentemente conectados a la red, y que proveen a los ordenadores de las páginas web, que solicitamos a través del buscador.

6.5.2. Antecedentes

Wandex fue el primer buscador. Utilizó un robot desarrollado por Mattew Gray en el MIT en 1993, y fue realizado por la World Wide Web Wanderer, fue del tipo índice y ya ha desaparecido. En 1993 apareció otro de los primeros buscadores, Aliweb, que todavía está en funcionamiento.

WebCrawler apareció en 1994, fue el primer motor de búsqueda de texto completo. A diferencia de sus predecesores, permitía una búsqueda por palabras en cualquier página web, también fue el primero en darse a conocer ampliamente por el público. En 1994 apareció Lycos que comenzó en la Carnegie Mellon University.

Pronto aparecieron más buscadores: Excite, Infoseek, Inktomi, Northern-Light y Altavista; todos ellos competían con directorios o con índices temáticos populares como Yahoo. Después, los directorios se integraron o añadieron a la tecnología de los buscadores, y así aumentar su funcionalidad.

Antes de la llegada de la Web, había motores de búsqueda que se utilizaban para otros protocolos: el buscador Archie, sitios FTP anónimos, motor de búsqueda Verónica, o el protocolo Gopher.

Actualmente hay una tendencia, en los buscadores, a dar el salto hacia entornos móviles creando los buscadores móviles, una nueva generación de buscadores.

Hacia 2001, el Google adquirió una gran preponderancia; su éxito se basaba en la premisa que las páginas más deseadas o populares, eran aquellas que estaban más enlazadas por otras páginas, que el resto de paginas (éste concepto de popularidad fue tomado de PageRank). Con esta idea, Google dispuso las páginas de una determinada búsqueda en función de su importancia, ello estaba basado en un algoritmo, es decir, las páginas que más enlaces tenían con otras páginas, se mostraban en primer lugar.

En 2004, Yahoo lanzó su buscador basado en una combinación de tecnologías y proporcionando un servicio en el que prevalecía la búsqueda en Webs sobre el directorio.

El más reciente de los grandes buscadores es Live de Microsoft (antes MSN Search), que antes dependía de otros para listar sus búsquedas, pero en 2004 salió una versión beta con sus propios resultados, impulsada por su robot, llamado msnbot. Al principio de 2005 comenzó la versión definitiva.

Ahora el mercado lo domina Google, Yahoo y Microsoft; los demás grandes buscadores, tienden a ser portales que muestran los resultados de otros buscadores y ofrecen, además, todo tipo de contenidos con mayor o menor importancia en la página, como por ejemplo lo hace Yahoo!.

Noxtrum, lanzado al mercado en versión Beta el 1 de diciembre de 2005, es el primer motor de búsqueda global diseñado por una empresa española: Telefónica, Publicidad e Información. Su objetivo es el de ser líder en las búsquedas mundiales en internet para los hispanohablantes, está especializado en las búsquedas locales, sólo operativas en España. Parte de la implementación de FAST para construir su propio motor de búsqueda, por lo que no cuenta con tecnología de búsqueda propia, sino que adapta al español la tecnología que usó en su día navegadores como AllTheWeb, que actualmente es propiedad de Yahoo.

6.5.3. Definición

Un buscador es una herramienta que permite encontrar determinada información en documentos que contengan una palabra concreta o una determinada frase.

Los sistemas que buscan en Internet la información,, sobre un tema especifico, son los motores de búsqueda.

Las búsquedas se hacen generalmente utilizando palabras clave, el resultado de la misma es un listado de direcciones Web, en las que se mencionan temas relacionados con las palabras clave utilizadas en el buscador.

Los sistemas de búsqueda se pueden clasificar como:

- Índices temáticos o directorios: son sistemas de búsqueda por temas o categorías jerarquizadas. Se trata de bases de datos de direcciones Web elaboradas manualmente, es decir, elaboradas por personas que se encargan de asignar cada página Web a un tema o categoría determinada.
- Motores de búsqueda: que utilizan palabras clave. Se trata de bases de datos que incorporan automáticamente páginas web utilizando robots de búsqueda por la red.

Los motores de búsqueda usualmente contienen más información que los directorios. Los directorios han de construirse a partir de búsquedas no automatizadas, de avisos dados por los creadores de páginas, o de ambos sistemas.

6.5.4. Funcionamiento

Aunque cada buscador tiene su forma de realizar las búsquedas, existe cierto consenso aceptado y extendido que se describe a continuación:

- Lenguaje natural: si queremos buscar información sobre el desarrollo de los microprocesadores, en la mayor parte de los buscadores se puede escribir: desarrollo de los microprocesadores. Los principales buscadores admiten búsquedas en lenguaje natural.
- Páginas relacionadas: generalmente, los buscadores incorporan algún tipo de función para buscar páginas semejantes a la localizada.
- Frases literales: si se desea que una determinada frase forme parte de los documentos que buscamos, la podemos escribir precedida y seguida por el símbolo de las "dobles comillas".
- Términos requeridos y excluyentes: al usar el signo menos, -, excluimos el o los término(s) que aparecen después de el.
- Mayúsculas, minúsculas: algunos buscadores (Google) no distinguen entre mayúsculas o minúsculas, por lo que es indiferente ponerlo de una u otra manera. Para otros buscadores (Altavista), si se pone la palabra en minúsculas, se buscan todas las palabras, tanto en mayúsculas como en minúsculas; si por el contrario, la palabra se pone en mayúsculas, o solo la primera letra, solo se buscan aquellas palabras escritas con mayúsculas.

- Comodines: la utilización de comodines (*) es muy importante, puede usarse en buscadores como Altavista y Yahoo!. Puede usarse por ejemplo, para buscar palabras tanto en singular como plural o las raíces de palabras.
- Operadores Booleanos: Google admite el uso de OR (con mayúsculas). Por ejemplo si se desea hacer una búsqueda sobre Bill Gates, se puede probar con: bill OR william gates. Altavista, si se selecciona "búsqueda avanzada", permite búsquedas booleanas. Así, en vez de usar los signos + y -, se utilizan los términos AND, OR, NOT, y se pueden tener más posibilidades con el uso de NEAR, que localiza documentos que tengan las dos palabras alejadas como máximo por 10 palabras. En la búsqueda avanzada, también se puede limitar la búsqueda a documentos que publicados o modificados por última vez en un determinado intervalo de tiempo.
- Caracteres especiales: se sugiere no poner acentos ni eñes, ni otras marcas diacríticas. En Google, si se desea distinguir palabras con y sin eñe, se utiliza el signo +, es decir, escriba [+cana] en vez de [+caña].
- Funciones: los buscadores ya no se limitan a buscar textos, sino que puede identificar: las páginas con la palabra o frase especificada en el nombre de dominio; las páginas que residan en un servidor web específico; las páginas que contienen alguna imagen; las páginas que contengan algún enlace a un servidor determinado, etc.

Al buscar información, en Internet se puede encontrar contenidos muy diversos. Hay informaciones útiles, rápidas y fáciles de encontrar, como lo son la información financiera, actas de congresos, leyes, estadísticas, noticias de actualidad, bases de datos referenciales, directorios e informes de empresas e instituciones, información académica, etc. y otras informaciones no tan útiles, ya que hay que tener en cuenta que cualquiera puede introducir contenidos a la web, sean estos veraces o no. De hecho, el problema principal del uso de internet radica en que la información que se publica en Internet no está sometida a ningún tipo de examen previo por parte de los profesionales del sector, ni a ninguna norma de calidad, por ello, la información que se obtiene de la red debe ser sometida a un riguroso análisis para asegurar su confiabilidad. Así, es importante tener claro el tipo de fuente donde buscar, de acuerdo a las necesidades y veraz.

Además, la gran cantidad y la diversidad de la información disponible en la red, no está organizada para facilitar su recuperación, así que se deben utilizar diversos métodos para buscar y recuperar la información.

6.5.5. Búsquedas efectivas en la red

¿Ha probado a hacer la búsqueda de una palabra en la red como "bocadillo"? En Google se obtienen más de 1.190.000 resultados.

Nunca tendríamos tiempo para examinar la totalidad de los resultados. Por ello, es necesario, al trabajar con Internet, tener algunas nociones de cómo hacer búsquedas efectivas en la red.

Para ello es necesario:

1. Planificar bien la búsqueda. Definir qué queremos buscar, para lograr los resultados más cercanos a nuestra duda o pregunta y ahorrar tiempo.
2. Leer las páginas de ayuda de los buscadores, como se usó Google, aquí te dejamos el enlace de ayuda de búsqueda Web en Google http://www.google.es/support/websearch/?hl=es
3. Guardar los resultados de la Búsqueda que nos interesen.

Algunas sugerencias básicas para hacer búsquedas efectivas en Google:

1. Una forma rápida es utilizar el mayor nº de palabras. Por ejemplo, si se quiere hacer una búsqueda sobre la Guerra de Sucesión, se puede poner: Guerra de Sucesión Española siglo XVIII. En estos casos, el nº de resultados es grande (con nuestro ejemplo 340.000 resultados) pero se trata de que vayamos reduciéndolo para hacer más efectivas las búsquedas.
2. Otra forma sería utilizando frases literales, para lo que se utilizarían las dobles comillas que precederían y seguirían a la frase. En el ejemplo sería: "Guerra de Sucesión Española siglo XVIII". En este caso se ha reducido la búsqueda a 145 resultados.
3. Si se utiliza el signo - se definirían los términos requeridos y los excluyentes. En el ejemplo: "Guerra de Sucesión Española siglo XVIII" -Luis XIV, así se ha reducido la búsqueda a 4 resultados.
4. En otras ocasiones es útil incluir otros términos en Google, en este caso se usa el signo + . Por ejemplo si se desea encontrar información sobre Carlos II, se puede poner Carlos+II.
5. Para buscar imágenes, Google ofrece la posibilidad de buscar específicamente imágenes e incluye una búsqueda avanzada que te permite filtrar la búsqueda por tamaños, color, etc.
6. Búsqueda avanzada de Google: la Búsqueda avanzada ofrece muchas posibilidades para realizar búsquedas con mayor precisión, obteniendo resultados más útiles. Para acceder a ello, se debe hacer clic en el enlace "Búsqueda avanzada" de la página principal de Google.

   Esta opción permite no sólo introducir los términos de tu búsqueda en el campo de búsqueda, sino que te permite también otras opciones como, buscar páginas que sólo:

   - Contengan todos los términos de la búsqueda,
   - Contengan la frase exacta de la consulta,

- ▹ Contengan al menos uno de los términos de la consulta,
- ▹ No contengan ninguno de los términos de la consulta,
- ▹ Estén redactadas en un idioma determinado,
- ▹ Se hayan creado en un formato de archivo específico,
- ▹ Se hayan actualizado en un período de tiempo determinado,
- ▹ Pertenezcan a un dominio o sito web en particular,
- ▹ No contengan material para adultos.

La utilización de"+" en la búsqueda avanzada: como Google ignora algunas palabras y caracteres comunes (dónde, el/la/los/las, cómo), y también algunos dígitos y letras independientes, ya que tienden a ralentizar la búsqueda sin mejorar los resultados, a veces excluye alguna palabra que hemos introducido en el campo de búsqueda, sin embargo, te indicará si ello ha sucedido, en la información que aparece debajo del cuadro de búsqueda, en los resultados. Cuando para obtener los resultados que deseas es imprescindible incluir un término común, puedes precederlo del signo "+", asegurándote de incluir un espacio antes de dicho signo. Por ejemplo, si deseas que Google incluye "I" en una búsqueda de La Guerra de las Galaxias Episodio I, especifica la consulta de la siguiente manera: La Guerra de las Galaxias Episodio +I

A continuación encontrará un enlace para ir a la página de búsqueda avanzada.

http://www.google.es/advanced_search

Si quiere tener más información, tiene aquí otro enlace:

http://www.google.com/support/websearch/bin/answer.py?hl=es&answer=35892&rd=1

7. Si quiere profundizar más en el tema de los buscadores, tienes bajo estas líneas, un enlace interesante, en el que puedes encontrar información sobre las distintas páginas de buscadores en español.

   http://www.tingloop.com/buscadores/buscadores_espanoles.htm

En resumen:

Si se desea restringir los resultados y acotar más la búsqueda se pueden añadir filtros y/o hacer uso de los elementos de búsqueda avanzada. Utilizando el buscador de google se puede:

- Seleccionar el tipo de información que estamos buscando entre información web, imágenes, videos, noticias, precios, libros, direcciones, aplicaciones, etc.

- Acotar más mediante búsqueda avanzada: cualquier país o España, cualquier idioma o español, fecha, palabras exactas, ubicación.
- Operadores de búsqueda:
  1. Utilizar comillas para buscar una palabra o un conjunto de palabras exactas.
  2. Añadir un guión "-" delante de una palabra para excluir todos los resultados que incluyan esa palabra.
  3. Añadir "site:" para obtener resultados solo de determinados sitios o dominios.
  4. Añadir "link:" para buscar páginas que dirijan a una determinada página.
  5. Añadir "related:" para buscar sitios similares a una URL que conozcas.
  6. Incluir el carácter comodín "*" como marcador de posición para cualquier término comodín o desconocido, se puede usar junto con las comillas para buscar variantes de conjuntos de palabras
  7. Para buscar páginas que incluyan al menos una de varias palabras, incluir OR (en mayúsculas) entre las palabras.
  8. Separar números con dos puntos y sin espacios (...) para obtener resultados que contengan los números incluidos en un intervalo determinado de elementos, como fechas, precios y medidas.
  9. Añadir "info:" para obtener información sobre una URL, como la versión de la página almacenada en caché, páginas similares y páginas que dirijan al sitio.
  10. Añadir "cache:" para comprobar cómo era la página la última vez que Google rastreó el sitio
  11. Añadir "definir" para obtener una definición de una palabra.

Auxiliares Administrativos

Ayuntamiento de Cáceres

Temario y Test Volumen 2

Test

Rodio ediciones

Test del Tema 9

eRodio ediciones

1. **El artículo 142 de la CE establece que las Haciendas Locales deberán disponer de los medios suficientes para el desempeño de las funciones que la ley atribuye a las Corporaciones respectivas y se nutrirán fundamentalmente por:**
   a) Tributos propios.
   b) Participación en los tributos del Estado.
   c) Participación en los tributos de las Comunidades Autónomas.
   d) De todos los anteriores.

2. **La norma jurídica que regula actualmente las Haciendas locales es:**
   a) La Ley 7/ 1985 de 2 de abril.
   b) Real Decreto Legislativo 2/2004 de 5 de marzo.
   c) Real Decreto Legislativo 2/2002 de 25 de marzo.
   d) Ley 2/2004 de 5 de marzo.

3. **Conforme la clasificación que realiza el artículo 2 del TRLRHL de los recursos que constituyen la Hacienda local, no se consideran tributos:**
   a) Las tasas.
   b) Los Impuestos.
   c) Los precios públicos.
   d) Las contribuciones especiales.

4. **Para la cobranza de los tributos y demás ingresos de derecho público ¿gozan las Haciendas locales de alguna prerrogativa?**
   a) Sí, las que como tal definan las leyes de las Comunidades Autónomas.
   b) Sí, las establecidas legalmente para la Hacienda del Estado.
   c) Sí, las establecidas legalmente para vía ejecutiva o de apremio exclusivamente.
   d) No, no goza de ningún privilegio especial.

5. **¿Cuántos impuestos cobran los Ayuntamientos, conforme las posibilidades que le otorga el TRLRHL?**
   a) 3.
   b) 5.
   c) Impuestos, tasas y contribuciones especiales.
   d) 28.

6. **De los impuestos municipales, ¿cuántos tienen la consideración de obligatorios y cuántos voluntarios?**
   a) 3 obligatorios y 2 voluntarios.
   b) 2 obligatorios y 3 voluntarios.

c) 3 obligatorios y, voluntarios todos los que se puedan crear.
d) 3 obligatorios, 3 voluntarios, con exclusión de las contribuciones especiales que van aparte.

7. Los impuestos municipales obligatorios son:
a) El IBI y el ICIO.
b) El IBI, el IAE y Plusvalías.
c) El IBI, el IAE y el IVTM.
d) El IBI, el ICIO, el IAE y el IVTM.

8. De los cinco impuestos municipales, cuál es aquel cuyo hecho imponible está constituido por el mero ejercicio de actividades empresariales, profesionales o artísticas, se ejerzan o no, en local determinado:
a) El Impuesto sobre bienes inmuebles (IBI).
b) El Impuesto de actividades económicas (IAE).
c) El impuesto de construcciones, instalaciones y obras (ICIO).
d) El Impuesto sobre el incremento de valor de terrenos urbanos.

9. Los ayuntamientos pueden establecer tasas ¿por cuál de las siguientes actuaciones?
a) Por la utilización privativa o aprovechamiento especial del dominio público.
b) Por la prestación de un servicio público local.
c) Por la realización de actividad administrativa que beneficie de modo particular al sujeto pasivo.
d) Por las tres anteriores.

10. Para que un concepto que cobra el ayuntamiento por la prestación de un servicio sea considerado un tributo como tasa se requiere que:
a) Que no sea de solicitud o recepción voluntaria para los administrados.
b) Que no se presten o realicen por el sector privado.
c) Se necesitan cualquiera de los dos anteriores.
d) Se necesitan que se den simultáneamente las dos anteriores (a y b simultáneamente).

11. Indique cuál de las siguientes es una tasa por utilización del dominio público local:
a) Expedición de documentos.
b) Tránsito de ganado.
c) Extinción de incendios.
d) Recogida de basura.

12. Indique cuál no es una tasa por prestación de servicios o realización de actividad administrativa:
a) Guardería rural o voz pública.
b) Licencias de apertura.
c) Rodaje y arrastre de vehículos.
d) Matadero y mercado.

13. Conforme el art. 21 del TRLRHL existen una serie de servicios en los que las Entidades Locales no podrán exigir tasas a los vecinos, entre los que no encuentra ¿cuál de las siguientes?

a) Alumbrado en vías públicas.
b) Limpieza de la vía pública.
c) Apertura de zanjas en la vía pública.
d) Enseñanza en los niveles obligatorios.

14. Si en un municipio concreto se presta un servicio que no es obligatorio para los vecinos su utilización y, además se presta ya por una empresa privada de la localidad, la cantidad que se cobre será:

a) Una tasa.
b) Un precio público.
c) Una contribución especial.
d) Un impuesto.

15. El tributo por el cual el sujeto pasivo obtiene un beneficio o aumento del valor de sus bienes, como consecuencia de la realización de obras públicas o del establecimiento o ampliación de servicios será:

a) Una contribución especial.
b) Una tasa.
c) El impuesto de plusvalías.
d) El precio público por obras.

16. ¿Cuál de los siguientes tributos no puede formar parte de los recursos de un área metropolitana?

a) Recargo sobre el IBI.
b) Subvenciones.
c) Contribuciones especiales.
d) Impuesto sobre actividades económicas.

17. ¿Cuál de los siguientes impuestos tiene carácter optativo?

a) El IBI.
b) El IAE.
c) El impuesto sobre vehículos de tracción mecánica.
d) El impuesto sobre instalaciones, construcciones y obras.

18. La potestad reglamentaria de las entidades locales se ejercerá por:

a) Las ordenanzas fiscales.
b) Las ordenanzas tributarias.
c) Las ordenanzas presupuestarias.
d) Las ordenanzas económicas.

19. ¿Cuál de los siguientes tributos no existe en el ámbito local?

a) El IAE.
b) El IBI.

c) El impuesto sobre vehículos de tracción mecánica.
d) El impuesto municipal sobre solares.

20. ¿Qué tipo de tributo es el Impuesto sobre Actividades Económicas?
a) Real. b) Social. c) Directo. d) Inmediato.

21. ¿Qué tipo de tributo es el Impuesto sobre Bienes Inmuebles?
a) Real. b) Social. c) Directo. d) Inmediato.

22. ¿Qué artículo de la Constitución establece el principio de suficiencia de las haciendas locales?
a) El 140. b) El 141. c) El 142. d) El 143.

23. ¿A quién corresponde la facultad originaria para establecer tributos?
a) Al Estado.
b) Al Estado y a las Comunidades Autónomas.
c) Al Estado y a los entes territoriales.
d) A los entes territoriales.

24. ¿Qué tipo de potestad tributaria tienen las corporaciones locales?
a) Primaria.
b) Originaria.
c) Derivada.
d) Común.

25. ¿Cuál de las siguientes normas aprueba el Texto Refundido de la Ley de Haciendas Locales?
a) Real Decreto Legislativo 2/2004, de 5 de marzo.
b) Real Decreto Legislativo 3/2004, de 7 de marzo.
c) Real Decreto Legislativo 5/2004, de 12 de marzo.
d) Real Decreto Legislativo 1/2004, de 15 de marzo.

26. ¿Por cuál de los siguientes conceptos pueden exigir tasas las entidades locales?
a) Por la limpieza de la vía pública.
b) Por el abastecimiento de agua en fuentes públicas.
c) Por la vigilancia pública en general.
d) Por la utilización privativa del dominio público.

27. Que órgano del Ayuntamiento de régimen común aprueba las Ordenanzas Fiscales:
a) El Alcalde.
b) El Pleno.
c) La Junta de Gobierno Local.
d) La Comisión de Hacienda.

28. La aprobación de las Ordenanzas requiere un quórum de votación de:

a) Mayoría simple.
b) Mayoría absoluta.
c) Mayoría cualificada.
d) 2/3 de los miembros presentes.

29. Los acuerdos provisionales de aprobación de ordenanzas fiscales aprobados por un municipio se publicarán en el tablón de anuncios y en el BOP por un plazo de:

a) 10 días.
b) 15 días.
c) 30 días como mínimo.
d) 30 días como máximo.

30. Las Entidades Locales que tengan más de cuántos habitantes, están obligadas a editar el texto íntegro de sus ordenanzas fiscales, a disposición de todos los ciudadanos:

a) Los municipios de más de 50.000 habitantes.
b) Los municipios de más de 20.000 habitantes.
c) Los municipios de más de 10.000 habitantes.
d) Los municipios de más de 5.000 habitantes.

31. La Norma Jurídica que regula la Hacienda Local se encuentra recogida en el Texto Refundido de la Ley Reguladora de las Haciendas locales , el cual fue aprobado mediante Real decreto legislativo:

a) 4/2002 de 20 de diciembre.
b) 2/2004 de 20 de diciembre.
c) 2/2004 de 5 de marzo.
d) 39/1988 de 2 de abril.

32. La Norma de carácter reglamentario que desarrolla el texto refundido de la Ley Reguladora de las Haciendas Locales, en materia de Presupuestos es:

a) El RD 500/1990 de 20 de abril.
b) La Ley 7/1985 de 2 de abril.
c) El RDLeg. 781/1986 de 25 de marzo.
d) El RD 500/2008 de 29 de septiembre.

33. Al igual que la Ley General Presupuestaria nuestro Texto Refundido de la Ley Reguladora de las Haciendas Locales define los Presupuestos municipales como:

a) La expresión conjunta y asistemática de las obligaciones que como máximo, puede reconocer la entidad y sus Organismos Autónomos, y de los derechos que prevean liquidar durante el correspondiente ejercicio.
b) La expresión conjunta y sistemática de las obligaciones que como mínimo, puede reconocer la entidad y sus Organismos Autónomos, y de los derechos que prevean liquidar durante el correspondiente ejercicio.

c) La expresión conjunta y sistemática de las obligaciones que como máximo, puede reconocer la entidad y sus Organismos Autónomos, y de los derechos que con exactitud se van a liquidar durante el correspondiente ejercicio.
d) La expresión conjunta y sistemática de las obligaciones que como máximo, puede reconocer la entidad y sus Organismos Autónomos, y de los derechos que prevean liquidar durante el correspondiente ejercicio.

34. Cuando en la normativa Presupuestaria hablamos de "obligaciones" estamos hablando de:
a) De gastos, de compromisos que adquiere la entidad.
b) De ingresos, de recursos de la entidad.
c) Indistintamente de gastos o de ingresos, porque todo son obligaciones.
d) Ninguna respuesta es correcta.

35. Y si hablamos de "Derechos", entonces estamos hablando de:
a) De gastos, de compromisos que adquiere la entidad.
b) De ingresos, de recursos de la entidad.
c) Indistintamente de gastos o de ingresos, porque todo son obligaciones.
d) Ninguna es correcta.

36. El Principio presupuestario que significa que el presupuesto coincide con el año natural, del 1 de enero al 31 de diciembre es el principio de:
a) Anualidad.
b) Universalidad.
c) Unidad.
d) Presupuesto bruto.

37. El principio presupuestario que significa que el presupuesto general de la entidad incluye la totalidad de los gastos e ingresos de la misma es el principio de:
a) Anualidad.
b) Universalidad.
c) Unidad.
d) Presupuesto bruto.

38. El principio Presupuestario que supone que los recursos de la entidad local y de cada uno de los Organismos Autónomos o Sociedades Mercantiles se destinarán a satisfacer el conjunto de sus respectivas obligaciones, salvo en el caso de ingresos específicos afectados a fines determinados, es el principio de:
a) Universalidad.
b) Unidad.
c) Presupuesto bruto.
d) Desafectación de los Recursos.

39. La Memoria explicativa del contenido y modificaciones más importantes en relación con el presupuesto del ejercicio anterior, es uno de los documentos más importantes de los Presupuestos y se incluye en:

a) Los Estados.
b) Los Anexos.
c) Las Bases de Ejecución.
d) La documentación complementaria.

40. En la documentación del presupuesto se incluyen los Planes y Programas de Inversión y Financiación que para un plazo de cuatro años, podrán formular los municipios. Dicho Plan de Inversiones deberá contener una serie de especificaciones, entre las que no se encuentra:

a) La inversión prevista a realizar en cada uno de los cuatro ejercicios.
b) Los ingresos por subvenciones, contribuciones especiales y cargas de urbanización que se prevean cobrar.
c) Las operaciones de crédito que resulten necesarias para completar la financiación con indicación de los costes que vayan a generar.
d) Se encuentran las tres anteriores.

41. Las Bases de ejecución del presupuesto contendrán la adaptación de las disposiciones generales en materia presupuestaria a la organización y circunstancia de la propia Entidad, así como aquellas otras necesarias para su acertada gestión, estableciendo a tal efecto:

a) Cuantas prevenciones se consideren oportunas o convenientes para la mejor realización de los gastos y recaudación de los recursos, sin que puedan modificar lo legislado para la administración económica.
b) Cuantas prevenciones se consideren oportunas o convenientes para la mejor realización de los recursos y recaudación de los gastos, sin que puedan modificar lo legislado para la administración económica.
c) Cuantas prevenciones se consideren oportunas o convenientes para la mejor realización de los gastos y recaudación de los recursos, pudiendo modificar lo legislado para la administración económica.
d) Cuantas prevenciones se consideren oportunas o convenientes para la peor realización de los gastos y recaudación de los recursos, sin que puedan modificar lo legislado para la administración autonómica.

42. Respecto de las Bases de ejecución del Presupuesto de una entidad local, las mismas regularán una serie de materias, entre las que no se encuentra:

a) Los Niveles de vinculación jurídica de los créditos.
b) La relación expresa y taxativa de los créditos que se consideren ampliables.
c) Las Normas que regulen el procedimiento de ejecución del presupuesto.
d) El listado nominal de los funcionarios que trabajan en el Ayuntamiento.

43. ¿En qué documento del presupuesto puede un Ayuntamiento regular de forma exhaustiva, las normas que regulen la expedición de órdenes de pago a justificar y anticipos de caja fija?

a) En Los Estados.
b) En los anexos.
c) En las Bases de Ejecución.
d) En el Plan de Inversiones.

44. Quien "forma" el presupuesto en una entidad local, de conformidad con lo establecido en el texto refundido de la Ley reguladora de las Haciendas locales:

a) El Presidente.
b) El Pleno.
c) La comisión de Hacienda.
d) La junta de Gobierno Local, siempre.

45. El Presupuesto de cada uno de los organismos Autónomos integrantes del general, propuesto inicialmente por el órgano competente de los mismos será remitido a la entidad local de la que dependan:

a) Antes del 1 de enero.
b) Antes del 15 de septiembre.
c) Antes del 15 de Octubre.
d) Antes del 1 de Octubre.

46. Sobre la Base de los presupuestos y estados de previsión recibidos en la Entidad Local de sus Organismos Autónomos y Sociedades Mercantiles, el presidente de la Entidad formará el Presupuesto General y lo remitirá informado por la Intervención con los anexos y documentación complementaria exigida al pleno de la Corporación antes del:

a) Antes del 1 de enero.
b) Antes del 15 de Septiembre.
c) Antes del 15 de Octubre.
d) Antes del 1 de Octubre.

47. Si en el mes de diciembre los grupos políticos presentes en un Ayuntamiento, están de acuerdo con la mayor parte de un presupuesto, pero no con el del Patronato de Deportes, ¿Se puede aprobar en diciembre el presupuesto municipal, dejando para más adelante el Presupuesto del Patronato de deportes?

a) Si, y cuando se aprobara el del Patronato de deportes se procedería a su consolidación con el de la Corporación.
b) Sí, siempre.
c) No, el presupuesto es único, no pudiendo aprobarse ninguno separadamente.
d) Con carácter general no, salvo que el Pleno apruebe la Urgencia de la aprobación del Presupuesto municipal por separado.

48. ¿Quién aprueba inicialmente los Presupuestos de una Entidad local?

a) El presidente.
b) El Pleno.
c) La Junta de gobierno local.
d) La comisión de Hacienda.

49. ¿Se necesita algún tipo de mayoría o quórum especial para la aprobación de los Presupuestos locales, dada su especial transcendencia?

a) Si, mayoría absoluta.
b) Si, quórum cualificado de dos tercios.
c) No, se aprueban por mayoría simple.
d) No, cada ayuntamiento decide en sus bases de ejecución el quórum mínimo de votación de sus presupuestos.

50. Aprobado inicialmente el Presupuesto General, se expondrá al público , previo anuncio en Boletín Oficial de la Provincia, o en su caso, de la Comunidad Autónoma Uniprovincial, por plazo de:

a) De 15 días. b) De 30 días. c) De un mes. d) De 20 días.

51. Expuesto el presupuesto municipal al público, en el BOP, varios vecinos interponen dos reclamaciones y una sugerencia, ¿De qué plazo dispone el Ayuntamiento para resolverlas?

a) De 15 días. b) De 30 días. c) De un mes. d) De 20 días.

52. Expuesto el presupuesto municipal al público en el BOP, nadie presenta ni reclamaciones ni sugerencias, ni nada, ¿Entonces qué sucede?

a) Que se entiende rechazado por la incomparecencia de los vecinos a un expediente tan importante.
b) Que se lleva al pleno para su aprobación definitiva, con un certificado del secretario que explicita la circunstancia expuesta.
c) Que se entenderá aprobado provisionalmente.
d) Que se entenderá aprobado definitivamente, sin necesidad de acuerdo Plenario.

53. ¿Antes de qué fecha tiene que estar definitivamente aprobado el Presupuesto general de la Corporación?

a) Ante del 15 de octubre.
b) No hay fecha límite, ya que en los Ayuntamientos es tradición aprobarlos a lo largo del año de su ejercicio.
c) El 31 de diciembre del año de ejecución presupuestaria.
d) El 31 de diciembre del año anterior al ejercicio en que deba aplicarse.

54. ¿Cuándo entra en vigor un presupuesto municipal?

a) Al día siguiente de su publicación en el BOP.

b) El día de su publicación.

c) El día de la aprobación definitiva por el pleno.

d) Transcurrido el plazo de 15 días desde la recepción por la Comunidad Autónoma y el estado, una vez publicado.

55. Si al iniciarse el ejercicio económico no hubiese entrado en vigor el presupuesto correspondiente, ¿Qué sucede?

a) Que por decreto del Alcalde se prorrogará el del presupuesto anterior.

b) Que se prorroga el presupuesto anterior, previo acuerdo del Pleno en tal sentido.

c) Que se considera automáticamente prorrogado el del anterior, con sus créditos iniciales.

d) Que se considera automáticamente prorrogado el del anterior, con sus créditos definitivos.

56. El TRLRHL establece que el Ministerio de Hacienda establecerá con carácter general la estructura de los presupuestos de las entidades locales, y así se ha efectuado a través de la Orden del Ministerio de Economía y Hacienda, Orden EHA/3565/2008,modificada por la Orden HAP/419/2014 que clasifica los estado de gastos en:

a) Clasificación Económica y funcional.

b) Clasificación Funcional, Económica y opcionalmente orgánica.

c) Clasificación Económica y por programas.

d) Clasificación por Programas, económica, y opcionalmente por unidades Orgánicas.

57. De las distintas clasificaciones en las que se puede presentar el presupuesto de las Entidades Locales, aquella en la que los créditos se ordenan según su finalidad y los objetivos que con ellos se proponga conseguir dicha entidad es la clasificación:

a) Por programas.

b) Económica.

c) Funcional.

d) Orgánica.

58. De las distintas clasificaciones en las que se puede presentar el presupuesto de las Entidades Locales, aquella que agrupa los créditos por capítulos separando las operaciones corrientes, las de capital y las financieras, es la clasificación:

a) Por programas.

b) Económica.

c) Funcional.

d) Orgánica.

59. La Clasificación por programas de los presupuestos de las entidades locales se desagrega en:

a) Capítulos, artículos y conceptos.
b) Grupo de función y subfunción.
c) Áreas de gasto, políticas de gasto y grupos de programas.
d) Estado de Gastos y Estado de Ingresos.

60. La Clasificación Económica de los presupuestos de las entidades locales se desagrega en:

a) Capítulos, artículos, conceptos y subconceptos.
b) Grupo de función y subfunción.
c) Área de gasto, política de gasto y grupos de programas.
d) Estado de gastos y estado de ingresos.

61. Respecto de la Clasificación por programas de los presupuestos de las entidades locales, se exige que el detalle de los créditos se presente como mínimo a nivel de:

a) Área de Gasto.
b) Políticas de gasto.
c) Grupos de programas de gasto.
d) Capítulos.

62. Respecto de la Clasificación Económica de los estados de gastos de los presupuestos de las entidades locales de menos de 5.000 habitantes, éstas pueden presentar y ejecutar su presupuesto como mínimo a qué nivel:

a) Capítulo.
b) Artículo.
c) Concepto.
d) Subconceptos.

63. Conforme la Orden del Ministerio de Economía y Hacienda EHA/3565/2008, modificada por la Orden HAP/419/2014 la aplicación presupuestaria vendrá definida al menos por la conjunción de las clasificaciones por programas y económica, ¿A qué nivel?:

a) Áreas de gasto y Capítulo.
b) Políticas de gasto y artículo.
c) Grupos de programas y capítulos.
d) Grupos de programas o programas y Conceptos o subconceptos.

64. De las distintas clasificaciones con las que se pueden presentar los presupuestos de las entidades locales, ¿Cuál de ellas no es obligatoria?

a) La económica.
b) La de Por Programas.
c) La Orgánica.
d) Todas son obligatorias para todos los Ayuntamientos.

65. Dentro de la Clasificación Económica de los Presupuestos de las Entidades Locales el capítulo 5º del Estado de Gastos se denomina:
a) Inversiones reales.
b) Transferencias Corrientes.
c) Ingresos Patrimoniales.
d) Fondo de Contingencia.

66. Dentro de la Clasificación Económica de los Presupuestos de las Entidades Locales el capítulo 7º del estado de gastos se denomina:
a) Transferencias de Capital.
b) Transferencias corrientes.
c) Activos financieros.
d) Pasivos financieros.

67. Los Gastos Financieros de las corporaciones locales se imputan en la estructura de sus presupuestos dentro de la clasificación económica al capítulo:
a) 2. b) 3. c) 4 . d) 6.

68. En cuanto a la clasificación económica del Estado de Ingresos, el capítulo 3º se denomina:
a) Impuestos directos.
b) Impuestos Indirectos.
c) Tasas, Precios Públicos, y Otros Ingresos.
d) Transferencias Corrientes.

69. En cuanto a la clasificación económica del estado de Ingresos de los presupuestos de las Entidades Locales, el Capítulo 9º se denomina:
a) Activos financieros.
b) Pasivos financieros.
c) Gastos Financieros.
d) Transferencias de capital.

70. La Enajenación de inversiones reales, es un ingreso municipal que se incluye en el capítulo:
a) 4. b) 5. c) 6. d) No existe.

71. Respecto a la Clasificación por programas de gasto, de las entidades locales, la deuda pública se incluye en el Área de gasto:
a) 3. b) 4. c) 9. d) 0.

72. ¿Cómo se denomina el Área de Gasto 4 de la Clasificación por programas de gasto, de los presupuestos de las Entidades Locales?
a) Servicios Públicos Básicos.
b) Actuaciones de Proyección y promoción social.
c) Producción de Bienes Públicos de carácter preferente.
d) Actuaciones de carácter económico.

73. Las retribuciones en dinero y en especie a satisfacer por las Entidades Locales y por sus Organismos Autónomos al personal de todo orden por razón de trabajo se imputan al capítulo:

a) Capitulo 1°. Gastos de Personal.
b) Capitulo 2°. Gastos Corrientes en Bienes y servicios.
c) Capitulo 4°. Transferencias Corrientes.
d) Capitulo 9°. Gastos de Personal.

74. Los gastos destinados a la creación de infraestructuras y a la creación o adquisición de bienes de naturaleza inventariable necesarios para el funcionamiento de los servicios se imputan al capítulo:

a) Capitulo 2°. Gastos Corrientes en Bienes y servicios.
b) Capitulo 3°. Gastos Financieros.
c) Capitulo 4°. Transferencias Corrientes.
d) Capitulo 6°. Inversiones Reales.

75. Los ingresos procedentes de rentas del patrimonio de las Entidades Locales y de sus Organismos autónomos, como intereses de sus títulos valores, rentas de bienes inmuebles, etc, se imputan a que capítulo:

a) Capitulo 3°. Tasas Precios Públicos y otros ingresos.
b) Capítulo 4°. Transferencias Corrientes.
c) Capitulo 5°. Ingresos Patrimoniales.
d) Capitulo 6°. Enajenación de inversiones reales.

76. El área de gasto al que se imputan las políticas de gasto referidas a Sanidad, educación, Cultura y deportes es:

a) 2. Actuaciones de Protección y Promoción Social.
b) 3. Producción de bienes públicos de carácter preferente.
c) 4. Actuaciones de carácter económico.
d) 9. Actuaciones de carácter general.

77. Respecto de las modificaciones presupuestarias, indique que expediente habrá que tramitar cuando haya de realizarse algún gasto que no pueda demorarse hasta el ejercicio siguiente, y no exista crédito al que pueda aplicarse:

a) Crédito extraordinario.
b) Suplemento de crédito.
c) Ampliación de crédito.
d) Transferencia de crédito.

78. Que expediente de modificación presupuestaria, habrá de tramitarse cuando haya de realizarse algún gasto que no pueda demorarse hasta el ejercicio siguiente, y el crédito presupuestario es insuficiente, es decir existe la partida, pero no tiene crédito suficiente para el gasto propuesto:

a) Crédito extraordinario.
b) Suplemento de crédito.
c) Ampliación de crédito.
d) Transferencia de crédito.

79. Tanto el crédito extraordinario como el suplemento de crédito pueden realizarse, es decir financiarse con alguno de los ingresos que te señalamos a continuación, entre los que no se encuentra cual de ellos:

a) El remanente líquido de tesorería.
b) Nuevos ingresos no previstos en el presupuesto.
c) Mayores ingresos recaudados sobre los consignados.
d) El reembolso de préstamos.

80. Que órgano aprueba los expedientes de crédito extraordinario o suplemento de crédito en una entidad local:

a) El Presidente.
b) El Pleno.
c) El Alcalde.
d) La junta de Gobierno.

81. Excepcionalmente un crédito extraordinario o suplemento de crédito, puede ser financiado a través de una operación de crédito, pero se necesitan una serie de requisitos concurrentes, entre los que se encuentra cual de los siguientes:

a) Que su importe anual no supere el 10% de los recursos por operaciones corrientes.
b) Que la carga financiera total de la entidad, no supere el 5% de los expresados recursos.
c) Que las operaciones queden canceladas antes de que se proceda a la renovación de la corporación que las concierte.
d) Todas son ciertas.

82. El expediente de modificación de créditos que viene definido como la modificación al alza del presupuesto de gastos que se concreta en el aumento de crédito presupuestario de alguna de las partidas relacionadas expresa y taxativamente en las bases de ejecución del presupuesto es:

a) Crédito extraordinario.
b) Suplemento de crédito.
c) Ampliación de crédito.
d) transferencia de crédito.

83. El expediente de modificación de créditos que viene condicionado por el aumento de un crédito presupuestario de gastos que queda debidamente compensado, con la disminución en otro u otros del mismo presupuesto de gastos, y por el mismo importe se denomina:

a) Crédito extraordinario.
b) Suplemento de crédito.
c) Ampliación de crédito.
d) Transferencia de crédito.

84. Quien aprueba en una entidad local las transferencias de crédito, con carácter general:

a) El Pleno.
b) El presidente.
c) La Junta de Gobierno.
d) El órgano que para caso indique las bases de ejecución del presupuesto.

85. Pero si la transferencia, se produce entre aplicaciones presupuestarias, de distinto grupo de función (Hoy de distinta Área de Gasto), entonces el órgano para su aprobación será:

a) El Pleno.
b) El Presidente.
c) La Junta de Gobierno.
d) El órgano que para caso indique las bases de ejecución del presupuesto.

86. Las transferencias de crédito estarán sujetas a una serie de limitaciones entre las que no se encuentra:

a) No pueden afectar a créditos ampliables ni a los extraordinarios concedidos en el ejercicio.
b) No podrán minorar créditos que hayan sido incrementados.
c) No disminuirán créditos, que en otras transferencias hayan sido ya disminuidos.
d) todas las anteriores son limitaciones a las transferencias.

87. Podrán generar crédito en los estados de gastos de los presupuestos, los ingresos de naturaleza no tributaria, derivadas de una serie de operaciones entre las que no se encuentra:

a) Enajenación de bienes.
b) Prestación de servicios.
c) Concertación de préstamos.
d) Reembolso de préstamos.

88. Cual de los siguientes créditos presupuestarios es posible incorporar al ejercicio siguiente, siempre que existan para ello los suficientes recursos financieros:

a) Los créditos extraordinarios concedidos en el último trimestre del ejercicio.
b) Los créditos que amparen compromisos de gasto efectuado.

c) Los créditos por operaciones de capital.
d) Los tres anteriores.

89. Con que tipo de recursos puedo financiar la incorporación de remanentes de un ejercicio presupuestario al siguiente:

a) Con el remanente líquido de tesorería.
b) Con nuevos o mayores ingresos sobre los totales previstos.
c) a y b son correctas.
d) Exclusivamente con la concertación de una operación de crédito.

90. La baja por anulación supone una disminución total o parcial del crédito asignado a una partida presupuestaria, por cual de los siguientes motivos:

a) Para financiar un remanente de tesorería negativo.
b) Para financiar una transferencia de crédito.
c) En ejecución de un Decreto del Presidente.
d) Todas son correctas.

Solución al test del tema 9

1. a) De todos los anteriores.

2. b) Real Decreto Legislativo 2/2004 de 5 de marzo.

3. c) Los Precios Públicos.

4. b) Sí, las establecidas legalmente para la Hacienda del Estado.

5. b) 5.

6. a) 3 obligatorios y 2 voluntarios.

7. c) El IBI, el IAE y el IVTM.

8. b) El Impuesto de actividades económicas (IAE).

9. d) Por las tres anteriores.

10. d) Se necesitan que se den simultáneamente las dos anteriores (a y b simultáneamente).

11. b) Tránsito de ganado.

12. c) Rodaje y arrastre de vehículos.

13. c) Apertura de zanjas en la vía pública.

14. b) Un precio público.

15. a) Una contribución especial.

16. d) Impuesto sobre actividades económicas.

17. d) El impuesto sobre instalaciones, construcciones y obras.

18. a) Las ordenanzas fiscales.

19. d) El impuesto municipal sobre solares.

20. a) Real.

21. a) Real.

22. c) El 142.

23. a) Al Estado.

24. c) Derivada.

25. a) Real Decreto Legislativo 2/2004, de 5 de marzo.

26. d) Por la utilización privativa del dominio público.

27. b) El Pleno.

28. a) Mayoría simple.

29. c) 30 días como mínimo.

30. b) Los municipios de más de 20.000 habitantes.

31. c) 2/2004 de 5 de marzo.

32. a) El RD 500/1990 de 20 de abril.

33. d) La expresión conjunta y sistemática de las obligaciones que como máximo, puede reconocer la entidad y sus Organismos Autónomos, y de los derechos que prevean liquidar durante el correspondiente ejercicio.

34. a) De gastos, de compromisos que adquiere la entidad.

35. b) De ingresos, de recursos de la entidad.

36. a) Anualidad.

37. b) Universalidad.

38. d) Desafectación de recursos.

39. b) Los Anexos.

40. d) Se encuentran las tres anteriores.

41. a) Cuantas prevenciones se consideren oportunas o convenientes para la mejor realización de los gastos y recaudación de los recursos, sin que puedan modificar lo legislado para la administración económica.

42. d) El listado nominal de los funcionarios que trabajan en el Ayuntamiento.

43. c) En las Bases de Ejecución del Presupuesto.

44. a) EL Presidente.

45. b) Antes del 15 de septiembre.

46. c) Antes del 15 de Octubre.

47. c) No, el presupuesto es único, no pudiendo aprobarse ninguno separadamente.

48. b) El Pleno.

49. c) No, se aprueban por mayoría simple.

50. a) De 15 días.

51. c) De un mes.

52. d) Que se entenderá aprobado definitivamente, sin necesidad de acuerdo plenario.

53. d) El 31 de diciembre del año anterior al ejercicio en que deba aplicarse.

54. a) Al día siguiente de su publicación en el BOP.

55. c) Que se considera automáticamente prorrogado el del anterior, con sus créditos iniciales.

56. d) Clasificación por Programas, económica, y opcionalmente por unidades Orgánicas.

57. a) Por Programas.

58. b) Económica.

59. c) Áreas de gasto, políticas de gasto y grupos de programas.

60. a) Capítulos, artículos, conceptos y subconceptos.

61. c) Grupos de programas de gasto.

62. b) Artículo.

63. d) Grupos de programas o programa, y Concepto o subconcepto.

64. c) La Orgánica.

65. d) Fondo de Contingencia.

66. a) Transferencias de Capital.

67. b) 3.

68. c) Tasas, Precios Públicos, y otros ingresos.

69. b) Pasivos Financieros.

70. c) 6.

71. d) 0.

72. d) Actuaciones de carácter económico.

73. a) Capítulo 1°. Gastos de Personal.

74. d) Capítulo 6°. Inversiones Reales.

75. c) Capítulo 5°. Ingresos Patrimoniales.

76. b) 3. Producción de bienes públicos de carácter preferente.

77. a) Crédito extraordinario.

78. b) Suplemento de crédito.

79. d) El reembolso de préstamos.

80. b) El Pleno.

81. c) Que las operaciones queden canceladas antes de que se proceda a la renovación de la corporación que las concierte.

82. c) Ampliación de crédito.

83. d) Transferencia de crédito.

84. d) El órgano que para caso indique las bases de ejecución del presupuesto.

85. a) El Pleno.

86. c) No disminuirán créditos, que en otras transferencias hayan sido ya disminuidos.

87. c) Concertación de préstamos.

88. d) Las tres anteriores.

89. c) a y b son correctas.

90. a) Para financiar un remanente de tesorería negativo.

Test del Tema 10

1. El Texto Refundido de Régimen Local establece que las Entidades Locales pueden concertar contratos, pactos o condiciones siempre que:

a) Sean favorables para los miembros de la Corporación.

b) Siempre que no sean contrarios al interés público, al ordenamiento jurídico o a los principios de buena administración.

c) Siempre que ocasionen un beneficio económico constatable a la Entidad local respectiva.

d) Todas son correctas.

2. La normativa de régimen local establece que con carácter general los contratos de la entidades locales se rigen por la legislación del Estado y en su caso por la de las Comunidades Autónomas en los términos del artículo 149.1 de la CE, y dicha legislación es en la actualidad:

a) La Ley de Contratos de las Administraciones Públicas de 1995.

b) El Texto Refundido de la Ley de Contratos de las Administraciones Públicas de 2004.

c) La Ley 30/2007, de 30 de octubre, Ley de Contratos del Sector Público.

d) El Texto Refundido de la Ley de Contratos del Sector Público de 2011.

3. Según la nueva Ley de Contratos del Sector Público (en adelante TRLCSP), los contratos que celebren los poderes adjudicadores que no reúnan la condición de Administración Pública, tendrán la consideración de:

a) Contratos administrativos.

b) Contratos privados.

c) Contratos mixtos.

d) Contratos de colaboración entre el sector público y el sector privado.

4. A efectos del TRLCSP, un ayuntamiento se considera:

a) Sector público.

b) Administración pública.

c) Poder adjudicador.

d) Todos los anteriores.

5. El contrato en virtud del cual una administración pública encomienda a una persona, natural o jurídica, la gestión de un servicio cuya prestación ha sido asumida como propia de su competencia, es un contrato:

a) De obra.

b) De gestión de servicios públicos.

c) De servicios.

d) De colaboración público-privado.

6. Los Contratos de Obras se sujetarán a regulación armonizada si superan la cuantía de:

a) 130.000 euros.
b) 230.000 euros.
c) 500.000 euros.
d) 5.000.000 euros.

7. En relación con la regulación contenida en el TRLCSP sobre el contrato de colaboración entre el sector público y el sector privado, cuál de las siguientes afirmaciones es correcta:

a) Su calificación jurídica es de contrato privado celebrado por una Administración Pública.
b) Pueden celebrarlo todos los entes u organismos que tengan la consideración de poder adjudicador.
c) Cuando lo celebren las Administraciones Públicas y en función de su cuantía, podrá considerarse como sujeto a regulación armonizada o excluido de la misma.
d) Se trata de un contrato administrativo típico, sujeto a regulación armonizada, cualquiera que sea su precio.

8. Señale cuál de las siguientes no es una fórmula de selección introducida como novedad en el TRLCSP:

a) El concurso-subasta.
b) El diálogo competitivo.
c) El sistema dinámico.
d) La celebración de acuerdos marcos.

9. Según el TRLCSP, el contrato celebrado por una Administración Pública con una entidad de seguros, para cobertura de los riesgos derivados de accidentes del personal a su servicio, tendría la consideración de:

a) Contrato privado.
b) Contrato de asistencia.
c) Contrato de gestión de servicios públicos.
d) Contrato sujeto a regulación armonizada.

10. Un contrato para la fabricación de bienes y la prestación de servicios que incorporen tecnología específicamente desarrollada con el propósito de aportar soluciones más avanzadas y económicamente más ventajosas que las existentes en el mercado es:

a) De servicios.
b) De suministros.
c) De colaboración sector público sector privado.
d) Contrato de obras.

11. Cuando una afamada artista nacional actúa en las fiestas y ferias de tu localidad, ofreciendo un magnífico concierto ¿crees que se habrá firmado algún tipo de contrato?

a) No, no es lo habitual en los artistas.
b) Sí, un contrato de servicios.
c) Sí, un contrato privado.
d) No, los espectáculos están expresamente excluidos de la ley.

12. Que órgano aprueba en un ayuntamiento de régimen común un contrato cuya cuantía supera el 10% de los recursos ordinarios del presupuesto, pero no supera 1.000.000 euros:

a) El Alcalde.
b) La Junta de Gobierno Local.
c) El Pleno.
d) La Mesa de contratación.

13. ¿Qué órgano aprueba en un ayuntamiento de 5.385 habitantes un contrato de 89.537 euros, importe que no supera el 10% de los recursos ordinarios del presupuesto?

a) El Alcalde.
b) La Junta de Gobierno Local.
c) El Pleno.
d) La Mesa de contratación.

14. ¿Qué dos funcionarios forman parte inexcusable de la mesa de contratación?

a) El Secretario y el Jefe de Contratación.
b) El Secretario y el Interventor.
c) El Interventor y el Tesorero.
d) El Interventor y el Jefe de Contratación.

15. En los Ayuntamientos ¿existe Junta de Contratación?

a) Sí, en todos.
b) En los de más de 5.000 habitantes.
c) Es potestativa.
d) Es preceptiva.

16. En los municipios de población inferior a 5.000 habitantes, la aprobación del gasto será sustituida :

a) Por la Orden de la Alcaldía.
b) Por la autorización del Interventor.
c) Por una certificación de existencia de crédito que expedirá el Secretario-Interventor.
d) La aprobación del gasto es insustituible, siempre.

17. Por la forma de tramitación, los expedientes de contratación que concierten las Corporaciones locales pueden ser:
a) Ordinarios y urgentes.
b) Ordinarios, urgentes y de emergencia.
c) Abiertos y restringidos.
d) Con publicidad y sin publicidad.

18. Pueden ser declarados de urgencia, los contratos que:
a) Así lo decida la Alcaldía-Presidencia.
b) Los que respondan a una necesidad aplazable.
c) Los contratos cuya adjudicación sea preciso acelerar por razones de interés público.
d) b) y c) son correctas.

19. En cuál de los siguientes casos se prevé la tramitación de expedientes de contratación de emergencia?
a) A causa de acontecimientos catastróficos.
b) Situaciones que supongan un grave peligro.
c) Necesidades que afecten a la defensa nacional.
d) A todas las anteriores.

20. En los procedimientos tramitados de emergencia, el plazo de inicio de las prestaciones no puede ser superior a:
a) 10 días. b) 15 días. c) 20 días. d) Un mes.

21. El procedimiento por el cual todo empresario interesado podrá presentar una proposición, quedando excluida toda negociación de los términos del contrato, es el procedimiento:
a) Abierto.
b) Restringido.
c) Negociado.
d) De diálogo competitivo.

22. El procedimiento por el cual sólo pueden presentar proposiciones aquellos empresarios que, a su solicitud y en atención a su solvencia sean seleccionados por el órgano de contratación, es el procedimiento:
a) Abierto.
b) Restringido.
c) Negociado.
d) De diálogo competitivo.

23. El procedimiento por el cual la adjudicación recaerá en el licitador justificadamente elegido por el órgano de contratación tras efectuar consultas con diversos candidatos, es el procedimiento
a) Abierto.
b) Restringido.
c) Negociado.
d) De diálogo competitivo.

24. En el procedimiento abierto, el plazo de presentación de proposiciones en los contratos sujetos a regulación armonizada, no será inferior a

a) 52 días. b) 10 días. c) 36 días. d) 47 días.

25. El procedimiento negociado sin publicidad, se puede utilizar por un Ayuntamiento en un contrato de obra que no supere:

a) 18.000 euros.
b) 50.000 euros.
c) 100.000 euros.
d) 200.000 euros.

26. Y el procedimiento negociado con publicidad, se puede utilizar por un ayuntamiento para contratos de gestión de servicio público siempre que su cuantía no supere:

a) 1.000.000 euros.
b) 500.000 euros.
c) 50.000 euros.
d) 200.000 euros.

27. Los contratos menores se definen por su cuantía, que no debe superar en el contrato de obras:

a) 18.000 euros.
b) 50.000 euros.
c) 5.000 euros.
d) 10.000 euros.

28. Los contratos menores se definen por su cuantía, que no debe superar en el contrato de suministros:

a) 18.000 euros.
b) 50.000 euros.
c) 5.000 euros.
d) 10.000 euros.

29. En los contratos menores, que exige la tramitación del expediente:

a) La aprobación del gasto.
b) La incorporación al mismo de la factura correspondiente.
c) El certificado previo de existencia de crédito.
d) Sólo es necesario a) y b).

30. En un municipio de gran población ¿qué órgano ejerce las competencias de contratación, con independencia de su cuantía?

a) El Pleno.
b) La Junta de Gobierno Local.
c) El Alcalde.
d) La Junta Consultiva.

Solución al test del tema 10

1. b) Siempre que no sean contrarios al interés público, al ordenamiento jurídico o a los principios de buena administración.

2. d) El Texto Refundido de la Ley de Contratos del Sector Público de 2011.

3. b) Contratos privados.

4. d) Todos los anteriores.

5. b) De gestión de servicios públicos.

6. d) 5.000.000 euros.

7. d) Se trata de un contrato administrativo típico, sujeto a regulación armonizada, cualquiera que sea su precio.

8. a) El concurso-subasta.

9. a) Contrato privado.

10. c) De colaboración sector público sector privado.

11. c) Sí, un contrato privado.

12. c) El Pleno.

13. a) El Alcalde.

14. b) El Secretario y el Interventor.

15. c) Es potestativa.

16. c) Por una certificación de existencia de crédito que expedirá el Secretario-Interventor.

17. b) Ordinarios, urgentes y de emergencia.

18. c) Los contratos cuya adjudicación sea preciso acelerar por razones de interés público.

19. d) A todas las anteriores.

20. d) Un mes.

21. a) Abierto.

22. b) Restringido.

23. c) Negociado.

24. a) 52 días.

25. d) 200.000 euros.

26. b) 500.000 euros.

27. b) 50.000 euros.

28. a) 18.000 euros.

29. d) Sólo es necesario a) y b).

30. b) La Junta de Gobierno Local.

Test del Tema 11

eRodio ediciones

1. El Órgano de encuentro entre los Representantes de los Trabajadores y el Empresario, para el desarrollo de una participación equilibrada en materia de Prevención de Riesgos, se denomina:

a) Comité de Empresa.
b) Comité de Seguridad e Higiene.
c) Comité de Seguridad y Salud.
d) Junta de Personal.

2. La encomienda que tienen los Poderes Públicos, de velar por la Seguridad e Higiene en el trabajo, en nuestra actual Constitución:

a) Se encuadra dentro del Título dedicado a los Derechos y Deberes Fundamentales.
b) Constituye un Principio Rector de la Política Social y Económica.
c) Se recoge en su artículo 40.
d) Todas las anteriores son correctas.

3. La Legislación vigente obliga al empresario, como responsable de la prevención de riesgos laborales y garante de la seguridad y salud en el trabajo, a utilizar, en su caso, alguno de los siguientes medios:

a) Constituir un Servicio de Prevención propio, que estará formado y designado por el Comité de Seguridad y Salud.
b) Asumir personalmente la Actividad Preventiva.
c) Designar a uno o varios Delegados de Prevención.
d) Concertar este Servicio, con una Entidad especializada, acreditada por la Autoridad Sanitaria.

4. La Ley de Prevención de Riesgos Laborales preceptúa que, el Comité de Seguridad y Salud, se reunirá trimestralmente, pero esta periodicidad tenemos que considerarla:

a) Como valor exacto.
b) Como mínimo.
c) Como máximo.
d) Como así marquen los Convenios Colectivos correspondientes, aunque tal periodicidad, se vea disminuida.

5. La disciplina que estudia la evaluación de riesgos por exposición a determinados agentes físicos, químicos y biológicos, se denomina:

a) Seguridad en el Trabajo.
b) Higiene Industrial.
c) Medicina en el Trabajo.
d) Ergonomía y Psicosociología Aplicada.

6. La Prevención es definida en la Ley 31/1995, de 8 de Diciembre, como:

a) La posibilidad de que un trabajador, sufra un determinado daño derivado del trabajo.
b) La probabilidad de que un riesgo, se materialice en un futuro inmediato.
c) Un conjunto de actividades o medidas, que tienen como fin de evitar o disminuir los riesgos derivados del trabajo.
d) Ninguna de las anteriores es correcta.

7. Los Equipos de Protección Individual:

a) Serán prioritarios frente a otros tipos de medidas.
b) Los deberá de proporcionar el Empresario, y su coste se sufragará a medias con el Trabajador.
c) Serán seleccionados los más idóneos, previo análisis de necesidades.
d) Todas las anteriores son correctas.

8. El artículo 12°, de la Ley de Prevención de Riesgos Laborales, preceptúa que la participación de empresarios y trabajadores, a través de las organizaciones empresariales y sindicales más representativas, en la planificación, programación, organización y control de la gestión relacionada con la mejora de las condiciones de trabajo y la protección de la seguridad y salud de los trabajadores en el trabajo es:

a) Un Principio Rector de la política de prevención de riesgos laborales.
b) Una Declaración Política, por lo tanto sin fuerza de obligar.
c) Un Principio Básico de la política de prevención de riesgos laborales.
d) Un Valor Superior de la política de prevención de riesgos laborales.

9. Una Empresa con 132 Trabajadores, contará como mínimo con:

a) 4 Delegados de Prevención.
b) Un Comité de Seguridad y Salud compuesto por 4 Delegados de Prevención y 4 Representantes de la Empresa.
c) Un Comité de Seguridad y Salud, integrado en su totalidad por 6 miembros.
d) A y b son correctas.

10. A efectos de determinar el número de Delegados de Prevención que le corresponden a una Empresa, se tendrá en cuenta que los Trabajadores, con contrato superior a un año, se computarán:

a) Con derecho a una Representación Directa, es decir: un Delegado de Prevención por cada uno de ellos.
b) Como Fijos de Plantilla.
c) Según el número de días trabajados en el período de un año anterior a la designación.
d) Dependiendo de si el Contrato es a Tiempo Parcial o a Jornada Completa.

11. En los Centros de Trabajo, que carezcan de Representantes de los Trabajadores, por no existir Trabajadores con la antigüedad suficiente para ser electores o elegibles en las elecciones para Representantes del Personal:
- a) Será el Empresario, el que se encargue de dicha representación.
- b) Los Trabajadores podrán elegir por mayoría a un Trabajador, que ejerza las competencias del Delegado de Prevención.
- c) Los Trabajadores, junto con el Empresario, acordarán la elección de un Delegado de Prevención.
- d) No existirá tal Representación.

12. En todo caso, la facultad de designación de los Delegados de Prevención, corresponde a:
- a) Los Representantes del Personal.
- b) Los propios Trabajadores.
- c) Los Representantes del personal o a los propios Trabajadores.
- d) Los Representantes del Personal o a los propios Trabajadores, pero con el visto bueno del Empresario.

13. El artículo 36º de la LPRL no recoge como competencia del Delegado de Prevención:
- a) Promover y fomentar la cooperación de los trabajadores en la ejecución de la normativa sobre PRL.
- b) Ejercer una labor de vigilancia, control y sanción, sobre el cumplimiento de la normativa de PRL.
- c) Colaborar con la dirección de la empresa en la mejora de la acción preventiva.
- d) Todas las anteriores, son competencias de los Delegados de Prevención.

14. Para determinar el número de Delegados de Prevención que le corresponde tener a una Empresa, se tendrá en cuenta:
- a) La Actividad de la misma.
- b) La Disposición del Empresario.
- c) El Número de Trabajadores que tenga.
- d) La Ubicación de la Empresa, El Trabajo a Turnos y la Actividad que desarrolle.

15. El Comité de Seguridad y Salud está formado, entre otros, por:
- a) Los representantes de los trabajadores con funciones exclusivas en materia de prevención de riesgos en el trabajo.
- b) El Empresario y/o sus Representantes.
- c) A y b son correctas.
- d) A y b son incorrectas.

16. Siempre que se garantice que la facultad de designación, de los Delegados de Prevención, corresponde a los representantes del personal o a los propios trabajadores, podrán establecerse otros sistemas de designación de los mismos, en:

a) El Reglamento Interno de la Empresa.

b) Los Contratos de Trabajo.

c) La Ley de Designación de los Delegados de Prevención.

d) Los Convenios Colectivos.

17. Si una Empresa no cuenta con Comité de Seguridad y Salud, por no alcanzar el número mínimo de trabajadores establecido al efecto, las competencias atribuidas a aquél en la L.P.R.L. serán ejercidas por:

a) Mancomunadamente entre el Empresario y los Trabajadores.

b) Por el Empresario.

c) Por los Delegados de Prevención.

d) Mancomunadamente entre el Empresario y los Delegados de Prevención.

18. ¿Qué plazo tiene un Trabajador para presentar en la Empresa un parte de baja, producido por un accidente de trabajo?

a) 24 horas.

b) 3 días a partir de la fecha de expedición del parte.

c) 48 horas.

d) El mismo día de expedición del parte.

19. Los informes que deban emitir los Delegados de Prevención, se elaborarán en un plazo improrrogable de:

a) 10 días.

b) 15 días.

c) 20 días.

d) Ninguna de las anteriores es correcta.

20. El carácter que le otorga el apartado II del artículo 2º, de la Ley de Prevención de Riesgos Laborales, a la misma:

a) Le impone una prioridad ante los Convenios Colectivos, aunque estos mejoren la misma.

b) Es de Derecho máximo y básico.

c) Constituye Derecho necesario mínimo e indisponible.

d) Le da una exactitud a la hora de interpretarla y aplicarla.

21. Un Delegado de Prevención no gozará de la siguiente garantía:

a) Prioridad de permanencia en la empresa respecto de los demás trabajadores, en determinados supuestos.
b) Apertura de expediente contradictorio en el supuesto de sanciones por las faltas cometidas.
c) Disponer de un crédito de horas mensuales retribuidas.
d) Todas las anteriores, son garantías del Delegado de Prevención.

22. Los Delegados de Prevención de un Comité de Seguridad y Salud, formado por 6 miembros, ¿con qué crédito total de horas mensuales retribuidas contarán?

a) 45.
b) 90.
c) 120.
d) Todas las anteriores son incorrectas.

23. A un Delegado de Prevención le será considerado, en todo caso, como tiempo de trabajo efectivo, con imputación a su correspondiente crédito horario mensual:

a) El correspondiente a las reuniones del Comité de Seguridad y Salud.
b) Las reuniones convocadas por el empresario en materia de prevención de riesgos.
c) A y b son correctas.
d) A y b son incorrectas.

24. El Tiempo utilizado por los Delegados de Prevención para la realización de las Funciones de Representación, y que la LPRL no considere tiempo de trabajo:

a) No será imputable al crédito horario mensual.
b) Será imputable al crédito horario mensual.
c) Será imputable al crédito horario mensual, pero a razón de, por cada hora, se imputará media.
d) La imputación o no imputación, es una facultad que deberá de apreciar el empresario.

25. A tenor de lo preceptuado en la LPRL, señala la afirmación incorrecta:

a) En una Empresa con 4500 trabajadores, existirá un Comité de Seguridad y Salud compuesto por 16 miembros.
b) En una Empresa con 50 trabajadores, no existirá Comité de Seguridad y Salud.
c) Los Delegados de Prevención de una Empresa que tenga 600 trabajadores, tendrán 35 h. mensuales cada uno.
d) Todas las anteriores están preceptuadas en la LPRL.

26. El Comité de Seguridad y Salud, se reunirá:

a) Con la frecuencia que se establezca en sus normas de funcionamiento.
b) En todo caso, con un período mínimo establecido en la LPRL.
c) Cuando lo solicite la Empresa.
d) Todas son correctas.

27. Según la Ley de Prevención de Riesgos Laborales, el Servicio de Prevención existirá:

a) En algunas Empresas.
b) En todas las Empresas.
c) En algunas Empresas, dependiendo de la peligrosidad de su Actividad.
d) En algunas Empresas, dependiendo de la peligrosidad de su Actividad y el número de Trabajadores que tenga.

28. El conjunto de actuaciones y procesos que, por medio de una organización determinada, permite alcanzar el objetivo de garantizar la seguridad y salud de los trabajadores, a través de la integración de la prevención de riesgos laborales en la gestión general de la empresa, se denomina:

a) Manual para Situaciones de Control y Emergencias.
b) Plan de Prevención de Riesgos Laborales.
c) Reglamento de Organización y Funcionamiento.
d) Evaluación de Riesgos.

29. La actuación preventiva, cuyo objeto es identificar y evaluar los riesgos existentes en el centro de trabajo y en cada puesto, con el fin de adoptar las medidas preventivas y de protección necesarias para evitarlos o maximizarlos, se denomina:

a) Evaluación de Riesgos.
b) Plan de Prevención de Riesgos Laborales.
c) Reglamento de Organización y Funcionamiento.
d) Ninguna de las anteriores es correcta.

30. El Empresario deberá garantizar que cada Trabajador reciba una formación teórica y práctica, suficiente y adecuada, en materia preventiva:

a) En el momento de su contratación, siempre que esta no sea a tiempo parcial.
b) Cuando se produzcan cambios en las funciones que desempeñen sus compañeros.
c) Cuando se introduzcan nuevas tecnologías o cambios en los equipos de trabajo.
d) Ninguna de las anteriores es correcta.

Solución al test del tema 11

1. c) Comité de Seguridad y Salud.

2. d) Todas las anteriores son correctas.

3. b) Asumir personalmente la Actividad Preventiva.

4. b) Como mínimo.

5. b) Higiene Industrial.

6. d) Ninguna de las anteriores es correcta.

7. c) Serán seleccionados los más idóneos, previo análisis de necesidades.

8. c) Principio Básico de la política de prevención de riesgos laborales.

9. c) Un Comité de Seguridad y Salud, integrado en su totalidad por 6 miembros.

10. b) Como Fijos de Plantilla.

11. b) Los Trabajadores podrán elegir por mayoría a un Trabajador, que ejerza las competencias del Delegado de Prevención.

12. c) Los Representantes del personal o a los propios Trabajadores.

13. b) Ejercer una labor de vigilancia, control y sanción, sobre el cumplimiento de la normativa de PRL.

14. c) El Número de Trabajadores que tenga.

15. b) El Empresario y/o sus Representantes.

16. d) Los Convenios Colectivos.

17. c) Por los Delegados de Prevención.

18. b) 3 días a partir de la fecha de expedición del parte.

19. d) Ninguna de las anteriores es correcta.

20. c) Constituye Derecho necesario mínimo e indisponible.

21. b) Apertura de expediente contradictorio en el supuesto de sanciones por las faltas cometidas.

22. b) 90.

23. d) A y b son incorrectas.

24. b) Será imputable al crédito horario mensual.

25. b) En una Empresa con 50 trabajadores, no existirá Comité de Seguridad y Salud.

26. d) Todas son correctas.

27. b) En todas las Empresas.

28. b) Plan de Prevención de Riesgos Laborales.

29. d) Ninguna de las anteriores es correcta.

30. c) Cuando se introduzcan nuevas tecnologías o cambios en los equipos de trabajo.

Test del Tema 12

1. La Ley Orgánica 15/1999, de 13 de diciembre, de Protección de Datos de Carácter Personal, entró en vigor:

a) Al día siguiente de su publicación en el BOE.
b) En el año 1999.
c) A y b son correctas.
d) A y b son incorrectas.

2. La LOPD reconoce a los ciudadanos los siguientes derechos:

a) Derecho de Consulta al Registro General de Protección de Datos.
b) Derecho de Rectificación y Cancelación.
c) Derecho a la Indemnización.
d) Todas las anteriores son correctas.

3. Con referencia a la Tutela de los Derechos de los Ciudadanos, las resoluciones de la Agencia de Protección de Datos, serán susceptibles de:

a) De nada, ya que al tener carácter firme, no procede ningún recurso contra ellas.
b) Recurso Contencioso Administrativo.
c) Recurso de Alzada.
d) Ninguna de las anteriores son correctas.

4. El ámbito de aplicación de la LOPD se establece en su artículo:

a) 1º. b) 2º. c) 3º. d) 4º.

5. Cuando el tratamiento de datos sea efectuado fuera del territorio español, la LOPD:

a) No será de aplicación al responsable del tratamiento.
b) Podrá serle de aplicación.
c) Le será de aplicación.
d) Le será de aplicación, sólo si el responsable tiene nacionalidad española.

6. El régimen de protección de los datos de carácter personal, que se establece en la LOPD, no será de aplicación:

a) A los ficheros sometidos a la normativa sobre protección de materias clasificadas.
b) A los ficheros mantenidos por personas físicas en el ejercicio de actividades profesionales.
c) A y b son correctas.
d) A y b son incorrectas.

7. Cualquier información concerniente a personas físicas identificadas o identificables, es definida en la LOPD como:

a) Fichero.
b) Tratamiento de Datos.
c) Datos de carácter Personal.
d) Afectado o Interesado.

8. La LOPD señala que el Encargado del Tratamiento puede ser:

a) Persona física o jurídica.
b) Autoridad pública.
c) Servicio o cualquier otro Organismo.
d) Todas las anteriores son correctas.

9. La Agencia Española de Protección de Datos:

a) Es un Órgano sin personalidad jurídica que actúa desconcentradamente.
b) Es un Ente con personalidad jurídica.
c) Está sometida a Derecho Mercantil.
d) A y c son correctas.

10. La Agencia Española de Protección de Datos se relaciona con el Gobierno a través de:

a) La Secretaría de Estado para Interior.
b) El Ministerio de Economía y Hacienda.
c) El Ministerio de Justicia.
d) No hay intermediarios, se relaciona directamente con la Vicepresidencia del Gobierno.

11. Se regirá por la Ley Orgánica 15/1999, de 13 de diciembre, de Protección de Datos de Carácter Personal:

a) Cuando el tratamiento sea efectuado en territorio español en el marco de las actividades de un establecimiento del responsable del tratamiento.
b) Cuando al responsable del tratamiento no establecido en territorio español, le sea de aplicación la legislación española en aplicación de normas de Derecho Internacional público.
c) Cuando el responsable del tratamiento no esté establecido en territorio de la Unión Europea y utilice en el tratamiento de datos medios situados en territorio español, salvo que tales medios se utilicen únicamente con fines de tránsito.
d) Todas las anteriores son correctas.

12. La Ley Orgánica de Protección de Datos no será de aplicación a:

a) A los ficheros sometidos a la normativa sobre protección de materias abiertas.
b) A los ficheros mantenidos por personas físicas en el ejercicio de actividades exclusivamente personales o domésticas.
c) A y b son correctas.
d) A y b son incorrectas.

13. La persona física o jurídica, de naturaleza pública o privada, u órgano administrativo, que decida sobre la finalidad, contenido y uso del tratamiento, es definida en la LOPD, como:

a) Afectado.
b) Interesado.
c) Responsable del Fichero o Tratamiento.
d) A y b son correctas.

14. El Artículo 35º de la LOPD establece que la Agencia de Protección de Datos es un:

a) Órgano sometido a Derecho Público.
b) Ente, sometido a Derecho Mercantil.
c) Ente de Derecho Público.
d) Órgano sometido a Derecho Mercantil.

15. Los puestos de trabajo de los órganos y servicios que integren la Agencia de Protección de Datos serán desempeñados única y exclusivamente por:

a) Personal contratado al efecto.
b) Funcionarios de la Administración General del Estado.
c) Funcionarios de la Administración Local o Autonómica.
d) Ninguna de las anteriores es correcta.

16. A tenor de lo preceptuado en la LOPD, la Agencia, elaborará y aprobará el correspondiente anteproyecto de presupuesto con carácter:

a) Semestral.
b) Trimestral.
c) Anual.
d) Mensual.

17. No es un Órgano que componga la Agencia Española de Protección de Datos:

a) El Director.
b) La Inspección de Datos.
c) El Consejo Ejecutivo.
d) La Secretaría General.

18. Dentro de la Agencia Española de Protección de Datos, el Órgano que se encarga de atender a la Ciudadanía es:

a) El Director.
b) El Gabinete Técnico del Director.
c) La Secretaría General.
d) La Inspección de Datos.

19. En la Agencia Española de Protección de Datos, el Órgano Colegiado de asesoramiento del Director se denomina:

a) El Subdirector.
b) La Secretaría General.
c) El Consejo Consultivo.
d) La Inspección de Datos.

20. Señala la afirmación correcta:

a) Los ciudadanos tienen derecho a verse sometidos a una decisión con efectos jurídicos, sobre ellos o que les afecte de manera significativa, que se base únicamente en un tratamiento de datos destinados a evaluar determinados aspectos de su personalidad.
b) La valoración sobre el comportamiento de los ciudadanos, basada en un tratamiento de datos, en ningún caso podrá tener valor probatorio.
c) El afectado podrá impugnar los actos administrativos o decisiones privadas que impliquen una valoración de su comportamiento, cuyo único fundamento sea un tratamiento de datos de carácter personal que ofrezca una definición de sus características o personalidad.
d) Todas las anteriores son correctas.

Solución al test del tema 12

1. d) A y b son incorrectas.

2. d) Todas las anteriores son correctas.

3. b) Recurso Contencioso Administrativo.

4. b) 2º.

5. b) Podrá serle de aplicación.

6. a) A los ficheros sometidos a la normativa sobre protección de materias clasificadas.

7. c) Datos de carácter Personal.

8. d) Todas las anteriores son correctas.

9. b) Es un Ente con personalidad jurídica.

10. c) El Ministerio de Justicia.

11. d) Todas las anteriores son correctas.

12. b) A los ficheros mantenidos por personas físicas en el ejercicio de actividades exclusivamente personales o domésticas.

13. c) Responsable del Fichero o Tratamiento.

14. c) Ente de Derecho Público.

15. d) Ninguna de las anteriores es correcta.

16. c) Anual.

17. c) El Consejo Ejecutivo.

18. c) La Secretaría General.

19. c) El Consejo Consultivo.

20. c) El afectado podrá impugnar los actos administrativos o decisiones privadas que impliquen una valoración de su comportamiento, cuyo único fundamento sea un tratamiento de datos de carácter personal que ofrezca una definición de sus características o personalidad.

Test del Tema 13

1. **El personal al servicio de las entidades locales estará integrado por:**
   a) Funcionarios de carrera.
   b) Contratados en régimen de derecho laboral.
   c) Personal eventual.
   d) Por todos los anteriores.

2. **Del personal al servicio de las entidades locales, cuales desempeñan puestos de confianza o asesoramiento especial:**
   a) Funcionarios de carrera.
   b) Contratados en régimen de derecho laboral.
   c) Personal eventual.
   d) Por todos los anteriores.

3. **El documento que comprende la totalidad de los puestos de trabajo reservados a funcionarios, personal laboral y eventual, y que se aprueba anualmente junto con el presupuesto es:**
   a) La Relación de puestos de trabajo.
   b) La Plantilla.
   c) La nómina.
   d) Ninguna es correcta.

4. **Los empleados públicos que lo son en virtud de un nombramiento legal y desempeñan servicios de carácter permanente son:**
   a) Funcionarios de carrera.
   b) Contratados en régimen de derecho laboral.
   c) Personal eventual.
   d) Por todos los anteriores.

5. **La aprobación del Estatuto básico del empleado público (EBEP), ha supuesto añadir al personal que se incluía en el artículo 89 de la LRBRL, cuál de los siguientes:**
   a) Funcionarios interinos.
   b) Personal Directivo.
   c) Personal Eventual.
   d) Son correctas a) y b).

6. **En las entidades locales, el ejercicio de las funciones que impliquen la participación directa o indirecta en el ejercicio de las potestades públicas deberán ser:**
   a) Personal Directivo.
   b) Personal Laboral.
   c) Funcionario interino.
   d) Funcionario de carrera.

7. Son funcionarios públicos de administración local con habilitación de carácter nacional, cuál de los siguientes no es correcta:
a) Secretaría.
b) Intervención.
c) Depositaría.
d) Los tres anteriores son habilitados de carácter nacional.

8. De los funcionarios con habilitación de carácter nacional, corresponde las funciones de fe pública, y asesoramiento legal preceptivo:
a) Secretaría.
b) Intervención.
c) Tesorería.
d) Cualquiera de los tres anteriores.

9. De los funcionarios con habilitación de carácter nacional, corresponde el control y fiscalización interna de la gestión económico-financiera y presupuestaria:
a) Secretaría.
b) Intervención.
c) Tesorería.
d) Cualquiera de los tres anteriores.

10. De los funcionarios con habilitación de carácter nacional, corresponde la responsabilidad de la Recaudación a:
a) Secretaría.
b) Intervención.
c) Tesorería.
d) Cualquiera de los tres anteriores.

11. A quien corresponde la selección y formación de los funcionarios de administración local con habilitación de carácter nacional:
a) A cada entidad local.
b) A la comunidad Autónoma respectiva.
c) Al Estado a través del Ministerio de Hacienda y Administraciones públicas.
d) Cualquiera e os anteriores según los casos.

12. Los funcionarios propios de cada corporación se agrupan en dos Escalas que son:
a) General y especial.
b) General y específica.
c) Común y ordinaria.
d) Ordinaria y especial.

13. Dentro de la escala de Administración General los funcionarios que realizan trabajos de mecanografía, taquigrafía, despacho de correspondencia, cálculo sencillo, manejo de máquinas y archivo de documentos son:
a) La subescala Técnica.
b) La subescala de Gestión.
c) La subescala Administrativa.
d) La subescala Auxiliar.

14. Cuando usted apruebe las oposiciones de Auxiliar del Ayuntamiento de XX, se encuadrará:
- a) Escala de Administración General, Subescala Auxiliar.
- b) Escala de Administración Especial, Subescala Auxiliar.
- c) Escala de Administración General, Subescala Administrativo.
- d) Escala de Administración Especial, Subescala Administrativo.

15. La condición de funcionario de carrera se adquiere por el cumplimiento sucesivo de cuál de los siguientes requisitos:
- a) Superación del proceso selectivo.
- b) Nombramiento por la autoridad competente.
- c) Acto de acatamiento de la constitución y toma de posesión.
- d) Por todas las anteriores.

16. Cuál de las siguientes no es causa de pérdida de la condición de funcionario:
- a) La renuncia a la condición de funcionario.
- b) La pérdida de la nacionalidad.
- c) La jubilación parcial del funcionario.
- d) Todas las anteriores son causa de pérdida de la condición de funcionario.

17. La jubilación de los funcionarios podrá ser, conforme el artículo 67 del EBEP, señale la que no es correcta:
- a) Voluntaria.
- b) Forzosa.
- c) Parcial.
- d) Obligatoria.

18. Conforme establece el EBEP, el ingreso del personal funcionario, se llevará a cabo a través de cuál de los siguientes sistemas:
- a) Oposición.
- b) Concurso-oposición.
- c) A través de entrevista.
- d) A través de los sistemas señalados en a) y b).

19. El instrumento mediante el cual se realiza lo ordenación del personal y se precisan también los requisitos para el desempeño de cada puesto de trabajo es:
- a) La Relación de puestos de trabajo.
- b) La Plantilla.
- c) La nomina.
- d) Ninguna es correcta.

20. De las siguientes, ¿cual indicación tiene que contenerse en la Relación de Puestos de trabajo?
- a) Requisitos exigidos para el desempeño de ese puesto de trabajo.
- b) Nivel de complemento de destino.

c) Complemento específico que corresponde a los mismos.
d) Debe incluir todos los anteriores.

21. Las Corporaciones Locales formularán su oferta de empleo público:
a) Bianualmente.
b) Trimestralmente.
c) Anualmente.
d) Semestralmente.

22. Se requiere la titulación de Derecho para la subescala:
a) Técnica de Servicios Especiales, exclusivamente.
b) Técnica de Administración General.
c) Administrativa.
d) De Gestión.

23. El tradicional Grupo E, donde se incardina tras el nuevo Estatuto Básico del Empleado Público:
a) En otras agrupaciones profesionales de la Disposición Adicional 7ª.
b) En el D2.
c) En el D1.
d) En el C2.

24. Pertenecerán a la Subescala Administrativa de Administración General:
a) Los funcionarios que realicen tareas de gestión, estudio y propuesta de carácter administrativo de nivel superior.
b) Los funcionarios que realicen tareas administrativas, normalmente de trámite y colaboración.
c) Los funcionarios que realicen tareas de mecanografía, taquigrafía, despacho de correspondencia, cálculo sencillo, manejo de máquinas, archivo de documentos y otros similares.
d) Los funcionarios que realicen tareas de apoyo a las funciones de nivel superior.

25. En nuestro ordenamiento el acceso a la función pública está expresamente presidido por el reconocimiento constitucional del derecho:
a) A la igualdad, exclusivamente.
b) A la universalidad.
c) Al mérito y la capacidad, exclusivamente.
d) Todas son falsas.

26. Cuando un funcionario público sea autorizado para realizar una misión por periodo determinado superior a seis meses en organismos Internacionales o programas de cooperación internacional estará en la situación administrativa de:

a) Servicio Activo.
b) Servicios especiales.
c) Servicio en otras administraciones.
d) Excedencia.

27. Los funcionarios públicos locales tendrán derecho a un periodo de excedencia para atender al cuidado de un familiar que se encuentre a su cargo, hasta el segundo grado de consanguinidad o afinidad por un periodo no superior a:

a) A un año.
b) A dos años.
c) A tres años.
d) A cuatro años.

28. En el régimen disciplinario de los funcionarios públicos, se establece que sólo constituyen infracciones administrativas las vulneraciones del ordenamiento jurídico previstas como tales infracciones por una ley, conforme al principio de:

a) De tipicidad.
b) De proporcionalidad.
c) De culpabilidad.
d) De "non bis in idem".

29. La negligencia en la custodia de secretos oficiales es una falta:

a) Grave.
b) Leve.
c) Muy grave.
d) Todas son correctas.

30. La falta de incorrección con el público, superiores, compañeros o subordinados es una falta:

a) Grave.
b) Leve.
c) Muy grave.
d) Todas son correctas.

Solución al test del tema 13

1. d) por todos los anteriores.
2. c) Personal eventual.
3. b) La Plantilla.
4. a) Funcionarios de carrera.
5. d) Son correctas a) y b).
6. d) Funcionario de carrera.
7. c) Depositaría.
8. a) Secretaría.
9. b) Intervención.
10. c) Tesorería.
11. c) Al Estado a través del Ministerio de Hacienda y Administraciones públicas.
12. a) General y especial.
13. d) La subescala Auxiliar.
14. a) Escala de Administración General, Subescala Auxiliar.
15. d) Por todas las anteriores.
16. c) La jubilación parcial del funcionario.
17. d) Obligatoria.
18. d) A través de los sistemas señalados en a) y b).
19. a) La Relación de puestos de trabajo.
20. d) Debe incluir todos los anteriores.
21. c) Anualmente.
22. b) Técnica de Administración General.

23. a) En otras agrupaciones profesionales de la Disposición Adicional 7ª.

24. b) Los funcionarios que realicen tareas administrativas, normalmente de trámite y colaboración.

25. d) Todas son falsas.

26. b) Servicios especiales.

27. c) A tres años.

28. a) De tipicidad.

29. c) Muy grave.

30. b) Leve.

Test del Tema 14

1. Según establece Ley Orgánica para la Igualdad efectiva de mujeres y hombres (LOI), el principio de igualdad de trato y oportunidades entre mujeres y hombres informará la actuación de los Poderes Públicos con carácter:

a) Horizontal. b) Vertical. c) Transversal. d) Universal.

2. Según establece la Ley Orgánica para la Igualdad efectiva de mujeres y hombres, los empleados públicos que se hayan incorporado al servicio activo procedentes del permiso de maternidad o paternidad tendrán preferencia para participar en los cursos de formación durante:

a) 3 meses. b) 6 meses. c) 1 año. d) 2 años.

3. Según establece la Ley Orgánica para la Igualdad efectiva de mujeres y hombres, las empresas deberán elaborar y aplicar un Plan de Igualdad:

a) Únicamente cuando lo determine el convenio colectivo que resulte de aplicación.
b) Siempre que tengan más de 50 trabajadores.
c) Siempre que tengan más de 100 trabajadores.
d) Siempre que tengan más de 250 trabajadores.

4. Según establece la Ley Orgánica para la Igualdad efectiva de mujeres y hombres, el Gobierno debe aprobar un Plan para la Igualdad entre mujeres y hombres en la Administración General del Estado:

a) De carácter anual.
b) Al inicio de cada legislatura.
c) Cada 4 años.
d) De carácter bianual.

5. Ley Orgánica que regula la igualdad efectiva de mujeres y hombres es la:

a) Ley Orgánica 1/2004, de 28 de Diciembre.
b) Ley Orgánica 3/2007, de 22 de marzo.
c) Ley estratégica de Igualdad de Oportunidades.
d) Ley Orgánica 23/1998, de 7 de Julio.

6. La situación en la que se encuentra una persona que ha sido tratada, en atención a su sexo, de manera menos favorable que otra en situación comparable, se denomina:

a) Discriminación indirecta.
b) Discriminación directa por razón de sexo.
c) Información negativa.
d) Titularidad mixta.

7. La Ley Orgánica para la igualdad efectiva de mujeres y hombres, en los términos previstos en la normativa laboral y de la Seguridad Social, reconoce a los padres:

a) Derecho a un permiso y una prestación por paternidad.
b) No se reconoce ningún permiso de paternidad.
c) No se reconoce ninguna prestación por paternidad.
d) Sólo se reconoce el permiso y prestación por maternidad.

8. Los planes para la igualdad de oportunidades entre hombres y mujeres son acuerdos aprobados por:

a) Presidente de Gobierno.
b) El Ministro de Trabajo e Inmigración.
c) El Consejo de Ministros.
d) La Ministra de Igualdad.

9. La ejecución de políticas públicas transversales, en materia de igualdad efectiva de mujeres y hombres, se conoce con el nombre de:

a) Discriminación positiva.
b) Mainstraiming.
c) Acoso por razón de sexo.
d) Discriminación indirecta.

10. Según establece la Ley Orgánica 3/2007 de 22 de marzo, el Plan Estratégico de Igualdad de Oportunidad se aprueba para alcanzar los siguientes objetivos:

a) Fomentar los servicios sociales.
b) El desarrollo del deporte en grupo.
c) El Desarrollo Rural.
d) La igualdad entre el hombre y la mujer y eliminar la discriminación por razón de sexo.

11. El trato desfavorable a las mujeres relacionado con el embarazo o la maternidad constituye:

a) Desigualdad absoluta.
b) Discriminación directa por razón de sexo.
c) Discriminación desleal.
d) Trato engañoso.

12. Según la Ley Orgánica para la igualdad efectiva de mujeres y hombres, se entiende por composición equilibrada la presencia de mujeres y hombres de forma que, en el conjunto a que se refiera, las personas de cada sexo no superen, ni sean menos del:

a) 70% y 30%, respectivamente.
b) 60% y 40%, respectivamente.
c) 65% y 35%, respectivamente.
d) 55% y 45%, respectivamente.

13. Qué significado tiene la palabra "corresponsabilidad" para las políticas públicas de igualdad?

a) Que la mujer corre con la responsabilidad de las labores de cuidado de los menores o dependientes.
b) Que la conciliación de la vida laboral y familiar es responsabilidad de la mujer, que debe ser ayudada por el hombre.
c) Que el cuidado de menores o dependientes debe ser una responsabilidad compartida entre hombres y mujeres.
d) Que hoy en día el hombre debe encargarse en exclusiva de las tareas domésticas para favorecer el desarrollo personal y profesional de la mujer.

14. Todo trato desfavorable a las mujeres relacionado con el embarazo o la maternidad constituye:

a) Acoso sexual.
b) Discriminación por razón de sexo.
c) Acoso por razón de sexo.
d) Una medida de acción positiva.

15. ¿Deben los órganos de selección de las Administraciones Públicas velar por el cumplimiento del principio de igualdad de oportunidades entre sexos?

a) No.
b) Sí.
c) Sólo si así lo acuerda dicho órgano.
d) No, salvo en los casos de embarazo.

16. Según la Ley Orgánica 3/2007 para la igualdad efectiva de mujeres y hombres, se considera discriminación indirecta por razón de sexo:

a) Todo trato desfavorable a las mujeres relacionado con el embarazo o la maternidad.
b) La situación en que una disposición, criterio o práctica aparentemente neutros pone a personas de un sexo en desventaja particular con respecto a las personas de otro.
c) La situación en que se encuentra una persona que seta tratada, en atención a su sexo, de manera menos favorable que otra en una situación comparable.
d) La situación en la que se encuentra una persona que pudiera ser tratada, en atención a su sexo, de manera menos favorable que otra en situación comparable.

17. La Ley Orgánica 3/2007, de 22 de marzo, para la igualdad efectiva de mujeres y hombres establece con respecto a los Tribunales y Órganos de Selección que:

a) Tendrán una presencia equilibrada de mujeres y hombres, salvo por razones fundadas y objetivas, debidamente motivadas.
b) Tendrán preferiblemente una composición mayor de mujeres atendiendo a una discriminación positiva.
c) Nunca podrá ser menor el número de mujeres que integren la composición de un Tribunal respecto al número de hombres.
d) No se establece ninguna regla en materia de Tribunales y Órganos de Selección en esta Ley.

18. De acuerdo con el artículo 45 de L.O. 3/2007 de Igualdad Efectiva de mujeres y hombres, las medidas que adopten las empresas, dirigidas a evitar cualquier tipo de discriminación laboral entre mujeres y hombres deberán dirigirse a la elaboración y aplicación de un Plan de Igualdad:

a) En el caso de empresas de más de 150 trabajadores.
b) En cualquier caso.
c) En el caso de empresas de más de 200 trabajadores.
d) En el caso de empresas de empresas de más de 250 trabajadores, y en aquellas empresas, aún no cumpliendo el requisito anterior, cuando así se establezca en el convenio colectivo que le sea aplicable.

19. La discriminación que se produce cuando el trato desigual, entre hombres y mujeres, emana directamente de las leyes, normas o prácticas usuales, se denomina:

a) Discriminación directa.
b) Discriminación indirecta.
c) Discriminación real.
d) Discriminación efectiva.

20. El principio de igualdad "formal" entre hombres y mujeres se recoge ya en la propia Constitución Española de 1978, en su artículo:

a) 14.
b) 15.
c) 9.
d) 16.

Solución al test del tema 14

1. c) Transversal.

2. c) 1 año.

3. d) Siempre que tengan más de 250 trabajadores.

4. b) Al inicio de cada legislatura.

5. b) Ley Orgánica 3/2007, de 22 de marzo.

6. b) Discriminación directa por razón de sexo.

7. a) Derecho a un permiso y una prestación por paternidad.

8. c) El Consejo de Ministros.

9. b) Mainstraiming.

10. d) La igualdad entre el hombre y la mujer y eliminar la discriminación por razón de sexo.

11. b) Discriminación directa por razón de sexo.

12. b) 60% y 40%, respectivamente.

13. c) Que el cuidado de menores o dependientes debe ser una responsabilidad compartida entre hombres y mujeres.

14. b) Discriminación por razón de sexo.

15. b) Sí.

16. b) La situación en que una disposición, criterio o práctica aparentemente neutros pone a personas de un sexo en desventaja particular con respecto a las personas de otro.

17. a) Tendrán una presencia equilibrada de mujeres y hombres, salvo por razones fundadas y objetivas, debidamente motivadas.

18. d) En el caso de empresas de empresas de más de 250 trabajadores, y en aquellas empresas, aún no cumpliendo el requisito anterior, cuando así se establezca en el convenio colectivo que le sea aplicable.

19. a) Discriminación directa.

20. a) 14.

Test del Tema 15

1. Marca la afirmación incorrecta.

a) Comenzando el siglo XX, se empezó a desarrollar de una manera más constante, la electrónica, reemplazando los sistemas de engranaje y varas por impulsos eléctricos, estableciéndose que, cuando hay un paso de corriente eléctrica, el impulso será representado con un 1, y cuando no pase la misma, se representará con un 0.

b) La segunda guerra mundial propició la inversión en sistemas que fueran capaces de procesar muchos datos de manera sistemática, con lo que se construyó el primer ordenador, denominado Mark I que funcionaba a base de interruptores mecánicos.

c) Hacia 1934, se construyó el primer ordenador con fines prácticos: el Eniac.

d) En 1951 fueron desarrollados el Univac I y el Univac II, considerados por muchos como el punto de partida de los ordenadores corrientes, fácilmente accesibles al común de las personas.

2. La informática basa su utilidad en cuatro puntos principales. Señala cuál de estas respuestas no lo es:

a) Procesamiento masivo de datos.

b) Heterogenización de datos.

c) Repetitividad.

d) Distribución.

3. El elemento básico, con el que la informática trata, es:

a) Emisor.

b) Medio.

c) Receptor.

d) Información.

4. Actualmente, un petabyte alude ¿a qué capacidad de un sistema informático?

a) 1 000 000 000.

b) 1 000 000 000 000.

c) 1 000 000 000 000 000.

d) 1 000 000 000 000 000 000.

5. El ordenador está formado por los siguientes componentes:

a) La memoria, el procesador, dispositivos de entrada y de salida.

b) La memoria, ALU, Unidad de control, dispositivos de entrada y de salida.

c) La memoria, el procesador, teclados, monitores, cámaras web, altavoces, impresores y escaners.

d) La memoria, el procesador, ALU, teclados, monitores, altavoces, y escaners.

6. La definición “es como un procedimiento paso a paso para realizar cálculos, tanto matemáticos como lógicos o relacionales”, corresponde a:

a) Software.

b) Algoritmo.

c) Programa.

d) Hardware.

7. Marca la afirmación incorrecta.

a) Los dígitos, desde el punto de vista físico, son circuitos electrónicos formados por pequeños componentes llamados puertas lógicas, los cuales manejan señales eléctricas.

b) Codificar se define como la "transformación que muestra los elementos de un conjunto mediante los de otro, de tal forma que a cada elemento del primer conjunto le corresponde un elemento determinado del segundo grupo".

c) La medida básica de la información en los ordenadores se llama Bit y está representado por 0 y 1. En su interior se realizan de manera automática los cambios de código necesarios para que, en su exterior, la información sea directamente comprendida, tanto por los usuarios como por los distintos ordenadores interconectados.

d) El bit es la unidad básica de representación de información (tanto instrucciones como datos) y se encuentra agrupado en secuencias de nueve denominados bytes.

8. Una vez la información ha sido transformada al código máquina o al humano, se realizará una o varias de las operaciones que serán expuestas a continuación:

a) Lectura, clasificación.

b) Almacenamiento, copia.

c) Escritura, cálculo aritmético y lógico.

d) Todas las opciones son correctas.

9. El dispositivo de hardware que se encarga de enviar datos al ordenador es un:

a) Dispositivo de salida.

b) Dispositivo de entrada.

c) Dispositivo de interconexión.

d) Dispositivo binario.

10. La arquitectura de Von Neumann se utiliza para:

a) Trabajar con la unidad de control.

b) Trabajar con el bus de datos.

c) El procesamiento de datos.

d) La memoria.

11. La parte del ordenador cuya función es la de dirigir la secuencia de pasos, para que así el ordenador pueda llevar a cabo lo que normalmente se denomina como "ciclo de instrucción", es:

a) El bus de datos.

b) La unidad de Control.

c) La unidad aritmético-Lógica.

d) La memoria.

12. Señala cual de los siguientes no es un dispositivo de procesamiento:

a) Tarjeta madre.
b) Memorias USB.
c) Tarjeta de video.
d) Microprocesador.

13. Software de Sistema:

a) Son todos aquellos programas que permiten al usuario del ordenador realizar una o varias tareas.
b) Son aquellas herramientas que un programador utiliza para poder desarrollar programas informáticos.
c) Es todo aquel software que proporciona a los usuarios la posibilidad, tanto de interactuar con el sistema como de controlarlo.
d) Ninguna de las opciones anteriores es correcta.

14. El Shareware es:

a) Aquel programa informático diseñado, de tal manera, que su código fuente está disponible para su estudio, copiado, distribución y modificación, según los requerimientos de los usuarios.
b) Todo aquel programa informático disponible sin limitaciones en sus características, que ha sido diseñado para su distribución sin costo monetario.
c) Todo aquel programa diseñado por una compañía para ser vendido y obtener un beneficio.
d) Todo aquel programa cuyas características han sido limitadas en aras de ofrecer una muestra del producto final.

15. Cuál de las siguientes afirmaciones no representa una de las diferencias entre Windows y Linux:

a) Los sistemas basados en Linux son menos seguros ante ataques informáticos que Windows, en parte debido a que se realiza un mayor esfuerzo por encontrar vulnerabilidades en el primero, aunque tiene una menor distribución entre el público.
b) Windows es un software mucho más extendido, y cuenta con un mayor número de usuarios alrededor del mundo, mientras que Linux es un software menos comercial y usado en menor medida por el consumidor general.
c) Linux requiere más conocimientos de informática, no hay sustituto directo para todas las aplicaciones y algunos dispositivos de última generación no están soportados, mientras que Windows es un software mucho más compatible, tiene mucho mayor soporte para el usuario y requiere el mínimo de conocimientos de informática.
d) Linux es gratuito y Windows no lo es, por lo que se requiere desembolsar, para adquirir este último, una cantidad para su adquisición y uso.

16. Señala cuál de los siguientes no es uno de los principios en los que se basa la seguridad informática.

a) Confidencialidad.
b) Responsabilidad.
c) Disponibilidad.
d) Integridad.

17. Al software defectuoso, se le llama:

a) Malware.
b) Scareware.
c) Crimeware.
d) Ninguno de las anteriores.

18. Los Software que han sido diseñados para extenderse de un ordenador a otro, e interfieren de manera maliciosa con las operaciones propias del ordenador, se denominan:

a) Gusano informático.
b) Troyanos.
c) Virus informáticos.
d) Backdoors.

19. Cuando un software está especializado en realizar acciones sin que el usuario se percate, por lo tanto, trabajando sin su consentimiento explícito, se trata de un:

a) Backdoors.
b) Troyano.
c) Worms.
d) Espia.

20. Los programas específicamente diseñados para cortar las conexiones que el sistema considere peligrosas, e impedir la entrada de datos perjudiciales para el sistema, son llamados:

a) Antivirus.
b) Las opciones a y c son correctas.
c) Firewall.
d) Ninguna de las opciones es correcta.

21. Indique la respuesta errónea en relación a los Sistemas Operativos:

a) Una de las funciones primordiales del Sistema Operativo es administrar los ficheros, los gestiona interactuando con los dispositivos de almacenamiento (discos duros, memorias USB, cd`s ...) y la memoria.
b) Windows es un Sistema Operativo.
c) Un Sistema Operativo es un conjunto de programas instalados en un ordenador que permiten la interacción entre éste y el usuario.
d) Algunos ordenadores no necesitan tener un sistema operativo instalado, para poder usar los programas que hay en el mercado.

22. Señale la proposición equivocada, en relación al Entorno de Windows:

a) La forma más habitual de comenzar a utilizar cualquier objeto del escritorio es hacer doble clic sobre él.

b) La barra de tareas (situada en la parte inferior del Escritorio) es la zona donde están ubicados los iconos, a modo de botón, que permiten acceder a aplicaciones y los botones correspondientes a todas las aplicaciones abiertas (en uso) por el usuario.

c) Para abrir el menú de inicio, se hace clic sobre el botón de Inicio de la parte derecha de la barra de tareas o pulse la tecla Windows.

d) La pantalla inicial se llama escritorio y en él se ubican iconos y otros elementos.

23. Hay diversos tipos de Iconos en el Escritorio. Señale el correcto:

a) Iconos de accesos directos.

b) Iconos de archivos.

c) Iconos de aplicación.

d) Todos lo son.

24. Los Iconos de Carpetas son:

a) Son elementos especiales que apuntan a una aplicación.

b) Contenedores de almacenamiento básico de Windows, que se utilizan para guardar archivos o carpetas.

c) Son elementos visuales que representan algún programa o aplicación que se ejecuta en Windows.

d) Son documentos creados con una aplicación.

25. El contenido de una ventana se puede visualizar de varias maneras. En el menú Ver están todas las posibilidades. Una de ellas no es:

a) Detalles: muestra una lista de elementos junto con sus características (nombre, tamaño, tipo y fecha de modificación).

b) Iconos: los elementos aparecen como un icono junto con su descripción.

c) Contextual: presenta un icono de carpeta o un icono grande del tipo del archivo, el nombre del archivo o/y carpeta y hasta dos elementos adicionales para cada archivo.

d) Miniaturas: muestra representaciones en miniatura de los archivos contenidos en esa carpeta.

26. Con relación a los Menús contextuales y controles, no es correcto:

a) Para salir de un menú sin ejecutar ningún comando, sea desde una ventana o desde el menú de Inicio, pulse la tecla <Esc> (escape) o haga un clic en cualquier parte del escritorio.

b) Se trata de menús especiales que aparecen cuando se pulsa el botón secundario del ratón.

c) Una de las opciones que aparece en la mayoría de los menús contextuales es la de Propiedades.

d) Dentro de los menús, los comandos que estén disponibles aparecen en gris para indicar que están activos y disponibles.

27. Indique la proposición errónea, en relación a algunos controles de Windows:

a) Cuadros de Lista: Muestra las posibilidades en una lista de la cual hay que elegir.
b) Botones de Comando: Realizan una acción al hacer clic sobre ellos.
c) Casillas de Verificación: Sirven para elegir posibilidades, sólo hay que hacer clic dentro del recuadro para activar o desactivar. Se pueden elegir varias en un grupo.
d) Cuadros Combinados: Son idénticos a los Cuadros de Comando, la diferencia reside en que no se muestra la lista al completo sino que hay un botón con flecha que la muestra.

28. Para encontrar en Windows uno o un grupo de archivos o carpetas, no se puede hacer:

a) Por la fecha en la que fue modificado por primera vez.
b) Por la extensión.
c) Por el nombre.
d) Por el tipo de objeto.

29. Marque la respuesta equivocada en relación con la Ayuda de Windows:

a) Para salir de la Ayuda, se puede hacer a través del teclado, pulsando la combinación de teclas <ALT> + <F5>.
b) Se puede acceder a la ayuda mediante dos métodos: pulsando la tecla de función <F1> o eligiendo la opción "Ayuda" que se encuentra en el menú de la ficha "Archivo".
c) Es una herramienta de consulta que permite, mediante ejemplos, demostraciones e información diversa, conocer el uso de los comandos.
d) Para ver el contenido de un tema concreto, basta con hacer un clic sobre él y navegar sobre los distintos apartados que puedan interesar.

30. Marque la respuesta errónea en relación con la Papelera de Reciclaje:

a) Los elementos de la Papelera de reciclaje permanecen allí hasta que se eliminan de modo definitivo del equipo.
b) Los elementos eliminados ocupan espacio en el disco duro y se pueden recuperar o restaurar a su ubicación original.
c) Windows tiene una única Papelera de reciclaje, aunque el equipo posea varias particiones del disco duro.
d) Los elementos eliminados de una memoria USB o de una unidad de red se eliminan permanentemente y no se envían a la Papelera de reciclaje.

Solución al test del tema 15

1. c) Hacia 1934, se construyó el primer ordenador con fines prácticos: el Eniac.

2. b) Heterogenización de datos.

3. d) Información.

4. c) 1 000 000 000 000 000.

5. a) La memoria, el procesador, dispositivos de entrada y de salida.

6. b) Algoritmo.

7. d) El bit es la unidad básica de representación de información (tanto instrucciones como datos) y se encuentra agrupado en secuencias de nueve denominados bytes.

8. d) Todas las opciones son correctas.

9. b) Dispositivo de entrada.

10. c) El procesamiento de datos.

11. b) La unidad de Control.

12. b) Memorias USB.

13. c) Es todo aquel software que proporciona a los usuarios la posibilidad, tanto de interactuar con el sistema como de controlarlo.

14. d) Todo aquel programa cuyas características han sido limitadas en aras de ofrecer una muestra del producto final.

15. a) Los sistemas basados en Linux son menos seguros ante ataques informáticos que Windows, en parte debido a que se realiza un mayor esfuerzo por encontrar vulnerabilidades en el primero, aunque tiene una menor distribución entre el público.

16. b) Responsabilidad.

17. d) Ninguno de las anteriores.

18. c) Virus informáticos.

19. b) Troyano.

20. c) Firewall.

21. d) Algunos ordenadores no necesitan tener un sistema operativo instalado, para poder usar los programas que hay en el mercado.

22. c) Para abrir el menú de inicio, se hace clic sobre el botón de Inicio de la parte derecha de la barra de tareas o pulse la tecla Windows.

23. d) Todos lo son.

24. b) Contenedores de almacenamiento básico de Windows, que se utilizan para guardar archivos o carpetas.

25. c) Contextual: presenta un icono de carpeta o un icono grande del tipo del archivo, el nombre del archivo o/y carpeta y hasta dos elementos adicionales para cada archivo.

26. d) Dentro de los menús, los comandos que estén disponibles aparecen en gris para indicar que están activos y disponibles.

27. d) Cuadros Combinados: Son idénticos a los Cuadros de Comando, la diferencia reside en que no se muestra la lista al completo sino que hay un botón con flecha que la muestra.

28. a) Por la fecha en la que fue modificado por primera vez.

29. a) Para salir de la Ayuda, se puede hacer a través del teclado, pulsando la combinación de teclas <ALT> + <F5>.

30. c) Windows tiene una única Papelera de reciclaje, aunque el equipo posea varias particiones del disco duro.

Test del Tema 16

1. Marca la opción correcta. La ofimática:

a) Tuvo su inicio con la máquina de escribir y la fotocopiadora.
b) Tiene su máximo apogeo durante los años 80 con la inclusión y masificación de los equipos informáticos de oficina.
c) Es la automatización de la oficina moderna.
d) Todas las opciones son correctas.

2. Cuál de las siguientes no es una funcionalidad de los procesadores de texto:

a) Cambiar el número de columnas.
b) Salto de color de fuente.
c) Inserción de cabeceras y pies de pagina.
d) Salto de texto.

3. Un documento o patrón de muestra, que tiene algunas de sus partes en sitios determinados y con formatos ya definidos, las cuales pueden ser cambiadas o adaptadas según las necesidades del usuario, es lo que se denomina:

a) Plantilla.
b) Una función predeterminada.
c) Una herramienta.
d) Ninguna de las anteriores.

4. La combinación de correspondencia se utiliza para:

a) Enviar la misma información a un gran número de personas, pero guardando cierto nivel de personalización, además de dirigirla de manera independiente y exclusiva a cada una de ellas.
b) Acceder a un documento que tiene algunas partes con formatos definidos, que pueden ser cambiadas o adaptadas según las necesidades.
c) Mover texto y enviarlo.
d) Ninguna de las anteriores.

5. Una colección de datos, con relaciones lógicas entre sí, almacenados y organizados de tal manera que puedan ser un modelo de determinados aspectos de la realidad y, por tanto, puedan ser utilizados por los diferentes procesos que requieran dicha información, es:

a) Una combinación de correspondencia.
b) Una plantilla.
c) Una base de datos.
d) Un procesador de texto.

6. Señala cuál de las siguientes, no se corresponde con una funcionalidad de una base de datos:

a) Programación auditiva.
b) Indexación.
c) Orientación a objetos.
d) Integridad referencial.

7. Los objetos utilizados para la introducción, visualización o modificación de datos en las tablas, son:

a) Las relaciones.
b) Las consultas.
c) Las tablas.
d) Los formularios.

8. Marca la afirmación correcta. Una tabla le permitirá desplazarse por:

a) Los registros.
b) Los campos.
c) Los registros y por los campos.
d) Ninguna de las anteriores es correcta.

9. Los formularios:

a) Sustituyen las tablas.
b) Presentan y editan los registros de una tabla.
c) Presentan y editan los registros de una consulta.
d) Las opciones b y c son correctas.

10. Las vistas son también llamadas:

a) Consulta.
b) Consejo.
c) Proposición.
d) Todas son correctas.

11. Las consultas de selección:

a) Son aquellas que generan cambios en los registros.
b) Permiten mostrar, extraer y modificar datos por parte del usuario.
c) Son aquellas que se generan directamente a través del lenguaje SQL de Bases de Datos.
d) Permiten buscar nuevos tipos de registros.

12. Cuando se desea definir qué información y con qué formato debe aparecer en el informe, se pueden utilizar casi los mismos controles que se usan en:

a) Los formularios.
b) Las plantillas.
c) Las relaciones.
d) Las tablas.

13. Cuando un registro de una tabla puede estar relacionado con más de un registro de la otra tabla y viceversa, se trata de una:

a) Relación Uno a Uno.
b) Relación Uno a Varios.
c) Relación Varios a Varios.
d) Relación compuesta.

14. Señala la opción incorrecta. Una de las funcionalidades principales de una hoja de cálculo es que permite:

a) El autorelleno de datos.
b) La selección de conjuntos de dibujos.

c) La automatización del cálculo.
d) La protección de celdas para evitar cambios.

15. Marca la respuesta correcta sobre las tablas dinámicas:

a) Se puede ordenar de diversas maneras la información que contiene una base de Datos.
b) Es posible analizar una porción de la información, convirtiendo cantidades ingentes de información en pequeños trozos susceptibles de ser tratados de manera más individual.
c) Su creación no es automática, sino que primero el usuario debe seleccionar la porción de información, dentro de la base de datos o tabla original que desea convertirse en dinámica, y crearla.
d) Todas son correctas.

16. En una hoja de cálculo, las funciones:

a) Siempre empiezan con el signo de la igualdad, a continuación se escribe el nombre de la función (generalmente un verbo en infinitivo) seguidamente se abre paréntesis, y dentro se introduce el rango de datos sobre los que se va a hacer el cálculo.
b) Siempre empiezan con el nombre de la función (generalmente un verbo en infinitivo) a continuación se escribe el signo de la igualdad, seguidamente se abre paréntesis, y dentro se introduce el rango de datos sobre los que se va a hacer el cálculo.
c) Siempre empiezan con el signo de la igualdad, a continuación se escribe el rango de datos sobre los que se va a hacer el cálculo, seguidamente se abre paréntesis, y dentro se introduce el nombre de la función (generalmente un verbo en infinitivo).
d) Siempre empiezan con el rango de datos sobre los que se va a hacer el cálculo, a continuación se abre un paréntesis, y dentro se introduce el nombre de la función (generalmente un verbo en infinitivo), y seguidamente se coloca el signo de la igualdad.

17. Los gráficos de dispersión:

a) Muestran al usuario la importancia de los valores a través del tiempo.
b) Se usan para relacionar distintos puntos de datos.
c) Hacen especial énfasis en las variaciones de los datos a través del tiempo.
d) Muestran la proporción de cada uno de los datos con respecto a un total.

18. En las presentaciones, la transición permite:

a) Que se puedan crear animaciones, sobre los objetos creados en cada una de las diapositivas que conforman la presentación, dándole dinamismo a la misma.
b) Definir el patrón de diapositiva.

c) Que se pueda dar efecto a cada diapositiva cuando entra y cuando sale.
d) La creación de un número de hojas donde el usuario podrá observar una imagen miniaturizada de la diapositiva, junto con notas o comentarios que el mismo haya escrito para facilitar la presentación de la misma.

19. Dentro del patrón de organización jerárquico de internet, el Nivel 4 corresponde a:

a) Red Troncal.
b) Redes de Proveedores de Tránsito y Acceso Internacional.
c) Redes de Proveedores de Acceso Local.
d) Redes Corporativas.

20. La tecnología que aprovecha las líneas eléctricas para transmitir datos a alta velocidad y que se utiliza para implementar redes locales, es:

a) LDMS.
b) GSM.
c) PLC (Power Line Communications).
d) RDSI.

21. Hipermedia es un término que:

a) Hace referencia a todo texto que contiene conexiones con otros documentos, de forma que el usuario puede clicar sobre una palabra o frase para obtener información adicional y/o temas relacionados.
b) Es un término acuñado en los años sesenta por Ted Nelson.
c) Las opciones a y b son correctas
d) Denomina a aquellos documentos que incluyen información en formato de sonido y vídeo.

22. Intranet:

a) Es toda red de ordenadores basada en el protocolo TCP/IP, que pertenece a un ámbito privado.
b) Se utilizan principalmente para compartir información y, actualmente, representan uno de los segmentos de mayor crecimiento en internet.
c) Se diferencia de Extranet, porque esta última es una intranet parcialmente accesible a usuarios externos a la organización.
d) Todas las afirmaciones son correctas.

23. Señala la afirmación incorrecta. Dentro de las características del correo electrónico está que:

a) Permite transmitir gran cantidad de información a un bajo coste.
b) La comunicación es síncrona.

c) Permite la localización flexible del receptor.
d) Toda la información que se envía en un email, puede ser procesada, archivada y consultada.

24. Un navegador web:

a) Posibilita el que los documentos que se muestran puedan estar ubicados en el equipo en donde se encuentra el usuario o en cualquier otro dispositivo en el que esté conectado.
b) Es un software que ejecutamos desde un ordenador con el fin de permitirnos el acceso a Internet, para visualizar páginas web, acceder a otros recursos, etc.
c) Permite la visualización de documentos de texto, con recursos multimedia, anexados o no, también el visitar páginas web y realizar actividades en ella, al permitir enlazar un sitio con otro, imprimir, enviar y recibir correo, etc.
d) Todas las afirmaciones son correctas.

25. Si se quiere hacer una búsqueda efectiva en la red, y se utiliza el operador de búsqueda “related”, se desea:

a) Buscar páginas que dirijan a una determinada página.
b) Obtener resultados solo de determinados sitios o dominios.
c) Buscar páginas que incluyan al menos una de varias palabras.
d) Buscar sitios similares a una URL que conozcas.

Solución al test del tema 16

1. d) Todas las opciones son correctas.
2. b) Salto de color de fuente.
3. a) Plantilla.
4. a) Enviar la misma información a un gran número de personas, pero guardando cierto nivel de personalización, además de dirigirla de manera independiente y exclusiva a cada una de ellas.
5. c) Una base de datos.
6. a) Programación auditiva.
7. d) Los formularios.
8. c) Los registros y por los campos.
9. d) Las opciones b y c son correctas.
10. a) Consulta.
11. b) Permiten mostrar, extraer y modificar datos por parte del usuario.
12. a) Los formularios.
13. c) Relación Varios a Varios.
14. b) La selección de conjuntos de dibujos.
15. d) Todas son correctas.
16. a) Siempre empiezan con el signo de la igualdad, a continuación se escribe el nombre de la función (generalmente un verbo en infinitivo) seguidamente se abre paréntesis, y dentro se introduce el rango de datos sobre los que se va a hacer el cálculo.
17. b) Se usan para relacionar distintos puntos de datos.
18. c) Que se pueda dar efecto a cada diapositiva cuando entra y cuando sale.
19. d) Redes Corporativas.

20. c) PLC (Power Line Communications).

21. d) Denomina a aquellos documentos que incluyen información en formato de sonido y vídeo.

22. d) Todas las afirmaciones son correctas.

23. b) La comunicación es síncrona.

24. d) Todas las afirmaciones son correctas.

25. d) Buscar sitios similares a una URL que conozcas.

Made in the USA
Monee, IL
08 November 2026

68106861R00260